LA FRANCE

S0-BTZ-093

LE ROYAUME-UNI

LA MER DU NORD

LES PAYS-BAS (m. pl.)

L'ALLEMAGNE (f.)

LA BELGIQUE

la Wallonie

LE LUXEMBOURG

LA MANCHE

Dunkerque
Calais
Boulogne
Lille
NORD-PAS-DE-CALAIS

Dieppe
Amiens
PICARDIE
Charleville-Mézières

Cherbourg
HAUTE-NORMANDIE
Le Havre
Rouen
Caen
la Seine
ÎLE-DE-FRANCE
Reims
Verdun
Metz
LORRAINE

BASSE-NORMANDIE
Versailles
Paris
CHAMPAGNE-ARDENNE
Nancy
Strasbourg
ALSACE

St. Malo
le Mont-St. Michel
Chartres
Fontainebleau
Troyes
LES VOSGES
Colmar

Brest
BRETAGNE
Rennes
Le Mans
CENTRE
Orléans
la Seine
FRANCHE-COMTÉ

la Loire
Angers
Blois
Tours
la Loire
BOURGOGNE
Besançon

Nantes
LIMOUSIN
Bourges
Dijon
LA SUISSE

PAYS DE LA LOIRE
Poitiers
AUVERGNE
la Saône
LE JURA

L'OCÉAN ATLANTIQUE (m.)

La Rochelle

POITOU-CHARENTES
Limoges
Clermont-Ferrand
Lyon
le Rhône
RHÔNE-ALPES
le Val d'Aoste

L'ITALIE (f.)

Bordeaux
AQUITAINE
Rocamadour
LE MASSIF CENTRAL
Grenoble
LES ALPES

la Garonne
Moissac
Albi
Avignon
Nîmes
Montpellier
Arles
PROVENCE-ALPES-CÔTE D'AZUR
Nice
Cannes
Aix-en-Provence
Marseille
MONACO (f.)

Biarritz
MIDI-PYRÉNÉES
Toulouse
LANGUEDOC-ROUSSILLON

LE PAYS BASQUE
Lourdes
Carcassonne
LES PYRÉNÉES (f.pl.)
Perpignan

L'ESPAGNE (f.)

L'ANDORRE (f.)

la CORSE

LA MER MÉDITERRANÉE

Élévation en mètres
2000+
500–2000
200–500
0–200
Niveau de mer

0 25 50 75 100 MILLES

0 50 100 150 KILOMÈTRES

la SARDAIGNE

L'EUROPE

Langues maternelles

☐ Le français langue maternelle majoritaire

☐ Le français langue maternelle d'une minorité importante

Langues officielles

☐ Le français est la seule langue officielle

☐ Le français est une des langues officielles du pays ou de l'état

☐ Le français est la langue de culture ou des affaires pour une partie importante de la population

10°

Cercle Arctique

LA FINLANDE

LA SUÈDE

LA NORVÈGE

LA MER BALTIQUE

L'ESTONIE (f.)

LA FÉDÉRATION RUSSE

LA LETTONIE

LA LITUANIE

60°

LE DANEMARK

LA MER DU NORD

LA FÉDÉRATION RUSSE

LA BIÉLORUSSIE

L'IRLANDE (f.)

LE ROYAUME-UNI

LES PAYS-BAS (m. pl.)

L'ALLEMAGNE (f.)

LA POLOGNE

L'UKRAINE (f.)

50°

Bruxelles ✪ LA BELGIQUE

la Wallonie

Paris ✪

LE LUXEMBOURG

LA RÉPUBLIQUE TCHÈQUE

LA SLOVAQUIE

LA MOLDAVIE

L'AUTRICHE (f.)

LA HONGRIE

LA FRANCE

L'OCÉAN ATLANTIQUE (m.)

Genève ● Bern ✪ LA SUISSE

le Val d'Aoste

LA SLOVÉNIE

LA CROATIE

LA ROUMANIE

Monte Carlo ✪

MONACO (f.)

L'ANDORRE (f.)

la CORSE

L'ITALIE (f.)

LA BOSNIE-HERZÉGOVINE

LA YOUGOSLAVIE

LA BULGARIE

LA MACÉDOINE

L'ALBANIE (f.)

LA TURQUIE

L'ESPAGNE (f.)

la SARDAIGNE

LA GRÈCE

LA MER MÉDITERRANÉE

la SICILE

CHYPRE

0 25 50 75 100 MILLES

0 50 100 150 KILOMÈTRES

20°

À VOUS!

The Global French Experience

•••

AN INTRODUCTORY COURSE / SECOND EDITION

Véronique Anover

California State University, San Marcos

Theresa A. Antes

University of Florida

HEINLE
CENGAGE Learning

Australia • Brazil • Japan • Korea • Mexico • Singapore • Spain • United Kingdom • United States

CENGAGE
Learning™

À vous!: The Global French Experience, Second Edition

Véronique Anover, Theresa A. Antes

VP, Editor-in-Chief: PJ Boardman

Publisher: Beth Kramer

Acquisitions Editor: Nicole Morinon

Development Editor: Catharine Thomson

Assistant Editor: Kimberly Meurillon

Editorial Assistant: Timothy Deer

Senior Media Editor: Morgen Murphy

Associate Media Editor: Katie Latour

Marketing Director: Lindsey Richardson

Marketing Manager: Mary Jo Prinaris

Marketing Coordinator: Janine Enos

Marketing Communications Manager: Glenn McGibbon

Content Project Manager: Tiffany Kayes

Art Director: Linda Jurras

Print Buyer: Susan Spencer

Senior Rights Acquisition Specialist, Images: Jennifer Meyer Dare

Senior Rights Acquisition Specialist, Text: Katie Huha

Production Service/Compositor: PreMediaGlobal

Cover/Text Designer: Carol Maglitta/One Visual Mind

Cover Image: Jeremy Woodhouse/Getty Images; Aurelie and Morgan David de Lossy/Cultura/Corbis

© 2012, 2008 Heinle, Cengage Learning

ALL RIGHTS RESERVED. No part of this work covered by the copyright herein may be reproduced, transmitted, stored, or used in any form or by any means graphic, electronic, or mechanical, including but not limited to photocopying, recording, scanning, digitizing, taping, Web distribution, information networks, or information storage and retrieval systems, except as permitted under Section 107 or 108 of the 1976 United States Copyright Act, without the prior written permission of the publisher.

For product information and technology assistance, contact us at **Cengage Learning Customer & Sales Support, 1-800-354-9706**

For permission to use material from this text or product, submit all requests online at **cengage.com/permissions.** Further permissions questions can be emailed to **permissionrequest@cengage.com**

Library of Congress Control Number: 2010930900

ISBN-13: 978-0-495-91208-8

ISBN-10: 0-495-91208-5

Heinle
20 Channel Center Street
Boston, MA 02210
USA

Cengage Learning is a leading provider of customized learning solutions with office locations around the globe, including Singapore, the United Kingdom, Australia, Mexico, Brazil, and Japan. Locate your local office at: **international.cengage.com/region**

Cengage Learning products are represented in Canada by Nelson Education, Ltd.

For your course and learning solutions, visit **www.cengage.com.**

Purchase any of our products at your local college store or at our preferred online store **www.cengagebrain.com.**

Printed in the United States of America
1 2 3 4 5 6 7 14 13 12 11 10

Table of Contents

Scope and Sequence

	VOCABULARY	STRUCTURES	CULTURE
CHAPITRE 1: Qui es-tu? 	Basic conversational expressions (4) Introductions (16) Making plans (16)	1. The alphabet (9) 2. **Tu** vs. **vous** (7) 3. Numbers 0-69 (18) 4. The verb **être** (21)	Greetings and good-byes in Francophone countries (12) The university system in France (24)
CHAPITRE 2: Je suis comme je suis 	Describing yourself and others (34) Talking about your personality (34) Daily activities; professions, pets (51)	1. Negation (37) 2. The verb **avoir** (42) 3. Adjective agreement and placement (45) 4. Regular **-er** verbs (54) 5. Indefinite articles (56)	Portrait of the French and Francophones (49)

À l'aventure! La Guadeloupe (64-66)

	VOCABULARY	STRUCTURES	CULTURE
CHAPITRE 3: Ma famille et mes amis 	Talking about leisure activities (69) Family members (83) Days of the week and months of the year (88)	1. Yes/no questions (77) 2. Definite articles (72) 3. Possessive adjectives (85) 4. **On** and **il y a** (90) 5. Numbers 70–1,000,000 (92)	The French and their pets (79) Mother's Day in the Central Africa (95)
CHAPITRE 4: Mon appartement 	Describing an apartment or house (105) Prepositions (116) Household chores; the weather (122)	1. The verb **aller à** and the near future (108) 2. Regular -**ir** verbs (111) 3. Prepositions and contractions with definite articles (118) 4. The verb **faire** (125) 5. Telling time (127)	Comparison of housing in the United States and France (114)

À l'aventure! La Wallonie (136-138)

	VOCABULARY	STRUCTURES	CULTURE
CHAPITRE 5: Ma ville	Shops and stores (143) Food items (144) Clothing items (154) Urban places such as businesses and streets (152)	1. Regular -**re** verbs (145) 2. Partitive articles and expressions of quantity (148) 3. The verbs **mettre, porter,** and **essayer** (157) 4. The pronouns **y** and **en** (159) 5. The verbs **prendre, comprendre,** and **apprendre** (164)	**Brasseries** (151) Grocery shopping in France (166)
CHAPITRE 6: Mes goûts gastronomiques	Ordering and paying at a restaurant (172) Expressing likes and dislikes (189) Expressions with **avoir** (174) Foods (186) Table settings (195)	1. The verbs **vouloir, boire,** and **pouvoir** (176) 2. Adverbs (179) 3. Review of articles and expressions of quantity (191) 4. The interrogative adjective **quel** (196) 5. Negative expressions (189)	Types of bread and cheese (182) Table manners in France and Francophone Africa (198)

À l'aventure! La Provence (202-204)

	VOCABULARY	STRUCTURES	CULTURE
CHAPITRE 7: Les infos qui m'entourent	The media (207) Current events (224)	1. **Passé composé** with **avoir** and **être** (209) 2. The **passé composé** in the negative and interrogative (212) 3. **Passé composé** with **y** and **en** (226) 4. Placement of adverbs in the **passé composé** (226) 5. The verbs **lire, dire, écrire** (228)	French/Francophone television (222) French/Francophone radio stations (232)
CHAPITRE 8: Mes relations amoureuses et amicales	Reflexive and reciprocal verbs for expressing emotions (240) Reflexive and reciprocal verbs for talking about daily routine and relationships (250)	1. Reflexive verbs in the present tense (242) 2. Reciprocal verbs in the present tense (245) 3. Reflexive and reciprocal verbs in the **futur proche** (252) 4. Reflexive and reciprocal verbs in the **passé composé** (255) 5. The verbs **partir, sortir,** and **quitter** in the present and **passé composé** (258)	Interracial and intercultural marriage (247) Example of a French/Francophone wedding (254)

À l'aventure! La Louisiane (264-266)

	VOCABULARY	STRUCTURES	CULTURE
CHAPITRE 13: Ma vie branchée!	Computers, the Internet, and other technology (403) Extreme sports and other hobbies (414) Fitness (426)	1. The verbs **connaître** and **savoir** (406) 2. The future tense (418) 3. Stress pronouns (422) 4. Indirect object pronouns (428) 5. Multiple object pronouns in a sentence (432)	The Internet in Africa (411) The French and soccer (435)
CHAPITRE 14: Mon bien-être et ma santé	Health, including common illnesses and remedies (443) Impersonal expressions (444) Expressing emotions (457) Expressing volition, doubt, certainty (457)	1. The present subjunctive (446) 2. The subjunctive of irregular verbs (449) 3. Subjunctive vs. infinitives (460) 4. The subjunctive with expressions of emotion and volition (462) 5. The subjunctive with expressions of doubt (465)	How the French attain well-being (453) Traditional medicine in Africa (469)

À l'aventure! La Province de Québec (474–476)

To the Student

We hope you will enjoy using and learning from *À vous!* **Second Edition**. In addition to your student textbook, the *À vous!* program offers a variety of components to help you get the most out of your Introductory French course. Whether you learn best from conversations and working with groups, from reading or writing, or from using multimedia components, *À vous!* can help you learn effectively and, hopefully, help you have fun in the process!

Below are the components available to you as part of the *À vous!* Second Edition program.

Student Components

Student Textbook

The **Student Textbook** contains the information and activities that you will need for in-class use. It is divided into fourteen core chapters, each containing vocabulary and grammar presentations, listening practice, cultural information, and plenty of vocabulary and grammar practice activities. Reading selections and writing practice are featured in alternating chapters. The back of the book contains valuable reference sections, including French-English and English-French glossaries, verb charts, and a vocabulary list of classroom-related terms.

Text Audio Program

In your book, this icon refers you to the **Text Audio Program**, available in MP3 format on the Premium Website. The audio program contains recordings of the **Passage** dialogues from each chapter, as well as the listening **segments** for the **À l'écoute!** exercises. Your instructor may play the audio during class time or assign the listening activities to be done outside of class.

Student Activities Manual (SAM)

The **Student Activities Manual (SAM)** is intended as a way for you to get extra practice outside of class. It contains both workbook (written practice of the grammar and vocabulary presented in the Student Textbook) and lab manual (listening and pronunciation practice) components.

SAM Audio Program

The **SAM Audio Program**, also available in MP3 format on the Premium Website, contains the pronunciation and listening practice that corresponds to the listening portions of the **Student Activities Manual**. The **SAM Audio Program** is meant for you to use outside of class or at the language lab.

Video Program

The video that accompanies *À vous!* consists of four segments that incorporate vocabulary, structures, and cultural material from various chapters of the textbook. It follows the daily lives of four college roommates, each from a different Francophone country or region (France, Belgium, Morocco, and Quebec). The focal point of each episode is the preparation of a recipe, which corresponds to those featured in four of the **À l'aventure!** sections of the book, and, in the process, the roommates share their experiences with and insights into their respective cultures.

iLrn™ Heinle Learning Center

The iLrn™ Heinle Learning Center includes an audio- and video-enhanced eBook, assignable textbook activities, companion videos with pre- and post-viewing activities, partnered voice-recorded activities, an online workbook and lab manual with audio, interactive enrichment activities, and a diagnostic study tool to help you prepare for exams.

Heinle eSAM powered by Quia™ (Online Student Activities Manual)

Your instructor may choose to use an electronic version of the **Student Activities Manual.** It allows you to complete the same practice as presented in the print version, but in a computerized format that provides immediate feedback for many exercises. The audio corresponding to the lab exercises is also included.

Premium Website

This icon directs you to supplementary material found on the Premium Website for *À vous!*, located at **www.cengagebrain.com/shop/ISBN/0495912085.** There you will find the following resources:

- **Text Audio Program,** available in MP3 format;
- **SAM Audio Program,** available in MP3 format;
- **Video clips,** to accompany the video activities;
- **Chapter quizzes,** designed to help you practice chapter vocabulary and grammar and to assess your own progress via immediate feedback;
- **Audio-enhanced flashcards,** for additional practice learning chapter vocabulary;
- **Grammar tutorials,** visual presentations of the more challenging grammar structures;
- **Grammar podcasts,** audio presentations of pronunciation and grammar structures;
- **Web search activities,** designed to give you further practice of chapter vocabulary and grammar structures and enhance your cultural knowledge through exploration of authentic French-language websites;
- **Interactive games,** including crossword puzzles and concentration activities;
- *À vous* **iTunes™ Playlist,** a complete list of French and Francophone songs to accompany the *À vous!* program;
- **Google Earth™ Coordinates,** to help you locate the French speaking countries of the world;
- **Chapter glossary,** recordings of all chapter vocabulary.

Acknowledgments

Perhaps the best (and worst) part of writing a **Second Edition** of a textbook is that you have a chance to critically reexamine and improve the first edition. It is during this process that you realize, if they haven't already been pointed out to you, the imprecisions, typos, and other flaws that managed, despite the best editing and proof-reading in the world, to insert themselves into the previous edition.

We therefore come to the second edition grateful to the entire editorial staff at Heinle, Cengage Learning for their amazing guidance through the revision process. Nicole Morinon, Acquisitions Editor, and Cat Thomson, Developmental Editor, and Beth Kramer, Publisher, for her continued support of this project.

We are also indebted to many colleagues around the country who have offered invaluable help in the production of *À vous!* **Second Edition**, from providing feedback on the first edition to reading and commenting on sample chapters of the new edition. *Merci beaucoup!* We acknowledge:

Eileen M. Angelini, *Canisius College*
Mary Angelo, *School of the Art Institute of Chicago*
Elizabeth Angresano, *College of Idaho*
Renée Arnold, *Kapiolani Community College*
Frank Attoun, *College of the Desert*
Sonia Badenas, *Andrews University*
Jody Ballah, *University of Cincinnati – Raymond Walters College*
Devan Baty, *Cornell College*
Renée Benson, *Pima Community College – Downtown, Northwest*
Inès Bucknam, *Modesto Junior College*
Lori Crawford-Dixon, *Holy Cross College*
Wade Edwards, *Longwood University*
Katie Golsan, *University of the Pacific*
Cheryl Hansen, *Weber State University*
Judith Jeon-Chapman, *Worcester State College*
Warren Johnson, *Arkansas State University*
Erin Joyce, *Baker University*
Barbara Kruger, *Finger Lakes Community College*
Monika Laskowski-Caujolle, *Santa Barbara City College*
Jacek Lerych, *Grays Harbor College*
Tamara Lindner, *University of Louisiana – Lafayette*
Jane Lippman – *University of Texas – Austin*
Chantal R. Maher, *Palomar College*
Sharla Martin, *University of Texas – Arlington*
Carolyn Martin Woolard, *Milligan College*
Keith Moser, *Mississippi State University*
Eva Norling, *Bellevue College*
Patricia Scarampi, *Lake Forest College*
Pierre Schmitz, *San Antonio College*
Sanford W. Shaw, *Covenant College*
Jennifer Shotwell, *Randolph-Macon College*

Jan Solberg, *Kalamazoo College*
Kathryn Stewart-Hoffmann, *Oakland Community College*
Jean-Jacques Taty, *Howard University*
Adriana Tufenkjian, *Moorpark College*
Lynni Weibezahl, *University of Nevada – Reno*
Brett Wells, *University of Pittsburgh*
Larry Wineland, *Messiah College*

ACTFL Focus Group Participants

Eileen M. Angelini, *Canisius College*
Geraldine A. Blattner, *Florida Atlantic University*
Carl Blyth, *University of Texas – Austin*
Krista S. Chambless, *University of Alabama – Birmingham*
Rosalie Cheatham, *University of Arkansas – Little Rock*
Bette G. Hirsch, *Cabrillo College*
Hannelore Jarausch, *University of North Carolina – Chapel Hill*
Brian G. Kennelly, *California Polytechnic State University – San Luis Obispo*
Marina Peters-Newell, *University of New Mexico*
Virginie Pouzet-Duzer, *Pomona College*
Benedicte Pia Sohier, *University of Wyoming*
Bernadette Takano, *University of Oklahoma – Norman*

Virtual Focus Group Participants

Tania DeClerck, *Ventura College*
Suzanne Hendrickson, *University of Missouri – St. Louis*
Chantal R. Maher, *Palomar College*
Elizabeth A. Martin, *California State University – San Bernardino*
Robert McCready, *Harding University*
Francoise Sullivan, *Tulsa Community College*
Sandra Trapani, *University of Missouri – St. Louis*

Theresa's acknowledgments

I have to begin by thanking, first of all, the students and graduate teaching assistants at the University of Florida. Your feedback on the first edition of *À vous!* has helped us tremendously in the revision process, and we are eternally grateful for your help, your comments, and most especially, your patience, as we worked to improve the first edition. To those language-teaching professionals (i.e., graduate students) who work under my supervision, I am especially grateful—I know that it is not always easy to tell your supervisor that you've spotted an error, or that an activity is somehow flawed. You have managed to do so with grace, however, and I do firmly believe that the second edition of *À vous!* is greatly improved because of your help and support. Next, my thanks go to my family, who continue to support me in all my writing endeavors; without your support, there would be no reason to write. Finally, I give heartfelt thanks once again to Véronique Anover, (is there such a thing as an author soul-mate?), and to Bernadette Cesar-Lee and Marion Geiger. Writing is a true pleasure when surrounded by a "dream team"! I hope that we'll have the pleasure of collaborating on many more ventures!

I dedicate this second edition to the memory of my grandparents.

T.A.A.

Véronique's acknowledgments

À vous! **Second Edition** has been written with our students in mind. We have written *À vous!* for you and we hope that you will enjoy your textbook as much as we enjoyed writing it. I am extremely thankful to my dear French students at California State University San Marcos for their suggestions for this new edition. Both Dr. Theresa Antes and I have done our best to incorporate the comments you shared with me in the classroom in the **Second Edition** of *À vous!* Thank you also to all my students who patiently posed for the new pictures that appear in this edition. All of you look great!

I am extremely fortunate to be working "hand in hand" (or should I say "mouse in mouse!" as we are miles away from each other) with my wonderful co-author, colleague and friend, Theresa Antes. I would like to thank Theresa for her great sense of humor, her patience and optimism, and her bright insight. It is easy to work with someone such as Theresa who is an expert in her field (Applied Linguistics) and who is a passionate educator and instructor. *Theresa, c'est un privilège et un honneur de travailler avec toi.*

I am indebted to my friends (Stéphane, Sandrine, Ana, and Nathalie to name a few) as well as my family for sharing with me the pictures we needed for *À vous!*, and for allowing me to take pictures of them as well. *Vous êtes tous des stars!*

Last but not least, I would like to express my deepest and heartfelt gratitude to my beloved husband and son for all the sacrifices they had to endure so that I could spend time away from them to work on *À vous!*

C'est «à toi», mon cher fils que je dédie cette seconde édition, mon petit garçon tri-culturel, à qui j'espère savoir transmettre l'amour des langues, et surtout du français, ta langue maternelle.

V.A.

Vidéothèque

Épisode un

Avant de visionner

1. D'où venez-vous?

2. Quel temps est-ce qu'il fait en été chez vous? en hiver?

3. Comment est-ce qu'on dit bonjour chez vous?

4. Quelles sont vos activités préférées?

5. Est-ce que vous avez des colocataires?

6. Si oui, est-ce que vous passez beaucoup de temps avec eux? Que faites-vous ensemble? Si non, avec qui est-ce que vous passez du temps? Qu'est-ce que vous faites pour vous amuser?

Pendant le visionnage

1. D'où sont les quatre colocataires? Associez chaque personne à sa ville natale.

   _____ Zoé   a. Aix-en-Provence

   _____ Catherine   b. Paris

   _____ Rachid   c. Bruxelles

   _____ Sylvain   d. Québec

2. Combien de bises est-ce qu'on se donne à Bruxelles?

   a. 1   b. 2   c. 3   d. 4

3. Quel temps fait-il en Provence en été?

   a. Il pleut.   c. Il fait du soleil.

   b. Il fait chaud.   d. Il fait froid.

   Et à Bruxelles en hiver?

   a. Il pleut.   c. Il fait du soleil.

   b. Il fait chaud.   d. Il fait froid.

All video stills are © Cengage Learning.

4. Comment est-ce qu'on se dit bonjour chez Catherine?

    a. On se donne la bise.   b. On s'embrasse.   c. On se serre la main.

5. Quelle langue est-ce qu'elle parle?

    a. le canadien   b. le français   c. le joual

6. Complétez le tableau ci-dessous avec les activités préférées des colocataires.

Colocataire	Activité(s) Préférée(s)
Rachid	
Catherine	
Sylvain	
Zoé	

7. Combien de chambres est-ce qu'il y a dans l'appartement?

8. Quelles autres pièces est-ce qu'il y a?

9. Comment est la cuisine, selon Rachid?

10. Qui étudie quoi? Associez la spécialisation à la bonne personne.

    _____ Zoé   a. le marketing

    _____ Sylvain   b. l'hôtellerie

    _____ Rachid   c. la littérature américaine

    _____ Catherine   d. la psychologie

11. Qu'est-ce que Zoé prépare à manger?

12. Quelle est la réaction des colocataires?

Après avoir visionné

Faites une description d'un(e) des colocataires. Comment est-il/elle du point de vue physique? Qu'est-ce qu'il/elle aime faire? Donnez autant de *(as many)* détails que possible.

Épisode deux

Avant de visionner

1. Quand vous organisez une soirée, quelles sont les différentes tâches ménagères que vous devez faire pour vous préparer?

2. Si vous avez déjà organisé une soirée avec des amis, qui a fait quel travail? Quelles sont les tâches que vous aimez faire? Est-ce qu'il y a des tâches que vous détestez? Pourquoi?

3. Comment peut-on vous convaincre de faire quelque chose que vous n'avez pas envie de faire? (en vous offrant un lecteur MP3? en vous présentant à une fille / un garçon? autre chose?)

4. Est-ce que vous savez faire la cuisine? Quelles sont vos spécialités?

Pendant le visionnage

1. Selon sa chanson, qu'est-ce que Sylvain va faire avec les melons?

2. Est-ce qu'il s'est réveillé tôt ou tard ce matin? Pourquoi?

3. Catherine et Zoé parlent d'un magasin de vêtements. Où est-ce qu'il se trouve?

4. Qu'est-ce qu'elles y ont acheté?

   Zoé:

   Catherine:

5. Zoé, Catherine et Rachid veulent faire une soirée à la maison, mais Sylvain ne veut pas. Pourquoi?

6. Pourquoi est-ce qu'il accepte finalement de le faire?

7. Qui va faire quoi pour préparer la soirée? Associez chaque personne au travail qu'il/elle propose.

_____ Zoé	a. la cuisine
_____ Sylvain	b. le menu
_____ Rachid	c. les courses
_____ Catherine	d. le ménage

8. Qu'est-ce qu'ils vont manger?

_____ entrée	a. soupe de melon à la menthe
_____ plat principal	b. salade verte
_____ légume	c. poulet rôti
_____ autres	d. tapenade d'olives
_____ dessert	e. tomates provençales
	f. plateau de fromage

9. Où est-ce que Sylvain a appris à cuisiner?

Après avoir visionné

Avec un partenaire, imaginez le dialogue entre Sylvain et "Alice." Qu'est-ce qu'elle va lui dire à propos du menu et des plats qu'il a préparés? De quoi pourraient-ils *(could they)* parler?

Épisode trois

Avant de visionner

1. Où aimeriez-vous voyager, si vous aviez beaucoup d'argent? Pourquoi?

2. Où serait votre poste idéal? Pourquoi? Que penseriez-vous de travailler à Hawaii?

3. Avez-vous fait des bêtises quand vous étiez adolescent(e)? Quoi, exactement?

4. Quels conseils donneriez-vous à un adolescent qui commence à faire des bêtises typiques?

Pendant le visionnage

1. Qu'est-ce que Sylvain a acheté pour Rachid?

   a. un oignon   b. du gingembre   c. de l'agneau

2. Pourquoi est-ce que Rachid n'en a pas acheté lui-même?

3. Qu'est-ce que Rachid demande à Sylvain de faire?

4. La recette du tajine d'agneau que prépare Rachid est de qui?

   a. la mère de Rachid   c. la grand-mère de Rachid
   b. la famille de Rachid   d. la tante algérienne de Rachid

5. D'où est la mère de Rachid?

6. Quelle était l'occupation de la mère de Rachid?

7. Où est-ce que Rachid a passé son enfance? Quel âge avait-il quand sa famille a déménagé en France?

8. Où est-ce que Rachid voyagerait, s'il pouvait?

   a. en Europe   c. en Tunisie seulement
   b. dans tous les pays d. à Tunis
      du monde

9. Quelles sont les bonnes nouvelles de Catherine?

10. Vrai ou faux?

    a. L'entretien de Catherine s'est bien passé.

    b. Catherine était nerveuse.

    c. Catherine était calme et détendue.

    d. Catherine a répondu à toutes les questions de son interlocuteur.

11. Est-ce qu'elle veut absolument ce poste? Pourquoi ou pourquoi pas?

12. Pourquoi est-ce que la tante de Zoé a écrit à Zoé?

13. Qui a fait quelle bêtise? Cochez (✓) pour indiquer la personne qui a fait la bêtise indiquée.

Bêtise	Cousine de Zoé	Sylvain	Zoé	Rachid	Catherine	Les 4 colocs
Faire le mur						
Aller en boîte de nuit						
Voler des chocolats						
Servir de la nourriture pour chiens à sa sœur						
Prendre la voiture sans permission / avoir un accident						
Faire des bêtises						

Après avoir visionné

1. Expliquez en anglais ce que les expressions de la mère de Rachid veulent dire.

    «Tu travailles pour vivre, tu ne vis pas pour travailler.»

    «Plus ça change, plus c'est pareil.»

    «Le tajine, c'est comme la vie; quand on mélange un peu de tout, c'est toujours délicieux.»

2. Êtes-vous d'accord avec la mère de Rachid, en général? Pourquoi ou pourquoi pas?

3. Est-ce que votre mère ou votre père vous a donné des conseils comme la mère de Rachid? Qu'est-ce qu'il/elle vous a dit?

Épisode quatre

Avant de visionner

1. Est-ce que vous faites des économies pour vous offrir quelque chose en particulier? Pour quoi, exactement?

2. Avez-vous déjà voyagé en Europe? Si oui, quelles villes et quels monuments est-ce que vous avez visités? Si non, qu'est-ce que vous aimeriez visiter?

3. Est-ce qu'il est important pour vous que vos amis se souviennent de votre anniversaire? Comment aimez-vous fêter votre anniversaire?

Pendant le visionnage

1. Qu'est-ce que Catherine se dit dans la cuisine?

   a. J'ai neuf choses à faire!   c. Je ne veux pas le faire!

   b. Je n'ai rien à faire!   d. Joyeux anniversaire!

2. Pourquoi est-ce que Rachid s'est inscrit au club de fitness?

3. Qu'est-ce que l'entraîneur lui a conseillé de faire?

4. Pourquoi est-ce que Catherine ne peut pas s'inscrire au club?

5. Pour quelle raison est-ce que Catherine fait des économies?

6. Zoé a pris rendez-vous pour le week-end: pour aller où?

7. Est-ce que Catherine va avec elle? Pourquoi ou pourquoi pas?

8. Pourquoi est-ce que Catherine n'accepte pas de faire du deltaplane avec Sylvain?

   a. Elle en a déjà fait.   c. Elle a peur.

   b. Elle n'a pas assez d'argent.   d. Elle préfère lire des livres.

9. Qu'est-ce qu'elle offre à Rachid, Zoé et Sylvain? Qu'est-ce qu'ils répondent?

   Rachid:

   Zoé:

   Sylvain:

10. Qu'est-ce que les amis offrent à Catherine pour son anniversaire?

Après avoir visionné

Avec un partenaire, imaginez le dialogue entre Rachid, Zoé et Sylvain dans le salon, juste avant d'entrer dans la cuisine avec le gâteau d'anniversaire pour Catherine. Qu'est-ce qu'ils se sont dit?

Qui es-tu?

In this chapter, you will learn basic greetings in French, as well as how to introduce yourself, how to ask how someone is and what city they are from, and how to give someone your phone number or address. You will also learn important differences between American and Francophone cultures, and the effects that they have on everyday language (for example, the way we greet peers versus people of a different age or social class).

La classe de français

Courtesy of Véronique Anover and Theresa A. Antes

VOCABULARY
- Asking someone's name
- Saying hello and good-bye
- Asking how someone is
- Introducing yourself and others
- Exchanging telephone numbers
- Asking if someone is free
- Talking about time of day

STRUCTURES
- The alphabet
- **Tu** vs. **vous**
- Numbers 0–69
- The verb **être**

CULTURE
- Greetings and good-byes in various Francophone countries
- The university system in France

iLrn

 Audio

www.cengagebrain.com/shop/ISBN/0495912085

RESSOURCES

CD 1
Tracks 2–5

Passage 1

1. Au début du semestre, en cours de philosophie

CAROLINE:	Bonjour. Je m'appelle Caroline. Et toi? Comment tu t'appelles?
MATHIEU:	Je m'appelle Mathieu. Et voici Clémence.
CAROLINE:	Salut, Clémence. Comment vas-tu?
CLÉMENCE:	Bonjour, Caroline. Je vais bien, merci. Et toi, ça va?
CAROLINE:	Oui, ça va.
MATHIEU:	Voilà le professeur, Monsieur Grandjean.
CLÉMENCE:	Chhhut... le cours commence.

2. Le professeur se présente et fait l'appel

MONSIEUR GRANDJEAN:	Bonjour. Je suis le professeur Grandjean. Je suis prof de philosophie, et je suis content de travailler avec vous ce semestre. Je vais faire l'appel; levez le doigt, s'il vous plaît. Caroline Aband?
CAROLINE:	Présente.
MONSIEUR GRANDJEAN:	Très bien. Bonjour, Mademoiselle. Claire Lambert? Claire Lambert? L-A-M-B-E-R-T? Lambert, Claire? Non? OK. Mathieu Beauclair?
MATHIEU:	Présent, Monsieur.

3. À la fin du cours

MATHIEU:	Au revoir, Caroline. À demain.
CAROLINE:	Au revoir, Mathieu. Ciao, Clémence. À plus!
CLÉMENCE:	À bientôt!

4. Après le cours

CLÉMENCE:	Bonjour, Professeur Grandjean. Comment allez-vous?
MONSIEUR GRANDJEAN:	Bien, merci. Et vous, Mademoiselle… euh… rappelez-moi[1]… Comment vous appelez-vous?
CLÉMENCE:	Je suis Clémence Toussaint. Je suis dans votre cours de philosophie.
MONSIEUR GRANDJEAN:	Ah, oui, Mademoiselle Toussaint. Excusez-moi! Voici ma collègue, la professeure Mansour.
CLÉMENCE:	Enchantée, Madame!
PROFESSEUR MANSOUR:	Enchantée, Mademoiselle.

Vous avez bien compris?

A. Give a one-sentence summary of what is happening in each of the preceding mini-dialogues.

B. Answer the following questions about the mini-dialogues. In some cases, more than one response is possible; list all that you find.

1. How can you say *hello* or *hi* to someone in French?

2. How do you ask someone what his/her name is? How do you respond to this question? Did you notice that the students use a different question than the professor uses? Why do you think this might be the case?

3. In the mini-dialogues, there are three ways to ask how someone is. Can you find them? What do you think the differences between them might be?

4. How do you say *please* in French?

5. How can you say *good-bye* in French? List all the expressions that you find in these dialogues. What do you think the differences are between these expressions?

6. How do you say *It's nice to meet you* in French?

[1]remind me

Salutations

There are two ways to say hello in French:

Bonjour.   *Hello. (used with anyone)*
Salut.   *Hi. (used in informal situations, with close friends and peers)*

Courtesy of Véronique Anover and Theresa A. Antes

To say good-bye you can choose from many expressions:

Au revoir.   *Good-bye.*
À bientôt.   *See you soon.*
À demain.   *See you tomorrow.*
À plus. / À plus tard. *See you later.*
À tout à l'heure.   *See you in a while.*
Ciao.   *See you.*
Salut.   *Bye.*

Présentations

To introduce yourself, say:

Je m'appelle... (Bernard,   *My name is . . .*
    Christelle, etc.)

Je suis...   *I am . . .*

To ask a peer his/her name, you can say:

Comment tu t'appelles? / Comment t'appelles-tu?[1]	*What is your name?*
Qui es-tu?	*Who are you?*
Tu es... ?	*Are you . . . ?*

To ask a nonpeer (e.g., a professor, a person older than you) his/her name, say:

Comment vous appelez-vous?	*What is your name?*
Qui êtes-vous?	*Who are you?*
Vous êtes... ?	*Are you . . . ?*

As you approach someone you do not know, choose from the following expressions:

Excusez-moi.	*Excuse me.*
Pardonnez-moi.	*Pardon me.*
Pardon, Madame / Monsieur / Mademoiselle.	*Excuse me, ma'am / sir / young lady.*

To greet a person whom you have just met:

Enchanté. (*if you're a man*) / Enchantée. (*if you're a woman*)	*It's nice to meet you.*

Questions personnelles

To ask a peer how he/she is and to answer that question, choose from:

Comment vas-tu?	*How are you?*
Je vais bien, et toi?	*I'm doing well, and you?*
	I'm good, and you?
Très bien, merci.	*Very good/well, thank you.*
Comment ça va?	*How's it going?*
Ça va bien.	*It's going well.*
Ça va pas mal.	*It's going all right.*
Ça peut aller.	*It could be better.*
Ça va?	*Is it going okay? Is everything okay?*
Ça va.	*It's going okay.*
Comme ci comme ça.	*So-so.*

To ask a nonpeer how he/she is and to respond, you can say:

Comment allez-vous?	*How are you?*
Je vais bien, merci.	*I'm doing well, thank you.*
(Je vais) pas mal.	*Not bad.*

[1]Both expressions mean *What is your name?* The first one is most common; however, while the second one is used in more formal situations, such as writing.

À vous!

A. Petits dialogues. Indicate if the following conversations are logical or not.

1. —Salut, Nina.
   —Comme ci comme ça.   _____ logique   _____ pas logique

2. —Comment tu t'appelles?   _____ logique   _____ pas logique
   —Très bien, merci.

3. —Bonjour, Céline!   _____ logique   _____ pas logique
   —Salut, Paul. Ça va?

4. —Comment allez-vous?   _____ logique   _____ pas logique
   —Merci.

5. —À bientôt!   _____ logique   _____ pas logique
   —À demain.

6. —Comment t'appelles-tu?   _____ logique   _____ pas logique
   —Je m'appelle Delphine.

7. —Comment ça va?   _____ logique   _____ pas logique
   —Ça peut aller.

8. —Excusez-moi, Madame.   _____ logique   _____ pas logique
     Vous êtes Cahterine Deneuve?
   —Je vais bien merci.

9. —Qui êtes-vous?   _____ logique   _____ pas logique
   —Je m'appelle Jean-Luc Picon.

10. —Je m'appelle Bruno.   _____ logique   _____ pas logique
    —Enchanté.

B. Présentations. Complete the following dialogues in a logical manner.
(There may be more than one logical expression; choose any that is logical in
the context.)

1. —Bonjour, je _____ David.
   —Bonjour, David, _____?
   —Ça peut aller, merci.

2. —Je m'appelle Ahmed et toi, _____?
   —Je m'appelle Céline.

3. —Au revoir, Leïla!
   — _____, Patrick.

4. —Jean-Marc, c'est Brigitte.
   —Bonjour, Brigitte, _____!
   — _____, Jean-Marc!

5. —Excusez-moi, Mademoiselle, _____?
   —Je _____ Joséphine Laurent. Et vous, Monsieur?

6. —À demain, Marie-Claire!
   — _____, Marc!

STRUCTURE 1

Les pronoms *tu* et *vous*

There are two ways to say *you* in French.

Tu is used:

- with a person we know very well, such as a parent, a sibling, a friend;
- with someone we consider a peer, for example, a classmate or a person of our own age.

Vous is used:

- with a person we do not know and/or to whom we want to show respect, such as an older person, a clerk, a bank teller, a salesperson, etc.;
- with someone who is in a superior position, such as a boss, a police officer, a professor, or a doctor;
- whenever addressing more than one person. We may know every person in that group extremely well (and would use **tu** with them as individuals), but when we address them as a group we use **vous**. Examples of such groups include our parents, our grandparents, and our friends. Use **vous** whenever addressing more than one person, whether you know those people well or not.

To summarize, **tu** is used to address one person in a familiar way; **vous** is used for one person formally or for any group of people.

 VÉRIFIEZ Votre Compréhension

Now go back to the **Passage 1** dialogues at the beginning of the chapter (pp. 2–3). On a separate sheet of paper, list each use of **tu** and **vous,** and explain, for each one, why the speaker chose that pronoun. For each instance of **vous,** tell whether it is used to address one person formally or to address a group of people.

Pratiquons!

A. *Tu ou vous*? Indicate whether you would use **tu** or **vous** with the following persons.

1.

2.

3.

4.

5.

6.

7.

8.

B. Voilà Caroline! In each of the following sentences, Clémence is speaking with Mathieu. Imagine that Caroline joins the conversation. Change the sentences to reflect the form that Clémence would use if she were speaking with both Mathieu and Caroline. If no change is necessary, explain why not.

1. Comment t'appelles-tu?

2. Comment vas-tu?

3. Bonjour!

4. À bientôt!

5. Qui es-tu?

6. Comment ça va?

CD 1
Track 6

STRUCTURE 2

L'alphabet français

There are 26 characters in the French alphabet. Their approximate pronunciation is as follows. Listen to the In-Text Audio for the exact pronunciation.

A	ah	J	jee	S	ess
B	bay	K	ka	T	tay
C	say	L	el	U	u
D	day	M	em	V	vay
E	euh	N	en	W	doo-bluh-vay
F	ef	O	o	X	eeks
G	jay	P	pay	Y	ee-grek
H	aash	Q	qu	Z	zed
I	ee	R	erh		

Speakers of French consider accents part of the spelling of a word. The major accents are as follows:

` accent grave   ^ accent circonflexe
´ accent aigu   ¨ tréma

These accents are read as follows when combined with a letter:

à *ah* accent grave   ô *o* accent circonflexe
é *euh* accent aigu   ë *euh* tréma

There is one final symbol in French used to show that the letter **c** should be pronounced as an **s** rather than a **k.** It is called a *cedilla*, or in French, a **cédille.**

ç *say* cédille

An apostrophe is indicated with the word **apostrophe** in French.

CD 1
Track 7

À l'écoute!

Mes initiales. Listen to the following sentences, and indicate the initials that you hear.

> **MODÈLE:** You hear: Mes initiales? C'est T.A.
>
> ____✓____ T.A. _____ T.E.
>
> **You write T.A.**

1. _____ G.V.	_____ J.V.	6. _____ R.B.	_____ E.B.
2. _____ I.M.	_____ E.M.	7. _____ W.J.	_____ V.J.
3. _____ C.R.	_____ S.R.	8. _____ X.L.	_____ I.L.
4. _____ H.T.	_____ A.T.	9. _____ M.E.	_____ M.I.
5. _____ J.P.	_____ G.P.	10. _____ Y.C.	_____ I.C.

Pratiquons!

 A. Qui êtes-vous? Comment ça s'épelle? *(How do you spell that?)*
Introduce yourself to your classmate. Spell out your name for him/her, so he/she can write it down.

> **MODÈLE:** —*Je m'appelle Cathy Blume. Ça s'épelle C-A-T-H-Y B-L-U-M-E.*
> —Bonjour, Cathy. Je m'appelle Patrick Frèrebeau. Ça s'épelle P-A-T-R-I-C-K F-R-E-accent grave-R-E-B-E-A-U.

 B. Le mot secret. Taking turns with a partner, select a word or expression from the following list. Spell it out for your partner, who must write it down without looking, and then pronounce it out loud. Continue, alternating words, until you have spelled them all out.

> **MODÈLE:** —Le mot secret (L'expression secrète) s'épelle: J-E-nouveau mot-M-apostrophe-A-P-P-E-L-L-E.
> —Ah, c'est «je m'appelle».
> —Oui, c'est ça!

1. bientôt
2. pardon
3. ça va comme ci, comme ça
5. excusez-moi
4. bonjour
6. très bien

 C. Des célébrités. Choose your favorite celebrity for each of the following categories. Spell the names out to your neighbor to see if he/she can guess who they are.

> **MODÈLE:** —Mon acteur préféré s'appelle: J-A-M-I-E-nouveau mot-F-O-X-X
> —Il s'appelle Jamie Foxx?
> —Oui, c'est ça!

1. acteur / actrice
2. auteur / poète
3. réalisateur *(movie director)*
4. présentateur de télévision *(news anchor)*
5. athlète
6. professeur
7. chanteur *(singer)*

À vous de parler!

 A. Présentations. Greet five classmates, doing the following:

- Say hello, tell them your name, and ask them their name.
- Ask how they are; tell them how you are.
- Say good-bye. Use a variety of expressions.

Then greet your professor, and ask him/her how he/she is. *Pay attention to the expressions and pronouns you use for a peer versus those you use for your professor.*

> **MODÈLE:**
> —Salut! Je m'appelle Philippe. Et toi, comment tu t'appelles?
> —Bonjour, Philippe. Je suis Robert. Comment ça va?
> —Ça va bien, merci! Au revoir, Robert.
> —Au revoir, Philippe!

B. Conversations. Form groups of three or four, and introduce yourself to your classmates. Ask each classmate how to spell his/her name, and write it down. Continue the conversation.

> **MODÈLE:**
> —Bonjour, je m'appelle Karine Blondeau. Et toi?
> —Je m'appelle Raïsa Haj.
> —Raïsa Haj. Comment ça s'épelle?
> —Raïsa: R-A-I tréma-S-A Haj: H-A-J. Et Karine, comment ça s'épelle?
> —Karine: K-A-R-I-N-E Blondeau: B-L-O-N-D-E-A-U.
> —Enchantée, Karine. Comment vas-tu?
> —Je vais bien, merci. Et toi, ça va?
> —Ça va pas mal, merci.

Courtesy of Véronique Anover and Theresa A. Antes

Les Baux de Provence is a medieval village located in the south of France. Imaginez des questions logiques entre ces étudiants.

> **Petit lexique utile *(Useful lexical terms)***
>
> **s'embrasser** = to kiss on the cheeks or the mouth
>
> **un bisou ou un baiser** = a kiss on either the cheek or the mouth
>
> **une bise, un bisou sur la joue** = a light kiss on the cheek
>
> **un baiser sur la bouche** = a kiss on the mouth
> Attention! Never say **baiser** without **un** before it when you want to say a *kiss!* **Baiser** by itself means *to have intercourse* in slang! Since we are talking about slang, do you know how the French say *to give someone a French kiss?* They say **rouler un patin** or **rouler une pelle,** literally, *to spin the wheel of a roller skate* or *to spin a shovel!* Finally, to say *to shake hands* in French, we say **se serrer la main** (literally, *to squeeze each other's hand*).

Les francophones se saluent comme ça

The use of personal space differs widely from one culture to another. In general, personal space is not as restricted in the Francophone cultures as it is in the United States. Body contact occurs much more often in the Francophone world. Nevertheless, there are differences in typical greetings throughout the Francophone world.

Courtesy of Véronique Anover and Theresa A. Antes

Les Tunisiens: In Tunisia, people greet each other differently depending on whether they come from the capital, Tunis, or from a small town or village. In Tunis, friends and family members kiss each other on both cheeks when saying hello and good-bye: men kiss both men and women, and women also kiss women and men. This is called **faire la bise** in French, and it is not at all romantic. In small towns and villages in Tunisia, greetings are essentially the same except that after kissing on both cheeks, Tunisians hug each other for a long time. If Tunisians have just been introduced to each other, they shake hands; this is true for both men and women.

Les Canadiens: In Canada, French Canadian friends hug each other like Americans do. In some families, relatives kiss each other on both cheeks. Men who are related tend to shake hands when greeting one another. When meeting for the first time, both men and women shake hands.

Les Belges, les Suisses et les Français: The way Belgian, Swiss, and French people greet each other among friends and family members is very similar. In all three countries, men and women kiss each other on the cheek. **La bise** is exchanged between women, between men and women, and occasionally between male family members. In general, however, men tend to shake hands when greeting one another.

The main distinction between greetings in Belgium, Switzerland, and France lies in the number of kisses exchanged. Belgians tend to give three kisses, Parisians two (but people in the South of France give up to five kisses!), and the Swiss two. They rarely hug, unless it is a romantic long hug followed or preceded by a kiss on the mouth!

Courtesy of Véronique Anover and Theresa A. Antes

When meeting for the first time, people in all three countries usually shake hands, but women will occasionally exchange **la bise**—this is especially true if a woman is introducing one close friend to another close friend and it is assumed that they will also share a friendship.

When leaving, people once again kiss one another on the cheek. In fact, it is considered rude not to say good-bye to each person individually!

Courtesy of Véronique Anover and Theresa A. Antes

👥 Réfléchissons!

With a partner, discuss the following questions. When you have finished, share your responses with the whole class to see if you are all in agreement.

1. How do American friends and family members greet one another? Do you kiss and hug family members when greeting them? Do you do so in public, or only at home? What about among your friends? Are there differences depending on whether the person that you are greeting is a man or a woman?

2. How do you greet someone that you are meeting for the first time? Would you ever hug or kiss that person? Under what circumstances?

3. List all the differences that you can think of in typical greetings between Americans and between people in the Francophone groups listed in the reading.

4. Francophone speakers often have a different sense of personal space than Americans. When talking to each other they tend to stand quite close. What is the sense of personal space like in your country? Are you uncomfortable when someone is too close to you? Why?

Passage 2

Au restaurant universitaire

SOPHIE:	Ah! Mathieu, Caroline et Clémence–bonjour! Comment allez-vous?
MATHIEU, CAROLINE ET CLÉMENCE:	Salut, Sophie, ça va bien, et toi?
SOPHIE:	Moi, ça va super bien! Je vous présente Nathalie et Éric. Ils sont de Bruxelles.
CLÉMENCE:	Bonjour, je suis Clémence. Et moi aussi je suis de Bruxelles!
CAROLINE:	Et moi, c'est Caroline, et voilà Mathieu.
NATHALIE ET ÉRIC:	Bonjour, tout le monde![1]
SOPHIE:	Vous êtes libres ce week-end? Je fais une fête chez moi samedi.[2]
CLÉMENCE:	Génial! J'adore danser!
ÉRIC:	Moi aussi!
MATHIEU:	Dis, Sophie, quel est ton numéro de mobile?
SOPHIE:	C'est le 06.18.43.67.12. À samedi!

[1]Hello everyone!   [2]I am having a party at my place on Saturday.

Vous avez bien compris?

A. Comment dit-on? Answer the following questions about the preceding dialogue. In some cases, more than one response is possible; list all that you find.

1. Based on the drawings, what body language accompanies greetings in French? How do women greet other women? And how do men greet one another?
2. How did the students above ask *Are you free (to do something)?*
3. How did the students in the dialogue ask for a friend's telephone number?
4. How did the students in the dialogue respond?
5. In previous dialogues we have seen different ways to say good-bye. What is another way used in this dialogue? What do you think this expression means?
6. How did the students in the dialogue say *they are from*?

B. Présentations. Now let's go one step further! Fill in the blanks (in French!) according to the dialogue.

1. Une expression pour présenter des amis: _____
2. Sophie fait une _____ samedi.
3. Clémence adore _____. Éric adore _____ aussi.
4. Le numéro de mobile de Sophie c'est le _____.
5. Clémence est de _____, et Éric et Nathalie sont de _____ aussi!

→ Mon vocabulaire ←

Présentations

To introduce people to someone you call **tu:**

> Je te présente _____ (et _____). (Et voilà _____.)
> (Michel…), c'est _____.

To introduce people to someone you call **vous:**

> Je vous présente _____ (et _____). (Et voilà _____.)
> (Madame Leclair), c'est _____.

To introduce yourself and tell what city you are from:

> Je m'appelle…
> Je suis…
> Moi, c'est…
> Je suis de… (Marseille)

To indicate what city one person is from:

> Il est/elle est de… (Paris)

To indicate what city two or more people are from:

> Ils/elles sont de… (Genève)

Des projets

To ask if someone is free to do something:

For someone you call **tu:**	Tu es libre…?
For someone you call **vous:**	Vous êtes libre…?
For a group of people:	Vous êtes libres?

To talk about time:

ce matin	*this morning*
ce soir	*this evening*
ce weekend	*this weekend*
aujourd'hui	*today*

To ask someone for his/her telephone number:

For a person you call **tu:**	Quel est ton numéro de téléphone / de mobile?
For a person you call **vous:**	Quel est votre numéro de téléphone / de mobile?
To answer:	C'est le…

À vous!

A. Que dit-on? (What do we say?) Consider the following situations, and indicate if the speaker would most likely use **je te présente** or **je vous présente** to make the introduction.

1. student introducing his girlfriend to his parents
2. student introducing her best friend to her roommate
3. student introducing three apartment-mates to her father
4. student introducing his father to his professor
5. you introducing your parents to the president of the university

 B. Finissons la conversation! (Let's finish the conversation!) Complete the following dialogues in a logical way. Then, compare your responses with those of a partner.

1.   CHRISTINE: Bonjour, Joël. Comment vas-tu?

                   JOËL: _____, et toi?

            CHRISTINE: Je vais bien, merci. Joël, _____ Lucie.

                            Lucie, c'est Joël. Il _____ Lyon.

                   JOËL: Bonjour, Lucie.

                LUCIE: Enchantée, Joël. Moi aussi je _____

                            _____ Lyon!

            CHRISTINE: Vous _____ ce week-end? Allons *(Let's go)* au cinéma.

       JOËL ET LUCIE: Oui, bonne idée!

2.   SIMON: Excusez-moi, Monsieur Leclair. _____

                        _____ Madame Amon.

   MONSIEUR LECLAIR: Bonjour, Madame. _____

      MADAME AMON: _____, Monsieur.

                      _____?

   MONSIEUR LECLAIR: Je vais très bien, merci.

C. Ton profil. You are in France studying abroad for a year and you would like to make friends. Create your profile in Netlog™, the French version of Facebook™. Complete the following sentences with your information.

1. Je m'appelle _____.
2. Je suis de _____.
3. Mon numéro de téléphone c'est le _____.
4. J'adore _____. *(to dance)*
5. Je suis toujours _____ *(free/available)* pour danser!
6. À _____!

🔊 STRUCTURE 3

CD 1
Track 9

Les nombres de 0 à 30

Here are the numbers in French from 0 to 30. Memorize the spelling and make sure that you take some time to practice the pronunciation.

0	zéro	10	dix	20	vingt
1	un	11	onze	21	vingt et un
2	deux	12	douze	22	vingt-deux
3	trois	13	treize	23	vingt-trois
4	quatre	14	quatorze	24	vingt-quatre
5	cinq	15	quinze	25	vingt-cinq
6	six	16	seize	26	vingt-six
7	sept	17	dix-sept	27	vingt-sept
8	huit	18	dix-huit	28	vingt-huit
9	neuf	19	dix-neuf	29	vingt-neuf
				30	trente

🚩 VÉRIFIEZ Votre Compréhension

Much of language learning is paying attention to patterns that are repeated. What patterns can you find in the numbers 1–30 in French? In what ways are they similar to or different from the corresponding English numbers?

🔊 À l'écoute!

CD 1
Track 10

Écoutez bien! Listen to the following sentences, and indicate the number that is used in each one.

MODÈLE: You hear:

—Mathieu, tu as combien de cousins?

—*J'en ai sept.*

("Matthew, how many cousins do you have?"
"I have seven [of them].")

You answer ___✓___ 7   _____ 17

1. _____ 6   _____ 16   5. _____ 4   _____ 14
2. _____ 2   _____ 12   6. _____ 12   _____ 10
3. _____ 13   _____ 3   7. _____ 16   _____ 6
4. _____ 9   _____ 2   8. _____ 30   _____ 13

Pratiquons!

A. C'est combien? (*How much is it?*) With a partner, take turns asking and telling how much the following items cost, using the prices that you see on the tags. Follow the model.

MODÈLE: —C'est combien?
—C'est dix-huit euros.

1. **4** Francs Suisses
2. **22** DIRHAMS
3. **16** *Dinars*
4. **9 €**
5. **12 €**
6. **21** FRANCS SUISSES
7. **30 €**
8. **17** DIRHAMS

Le saviez-vous?
In France, Monaco, Belgium, and Luxembourg, as well as throughout most of the European Union, the common currency is the euro (€). In Switzerland, however, the Swiss franc **(le franc suisse)** is used. In Morocco the currency is the dirham, and in Tunisia the dinar.

B. Ça coûte... (*That costs . . .*) Imagine that you are shopping, and you have decided to pay by check. Your instructor will give you a number. Write down the numbers in letters *and* in numbers, the way you would on an American check.

MODÈLE: Your instructor says: *Ça coûte 23 euros.*
You write: **23** on the first line and ***vingt-trois*** on the second line.

1.
2.

3.
4.

5.
6.

STRUCTURE 4

CD 1
Track 11

Les nombres de 31 à 69

The numbers 31–69 follow the same pattern as the numbers 20–30:

30	trente	40	quarante	50	cinquante	60	soixante
31	trente et un	41	quarante et un	51	cinquante et un	61	soixante et un
32	trente-deux	42	quarante-deux	52	cinquante-deux	62	soixante-deux
33	trente-trois	43	quarante-trois	53	cinquante-trois	63	soixante-trois
34	trente-quatre	44	quarante-quatre	54	cinquante-quatre	64	soixante-quatre
35	trente-cinq	45	quarante-cinq	55	cinquante-cinq	65	soixante-cinq
36	trente-six	46	quarante-six	56	cinquante-six	66	soixante-six
37	trente-sept	47	quarante-sept	57	cinquante-sept	67	soixante-sept
38	trente-huit	48	quarante-huit	58	cinquante-huit	68	soixante-huit
39	trente-neuf	49	quarante-neuf	59	cinquante-neuf	69	soixante-neuf

Pratiquons!

A. Un examen d'arithmétique. (A math test.) Do the math! Use the appropriate French expressions, as in the models.

> **MODÈLES:** 18 + 7 *Dix-huit* **plus** *sept* **font** *vingt-cinq.*
> 42 − 12 *Quarante-deux* **moins** *douze* **font** *trente.*

1. 32 + 26
2. 49 + 14
3. 28 + 33

4. 57 − 51
5. 64 − 30
6. 69 − 41

B. Et en France, c'est combien? With a classmate look at the average prices below in France and the United States and tell the prices out loud to each other.

	En France	Aux États-Unis
1. Un croissant:	0,60 centimes d'euros	$1.50
2. Café Sumatra (Starbucks):	5€ 50 (Paris)	$10.65 (NY)
3. Un CD:	22€ 40	$14.38
4. Un lecteur DVD (Samsung):	52€	$37
5. Shampooing Kérastase (l'Oréal):	11€ 45	$32
6. Crème Clinique (Séphora):	55€ 10	$48.60

20 vingt · À vous!

CD 1
Track 12

STRUCTURE 5

Le verbe *être*

In the dictionary, a verb is listed in its *infinitive* form. This is the form that is used when you do not want to specify a subject or a tense, for example, after another verb (*I want **to see** that movie*).

In order to use most verbs, however, we need to conjugate them; that is, we need to put them in the appropriate form to agree with the subject we have chosen, and in the tense that we want to express (*I **want** vs. she **wants** vs. I **wanted,*** for example).

In French, we distinguish between irregular and regular verbs. Here, you will learn the irregular verb **être**. Irregular verbs do not follow any standard pattern of conjugation, and must be memorized individually.

Regular verbs, on the other hand, are conjugated alike; therefore, once you learn how to conjugate one verb, you can apply the same pattern to other verbs that are like it.

Here is the conjugation of the verb **être**.

Grammar Podcasts,
Grammar Tutorials

être	to be	être	to be
je **suis**	I am	nous **sommes**	we are
tu **es**	you are	vous **êtes**	you are
il / elle / on **est**	he / she / one is; we are	ils / elles **sont**	they (masc.) / they (fem.) are

Subject pronouns in French **(je, tu, il, elle, on, nous, vous, ils, elles)** are indispensable in the sentence (unlike in Spanish, for example). You must always use them with verbs.

The pronoun **on** means *one* or *we*. For example:

On est content dans la classe de français.   *One is happy in French class.*
                                                  or
                                         We are happy in French class.

On is always conjugated in the third person singular, like he/she **(il/elle).**

The pronoun **ils** refers to a group of males, or a group composed of males and females. The pronoun **elles**, on the other hand, can be used only when you are talking about all females. For example:

Catherine, Charlotte, Juliette et Vincent sont français; ils sont sympathiques.
Catherine, Sylvie, Patricia, and Roger are French; they are friendly.

To indicate what city you are from, use **être de:**

je suis de Paris, je suis de Québec, je suis de Genève.

Before a city that starts with an **h** or a vowel, use **être d':**

je suis d'Abidjan, je suis d'Angers.

Chapitre 1   Structure 5 • vingt et un   **21**

🚩 VÉRIFIEZ Votre Compréhension

1. Go back to the **Passage 2** section on page 14 and indicate who is telling where they are from. How do they say it?
2. Why does Sophie use the subject pronoun "ils" to say where Nathalie and Éric are from? What subject pronoun would she have used if she had been talking about Nathalie? And about Éric?

🔊 À l'écoute!

CD 1
Track 13

Petits Tuyaux! Listening for detail. In the next listening activity you will be asked to differentiate singular subjects from plural subjects in sentences where the verb **être** is used. As you may remember, the plural "s" at the end of a word is not pronounced in French (except when a verb starts with a vowel and you hear the liaison between ils/elles and the verb: ils adorent -/il-z-adorent/). Instead of listening for the sound "s" at the end of a word, pay attention to the verb conjugation.

Singular	**Plural**
suis, es, est, êtes	sommes, êtes, sont

In some instances, it is impossible to distinguish between a plural and a singular, for example, *vous êtes libres?* We can see from the "s" on libres that it is plural, but we cannot hear that "s" phonetically. In a case like this, you'll need context to help you determine if *vous* refers to one person or several.

Singulier ou pluriel? Listen to the following sentences. Choose S if the sentence is about one person, P if it is about more than one person, and ? if you can't tell. Attention! Sometimes you cannot distinguish singular and plural phonetically.

> **MODÈLE:** You hear: *Je suis d'Alger.*
> You check: ___✓___ S _____ P _____?

 Complete the diagnostic tests to check your knowledge of the vocabulary and grammar structures presented in this chapter.

1. _____ S _____ P _____?   5. _____ S _____ P _____?
2. _____ S _____ P _____?   6. _____ S _____ P _____?
3. _____ S _____ P _____?   7. _____ S _____ P _____?
4. _____ S _____ P _____?   8. _____ S _____ P _____?

Pratiquons!

Je peux conjuguer! (I can conjugate!) Complete the following sentences with the correct form of the verb *être*. Then make the substitutions indicated in parentheses.

1. *Je* _____ de Paris. (tu / il / vous)
2. *Vous* _____ libre ce soir? (tu / elle)
3. *Ils* n(e) _____ pas de Toulouse. (elle / je / tu)
4. *Nous* _____ de Québec. (elles / vous / il)
5. *Elle* n(e)_____ pas de Port-au-Prince. (je / nous / ils)
6. *Tu* _____ libre ce week-end? (vous / elles)

À vous de parler!

 A. Contacts. Go around the class and introduce yourself to five classmates. Ask them how they are doing. Tell them how you are doing. Get their first names **(prénoms)** and phone numbers and write them down. If you do not know how to spell a name, ask your classmates to spell it out for you: **Comment ça s'épelle?** Say *good-bye, see you later, see you soon,* etc. Finally, read each telephone number out loud. The person whose phone number you just read will say **«Allô? Bonjour!»**

1. Prénom _____ Numéro de téléphone _____
2. Prénom _____ Numéro de téléphone _____
3. Prénom _____ Numéro de téléphone _____
4. Prénom _____ Numéro de téléphone _____
5. Prénom _____ Numéro de téléphone _____

 B. Je te présente... Based on the information you gathered in activity A, introduce several of your classmates to other classmates and to your teacher.

- Use a variety of expressions to introduce one another.
- Use a French gesture when being introduced (i.e., shake hands, kiss, etc., as you feel is appropriate).

> **MODÈLE:** —*Daniel, je te présente Robert.*
> —*Bonjour, Robert. Enchanté.*
> —*Enchanté. Voilà Suzanne.*
> —*Bonjour, Suzanne.*
> —*Enchantée!*

C. Jeu de rôles. (Role play.) In groups of three, create a role-play dialogue in which you each adopt a specific role (student[s], professor[s], colleague[s], etc.).

- Greet and introduce one another and have a basic conversation.
- Pay specific attention to the different forms of the expressions that you use, depending on whether you would call one another **tu** or **vous**.
- Try to use a variety of expressions, to make your dialogue as interesting as possible.

> **MODÈLE:** —*Professeur Micah, je suis Caroline Richard. Et voici Paul Trudeau.*
> —*Bonjour!*
> —*Bonjour, Professeur Micah. Comment allez-vous?*
> —*Bien, merci. Et vous, comment allez-vous?*
> —*Je vais très bien, merci. À demain, Monsieur—je suis dans votre classe!*
> —*Très bien! À demain!*

Les universités en France sont comme ça!

Courtesy of Véronique Anover and Theresa A. Antes

Universities in France resemble those in the United States in many ways, but differ substantially in other ways. Students in France who wish to study at the university level must pass **le bac** (the **baccalauréat** exam) in high school. A passing score on this exam gives them admission to any university of their choice; otherwise, admission is not allowed. In this way, admission is more restricted than in the United States, where no national standards exist. (Individual universities in the United States determine their own admission policies, often based on SAT or ACT scores, but also have policies to admit students who have not taken such exams.) In France, not only is **le bac** required, but there are different exams based on the intended major of the student. There is a **bac-sciences,** for those who want to major in the natural sciences, and a **bac-lettres,** for those wanting to major in the humanities or social sciences, for example. The exam that a student takes determines which major(s) he/she will be allowed to pursue at the university level.

The French university system has undergone important changes in the last several years in order to make its degrees conform with those granted by other European universities. Under the new system, students from other European Union countries can study in France and obtain the equivalent of a diploma from their own country, and vice versa. In 2005 the French university system adopted the LMD reform. LMD stands for **Licence** (a three-year degree), **Master** (a five-year degree), and **Doctorat** (a six- to nine-year degree).

In France, the cost of a college education is much lower than in the United States for several reasons. First, all universities are controlled by the national government, and tuition is the same at all. Because the French government pays for many social services (through taxes paid by their citizens), university fees are very low, consisting of only a small "per credit" fee for each course taken. There is no competition between private and public universities, and no fees other than those for the classes that the student is taking. Every student enrolled in a university gets health insurance.

Student life is also different in substantial ways in France. All universities have dormitories (**la cité universitaire** or **la cité U**) and cafeterias (**la cafét, le restaurant universitaire,** or **le resto U**), but many students choose to attend the university that is closest to their home, and therefore continue to live at home with their families. Those who live in dormitories tend to stay there through the week, and then go home on the weekend. For these reasons, in addition to the fact that many of the universities are located in urban areas, campuses as we know them in the United States generally do not exist in France. Buildings are usually grouped in the same general area of town, but are intermixed with local businesses and residential areas. In this way, the university is not set apart from the town in which it is located, but is an integral part of it. Finally, intramural and club sports are popular at most universities, but there are no interuniversity sports—students are at the university to study, and sports have no prominence. Students find other reasons to come together—concerts, lectures, discussions at the local café—rather than gathering around a weekend football game!

With all these differences, how can we say that French universities are similar to their American counterparts? They offer courses in many disciplines, preparing students for professional careers of all sorts. They bring together students from many different ethnicities, social classes, nationalities, and backgrounds, both those with a family tradition of attending college and those who are the first generation in their family to earn a college degree. And perhaps most importantly, they provide a natural setting for conferences, concerts, poetry readings, debates, and the like, and in this way serve as a major cultural magnet for the town in which they are located, which often derives much of its identity from the college located there.

© Louis Jeanmart

Réfléchissons!

Answer the following questions based on the cultural reading.

1. What is your opinion of a national standardized exam that is mandatory for admission to college? Does this help to assure quality among the universities in the country, or does it limit access? Would you be in favor of such an exam in the United States?

2. What do you think of a national educational system that covers *all* educational levels, from preschool through college? Are there advantages that you can think of to not having private and public universities? What about disadvantages?

3. Are you surprised that there are no interuniversity sports in France (or in Europe, for that matter)? How would your university change if it had only club sports?

4. Imagine that you have decided to study abroad for a semester. What similarities do you think you would find between students in France and yourself? What differences?

À vous de lire!

A. Stratégies. Before reading, you should determine what your purpose for reading is, as this will change the way that you read. There are many ways that we can read: we can skim a passage to determine if it meets our interests, we can scan it to see if it has particular information that we are looking for, or we can read it in depth for complete understanding. Before you start to read, look at the activities provided with the reading passage to see what your goal is. If you are supposed to skim for general comprehension or scan for specific information, but you try to read for complete understanding, you may experience a frustration that was not intended! Likewise, if you only scan an article but the questions require complete comprehension, you may be unable to answer them. Determine your purpose before reading, and then read as necessary with that purpose in mind.

B. Avant de lire. The readings in this section come from the official websites of several French universities. Before reading, answer the following questions, then move on to activity C.

1. Have you ever looked at the official website for your university? If so, what type of information did you find? Indicate which of the items on the following list were included on your university website. (If you have not looked, try to guess what information might be included.)

    _____ Types of courses offered   _____ Date of sessions

    _____ Information about the town   _____ Student opinions

    _____ Photos of students   _____ Photos of professors

    _____ Degrees offered   _____ Student grades

    _____ Links to area newspapers   _____ Samples of exams

    _____ Dates of exams   _____ Sporting events

2. When and why do you read your university's website? What kind of information are you generally looking for? Why would you consult *another* university's website?

3. Who do you think the target audience for university websites is? Do they serve more than one potential audience? In what ways?

4. Look at the ad for the Sorbonne on page 28. It lists four different sessions: **Session d'*automne*, session d'*hiver*, session de *printemps*,** and **session d'*été*.** What do you think the difference is between these sessions? (Hint: Let your knowledge of English guide you!)

5. In the Sorbonne ad, what other unfamiliar words can you figure out the meaning of, based on your knowledge of vocabulary from this chapter and of English?

C. Lisons! Read the following websites in stages, answering the following questions. There will be many words that you have not yet seen; concentrate on figuring out what you can, using words that you saw in this chapter, words that resemble English words (we call these *cognates*), and words that you can figure out from the context. The rest will take care of itself!

1. First, *skim* each website briefly to understand the general nature of its message. Write the item(s) that best represent(s) the information included, and the intended audience.

   a. **La Sorbonne**

   Information included:
   _____ Types of courses offered
   _____ Information about Paris
   _____ Information about student housing
   _____ Admission requirements
   _____ Specializations of the university
   _____ Dates of sessions

   Intended audience:
   _____ Parents of students
   _____ International students
   _____ French students

   b. **Université de Nantes**

   Information included:
   _____ Types of courses offered
   _____ Information about Nantes
   _____ Information about student housing
   _____ Admission requirements
   _____ Specializations of the university
   _____ Dates of sessions

   Intended audience:
   _____ Parents of students
   _____ International students
   _____ French students

   c. **Université Montpellier 1**

   Information included:
   _____ Types of courses offered
   _____ Information about Montpellier
   _____ Information about student housing
   _____ Admission requirements
   _____ Specializations of the university
   _____ Dates of sessions

   Intended audience:
   _____ Parents of students
   _____ International students
   _____ French students

2. Now *scan* each website for more specific information, answering the questions that follow.

   a. What exactly would you study if you went to the Sorbonne to do the program presented on this web page? What courses would you take? When would those courses take place?

   b. The website for the Université de Nantes mentions a "Formation continue" and a "Université permanente" in two places. Given the information that appears with them (the mention of "auditeurs," for example), what do you think these items refer to?

   c. For whom would the Université Montpellier 1 not be a good choice (i.e., what majors are you not likely to find there, based on the specializations listed on this web page)?

   d. If you wanted to study sports and sports medicine, which of these universities would be your best choice?

   e. The Université Montpellier 1 lists **santé** as one of their areas of specialization. What do you think this term might mean, based on the information that follows it on the Université Montpellier 1 website?

Cours de Civilisation Française de la Sorbonne

Les cours

Les Cours de Civilisation Française de la Sorbonne s'adressent aux étudiants étrangers[1].Ils incluent des «cours pratiques» de grammaire, de la phonétique en laboratoire et des conférences de civilisation française.

EXAMENS à la fin de chaque session:

******

☞ CERTIFICATS—DIPLÔMES

    Activités annexes: visites de musées, excursions

☞ DATES ET HEURES DE COURS

Session d'automne
Dates: de septembre à décembre
Inscriptions: début septembre
Heures des cours:
Grammaire, phonétique: l'après-midi
Conférences: 12h–13h

Session d'hiver

Dates: d'octobre à janvier
Inscriptions: fin septembre
Heures des cours:
Grammaire, phonétique: matin ou après-midi au choix; + cours du soir.

Conférences: matin ou après-midi selon niveau.

☞ CONDITIONS D'ADMISSION

- 18 ans minimum
- Équivalence officielle du Baccalauréat français
- Visa de long séjour pour les pays hors Union européenne (faire une «demande de préinscription» par internet)

Session de printemps
Dates: de février à mai
Inscriptions: fin janvier
Heures des cours:
Grammaire, phonétique: matin ou après-midi au choix; + cours du soir
Conférences: matin ou après-midi selon niveau

Session d'été

Dates: entre juin et septembre 4, 6, 8 ou 11 semaines
Inscriptions: 1 semaine avant chaque session
Heures des cours: Grammaire, phonétique: le matin
Conférences: l'après-midi.

☞ PROGRAMMES DÉTAILLÉS ET TARIFS SUR LE SITE www.ccfs-sorbonne.fr

L'Université de Nantes

Pôle majeur d'enseignement supérieur et de recherche du Grand Ouest, l'Université de Nantes est l'une des grandes universités pluridisciplinaires françaises. Elle se développe dans un territoire attractif ayant une expansion économique et démographique forte et continue depuis deux décennies. Implantée à Nantes, Saint-Nazare et La Roche-sur-Yon, elle accueille 90% des étudiants sur le site de Nantes, 6e ville de France située sur l'estuaire de la Loire à une cinquantaine de kilomètres du littoral atlantique et à deux heures de Paris.

Une université de dimension européenne

45 200 étudiants parmi lesquels:

- 33 700 en formation initiale dont 3 360 étudiants étrangers
- 11 500 auditeurs de la Formation continue et de l'Université permanente

3 000 personnels et 1 400 personnels contractuels pour la formation et la recherche

[1]internationaux

Données 2009

21 centres de formation initiale et de recherche parmi lesquels:

- 11 facultés et unités de formation et de recherche (UFR)
- 8 instituts
- 1 école d'ingénieurs
- 1 observatoire des sciences de l'Univers
- 1 centre de formation continue
- 1 université permanente ouverte à tout public

Université Montpellier 1

Forte d'une longue tradition en matière médicale et juridique, l'Université Montpellier 1 a su préserver ses caractéristiques tout en s'ouvrant au monde du XXIᵉ siècle. Université pluridisciplinaire, ce sont les UFR (Unités de formation et recherche) et Instituts regroupant une à plusieurs disciplines fondamentales qui organisent les enseignements autour de trois axes principaux:

Autour de l'axe droit, économie, gestion et administration, se regroupent:
- l'UFR de Droit
- l'UFR d'Administration Économique et Sociale (AES)
- l'UFR de Sciences Économiques
- l'Institut Supérieur de l'Entreprise de Montpellier (ISEM)
- l'Institut de Préparation à l'Administration Générale (IPAG)

Jean Claude Moschetti/REA/Redux

Autour de l'axe santé, se regroupent:
- l'UFR de Médecine
- l'UFR d'Odontologie
- l'UFR de Sciences Pharmaceutiques et Biologiques

Autour de l'axe sport, s'est développée jusqu'ici:
- l'UFR Sciences et Techniques des Activités Physiques et Sportives (STAPS)

D. Après la lecture. Answer the questions that follow, based on the information that you learned while reading.

1. Think back to the information that you predicted would appear on a university website. Do these sites provide that information, in general? In what ways did they provide or not provide what you expected to find?

2. Based on your own interests, would one of these programs appeal to you more than others? Which one, and why?

3. How do these universities compare to American universities, based on what you read? In what ways are they different?

4. What parts of American university life are not represented on these web pages? Why do you think this is the case? (Is it because they are not part of French university life, or are they simply not mentioned on this page?)

5. What percentage of these sites would you say that you were able to read in French? Does this surprise you?

Lexique 🔊

The vocabulary terms are recorded and available on the Premium website: www.cengagebrain.com/shop/ISBN/0495912085

Salutations *Greetings and good-byes*

À bientôt.	*See you soon.*	Au revoir.	*Good-bye.*
À demain.	*See you tomorrow.*	Bonjour.	*Hello.*
À plus. / À plus tard.	*See you later.*	Ciao.	*See you.*
À tout à l'heure.	*See you in a while.*	Salut.	*Hi. / Bye. (informal)*

Présentations *Introductions*

Comment tu t'appelles? / Comment t'appelles-tu?	*What is your name? (informal)*	Qui êtes-vous?	*Who are you? (formal)*
		Tu es... ?	*Are you . . . ?*
Comment vous appelez-vous?	*What is your name? (formal)*	Je te présente...	*This is . . . (informal) (literally: I present . . . to you.)*
Enchanté. / Enchantée.	*It's nice to meet you. (masculine/feminine)*	Je vous présente...	*This is . . . (formal) (literally: I present . . . to you.)*
Excusez-moi.	*Excuse me.*	(Madame Leclair), c'est...	*(Mrs. Leclair), this is . . .*
Je m'appelle...	*My name is . . .*	et voilà...	*and here is . . .*
Je suis...	*I am . . .*	Vous êtes... ?	*Are you . . . ?*
Moi, c'est...	*Me, my name is . . . / Me, I am . . .*	Je suis de... (Marseille)	*I am from . . . (Marseilles)*
Pardon, Madame / Monsieur / Mademoiselle.	*Excuse me, ma'am / sir / young lady.*	Il est/elle est de... (Paris)	*He/she is from . . . (Paris)*
Pardonnez-moi.	*Pardon me.*	Ils/elles sont de... (Genève)	*They are from . . . (Geneva)*
Qui es-tu?	*Who are you? (informal)*		

Questions personnelles *Personal questions*

Ça va?	*Is it going okay? Is everything okay?*	Je vais bien, merci.	*I'm doing well, thank you.*
Ça va.	*It's going okay.*	(Je vais) pas mal.	*Not bad.*
Comme ci comme ça.	*So-so.*	Comment vas-tu?	*How are you?*
Comment ça va?	*How is it going?*	Je vais bien, et toi?	*I'm doing well, and you? / I'm good, and you?*
Ça va bien.	*It's going well.*		
Ça va pas mal.	*It's going all right.*		
Ça peut aller.	*It could be better.*	Très bien, merci.	*Very good/well, thank you.*
Comment allez-vous?	*How are you?*		

Des projets *Plans*

aujourd'hui	*today*	Quel est votre numéro de téléphone / de mobile?	*What's your phone number? (formal)*	Vous êtes libre?	*Are you free? (formal, singular)*
ce matin	*this morning*				
ce soir	*this evening*				
ce week-end	*this weekend*	C'est le...	*It's . . .*	Vous êtes libres?	*Are you free? (plural)*
Quel est ton numéro de téléphone / de mobile?	*What's your phone number? (informal)*	Tu es libre?	*Are you free? (informal)*		

Je suis comme je suis

Courtesy of Véronique Anover and Theresa A. Antes

CHAPITRE 2

In this chapter, you will learn how to describe yourself and others. You will also talk about your daily activities, your professions, and your pets.

VOCABULARY
- Describing yourself and others
- Talking about your personality
- Talking about daily activities, professions, and pets

STRUCTURES
- Negation
- The verb **avoir**
- Adjective agreement and placement
- Regular **-er** verbs
- Indefinite articles

CULTURE
- A portrait of the French and francophones

iLrn

🔊)) Audio

🌐 www.cengagebrain.com/
shop/ISBN/0495912085

RESSOURCES

Passage 1

Je suis...

In this chapter you will learn how to describe yourself and others and to talk about your hobbies, your pets, and your work. First, meet the following people and Boulotte (the dog) as they describe themselves to you.

Alain

Je suis de Fort-de-France
  (Martinique).
Je suis grand.
Je suis sportif.
Je suis intelligent.
Je ne suis pas
  provocateur.

Courtesy of Véronique Anover and Theresa A. Antes

Bébé Alex

Je suis de Bordeaux (France).
Je suis tout petit.
Je ne suis pas grand.
Je suis content.
Je suis amusant.
Je suis mignon!

Courtesy of Véronique Anover and Theresa A. Antes

Rhaimona

Je suis de Moorea (Tahiti).
Je suis petite.
Je suis sympathique.
Je suis sociable.
Je suis intelligente.

Courtesy of Véronique Anover and Theresa A. Antes

Lucien

Je suis de Pointe-à-Pitre
  (Guadeloupe).
Je suis grand.
Je suis sympathique.
Je suis beau.
Je suis optimiste.

Courtesy of Véronique Anover and Theresa A. Antes

Yolanda

Je suis de Montréal (Canada).
Je suis grande.
Je suis sportive.
Je suis contente.
Je suis courageuse
  et amusante.

Courtesy of Véronique Anover and Theresa A. Antes

Boulotte

Je suis de Toulouse (France).
Je suis forte.
Je ne suis pas timide.
Je suis poilue.
Je suis courageuse.

Courtesy of Véronique Anover and Theresa A. Antes

Vous avez bien compris?

Complete the following sentences based on the preceding descriptions. Since more than one response is possible in some cases, choose a logical one.

1. Yolanda: Je suis _____ et *(and)* je suis _____.

2. Lucien: Je suis _____.

3. Alex: Je suis _____ petit. Je ne suis pas _____.

4. Boulotte: Je suis _____.

5. Alain: Je suis _____. Je suis de _____.

6. Rhaimona: Je suis _____ et je _____ _____ Moorea.

CD 1
Track 14
(cont.)

Now, Alain wants you to meet his friends, Anou and Gérard. He is describing them to you.

Anou

Elle est de Bruxelles (Belgique).
Elle est petite et élégante.
Elle est amusante.
Elle est belle.
Elle n'est pas pessimiste.

Courtesy of Véronique Anover and Theresa A. Antes

Gérard

Il est de Québec (Canada).
Il est grand.
Il est optimiste.
Il est sociable.
Il est gentil.

Courtesy of Véronique Anover and Theresa A. Antes

Vous avez bien compris?

Vrai ou faux? *(True or false?)* Indicate whether the following statements about Anou and Gérard are **vrai** ou **faux.** Correct the sentences that are not true.

1. Gérard n'est pas sociable. _____ vrai _____ faux

2. Anou est grande. _____ vrai _____ faux

3. Anou n'est pas élégante. _____ vrai _____ faux

4. Gérard est pessimiste. _____ vrai _____ faux

5. Gérard est grand. _____ vrai _____ faux

6. Gérard n'est pas gentil. _____ vrai _____ faux

7. Anou est pessimiste. _____ vrai _____ faux

8. Anou est belle. _____ vrai _____ faux

→ Mon vocabulaire ←

Les adjectifs descriptifs (1)

Following is a list of physical and emotional descriptors. Some of these words you are already familiar with from the descriptions in *Passage 1;* others will be new to you. Can you guess the meaning of the new words? Many of them are cognates, which means they are very similar to their English equivalents. You will find translations next to the words that are not cognates.

The following adjectives are the same in their masculine and feminine forms.

optimiste	riche		triste	*sad*
pessimiste	pauvre	*poor*	timide	
sociable	sympa(thique)	*friendly*	jeune	*young*
stupide	antipathique	*unfriendly*	mince	*thin*

The following adjectives are spelled differently in their masculine and feminine forms.

To talk about a male:	To talk about a female:	
beau	belle	
laid	laide	*ugly*
mignon	mignonne	*cute*
grand	grande	*tall, big*
petit	petite	
(tout) petit	(toute) petite	
vieux	vieille	*old*
sportif	sportive	
élégant	élégante	
bavard	bavarde	*talkative*
content	contente	*happy*
gentil	gentille	*nice*
méchant	méchante	*mean*
intelligent	intelligente	
courageux	courageuse	
poilu	poilue	*hairy*
fort	forte	*strong*
amusant	amusante	
ennuyeux	ennuyeuse	*boring*
provocateur	provocatrice	
joli	jolie	*pretty*
gros	grosse	*overweight*
paresseux	paresseuse	*lazy*

À vous!

A. Comment sont-ils? *(What are they like?)* Choose from the list provided the adjectives that best characterize the following famous personalities.

1.  Tom Cruise. Il est... (timide / mince / petit / sympathique / (élégant) / (beau) / amusant / fort / intelligent / laid / mignon / méchant)

2. Larry King. Il est... ((riche) / (amusant) / (bavard) / (beau) / poilu / (intelligent) / (petit) / (élégant) / laid / ennuyeux / (vieux))

3.  Oprah Winfrey. Elle est... (mince / (très riche) / (optimiste) / (belle) / (amusante) / (élégante) / (intelligente) / (bavarde) / (sympathique))

4. Yao Ming. Il est... (paresseux / gros / fort / laid / sportif / pauvre / grand / beau / mince / ennuyeux / amusant)

5.  Michael Moore. Il est... (amusant / intelligent / provocateur / mince / courageux / élégant / beau / petit / optimiste)

6. Julia Roberts. Elle est... (jolie / timide / sympathique / vieille / élégante / laide / mince / petite / ennuyeuse / jeune)

7.  Céline Dion. Elle est... (ennuyeuse / gentille / belle / intelligente / amusante / pauvre / mince / poilue / jeune).

Now, compare the characteristics you gave to each one of the preceding celebrities with your classmates. Are you in agreement with your classmates?

oui, iles es Sympatique et élégante.

B. Trouvez-les. (*Find them.*) First, look at the following drawings. Then, describe them to your classmate without following the numerical order in which they appear. Your classmate will tell you which drawing you are describing.

1.

2.

3.

4.

5.

6.

C. Et toi, tu es comment? (*And you, what are you like?*) Find out how your classmate views himself/herself. Your classmate will start his/her answers by saying **Je suis…** (*I am . . .*).

> **MODÈLE:** Tu es riche?
>
> *Non! Je suis pauvre! / Oui! Je suis très riche!*

1. Tu es optimiste?
2. Tu es grand(e)?
3. Tu es méchant(e)?
4. Tu es intelligent(e)?
5. Tu es ennuyeux (ennuyeuse)?
6. Tu es provocateur (provocatrice)?
7. Tu es content(e)?
8. Tu es bavard(e)?

Now, share your partner's answers with the class to find out the following information.

1. Qui est le plus grand / la plus grande (*the tallest*) de la classe? C'est (*It is*)…
2. Qui est le plus provocateur / la plus provocatrice de la classe? C'est…
3. Qui est le plus optimiste / la plus optimiste de la classe? C'est…
4. Qui est le plus content / la plus contente de la classe? C'est…

STRUCTURE 1

La négation: *ne... pas / n'... pas*

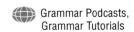
Grammar Podcasts,
Grammar Tutorials

In Chapter 1, you learned how to conjugate the verb **être** to tell what your name is or to describe where you are from.

> *Je suis Clémence Toussaint; je suis de Toulouse.*

In this chapter, you've seen it used with adjectives, to tell what you're like.

> *Je suis riche; je suis sociable.*

To negate a sentence, place **ne... pas** around the verb. With a verb that starts with an **h** or a vowel, use **n'... pas.** Compare the affirmative mode versus the negative in the following sentences.

Affirmative	Negative
Je suis riche.	Je **ne** suis **pas** riche.
Tu es optimiste.	Tu **n'**es **pas** optimiste.
Elle est belle.	Elle **n'**est **pas** belle.
Nous sommes grands.	Nous **ne** sommes **pas** grands.
Vous êtes bavards.	Vous **n'**êtes **pas** bavards.
Ils sont gentils.	Ils **ne** sont **pas** gentils.

VÉRIFIEZ Votre Compréhension

1. Go back to the **Passage 1** section and pick out the negative sentences. Explain how the negative is formed in each case.
2. How would you negate the sentences that describe Gérard?

Courtesy of Véronique Anover and Theresa A. Antes

Elle n'est pas méchante.

Courtesy of Véronique Anover and Theresa A. Antes

Il n'est pas gros.

Pratiquons!

A. Corrections. Your friend makes erroneous statements about the following people. Correct him/her using the negative. Follow the model.

> **MODÈLE:** Oprah Winfrey est de Miami. (Chicago)
> *Non, elle n'est pas de Miami, elle est de Chicago.*

1. Céline Dion est de Paris. (Montréal)
2. Janet et Germaine Jackson sont de Chicago. (Gary [Indiana])
3. Michael J. Fox est très grand. (petit)
4. Miley Cyrus est vieille. (jeune)
5. Nous sommes antipathiques. (sociables)
6. Vous êtes de Nice. (??)

B. Oui ou non. Say if the descriptions match the pictures or not. Correct the wrong descriptions. Follow the model.

> **MODÈLE:** Il est gentil.
> You say: *Mais non! Il n'est pas gentil. Il est méchant!*

1.

   Il est mince.

   Mais non! Il n'est pas mince. Il es

2.

   Nous sommes timides.

3.

   Marc et Bernard sont pauvres.

4.

   Thomas est content.

5.

   Ils sont ennuyeux.

6.

   Sylvie et Corinne sont jeunes.

7.

   Simon est gros.

CD 1
Track 15

Passage 2

Descriptions

Now, some of the people you met previously are talking about their own physical features. They are describing themselves to you.

Bébé Alex
J'ai les cheveux châtains[1] et très courts.
J'ai les yeux bleus.
J'ai quatre dents[2].

Rhaimona
J'ai les cheveux noirs et lisses.
J'ai les yeux verts.
J'ai les cheveux longs.

Lucien
J'ai les yeux noirs.
J'ai les cheveux mi-longs et frisés.
curly

Yolanda *blond*
J'ai les cheveux blonds et courts.
J'ai les yeux bleus.
eyes are blue

Anou
Elle a les cheveux blonds, courts et un peu[3] bouclés.
Elle a les yeux bleus.

Gérard
Il a les cheveux lisses et gris.
Il a les yeux noirs.
z'eu

Vous avez bien compris?

Qui est-ce? (Who is it?) Write the name of the person(s) who is (are) making the following statements about their physical appearance.

1. J'ai les cheveux très courts. *Bébé Alex*
2. J'ai les cheveux frisés. *Lucien*
3. J'ai les cheveux mi-longs. *R*
4. J'ai les cheveux gris.
5. J'ai les yeux verts.
6. J'ai les yeux bleus. *Yolanda*

[1] The adjective **châtain** is always *masculine*. It is invariable in gender, i.e., it never adds an **-e**. However, it agrees in number with the noun: **les cheveux châtains**.   [2] *teeth*   [3] *a little bit*

Chapitre 2   Passage 2 • trente-neuf   **39**

→ Mon vocabulaire ←

Les adjectifs descriptifs (2)

Here are some adjectives for describing hair and eye color.

Les cheveux

bruns   noirs   roux

Les yeux

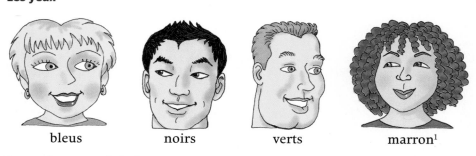

bleus   noirs   verts   marron[1]

Les couleurs en général

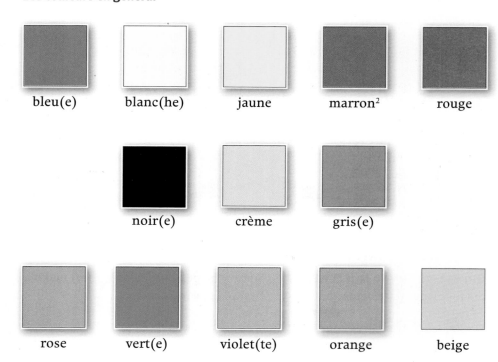

bleu(e)   blanc(he)   jaune   marron[2]   rouge

noir(e)   crème   gris(e)

rose   vert(e)   violet(te)   orange   beige

---

[1] The adjective **marron** is always masculine. It is invariable, i.e., it never adds an **-e** or an **-s**, no matter the gender or number of the noun it is modifying.   [2] Reminder: when talking about hair color, use **brun** for brown.

À vous!

A. Cheveux et yeux. Look at the following people and decide which adjectives from the *Passage 2* and *Mon vocabulaire* sections fit them best.

MODÈLE: Stéphane a...

Stéphane a les cheveux châtains et les yeux marron.

1. Alexandre a... *les cheveux châtains et le yeux marron.*

2. Marie-Louise a... *Les cheveux noirs et les yeux noirs*

3. Laura a... *les cheveux bruns et lisses, Elle a les yeux verts.*

4. Éric a... *les cheveux courts et blonds. Il a le yeux marron*

B. Devinez! (Guess!) Take turns describing one of your classmates to the class. The class will guess which student has been described.

MODÈLE: *Il a les cheveux longs et blonds. Il a les yeux bleus. Il est très sympa et très beau!*

C. De quelle couleur est-ce? (What color is it?) The following items are known for their characteristic colors. Give the color, in French, of each of the items mentioned, paying attention to the gender and number of each.

1. Les yeux d'Elizabeth Taylor. Ils sont _violets_.
2. Les poils d'un tigre. Ils sont _noirs_ et _orange_.
3. Les roses. Elles sont _rouge_, _____ ou _____.
4. Le drapeau (*flag*) américain. Il est _rouge_, _bleu_ et _blanc_.
5. Les éléphants. Ils sont _gris_.

STRUCTURE 2

CD 1
Track 16

Le verbe *avoir*

When talking about possession and parts of the body, use the verb **avoir** as you have seen in the *Passage 2* section: **j'ai les yeux bleus, j'ai les cheveux frisés.**

Here is the conjugation of the verb **avoir.**

avoir	to have	Negation
j'**ai**	*I have*	*Je n'ai pas les cheveux lisses.*
tu **as**	*you have*	
il / elle / on **a**	*he / she / one has*	
nous **avons**	*we have*	*Nous n'avons pas les yeux marron.*
vous **avez**	*you have*	
ils / elles **ont**	*they (masc.) / they (fem.) have*	

 VÉRIFIEZ Votre Compréhension

1. Go back to the *Passage 2* section on p. 39 and read the descriptions again. How does Yolanda say *I have blue eyes*?
2. How does Lucien say about Anou that *she has short blond hair*?

Rohan/Stone/Getty Images

C'est au Maroc (*Morocco*) ou en Côte d'Ivoire (*Ivory Coast*)?

🔊 À l'écoute!

> **Petits Tuyaux! Determining Word Boundaries.** One of the hardest things about learning to listen in a foreign language is determining where one word ends and another starts. Remember the old childhood rhyme *"I scream - you scream - we all scream for ice cream!"*? Children love that so much because *I scream* and *ice cream* sound almost identical.
>
> This is especially problematic in a language like French because it has a feature called *liaison*, which means that if a word begins with a vowel, the consonant from the word before it is going to carry over.
>
> You saw that in the last chapter with expressions like **Comment allez-vous**? where the 't' from **comment** is pronounced with **allez**. As you do the first activity, read along while you listen, paying careful attention to how the words are pronounced, and how they run together in French. Then close your eyes and listen several more times, trying to pick out the individual words that you know until you can understand what you hear without reading it at the same time.

Les verbes *être* et *avoir*. Distinguishing between the pronunciation of **être** and **avoir** can be difficult. It takes lots of practice listening not to confuse them. Repeat the following sentences and phrases.

Tu es gentil.   Tu as les cheveux courts.
Tu es   Tu as
Il est grand.   Elle a les yeux noirs.
Il est   Elle a
Elles sont contentes.   Elles ont les cheveux bouclés.
Elles sont   Elles ont

Now, indicate the phrases that you hear.

1. _____ Tu es   _____ Tu as
2. _____ Ils ont   _____ Ils sont
3. _____ Elle a   _____ Elle est
4. _____ Il est   _____ Il a
5. _____ Elles sont   _____ Elles ont

Courtesy of Véronique Anover and Theresa A. Antes

Le ballon est rouge et petit; le garçon est grand et il a les cheveux très longs! C'est vrai? Non? Pourquoi?

Pratiquons!

A. Qui a quoi? (Who has what?) Match each subject in the left column with an appropriate sentence completion in the right column. Make sure that the verb form agrees with the subject.

1. Frédéric
2. Les étudiants
3. Je (J')
4. Nous
5. Tu
6. Vous

a. ai les yeux marron.
b. avez les yeux noirs.
c. a les cheveux bouclés.
d. ont les cheveux roux.
e. as les cheveux très courts.
f. avons les yeux bleus.

B. Descriptions. Look at the following photos. For each one, first tell what kind of hair the person does *not* have, and then go on to describe the person's hair. Next, do the same thing for the person's eyes.

MODÈLE: Stéphane

Courtesy of Véronique Anover and Theresa A. Antes

Stéphane n'a pas les cheveux frisés; il a les cheveux lisses.

Il n'a pas les yeux verts; il a les yeux marron.

1. Laura *elle*

Courtesy of Véronique Anover and Theresa A. Antes

2. Alexandre *non, il a*

Courtesy of Véronique Anover and Theresa A. Antes

3. Éric

Courtesy of Véronique Anover and Theresa A. Antes

4. Marie-Louise

Courtesy of Véronique Anover and Theresa A. Antes

Les Français et les francophones sont comme ça

Vous allez rencontrer[1] de vrais[2] Français et francophones. Lisez[3] leurs descriptions physiques.

Elle est de Paris. Elle a les cheveux bruns, longs et lisses. Elle est très sympa. Elle a les yeux verts. Elle est petite et mince. Elle est jeune. Elle est étudiante à l'université.

Elle est de Tunis. Elle a les cheveux noirs, longs et lisses. Elle est grande et mince. Elle est amusante et sportive. Elle est mère de famille et femme au foyer[4]. Elle a trois enfants.

Il est de Pointe-à-Pitre, Guadeloupe. Il est mince. Il est fort et sportif. Il est intelligent. Il est écrivain[5]. Il a les cheveux noirs et frisés. Il est mignon!

Il est canadien. Il a les cheveux gris. Il est gentil. Il est amusant. Il est beau! Il est comédien[6].

Elle est de Genève (Suisse). Elle est entrepreneuse. Elle a les cheveux longs. Elle est très intelligente. Elle a les yeux marron. Elle est jeune maman[7].

Rahma

Jean

Sandrine

Alix

Ana

Réfléchissons!

1. What are the Americans that you know like? Are they very different from the French/Francophone people that you just met? Explain your answer.

2. Do you have a stereotypical image of the French and Francophone people? When you think about a man/woman from France, what image comes to your mind? And a man/woman from Morocco or Tunisia? How about someone from the French Caribbean (Martinique, Guadeloupe)? Did the people you just met conform to the images you had in mind? How do you think that the French/Francophone people view Americans? What is the stereotypical image they may have? Why is it or is it not a good idea to stereotype?

[1]*You are going to meet*   [2]*real*   [3]*Read*   [4]*housewife*   [5]*writer*   [6]*actor*   [7]*young mother*

Passage 3

who are you   where do you live

Qui êtes-vous? Où est-ce que vous habitez? Avec qui? Qu'est-ce que vous aimez faire le week-end?

Je m'appelle Yolanda. Je suis mariée. *married*

J'habite une maison à Montréal avec ma famille.

Le week-end, nous regardons la télé, ou nous *we watch*
  jouons au Monopoly. *play*

Nous ne voyageons pas souvent, mais de temps *travel no*
  en temps nous aimons aller à Toronto.

Je suis entrepreneuse, et je travaille dans *work*
  un bureau. Je parle français, anglais *office speak*
  et espagnol.

Je suis médecin. Je m'appelle Roland Gaillard. *doctor*
work
Je travaille dans un hôpital à Paris.

Normalement, je commence à 7 h du matin, et je *start*
  termine à 18 h. C'est une journée très longue! *end day long*

Je suis marié, mais je n'ai pas d'enfants. *don't have kids*

Le week-end, ma femme et moi, nous jouons au
  tennis.

Nous voyageons souvent aussi—nous aimons visiter *we travel often also like*
  la Belgique et le Luxembourg, parce que nous
  avons de la famille là-bas.

Je m'appelle Lucien.

Je suis étudiant à l'université de Bordeaux.

J'ai une fiancée. Elle s'appelle Pascale. Elle est
  belle et dynamique!

J'étudie beaucoup, mais je ne travaille pas. *a lot*

Je n'ai pas beaucoup d'argent, donc, je ne *a lot money*
  mange jamais[1] au restaurant. *eat in*

J'habite dans une cité universitaire. Ma cham- *room*
  bre est petite, mais confortable.

Le soir, j'écoute de la musique. J'aime surtout *night I listen mostly*
  le rock classique.

[1]*never*

Courtesy of Véronique Anover and Theresa A. Antes

Je m'appelle Claire. Je suis divorcée, avec deux enfants.
Je suis pilote chez Air France, donc je voyage souvent!
Mes enfants et moi, nous habitons à Grenoble.
Nous cherchons un nouvel appartement—notre appartement est trop petit.
Mes enfants aiment jouer au football, et ils aiment aussi regarder les sports à la télévision.
Le week-end, nous mangeons chez mes parents. Ils habitent à Grenoble aussi.
Nous avons un chien. Il s'appelle Marcel.

Courtesy of Véronique Anover and Theresa A. Antes

Vous avez bien compris?

Answer the following questions with a word or two. In some cases, more than one response may be correct.

1. Qui habite dans un appartement?
2. Qui n'est pas marié?
3. Qui aime regarder la télé?
4. Comment s'appelle la personne qui ne mange pas au restaurant?
5. Quelle est la profession de Roland? Et de Yolanda?
6. Où est-ce que Yolanda habite? Et Lucien?
7. Qu'est-ce que Claire cherche?
8. Quelle est la musique préférée de Lucien?
9. Quel est le sport préféré de Roland?

Mots utiles
qui = who
où = where
qu'est-ce que = what
quel(le) = which/what

Courtesy of Véronique Anover and Theresa A. Antes

Based on the first sentence on the street sign, **J'aime mon quartier,** what does **je ramasse** mean? The fine is 457 euros. How does that compare with the fine in your country? Are there signs like this one in your country?

Les activités, les professions, les animaux domestiques

Pour parler des professions

un/une pilote	un médecin / une femme médecin
un/une dentiste	un vendeur / une vendeuse
un/une architecte	un étudiant / une étudiante
un/une secrétaire	un professeur / une professeure
un/une juge	un assistant / une assistante
un avocat / une avocate	un entrepreneur / une entrepreneuse
un technicien / une technicienne	un ingénieur / une ingénieure
un policier / une policière	

Pour parler de vos activités

Verbes apparentés

adorer	commencer	danser	détester	préférer
préparer	regarder	téléphoner à	terminer	voyager

Verbes non-apparentés

chercher   trouver

Elle cherche son portable. Elle trouve son portable.

jouer-pratiquer

Ils jouent au football. Ils pratiquent le football.

appeler[1]   parler

Marc appelle Sophie. Marc et Sophie parlent au téléphone.

chanter   écouter   fumer

Ils écoutent de la musique, ils chantent, et ils fument.

[1]This verb (*to call*) is similar to the verb **s'appeler** (*to be called, to be named*). You saw some forms of **s'appeler** in Chapter 1. This type of verb is called a pronominal verb, because it uses an additional pronoun, in addition to the subject pronoun. We'll see the full conjugation of these verbs in a later chapter.

acheter   travailler

La femme achète un CD. L'homme travaille.

habiter   manger   étudier

Ils habitent un appartement. Sami et Ana mangent; Karine étudie.

Pour parler de vos animaux

un chien

un chat

un hamster

un lapin

un poisson rouge

un cochon d'Inde

un oiseau

À vous!

A. Activités. Look at the following nouns, and tell which verb you associate with each. (Note that verbs in French don't need a preposition, unless specifically listed: for example, **jouer à**.)

> **MODÈLE:** la radio
>
> *écouter la radio*

1. la télévision
2. une pizza
3. français

4. une chanson *(a song)*
5. une cigarette
6. les chiens

B. Les professions. Indicate who performs the following activities. List as many professions as you can think of.

> **MODÈLE:** travailler au tribunal *(courthouse)*
>
> *Un(e) juge, un(e) avocat(e), un(e) secrétaire, un policier/une policière*

1. travailler sur le campus
2. préparer des projets importants
3. travailler dans un hôpital

4. voyager souvent
5. travailler le week-end

C. Les animaux domestiques. Determine the best pet for someone with the following living arrangements.

1. un petit appartement
2. une chambre *(room)* à l'université
3. une maison *(house)*

4. une maison et trois petits enfants
5. un appartement spacieux
6. un énorme jardin *(yard, garden)*

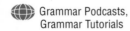 Grammar Podcasts, Grammar Tutorials

 CD 1 Track 25

STRUCTURE 4

Les verbes en *-er* (Introduction)

The most common type of regular verb in French has an infinitive ending in **-er.** The infinitive is the form that corresponds to the *to* form in English *(to sing, to eat).*

In order to conjugate a verb in French, you must first drop the infinitive ending, and then add the ending that corresponds to the subject you have chosen. The present indicative tense (the form used to indicate facts in the present) for **-er** verbs follows.

chanter	
je chant**e**	nous chant**ons**
tu chant**es**	vous chant**ez**
il / elle / on chant**e**	ils / elles chant**ent**

These present tense verbs have several translations in English: **je chante** can mean *I sing, I am singing,* or *I do sing.* The context will help you determine which meaning the speaker intends.

Memorize these forms—once you know them, you can use them for any regular **-er** verb.[1] The negative of these verbs is formed in the same way as for **avoir** and **être: ne** is placed before the verb and **pas** after it.

je n'aime pas   tu ne chantes pas   vous ne préférez pas

- **Stem-changing verbs:** A few verbs in French have spelling variations. These changes occur because of phonetic changes in the stem, but the endings are still regular. Pay careful attention to the differences in the spellings of the verbs below.

appeler		préférer[2]	
j'appelle	nous appelons	je préfère	nous préférons
tu appelles	vous appelez	tu préfères	vous préférez
il / elle / on appelle	ils / elles appellent	il / elle / on préfère	ils / elles préfèrent

Verbs conjugated like **préférer** and **appeler** are frequently referred to as *stem-changing verbs.* Notice that in both cases, the **nous** and **vous** forms keep the original form of the infinitive, and the four other forms have a different stem.

- **Combining two verbs:** Like English, French often combines two verbs to include the meaning of both in a single sentence. This is especially common with verbs that express likes and dislikes. When this happens, the first verb is always conjugated, and the second is always left in the infinitive.

J'aime voyager en Europe.   I like to travel in Europe.

 VÉRIFIEZ Votre Compréhension

1. Return to the *Passage 3* section on page 50, where Yolanda, Lucien, Roland, and Claire introduce themselves. Which **-er** verbs do they use to talk about their activities? List them and explain the subject pronoun and ending used with each.
2. Are there any stem-changing verbs used by these four people? Which ones? What stem is used?
3. Do you see any *verb + infinitive* combinations? What do these verbs express?

[1]The **nous** form of verbs that end in **-ger** and **-cer** is slightly different from that of other verbs:
nous chant**ons**   but: nous mang**eons**   nous voyag**eons**
je commen**ce**   vous commen**cez**   but: nous commen**çons**
This change is made for phonetic reasons, but it is very important to the spelling of these verbs!
[2]Another verb that is conjugated like **préférer** is **acheter.**
je n'aime pas   tu ne chantes pas   vous ne préférez pas

Pratiquons!

A. Des activités. Complete each sentence with the correct form of the given verb. Then repeat the sentence, replacing the original subject with each subject or subject pronoun in parentheses.

1. *jouer:* Lucien _joues_ au football le week-end. (ils / vous / je)
2. *fumer:* Elle ne _fumes_ *das las classe* pas. (tu / nous / on)
3. *voyager:* Ils _voyagent_ souvent à Paris. (je / vous / elle)
4. *adorer:* Philippe _adore_ travailler à la banque. (tu / on / elles)
5. *habiter:* Tu _habites_ sur le campus? (il / vous / ils / je)
6. *acheter:* Vous _achetez_ souvent des chewing-gums. (tu / elle / nous)
7. *appeler:* J(e)' _appelle_ le technicien (nous/ tu/ ils)
   Nous appelons

B. Mes préférences. Using the verbs **aimer, adorer, préférer,** and **détester,** create sentences to explain the likes and dislikes of the following people.

> **MODÈLE:** Moi / manger au fast-food
> *Je* *Je déteste manger au fast-food.* **ou** *J'adore manger au fast-food.*

1. Moi / préparer un examen
2. Mon professeur / parler anglais en classe
3. Mes parents / voyager
4. Moi / habiter sur le campus
5. Mon professeur / travailler à l'université *elle travaille à l'université*
6. Mes parents / appeler ma famille au téléphone *ou*
7. Mes amis / fumer
8. Mon chien / manger les insectes

🔊 STRUCTURE 5

CD 1
Track 26

🌐 Grammar Podcasts,
Grammar Tutorials

Les articles indéfinis

In the preceding exercises, you used an indefinite article to talk about professions and pets: **un étudiant/une étudiante, un chien, des poissons rouges.**

Indefinite articles are generally used to introduce an item that you have not previously talked about. They correspond roughly to *a, an,* or *some* in English. The French indefinite article appears in three separate forms.

Masculine singular	Feminine singular	Masculine/feminine plural
un	une	des

As noted in the table, **un** is used for masculine nouns.

    un agent de police   un chat   un lapin

Une is used for feminine nouns.

    une assistante   une entrepreneuse   une secrétaire

Des is used for all plural nouns; there is no difference in the plural for masculine or feminine forms.

des entrepreneurs   des entrepreneuses   des chats   des lapins

Nouns in French rarely appear without an article. Even in the plural, the article is stated in French, whereas in English it is often omitted.

J'ai **des** enfants.   *I have children.*

Indefinite articles in negative sentences. When an indefinite article follows a verb in the negative, the article becomes simply **de.** This happens regardless of the noun's gender or number.

J'ai **un** chien.   Je n'ai pas **de** chien.

Nous avons **des** poissons rouges.   Nous n'avons pas **de** poissons rouges.

This is equivalent to using any in English: *I don't have any dogs / any goldfish.*

With the verb **être,** however, the article does not change.

C'est **un** chien? Non, ce n'est pas **un** chien, c'est **un** chat!

Les professions et les articles indéfinis

When describing one's profession, an article is generally *not* used.

Je suis étudiante.   Il est dentiste.   Elle est infirmière.   Ils sont professeurs.

If you add an adjective to these statements, however, an article is also added, and the pronouns **il(s)** and **elle(s)** change to **ce/c':**

Je suis **une** étudiante sérieuse.   **C'est un** jeune dentiste.

C'est une infirmière sympathique.   **Ce** sont **des** professeurs intéressants.

▶ VÉRIFIEZ Votre Compréhension

1. Return to the statements made by Lucien, Roland, Yolanda, and Claire in the *Passage 3* section, and point out the indefinite articles that they use. Can you explain why they have used an indefinite article (the equivalent of *a, an,* or *some*) in each of these cases?
2. Write down their professions. Do they use an indefinite article to describe what they do? Why or why not?

CD 1
Track 27

À l'écoute!

Un, une ou des? Listen to the sentences, and indicate whether each noun being described is masculine, feminine, or plural.

1. _____ masculine   _____ feminine   _____ plural
2. _____ masculine   _____ feminine   _____ plural
3. _____ masculine   _____ feminine   _____ plural
4. _____ masculine   _____ feminine   _____ plural
5. _____ masculine   _____ feminine   _____ plural
6. _____ masculine   _____ feminine   _____ plural

Le saviez-vous?
Do you know what **je t'aime** means? And **Je t'adore**? What about **je t'aime un peu, beaucoup, passionnément, à la folie, pas du tout**? Is there a saying like this one in English? What is the English translation and in which context do you say it?

Pratiquons!

A. Au centre commercial. You and your friends are going to the mall. Tell what each person buys, according to the subject (pronoun) given. Use the correct form of the verb **acheter** and an indefinite article with a noun. (We've given you the noun if necessary.) Follow the model.

MODÈLE:

Je / DVD (m.)
J'achète un DVD.

1. Marc   *il a 3 oiseaux*
    il n'a pas d'oiseaux
2. Je   *J'ai un poisson*
    Je n'ai pas de poisson   *Voyage*
3. Marie-Claire de cinéma

4. Nous / billets

5. Stéphanie et Richard / livres

B. Des professions. Give the profession of each person listed, choosing from the following options: médecin, professeur, étudiant, pilote, architecte, ingénieur, entrepreneur(-euse), juge.

MODÈLE: Andy Taylor (Il habite à Mayberry.)
          Il est agent de police.

1. Gregory House
2. I. M. Pei
3. Sonia Sotomayor
4. Gustave Eiffel
5. Amelia Earhart
6. Donald Trump
7. vous
8. Dr. Richard Feynman

iLrn Complete the diagnostic tests to check your knowledge of the vocabulary and grammar structures presented in this chapter.

C. Des détails. Redo activity B, adding an adjective to each of your descriptions.

MODÈLE: Andy Taylor
          C'est un agent de police sympathique.

À vous de parler!

A. Une entrevue. With a classmate, ask and answer questions based on the cues. Vary the ways in which you form your questions. Record your partner's responses so you can report them to the entire class.

> **MODÈLE:** avoir un chat
> —*Est-ce que tu as un chat?*
> —*Oui, j'ai un chat. / Non, je n'ai pas de chat.*

1. avoir un(e) fiancé(e) *Non, Je n'ai pas de fiancé. oui, J'ai un(e) fiancé(e)*
2. regarder souvent la télévision *Oui, Je de regarde souvent le télévision*
3. manger un sandwich en classe *Non, Je ne pas mange de sandwich en classe*
4. fumer une pipe *non Je ne pas de non Je ne fume pas de pipe.*
5. préparer un examen important *non Je ne prépare pas d'examen important*
6. avoir un animal domestique
7. écouter des concerts à la radio *Q.*
8. chanter des opéras *Q. Est-ce que tu as chanté des operàs*
9. ? *non Je n'ai oui, J'ai un chante des d'operas*

B. Portrait personnel. Write a brief description of your partner based on his/her answers to the questions in activity A and any others that you may have asked him/her. In addition, give your own answers to the questions.

> **MODÈLE:** Mathieu a un chien, mais moi, je n'ai pas de chien. Il fume, mais je ne fume pas.

C. Un sondage. (*A survey.*) In groups of four or five, ask your classmates questions based on the following cues. Make sure that each classmate answers each question, so that you can establish percentages for the class as a whole when you have finished.

1. avoir un chien / un chat *Est-ce que tu a un chien ou un chat? oui, J'ai des a chat.*
2. préférer danser / chanter
3. regarder souvent des films / la télévision *Est-ce que tu*
4. préférer voyager / travailler *Je préfère voyager!*
5. fumer
6. parler une autre langue (le français, l'espagnol,... ?)
7. étudier une autre langue
8. travailler

D. Des comparaisons. Compare your class's responses to those of another class (your teacher will provide you with these). How does your class compare to the other class? With your classmates, establish several comparisons. Are you more alike or more different from the other class? On which points do you differ?

> **MODÈLE:** Les étudiants dans l'autre classe préfèrent danser, mais nous préférons chanter...

Courtesy of Véronique Anover and Theresa A. Antes

Il s'appelle Rémi. Comment est-il physiquement? Il est français, canadien, belge ou suisse?

Les Français sont comme ça

How can we describe the typical French person? It is as hard to describe a typical French person as it is to describe a typical American. Throughout this chapter, you have seen the faces of many different speakers of French. While these speakers come from many countries throughout the world, the face of a "typical" French man or woman is no less diverse. Currently, there are approximately 64 million inhabitants in France, of whom about 11 million live in the Paris metropolitan region. The other inhabitants live in smaller urban regions (such as Lyon and Toulouse) and in truly rural villages throughout the French mainland. The density of the French population thus ranges from a staggering 20,000 inhabitants per square kilometer in Paris to only 10 in the mountainous regions, resulting, as you can imagine, in vastly different lifestyles!

Continental France has witnessed waves of immigration for more than 150 years, first from European neighbors seeking work in France (especially Portuguese, Italians, Greeks, Armenians, Russians, and Spaniards), and then people from former colonies (Moroccans, Tunisians, Algerians, Senegalese, Vietnamese, etc.) who came seeking educational and work opportunities. The result of these various waves of immigration is that currently one of every four French inhabitants can claim to have foreign roots.[1] This again changes the "face" of France, making it increasingly more difficult to describe a typical French man or woman.

The arrival of immigrants from various parts of the world has also had a profound effect on French society. Although fifty years ago the country claimed to be overwhelmingly Catholic, the last several decades have seen an important growth in other religions, with Islam now representing the second religion of France, with an estimated 4–5 million followers.[2] At the same time, Buddhism, Judaism, and a number of other religions are represented on French soil and help to shape the French experience.

So what does the typical French person look like? He/she is tall *and* short, dark- *and* light-skinned, with blond, brunette, *and* black hair, and eyes of every possible color. He/she leads a city *or* a country life, and attends religious services regularly, occasionally, *or* not at all. In other words, he/she closely resembles his/her American cousins!

Réfléchissons!

1. What does it mean to be French in the 21st century?
2. In what ways does the French experience parallel the American experience?

[1] Ministère des Affaires étrangères
[2] *Time Europe*, 12 Juin, 2000. Vol. 155, No. 23

→ Mon vocabulaire ←

Les sports et les passe-temps

Je n'aime pas l'équitation, Je préfère le cinéma

le football / un match de football[1]

le football américain

J'aime

le basket

le volley

le tennis

le rugby

l'athlétisme (m.)[2]

mais Je Déteste

la musculation

le yoga

le karaté

le base-ball

la natation

le judo

le golf

J'adore —

le surf

le canoë

[1]To talk about the sport, use 'le football;' a game is 'un match.'
[2]This abbreviation indicates the gender (masculine or feminine) of a noun beginning with a vowel.

Les films

les comédies (f.)
les comédies romantiques
les comédies musicales
les films (m.) d'aventure
les films d'horreur
les thrillers (m.)

les films dramatiques
les films de science-fiction
les films policiers
les films de guerre *(war movies)*
les westerns (m.)
les films historiques

Le théâtre

les pièces (f.) (comiques,
   dramatiques)
l'opéra (m.)
les comédies musicales

le théâtre classique
le théâtre moderne
les pièces de théâtre musicales

La musique

la musique classique
le rock
le jazz
le rap
le hip-hop
la musique électronique (l'électro)

le rock indépendant (le rock indé)
la (musique) techno
la country
le reggae
le concert

Courtesy of Véronique Anover and Theresa A. Antes

À l'opéra. Est-ce que vous aimez l'opéra ou est-ce que vous préférez le cinéma ou le théâtre?

La composition

À vous!

A. Titres de films. Following is a list of movie titles. Guess the English title, and name the genre to which each belongs.

> **MODÈLE:** L'Exorciste
>
> *The Exorcist / film d'horreur*

1. *27 Robes* les comédies musicales
2. *Troie*
3. *Le Silence des agneaux*
4. *2001: L'Odyssée de l'espace*
5. *Marley et moi*
6. *Il faut sauver le soldat Ryan* film
7. *La Nuit au musée*
8. *Le Patriote*

B. Goûts personnels. (Personal tastes.) Complete the following sentences, choosing appropriate words to describe yourself and others, as indicated.

1. J'aime _____, (musique) mais je n'aime pas _____ (musique).
2. J'adore _____ (les sports)
3. Je déteste d'horror _____. (les films)
4. Mon passe-temps préféré, c'est _____.
5. Les étudiants de mon université aiment _____. (les sports)
6. Les étudiants de mon université aiment _____. (les films)

C. Moi et mes goûts. (Me and my tastes.) Using adjectives and pastimes that you learned in this chapter, describe yourself to the class.

> **MODÈLE:** *J'aime les comédies et les films dramatiques, mais je n'aime pas le base-ball. J'adore le théâtre, et je déteste les films d'horreur. Mon passe-temps préféré, c'est le yoga. Je suis sociable et amusant(e). Je ne suis pas très sportif/sportive.*

Courtesy of Véronique Anover and Theresa A. Antes

Il s'appelle Yassine. Est-ce qu'il est sportif? Quelle sorte de musique est-ce qu'il écoute? Quel genre de film préfère-t-il?

CD 1
Track 29

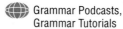Grammar Podcasts,
Grammar Tutorials

STRUCTURE 1

Les articles définis

In the preceding exercise, you used a definite article to introduce each of the activities that you talked about. Whereas nouns in English can often appear alone *(I like football),* nouns in French must almost always be accompanied by an article **(J'aime *le* football).**

When talking about likes and dislikes, the definite article is called for. This is the form that corresponds to the article *the* in English, but its uses are more varied in French.

As in English, it is used to talk about specific items, but it is also used to talk about general categories, especially when describing oneself **(j'ai les yeux bleus)** and for talking about likes and dislikes.

Like the indefinite article, which you saw in Chapter 2, the definite article agrees with the noun in both number and gender.

Masculine singular	Feminine singular	Masculine and feminine plural
le	la	les
l' *(before a vowel)*	l' *(before a vowel)*	

Notice that both **le** and **la** become **l'** before a vowel sound. The only way to know if the following noun is masculine or feminine is to have memorized its gender.

   l'aventure (f.)

   l'opéra (m.)

Likewise the plural form of the article is the same for both genders, and thus provides no information concerning the gender of the noun.

   les films (m.) de guerre

   les pièces (f.) dramatiques

In Chapter 2, we looked at gender with people and animals. In many of these cases, grammatical gender corresponds with biological sex.

   une dentiste (f.)

   un dentiste (m.)

With inanimate objects, however, grammatical gender is determined in other ways. Words borrowed from other languages are usually masculine.

   le judo

   le base-ball

les articles définis

le, la, l' + une voyelle/ les
singulier. *pluriel*

Many times, the phonological ending of the noun can also help you to determine the gender of the noun. For example, nouns ending in **-isme** are almost always masculine:

> l'athlétisme

whereas nouns ending in **-ation** are virtually always feminine.

> la natation

> la musculation

Paying attention to these endings can help reduce the amount of memorizing that you'll have to do!

Typically masculine endings:	Typically feminine endings:
-ment: un appartement, un département	**-ation:** la natation, la musculation
-in: le matin, le cousin, un bulletin	**-ine:** la cantine, la cousine
-eur (concrete nouns): un réfrigérateur, un ingénieur, un professeur	**-eur (e)** (abstract nouns): une couleur, une heure (hour)
-isme: l'athlétisme, le communisme, le fascisme	**-ie:** une comédie, une tragédie
-er/-ier: chocolatier, boucher	**-ette:** bicyclette, toilettes, baguette
-age: âge, courage	**-ance/-ence:** enfance, délinquance, adolescence
-eau: bureau, chapeau	**-ité:** célébrité, identité
-ard: placard, foulard	**-esse:** maîtresse, vitesse
-et: billet, buffet, cabinet	

VÉRIFIEZ Votre Compréhension

1. Go back to the **Passage 1** section (p. 68) and read the text one more time.
2. How does Jean say what he likes?
3. How does Alix say what he does not like? Can you tell if the noun in the sentence is feminine or masculine just from the article? Why or why not?

◀)) À l'écoute!

CD 1
Tracks
30–31

> **Petits tuyaux!** Unlike the activity in Chapter 2, where you were listening for key words, the following activities ask you to listen for one specific detail: the difference between singular and plural in the first activity, or masculine and feminine in the second.
>
> As you listen, isolate the part of the speech that will help you determine that difference, and concentrate only on that element, ignoring the items that aren't important for this task.
>
> Remember that when you listen, you don't have to understand everything. The most important point is to determine your goal for listening and to home in on that aspect. Sometimes it's a key word or phrase; in this case it's a discrete element such as the form of an article that will help you determine the gender or number of a noun.

A. Singulier ou pluriel? Listen and indicate which noun you hear, the singular or the plural one. Remember that the only distinction between singular and plural is in the pronunciation of the definite article.

1. _____ la comédie   _____ les comédies
2. _____ le théâtre   _____ les théâtres
3. _____ la pièce   _____ les pièces
4. _____ le film d'aventure   _____ les films d'aventure
5. _____ le match   _____ les matchs
6. _____ le sport   _____ les sports

B. Masculin ou féminin? Listen to the sentences, and indicate whether each noun that you hear is masculine, feminine, or of a gender undeterminable from the article.

1. _____ masc.   _____ fem.   _____ ?
2. _____ masc.   _____ fem.   _____ ?
3. _____ masc.   _____ fem.   _____ ?
4. _____ masc.   _____ fem.   _____ ?
5. _____ masc.   _____ fem.   _____ ?

Pratiquons!

A. Préférences. Rahma is going to talk about her likes and dislikes as well as those of her friends. Complete the sentences with the appropriate definite articles. If the definite article is **l'** or **les**, indicate whether the noun is masculine or feminine.

J'aime (1) _les_ base-ball, mais je n'aime pas (2) _le_ football américain. Mes amis aiment tous (3) _les_ sports: (4) _le_ tennis, (5) _le_ golf, (6) _la_ natation et (7) _la_ musculation. Ils aiment beaucoup *(a lot)* (8) _les_ comédies musicales et moi aussi. J'aime beaucoup (9) _la_ musique, spécialement (10) _l'_ opéra et (11) _le_ jazz. Mes amis détestent (12) _l'_ opéra. C'est dommage *(too bad)*!

B. Descriptions et préférences. Based on the descriptions given, complete the sentences in a logical way.

> **MODÈLE:**   Marianne est grande. Elle préfère *le basket.*

1. Juliette est paresseuse. Elle n'aime pas _____.
2. Armelle est très intelligente. Elle adore _____.
3. Arnaud adore les sports individuels. Il aime _____.
4. Thierry est très fort. Il aime _____.
5. Robert est un vieil homme. Il n'aime pas _____.
6. Nathalie est jeune. Elle adore _____.
7. Jean-Jacques préfère les sports d'équipe *(team sports)*. Il aime _le rugby_.
8. Claire aime regarder les films. Elle n'aime pas _____.

C. Préférences et activités. Use the given verbs to tell the likes or dislikes of the person indicated. Then tell how often the person does the activity using the adverbs **souvent, quelquefois,** or **rarement.**

> **MODÈLE:**   moi: aimer / regarder film(s) d'aventure
>
> *J'aime **les** films d'aventure. Je regarde souvent **un** film.*

1. moi: aimer / écouter concert(s) de rock   J'aime les concerts de rock. isme J'ecoute rarement les concerts le capitalisme
2. nous: préférer / regarder comédie(s)   Nous préférons les comédies
3. mes parents: détester / ne...pas regarder match(s) de football américain
4. moi: préférer / avoir chien(s)
5. Philippe: détester / ne...pas avoir chat(s)
6. Mes amis: adorer / regarder westerns

> **Mots utiles**
> Adverbs in French are placed after the verb they describe. The following are adverbs:
> **souvent** = often
> **quelquefois** = sometimes
> **rarement** = rarely.

À vous de parler!

A. Un entretien. (An interview.) Interview a partner to find out what pastimes he/she enjoys. Share your favorite pastimes with him/her also.

1. Tu aimes les sports? Moi, j'aime _la tennis_, mais je n'aime pas _____.
2. Comme films, je préfère _____. Et toi?
3. Tu préfères la musique électronique ou le hip-hop?
4. Tu préfères le théâtre classique ou le théâtre moderne?
5. Je déteste _____. J'adore _____. Et toi?
6. Tu préfères Justin Timberlake ou Beyoncé? Moi, j'aime _____.
7. Comme actrice, je préfère _____ parce qu'elle (*because she*) est _____. Et toi?
8. Comme acteur, je préfère _____ parce qu'il est _____. Et toi?

Do you and your partner have a lot in common? Tell the class what preferences you have in common as well as the ones you don't share.

B. Qui est-ce? (Who is it?) Create a description of someone in your class. Using vocabulary from Chapters 2 and 3, talk about his/her personality and what he/she looks like. Your classmates will try to guess who you are talking about.

MODÈLE: *Cette personne est grande et blonde. Elle aime le cinéma, mais elle n'aime pas les films d'horreur. Elle préfère le rock et elle déteste la musique classique.*

Elle s'appelle Estelle. Imaginez ses passe-temps préférés.

STRUCTURE 2

Les verbes en -er: l'interrogation avec des réponses affirmatives (*oui*) ou négatives (*non*)

 Grammar Podcasts, Grammar Tutorials

There are several simple ways to ask yes/no questions in French.

1. The simplest way is to use a *rising intonation* for your sentence to signal that you are not making a statement, but rather, asking a question. Compare the following sentences.

   Tu téléphones souvent à ta famille.   Tu téléphones souvent à ta famille?

   Il cherche un appartement.   Il cherche un appartement?

2. Another way to ask a yes/no question is to add **est-ce que** to the beginning of a sentence. This expression has no direct equivalent in English; it simply signals to a French speaker that what he/she is about to hear is a question.

   > Est-ce que tu téléphones souvent à ta famille?

   > Est-ce qu'il cherche un appartement?

   Notice that the **que** becomes **qu'** before a subject pronoun beginning with a vowel.

3. A third way to ask a simple yes/no question is to add **n'est-ce pas?** to the end of your statement. This is functionally equivalent to asking . . . , *right?* at the end of a statement in English, and is therefore only used when you believe that you are correct!

   > Tu téléphones souvent à ta famille, n'est-ce pas?

   > Il cherche un appartement, n'est-ce pas?

4. You may also encounter *inversion* of the subject pronoun and the verb. This is yet another way to ask a yes/no question, and it is equivalent to, but generally considered more formal than, the forms you have seen above. You should learn to recognize this form, as you will often see it in written language or hear it in commonly used expressions that have not changed over time.

   > Téléphones-tu souvent à ta famille? = Tu téléphones souvent à ta famille?

   > Parlez-vous souvent au téléphone? = Est-ce que vous parlez souvent au téléphone?

⚑ VÉRIFIEZ Votre Compréhension

Go back to the *Passage 1* section at the beginning of this chapter (p. 68), and underline all the questions that you find. Explain how they are formed. Think back to the expressions that you learned in Chapters 1 and 2 as well. Which of those questions are formed with inversion? Which ones with **est-ce que**? Which ones with simple intonation?

🔊 À l'écoute!

CD 1
Track 32

Phrase déclarative ou interrogative? Listen, and indicate whether each sentence you hear is a declarative statement or a question.

1. _____ statement   _____ question
2. _____ statement   _____ question
3. _____ statement   _____ question
4. _____ statement   _____ question
5. _____ statement   _____ question
6. _____ statement   _____ question
7. _____ statement   _____ question
8. _____ statement   _____ question
9. _____ statement   _____ question
10. _____ statement   _____ question

Pratiquons!

A. Des questions. You work for the campus newspaper, and you have been asked to interview students at your university for an article about student life. Use the verbs and activities listed to form questions to ask your interviewees.

Using intonation

Est ce que 1. chanter bien *sing* I/S
Est ce que TV — 2. étudier le week-end
3. parler chinois *(Chinese)*
4. écouter souvent de la musique classique
5. aimer voyager
6. ?

Using est-ce que

7. manger au restaurant
8. travailler
9. habiter un appartement
10. jouer au football / au tennis
11. préférer parler français ou anglais
12. ?

Using n'est-ce pas

13. étudier le français
14. regarder la télévision
15. terminer toujours tes devoirs *(always finish your homework)*
16. ne... pas / fumer
17. détester travailler le week-end
18. ?

 B. Les interviews. Now ask a partner the questions that you created in Activity A, noting his/her answers carefully. Share his/her answers with the class.

> **Portrait personnel**

Write a short description of the person you interviewed in Activity B, using the information that he/she gave you. You don't need to include all the information; simply use what you find the most interesting.

⇢ *Mon vocabulaire* ⇠

La famille

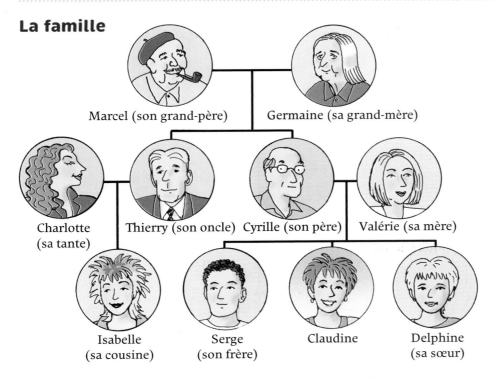

Marcel (son grand-père)   Germaine (sa grand-mère)

Charlotte (sa tante)   Thierry (son oncle)   Cyrille (son père)   Valérie (sa mère)

Isabelle (sa cousine)   Serge (son frère)   Claudine   Delphine (sa sœur)

Autres membres de la famille proche *(Other close family members)*

le mari	*husband*
la femme	*wife*
les enfants *(m. / f.)*	*children*
la fille	*daughter*
le fils	*son*
les frères *(m.)* jumeaux	*twin brothers*
les sœurs *(f.)* jumelles	*twin sisters*
le cousin / la cousine	
la nièce	
le neveu	
le petit ami / la petite amie	*boyfriend/girlfriend*

Membres de la famille par alliance *(Family members through marriage)*

le beau-père	*stepfather / father-in-law*
la belle-mère	*stepmother / mother-in-law*
le beau-frère	*brother-in-law*
la belle-sœur	*sister-in-law*
le demi-frère	*half brother / stepbrother*
la demi-sœur	*half-sister / stepsister*
être... adopté(e)	
divorcé(e)	
fiancé(e)	
marié(e)	
séparé(e)	
célibataire	*single*
amoureux / amoureuse	*in love*

[handwritten top left: voici / Je → mon libre / TU) toi → ton li]

À vous!

A. Liens parentaux. Complete the following definitions regarding family members.

1. Le mari de ma mère, c'est mon _____ *[handwritten: Père]*
2. La femme de mon oncle, c'est ma _____ *[handwritten: Tante]*
3. Les filles de mes oncles, ce sont mes _____ *[handwritten: cousines]*
4. Les fils de mes parents, ce sont mes _____ *[handwritten: frères]*
5. La fille de mon frère est ma _____ *[handwritten: nièce]*
6. J'ai un mari, je suis _____.

B. Ma famille. Choose the descriptions that best describe your family.

1. Ma famille paternelle / maternelle est (grande, petite, super, ennuyeuse, amusante,...). *[handwritten: ma famille :]*
2. Ma famille est constituée de (deux, trois, quatre, cinq...personnes).
3. J'ai (un[e], deux...) sœur(s) / frère(s). *[handwritten: pas de] [handwritten: J'ai un frère. Je n'ai pas de sœur.]*
4. Ma mère (travaille pour... / ne travaille pas, habite à..., parle espagnol/ français...). *[handwritten: ma mère ne travaille pas.]*
5. Mon père (aime les films..., adore le basket/le foot/le tennis..., déteste le rock/le rap...).
6. De toute ma famille, je préfère mon / ma (frère, sœur, père, mère, grand-père, grand-mère...).

C. Ta famille. Among your classmates, find students with the following family situations. Write the names of the students for each situation. Ask the follow-up questions in parentheses to get more details.

Trouvez...

1. un étudiant ou (or) une étudiante qui est fils / fille unique (Tu aimes être fils / fille unique?)
2. un étudiant ou une étudiante qui est marié(e) (À qui?)
3. un étudiant ou une étudiante qui a un enfant (Il / Elle s'appelle comment?)
4. un étudiant ou une étudiante qui a une mère entrepreneuse (Elle travaille où [where]?)
5. un étudiant ou une étudiante qui a un père ingénieur (Il travaille où?)
6. un étudiant ou une étudiante qui a plus de (more than) quatre frères ou sœurs (Ils s'appellent comment?)
7. un étudiant ou une étudiante qui a un demi-frère ou une demi-sœur (Il / Elle est gentil(le)?)

> **Portrait personnel**

Now report your findings from Activity C to the class! Be sure to include a variety of information about a number of your classmates.

MODÈLE: *Rob n'est pas fils unique. Jen est mariée; son mari s'appelle Marc...*

STRUCTURE 3

Les adjectifs possessifs

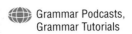

Grammar Podcasts,
Grammar Tutorials

The possessive adjectives have the following forms in French:

	Masculine singular	Feminine singular	Masculine and feminine plural
my	mon	ma	mes
you	ton	ta	tes
his/her/one's	son	sa	ses
our	notre	notre	nos
your	votre	votre	vos
their	leur	leur	leurs

The possessive adjectives in French agree in gender and in number with the noun they precede, for example:

La sœur de mon père est jolie.   *My father's sister is pretty.*

Sa sœur est jolie.   *His sister is pretty.*

Sœur is feminine singular, and therefore the possessive adjective **sa** is also in the feminine singular. In English the possessive adjectives agree with the person who possesses.

his sister   his father   his daughter   his children

In French, on the contrary, possessive adjectives agree with what is "possessed."

sa sœur   son père   sa fille   ses enfants

Sa fille, therefore, can mean either *her daughter* or *his daughter.*

Attention! Before a feminine noun beginning with a vowel, **ma, ta,** and **sa** become **mon, ton,** and **son.**

Mon amie Juliette est pilote à Air France.

Ton étudiante Sylvie parle français parfaitement.

⚑ VÉRIFIEZ Votre Compréhension

1. Go back to the illustration in the *Passage 2* section on page 80, in which Claudine is showing her family album. Identify the possessive adjectives, then say whether each one is masculine singular, feminine singular, or plural. For example: **Mon frère Raphaël est barman.** Why does Claudine use **mon** and not **ma?** With which noun does **mon** agree?

2. Do the same for the first illustration on page 81 (Claudine's paternal family). For example, ask yourself why it is **Leur fille s'appelle Isabelle** (talking about **oncle Thierry** and **tante Charlotte**).

3. Can you predict how you would say *my father* or *my mother* in French? What about *my aunt* or *my uncle?* Will the form of *my* change depending on whether you are male or female? Why or why not?

La Demaine = Sept Jours
lundi = la lune
mardi = mars
mercredi = mer

À l'écoute!

Un ou plusieurs? Listen to the sentences in the In-Text Audio, and indicate whether the possessive adjective you hear is singular or plural.

1. _____ singular   _____ plural
2. _____ singular   _____ plural
3. _____ singular   _____ plural
4. _____ singular   _____ plural
5. _____ singular   _____ plural
6. _____ singular   _____ plural
7. _____ singular   _____ plural
8. _____ singular   _____ plural
9. _____ singular   _____ plural
10. _____ singular   _____ plural

Pratiquons!

A. Des familles. Some French speakers are describing their families. Complete the sentences with the correct possessive adjectives.

Le livre de classe P.87 Essay Paragraph Every week-end

ANNE: «Il y a cinq membres dans (1) _ma_ famille: (2) _mon_ père, (3) _ma_ mère et (4) _mes_ deux sœurs. (5) _ma_ parents sont suisses. Toute (6) _notre_ (our) famille habite à Genève. Et vous, Jean-Jacques et Marie-Do, où est-ce que (7) _votre_ (your) parents habitent?»

JEAN-JACQUES: «(8) _nos_ (Our) familles sont très différentes. Les parents de Marie-Do sont divorcés. (9) _ma_ (Her) mère habite à Lyon et (10) _sa_ (her) père habite à Marseille. (11) _leur_ (Their) trois filles sont des triplées!»

MARIE-DO: «La famille de Jean-Jacques est très unie (united). (12) _____ (His) parents sont mariés depuis trente ans. Jean-Jacques est (13) _____ (their) fils unique. Il a de la chance (He's lucky) d'avoir une petite famille unie!»

B. Vous vous souvenez? (Do you remember?) With a classmate, try—without looking at the text!—to answer the following questions about Claudine's family. Use possessive adjectives in your answers. Then, go back to the text to check how good your memory was!

1. Comment est le grand-père paternel de Claudine? _____ grand-père est _____.

2. Comment est la grand-mère maternelle de Claudine? _____ grand-mère est _____.

3. Comment s'appellent l'oncle et la tante paternels de Claudine? _____ oncle paternel s'appelle _____ et _____ tante paternelle s'appelle _____.

4. Quel est le nom de la fille de l'oncle et de la tante paternels de Claudine? _____ fille s'appelle _____.

5. Qu'étudie la sœur jumelle de Claudine? _____ sœur étudie _____.

C. Vos amis. With a classmate, talk about your friends: your best friend, your childhood friends, your friends at the university. Talk about your enemies too! Don't forget to use a possessive adjective with each noun, and to conjugate the verbs according to the subject indicated.

Suggestions: être sympa / marié(e) / célibataire / étudiant(e) / blond(e) / grand(e) / gentil(le) / adopté(e) / intelligent(e) / amusant(e) / méchant(e) / laid(e) / ennuyeux(-euse) / stupide,

avoir une sœur / un frère / trois cousins / un chien / un enfant

travailler à...

habiter à...

1. meilleur(e) ami(e)
2. ami d'enfance
3. amie d'enfance
4. amis à l'université
5. ennemi(e)

Portrait personnel

With the information that your classmate shared with you in Activity C, write a short paragraph describing his/her best friend, his/her childhood friend, his/her friends at the university, and his/her enemy.

Courtesy of Véronique Anover and Theresa A. Antes

Quels sont les membres de cette famille? Est-ce que les enfants sont jumaux? Un des parents est américain et l'autre français. Est-ce que la mère est française ou américaine? Et le père? De quelle nationalité sont vos parents?

→ Mon vocabulaire ←

Les jours de la semaine et les mois de l'année

Voilà les mois de l'année en français. *(Here are the months in French.)*

le jeudi 14 mars 2013
le vendredi 15 mars 2013

janvier	avril	juillet	octobre
février	mai	août	novembre
mars	juin	septembre	décembre

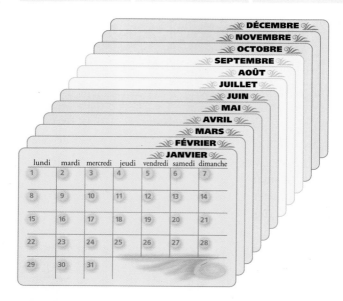

Claudine est curieuse! Regardez le calendrier et lisez les questions de Claudine.

Claudine wants to know when your birthday is.

CLAUDINE: Quelle est la date de ton anniversaire?
VOUS: Mon anniversaire c'est le 2 août, et toi?

Now she wants to know what today's date is.

CLAUDINE: Quelle est la date aujourd'hui?
VOUS: Nous sommes le 30 septembre.

If she had wanted to know what day of the week it was, she would have asked:

CLAUDINE: On est quel jour aujourd'hui?
VOUS: On est mardi.

For the month, she would have said:

CLAUDINE: On est quel mois?
VOUS: On est en janvier.

Finally, Claudine asks you what you watch on TV every Thursday evening.

CLAUDINE: Qu'est-ce que tu regardes le jeudi soir à la télé?
VOUS: Je regarde CSI le jeudi soir.

À vous!

A. Que fait Cyrille Dupuis? *(What is Cyrille Dupuis doing?)* Look at Cyrille Dupuis's planner and tell what he is doing on the following days.

1. mercredi 5 octobre: Il *voyage à Nice*
2. vendredi 7 octobre: Il *déjeuner avec le PDG de Ford.*
3. samedi 8 octobre: Il *dîner avec les Dumoulin.*
4. dimanche 9 octobre (regarder): Il *match de foot des enfants*

B. Comment dit-on... ? *(How do you say . . . ?)* Which questions would you ask to obtain the following information?

1. Today's date: *le jeudi 14 mars 2013 est-ce que le date aujourd'hui.*
2. What day today is: _____
3. Someone's birthday: _____
4. What TV program someone watches on a particular day of the week (the same day every week): _____ *Je regarde Dexter qu'est-ce que tu regardes le jeudi*
5. What month it is now: _____

C. Et après? *(And after?)* Complete the following sequence of months.

octobre, _____, décembre, _____, _____, _____, avril, mai, _____, _____, _____, septembre

Voici l'agenda électronique[1] de Cyrille Dupuis (le père de Claudine), ingénieur chez Citroën.

[1] electronic planner

STRUCTURE 4

le mercredi - faire des sport
- aller à la plage (beach)
Jouer au tennis
dîner au restaurant
= aller au cinéma
Elle.

Le pronom *on* et l'expression *il y a*

The subject pronoun **on** has two principal uses.

- To make a general statement.

On mange bien en France.   *One eats/People eat well in France.*

Comment dit-on «book» en   *How does one/do you say "book"*
français?   *in French?*

You have seen this use in previous chapters.

- **On** can also replace **nous** to mean *we*. This use is informal (used among friends or family).

Le samedi soir, mes amis et moi,   *On Saturday evenings, my friends*
on danse beaucoup.   *and I, we dance a lot.*

On n'aime pas les devoirs!   *We do not like homework!*

The subject pronoun **on** is always conjugated in the third person singular (like **il** and **elle**), regardless of whether it means *one, people,* or *we.*

On est content avec nos amis.   *We are happy with our friends.*

On ne fume pas en classe.   *One does not smoke in class.*

The expression **il y a** is used to indicate existence. It is usually combined either with an indefinite quantity (introduced by an indefinite article: **un, une, des**) or with a fixed quantity (introduced by a specific number). **Il y a** means *there is* or *there are.*

- **Il y a** followed by an indefinite article:

Il y a un chien dans la salle de classe.   *There is a dog in the classroom.*

Il y a des étudiants sur le campus.   *There are students on campus.*

- **Il y a** followed by a number:

Il y a 28 jours au mois de février.   *There are 28 days in the month of February.*

- To negate **il y a, n'** is placed before **y, pas** is placed after **a,** and the indefinite article is replaced by **de:**

Il y a des étudiants dans la classe.   →   Il n'y a pas d'étudiants dans la classe.

- When **il n'y a pas** is followed by a number, there is no need to add **de:**

Il y a 30 jours au mois de novembre.   →   Il n'y a pas 30 jours au mois de février.

VÉRIFIEZ Votre Compréhension

Go back to the *Passage 2* section on pages 80–81. Find sentences in which **on** and **il y a** are used, and think about their usage in each case. For example, in the first sentence, Claudine says **On est cinq dans ma famille.** Does **on** here mean *one, people,* or *we?*

Pratiquons!

A. Dans la classe de français. Are the following statements **vrai** (true) or **faux** (false)?

1. On chante en classe. ___ vrai ⟍ faux
2. On parle anglais en classe. ⟍ vrai ___ faux
3. On ne fume pas en classe. ✗ vrai ___ faux
4. On mange en classe. _(eat)_ ___ vrai ✗ faux
5. On n'écoute pas le professeur en classe. ___ vrai ✗ faux
6. Il y a trois professeurs dans la classe. ___ vrai ✗ faux
7. Il n'y a pas de fenêtres _(windows)_ dans la salle de classe. ___ vrai ✗ faux

B. Mes amis et moi, on... Tell the class what you do with your friends on the following days. Start your sentences with **Mes amis et moi, on....**

1. le jeudi MeS amiS et moi, ~~on~~ Termine LeS DeVoirs De la Semaine,
2. vendredi
3. _(every)_ samedi le Samedi, mes amis et moi on Joue au foot et on regarde des films d'horreur le samedi soir,
4. dimanche le dimanche, mes moi regarde des films à la télévision.
5. _(every)_ mercredi
6. lundi

Une journée typique à Montréal. Ces personnes habitent et travaillent à Montréal. Le week-end pour s'amuser elles mangent au restaurant et elles regardent des films et des pièces de théâtre. Et vous, où est-ce que vous habitez? Est-ce que vous travaillez? Qu'est-ce que vous faites le week-end pour vous amuser?

Courtesy of Véronique Anover and Theresa A. Antes

CD 1
Track 35

STRUCTURE 5

Les nombres de 70 à 1 000 000

You already know how to form the numbers from 0 to 69. In this chapter you'll see the rules for forming the numbers from 70 to one million.

soixante-dix	quatre-vingts	quatre-vingt-dix
soixante et onze	quatre-vingt-un	quatre-vingt-onze
soixante-douze	quatre-vingt-deux	quatre-vingt-douze
...	...	...
soixante-dix-neuf	quatre-vingt-neuf	quatre-vingt-dix-neuf
100 cent	200 deux cents	1 000 mille
101 cent un	283 deux cent quatre-vingt-trois	2 000 deux mille
1 578 mille cinq cent soixante-dix-huit		1 000 000 un million
1 794 865 un million sept cent quatre-vingt-quatorze mille huit cent soixante-cinq		

Attention!

- Notice that in standard French there is no word for *seventy* or *ninety*. The numbers from *seventy* to *seventy-nine* and from *ninety* to *ninety-nine* are formed by adding the teens to *sixty* and *eighty*.

- There is an **-s** on **cent** in **deux cents, trois cents, quatre cents,** etc., *but only* when **cent** is the last number in the sequence; for example, **cent** in the number **trois cent trois** (303) does not have an **-s.**

- There is also an **-s** in **quatre-vingts,** but no **-s** when another number is joined to **quatre-vingts,** for example, **quatre-vingt-deux.**

- **Mille,** on the other hand, never takes an **-s: deux mille, trois mille,** etc.

- **Cent, mille,** and **un million** plus another number have no hyphen: cent soixante-deux; mille trois cent quarante-trois; un million trois cent mille cinq cent vingt-deux.

- Notice that to say *one hundred* you simply say **cent** in French. Likewise, to say *one thousand* you simply say **mille.**

Reading dates in French. To read dates in French, there are generally two options:

- You can simply read all the figures across as a complete number: 1992 becomes *mille neuf cent quatre-vingt-douze;*

- You can break it into two components, the equivalent of **nineteen hundred ninety-two** in English: *dix-neuf cent quatre-vingt-douze.* (Notice that the 'hundred' must be expressed in French.) This second option is only possible for the modern era (post 1700), and can't be used for the year 2000 or beyond; this is always expressed as *deux mille neuf,* etc.

Pratiquons!

A. C'est loin d'ici? *(Is that far from here?)* Claudine and her family are planning a short vacation. Following the model, read the number of kilometers between the following cities.

MODÈLE: Genève / Paris: 409
Genève est à quatre cent neuf kilomètres de Paris.

1. Genève / New York: 6 209
2. Genève / Londres: 755
3. Genève / Nice: 299
4. Genève / Bern: 170
5. Genève / Buenos Aires: 11 080
6. Genève / Rome: 684

B. C'était quand, ça? *(When was that?)* Read the following important historical dates.

MODÈLE: La date de naissance *(birth)* d'Albert Einstein: March 14, 1879
La date de naissance d'Albert Einstein, c'est le quatorze mars, mille huit cent soixante-dix-neuf.

1. La date de l'arrivée du Mayflower à Plymouth: November 21, 1620
2. La date de la mort *(death)* de Mère Teresa: September 5, 1997
3. La date du mariage de Abraham Lincoln et Mary Todd: November 4, 1842
4. La date de la première exploration sur la lune *(moon)*: July 20, 1969
5. La date du grand tsunami en Asie: December 26, 2004

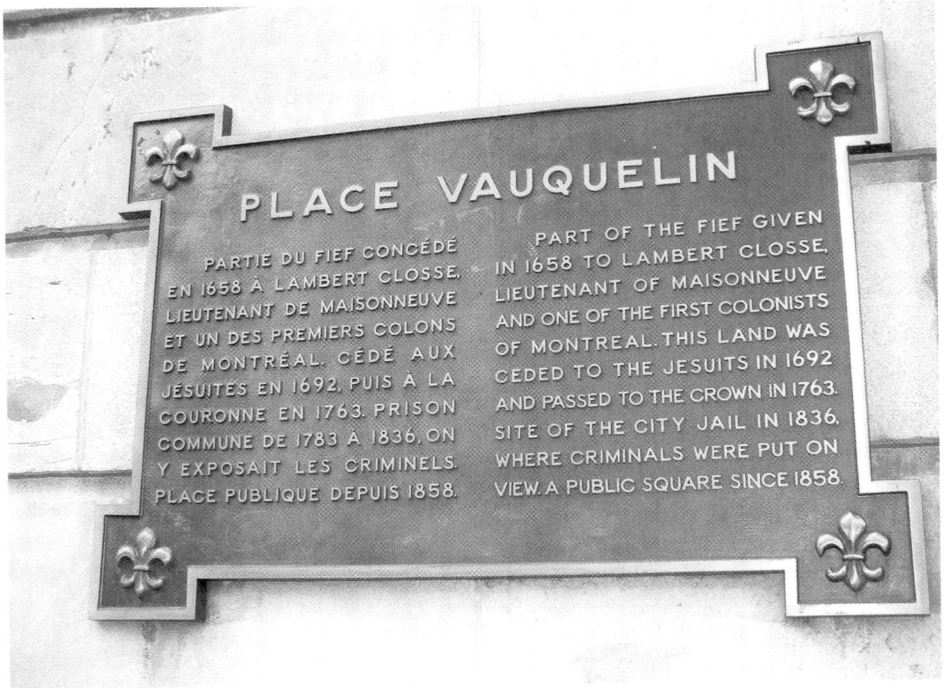

iLrn Complete the diagnostic tests to check your knowledge of the vocabulary and grammar structures presented in this chapter.

PLACE VAUQUELIN

PARTIE DU FIEF CONCÉDÉ EN 1658 À LAMBERT CLOSSE, LIEUTENANT DE MAISONNEUVE ET UN DES PREMIERS COLONS DE MONTRÉAL. CÉDÉ AUX JÉSUITES EN 1692, PUIS À LA COURONNE EN 1763. PRISON COMMUNE DE 1783 À 1836, ON Y EXPOSAIT LES CRIMINELS. PLACE PUBLIQUE DEPUIS 1858.

PART OF THE FIEF GIVEN IN 1658 TO LAMBERT CLOSSE, LIEUTENANT OF MAISONNEUVE AND ONE OF THE FIRST COLONISTS OF MONTREAL. THIS LAND WAS CEDED TO THE JESUITS IN 1692 AND PASSED TO THE CROWN IN 1763. SITE OF THE CITY JAIL IN 1836, WHERE CRIMINALS WERE PUT ON VIEW. A PUBLIC SQUARE SINCE 1858.

Courtesy of Véronique Anover and Theresa A. Antes

La Place Vauquelin à Montréal. Quelles dates est-ce que vous trouvez sur le panneau ci-dessus? Lisez-les en français.

À vous de parler!

 A. Les présentations. Bring in a picture of your family, and introduce your family to the class. Use Claudine's text on pages 80–81 as a reference if necessary.

 B. Des dates importantes. First, ask your classmates what the most important date in their lives is and how they celebrate it.

Questions: Quelle est la date la plus importante de ta vie? Comment est-ce que tu célèbres cette date?

Now, look at the special days and/or holidays that the French and the Canadians celebrate. How do you think that they celebrate them? Match the days with the dates.

la fête de la Saint-Valentin	le 29 janvier
la fête des pères	le 24 juin
le Carnaval de Québec	le 2 février
la Chandeleur	le troisième dimanche de juin
la fête des mères	le 14 février
la Fête Nationale du Québec	le dernier dimanche de mai

Mots utiles

mon anniversaire de mariage

mon anniversaire

mes fiançailles (*engagement*)

la naissance de mon fils / ma fille

mon voyage à...

la rupture avec mon petit ami / ma petite amie

 C. Des personnes uniques. Circulate amongst your classmates to find one person to fit each of the following categories. The first person to find a different name for each item below wins!

1. sa mère est professeure
2. son père est architecte
3. il est fils unique
4. elle a deux soeurs
5. sa tante est divorcée
6. son oncle est célibataire
7. son cousin / sa cousine est fiancé(e)
8. son anniversaire est en janvier
9. il a dix-neuf ans
10. elle a vingt et un ans
11. il a un frère jumeau
12. son grand-père a plus de (*more than*) quatre-vingts ans

En Centrafrique la fête des mères, c'est comme ça

La République Centrafricaine est située entre le Soudan à l'est, le Tchad au nord, le Cameroun à l'ouest et la République démocratique du Congo au sud[1]. Les Centrafricains parlent sängö et français. La capitale est Bangui. La fête des mères en Centrafrique n'est pas une fête familiale. Les mères se réunissent[2] entre elles et célèbrent cette fête ensemble dans un bar ou dans un restaurant. Les hommes ne sont pas invités et les enfants non plus[3].

©Abdou Yaro

Réfléchissons!

1. How is Mother's Day celebrated in your country? What do you think of the way women from the Central African Republic celebrate Mother's Day? Do you think it is a good idea? Why?

2. Do you celebrate Mother's Day? How?

3. Should Mother's Day be celebrated at all? Do you believe that Mother's Day is purely a commercial holiday? Or do you think that mothers should be honored every day, not only on a special occasion one day a year?

Courtesy of Véronique Anover and Theresa A. Antes

Courtesy of Véronique Anover and Theresa A. Antes

Une borie. Voici deux photos d'une borie*, une ancienne maison que l'on trouve en Provence (dans le sud de la France). Quelle est la relation probable entre ces trois femmes?

[1]south   [2]get together   [3]neither

***Bories** were built in the Middle Ages by shepherds living in the south of France. They all have the same unusual shape because they were built without mortar—gravity has held them together for nearly a thousand years! Many are still very safe; this one is used as an art studio by the oldest woman in the photos, Claude Astrachan, who is a well-known sculptor in France.

À vous de lire!

A. Stratégies. Look at the title of the reading on page 97 and try to guess which topics might be mentioned in the text. Ask yourself the following questions: What type of information can I expect to find in this text? What is the text going to talk about? What words or expressions pertaining to the family from the vocabulary in this chapter will I probably see in this text?

B. Avant de lire. Read the numbered, bold-faced category headers in the first paragraph, and define what each category (1–6) refers to, without reading the explanations that follow each one. Write your definitions/translations on a sheet of paper.

1. _____   4. _____
2. _____   5. _____
3. _____   6. _____

The second paragraph mentions a **médaille d'honneur de la famille nombreuse**.

To whom do you think such an award would be given? Why?

Scan the fourth paragraph, and write a list of the family members that are mentioned. Next, search for key words that would explain their role. Finally, using the context in this paragraph, try to guess the meaning of **crèches** (or **garderies**).

C. Lisons! Now read the passage more thoroughly, and then answer the questions that follow.

Courtesy of Véronique Anover and Theresa A. Antes

Voici une famille française contemporaine. Décrivez les membres de cette famille. Est-ce que votre famille est semblable ou différente? Comment (how)?

La famille française contemporaine

Il y a plusieurs[1] types de familles en France:

1) **La famille monoparentale.** Un seul parent élève[2] les enfants. En général, c'est la mère qui s'occupe des enfants.

2) **Les unions libres.** Le couple n'est pas marié. La naissance[3] d'un enfant ne change pas la situation.

3) **La famille recomposée.** Existe après un divorce ou une séparation. Dans la famille il y a des demi-frères ou des demi-sœurs, une belle-mère ou un beau-père.

4) **Les couples mixtes.** Un des époux appartient à une autre race.

5) **Les couples modernes.** La femme travaille et le mari aussi. Les deux conjoints contribuent financièrement aux dépenses[4] familiales. En général, ces couples élèvent les enfants ensemble.

6) **Les couples traditionnels.** La femme ne travaille pas, elle reste au foyer et s'occupe des enfants.

La natalité est en hausse[5] en France depuis plusieurs années: la moyenne[6] est de plus de deux enfants, un record dans l'Union européenne. En 1920 le gouvernement crée «la médaille d'honneur de la famille nombreuse» pour récompenser les familles avec quatre enfants ou plus[7] qui élèvent «dignement» leurs enfants. De plus, les familles avec plus de deux enfants peuvent demander une «Carte Famille Nombreuse» qui leur donne des tarifs réduits pour le train, le cinéma, etc. Cependant[8], les mariages diminuent et les divorces augmentent. Dans les grandes villes les mariages terminent fréquemment en divorce: un mariage sur deux[9]. L'homme se marie en moyenne à 31 ans et la femme à 29 ans.

Quand les enfants sont petits (de un à trois ans), ce sont parfois les grands-parents qui s'occupent de leurs petits-enfants. Les grands-parents constituent un support important pour l'éducation des enfants. Pour les personnes qui n'ont pas leur famille (les grands-parents, par exemple) à proximité[10], les crèches, les assistantes maternelles ou les garderies sont une option possible. Elles sont subventionnés par l'État et les tarifs dépendent du revenu des parents.

Les jeunes adultes habitent chez leurs parents jusqu'à ce qu'ils[11] trouvent un travail stable et une indépendance financière ou jusqu'au jour de leur mariage. En moyenne, ils habitent chez leurs parents jusqu'à l'âge de 25 ans.

---

[1]several [2]raises [3]birth [4]expenses [5]rising [6]average [7]more [8]however [9]one out of two
[10]near [11]until they

D. Après la lecture. Answer the following questions about the reading.

1. Dans la famille monoparentale, qui est responsable des enfants le plus souvent *(the most often)*?

2. Dans les couples modernes, qui s'occupe *(takes care of)* des enfants?

3. Est-ce que la natalité augmente *(is rising)* en France? Combien d'enfants est-ce que les couples ont?

4. Est-ce que les divorces diminuent? Où est-ce qu'il y a surtout *(especially)* des divorces?

5. Est-ce que le rôle des grands-parents est important? Pourquoi?

6. Quelles sont les deux possibilités pour la garde des enfants à l'extérieur des familles?

7. Quand est-ce que les jeunes adultes deviennent *(become)* complètement indépendants?

Donnez votre opinion personnelle aux questions 8–11 :

8. En France, le métissage (le mariage entre races différentes) est commun. Est-ce qu'il y a beaucoup de couples mixtes aux États-Unis? Où est-ce qu'on trouve les mariages mixtes, en général?

9. Est-ce que les couples pratiquent l'union libre aux États-Unis? Les mariages diminuent-ils ou augmentent-ils?

10. Aux États-Unis, est-ce que le rôle de la famille proche est similaire à celui de la famille proche en France? Est-ce que les crèches sont chères? Et les assistantes maternelles?

11. Quelle est votre opinion sur le fait que les jeunes français habitent avec leurs parents jusqu'à l'âge de 25 ans en moyenne? Est-ce similaire dans votre pays? Habitez-vous chez vos parents? Pourquoi?

Lexique

Les sports et les passe-temps *Sports and pastimes*

l'athlétisme (m.)	*track and field*	un match	*a game*
le base-ball	*baseball*	la musculation	*weightlifting*
le basket	*basketball*	la natation	*swimming*
le canoë	*canoeing*	le rugby	*rugby*
le football/le foot	*soccer*	le surf ✓	*surfing*
le football américain	*football*	le tennis	*tennis*
le golf	*golf*	le volley	*volleyball*
le judo	*judo*	le yoga	*yoga*
le karaté	*karate*		

Les films *Movies*

les comédies (f.)	*comedies*
les comédies (f.) musicales	*musical comedies*
les comédies (f.) romantiques	*romantic comedies*
les films (m.) d'aventure	*adventure movies*
les films (m.) d'horreur	*horror movies*
les films (m.) de guerre	*war movies*
les films (m.) de science-fiction	*science-fiction movies*
les films (m.) dramatiques	*dramas*
les films (m.) historiques	*historical movies*
les films (m.) policiers	*detective films*
les thrillers (m.)	*thrillers*
les westerns (m.)	*westerns*

Le théâtre *Theater*

les comédies (f.) musicales	*musical comedies*
l'opéra (m.)	*opera*
les pièces (f.) comiques	*comic plays*
les pièces (f.) dramatiques	*drama*
les pièces (f.) musicales	*musicals*
le théâtre classique	*classic theater*
le théâtre moderne	*modern theater*

La musique *Music*

un concert	*concert*	la (musique) techno	*techno music*
la country	*country*	le rap	*rap*
le hip-hop	*hip-hop*	le reggae	*reggae*
le jazz	*jazz*	le rock	*rock*
la musique classique	*classical music*	le rock indé(pendant)	*indie music*
la musique électronique (l'électro)	*electronic music*		

Expressions verbales *Verbal expressions*

être...adopté(e)	*to be adopted*	...amoureux(-euse)	*in love*
...célibataire	*single*	...divorcé(e)	*divorced*
...fiancé(e)	*engaged*	...marié(e)	*married*
...séparé(e)	*separated*		

La famille *The family*

Membres de la famille proche *Close family members*

le cousin / la cousine (*masc. / fem.*)	cousin	le mari	husband
		la mère	mother
		le neveu	nephew
l'enfant (*m./f.*)	child	la nièce	niece
la femme	wife	l'oncle (*m.*)	uncle
la fille	daughter	le père	father
le fils	son	un petit ami / une petite amie	boyfriend / girlfriend
le frère	brother		
les frères (*m. pl.*) jumeaux	twin brothers	la sœur	sister
		les sœurs (*f. pl.*) jumelles	twin sisters
la grand-mère	grandmother		
le grand-père	grandfather	la tante	aunt

Membres de la famille par alliance *Family members through marriage*

le beau-père	stepfather; father-in-law
le beau-frère	brother-in-law
la belle-mère	stepmother; mother-in-law
la belle-sœur	sister-in-law
le demi-frère	stepbrother; half brother
la demi-sœur	stepsister; half sister

Les jours de la semaine *Days of the week*

lundi	*Monday*	vendredi	*Friday*
mardi	*Tuesday*	samedi	*Saturday*
mercredi	*Wednesday*	dimanche	*Sunday*
jeudi	*Thursday*		

Les mois de l'année *Months of the year*

janvier	*January*	juillet	*July*
février	*February*	août	*August*
mars	*March*	septembre	*September*
avril	*April*	octobre	*October*
mai	*May*	novembre	*November*
juin	*June*	décembre	*December*

Mon appartement

Courtesy of Véronique Anover and Theresa A. Antes

In this chapter, you will learn what sort of homes the French and other Francophones live in. You will get a look at apartment living in Geneva, Switzerland. You will also learn how to run errands and talk about the weather.

VOCABULARY
- Describing the rooms in an apartment or a house
- Describing the furniture in a house
- Talking about household chores
- Talking about the weather

STRUCTURES
- The verb **aller (à)** and the near future
- Regular verbs ending in **-ir**
- Prepositions and contractions with definite articles
- The verb **faire**
- Telling time

CULTURE
- Differences and similarities between housing in the United States and in France

Audio
www.cengagebrain.com/
shop/ISBN/0495912085

RESSOURCES

Passage 1

L'appartement d'Aurélie

Today, Aurélie Marquis is going to show you her apartment in Geneva, Switzerland. You should feel special given that the Swiss, like the French and the Belgians, usually do not show their homes—not even to their friends. Friends stay in the living room or in the dining area. Neither the hostess nor the host will offer a guided tour of the house!

Bienvenue chez moi[1]! Je m'appelle Aurélie Marquis et tu vas visiter[2] mon appartement à Genève en Suisse. Mon appartement a quatre pièces[3]. Mon immeuble[4] a cinq étages[5]. J'habite au troisième étage. J'habite toute seule: je n'ai pas de colocataire[6]. On y va[7]?

la porte

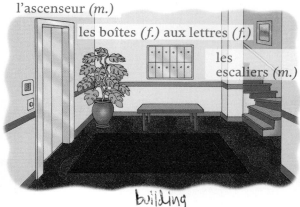

l'ascenseur (m.)

les boîtes (f.) aux lettres (f.)

les escaliers (m.)

building

Voilà la porte de mon immeuble. Nous n'avons pas de concierge. Je suis locataire[8] et mon loyer[9] est assez cher: mille francs suisses par mois. C'est normal, j'habite à Genève, en Suisse!

Nous allons monter en ascenseur, d'accord? Les escaliers, c'est trop fatigant!

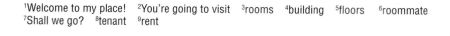
[1]Welcome to my place! [2]You're going to visit [3]rooms [4]building [5]floors [6]roommate
[7]Shall we go? [8]tenant [9]rent

Nous allons entrer dans mon appartement par la cuisine. Ma cuisine est toute petite (c'est une kitchenette), mais elle est très pratique. J'ai un four à micro-ondes, un four[1], un réfrigérateur, un évier[2], une cuisinière[3] et un lave-linge. Tu aimes ma cuisine? Je choisis avec soin[4] les choses que j'achète, parce qu'elle est si petite!

Ensuite, tu vas voir[5] le salon et la salle à manger. J'aime mon salon parce qu'il est très lumineux[6]. J'ai deux grandes fenêtres[7] et un balcon qui donne sur la rue[8]. Mon sofa est très confortable. J'ai aussi un fauteuil[9]. Voilà ma chaîne hi-fi (elle est super!) et mon téléviseur. Ma salle à manger est très simple: un tapis[10], une table et deux chaises.

[1]oven   [2]kitchen sink   [3]stove   [4]carefully   [5]you are going to see   [6]sunny   [7]windows   [8]overlooking the street   [9]armchair   [10]rug

Now we are going to my room

Maintenant, nous allons aller dans ma chambre. Tu vas aimer ma chambre! Elle est petite mais elle a une grande fenêtre qui donne sur un parc. *Big window of course also* J'ai un lit[1], *Normally* bien sûr, et aussi un ordinateur et un bureau. *Computer desk* Normalement, je finis mes devoirs[2], *homework* et puis[3], je vais sur Internet!

To finish *se the* Pour finir, tu vas voir la salle de *bathroom* bains. Il n'y a pas de fenêtre. Il y a une douche[4] mais il n'y a pas de baignoire[5]. Il y a un lavabo[6] et un miroir. Les toilettes sont séparées.

Tu aimes mon appartement? Il *mont* est chouette[7], non?

Vous avez bien compris?

Read the following statements about Aurélie's apartment and tell whether each statement is **vrai** or **faux**. Correct the false statements.

1. La chambre d'Aurélie a une petite fenêtre. *A une grand* ____ vrai ✗ faux
2. Dans la cuisine d'Aurélie il n'y a pas de lave-linge. *wash machine* ____ vrai ✗ faux
3. Aurélie a une baignoire dans la salle de bains. ____ vrai ✗ faux
4. Dans le salon, Aurélie a un sofa et deux fenêtres. ____ vrai ✗ faux
5. Dans la salle à manger, il y a cinq chaises. ____ vrai ✗ faux
6. Il y a un tapis dans la chambre. ____ vrai ✗ faux
7. Les toilettes ne sont pas dans la salle de bains. ✗ vrai ____ faux
8. L'appartement d'Aurélie est cher. ✗ vrai ____ faux

expensive

[1]bed [2]homework [3]then [4]shower [5]bathtub [6]bathroom sink [7]cool; nice

→ Mon vocabulaire ←

Le logement et la maison

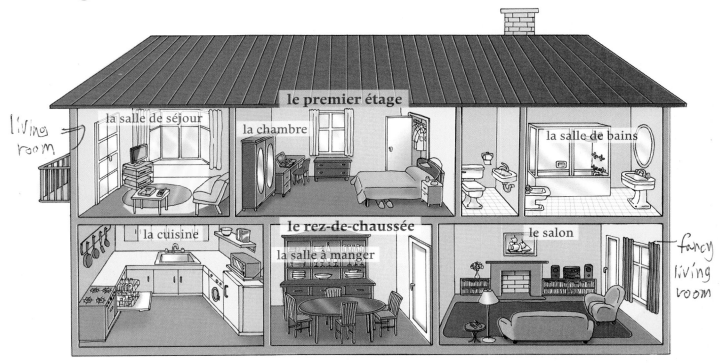

living room

le premier étage

la salle de séjour

la chambre

la salle de bains

la cuisine

le rez-de-chaussée

la salle à manger

le salon

fancy living room

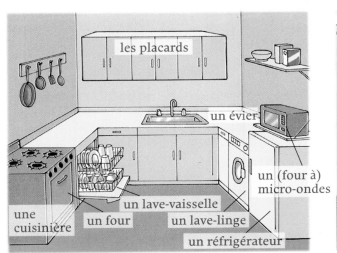

les placards

un évier

un (four à) micro-ondes

une cuisinière

un four

un lave-vaisselle

un lave-linge

un réfrigérateur

Dans la cuisine

un buffet

une table

une chaise

Dans la salle à manger

un tableau

une chaîne hi-fi

une lampe

un canapé / un sofa

un fauteuil

un tapis

Dans le salon

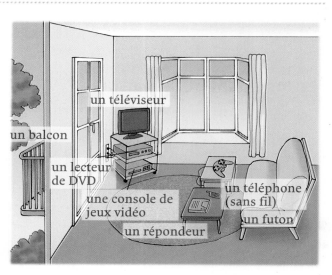

un téléviseur

un balcon

un lecteur de DVD

une console de jeux vidéo

un répondeur

un téléphone (sans fil)

un futon

Dans la salle de séjour

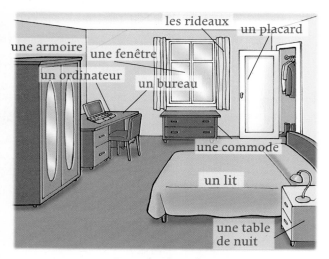

les rideaux

un placard

une armoire

une fenêtre

un ordinateur

un bureau

une commode

un lit

une table de nuit

Dans la chambre

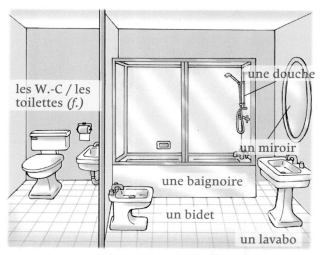

une douche

les W.-C / les toilettes (f.)

un miroir

une baignoire

un bidet

un lavabo

Dans la salle de bains

À vous!

A. Où se trouve... ? (Where is . . . ?) Indicate in which rooms the following items can be found in Aurélie's house.

> **MODÈLE:** un lave-vaisselle
>
> *Il y a un lave-vaisselle dans la cuisine.*

Il y a un baignoire dans la salle de bains.

1. une baignoire
2. une commode *Il y a un commode*
3. un évier
4. un répondeur
5. un lit

6. une armoire
7. un fauteuil
8. un four
9. un tableau
10. un buffet

B. Où fais-tu... ? (Where do you do . . . ?) Indicate in which rooms you do the following things. Use complete sentences.

> **MODÈLE:** manger
>
> *Je mange dans la cuisine ou dans la salle à manger.*

1. regarder un film
2. écouter de la musique
3. parler au téléphone

4. travailler sur l'ordinateur
5. étudier
6. préparer le dîner

C. Ce que je possède. (What I own.) Tell a classmate what things you have in each of the following rooms. Then reverse roles. Who has the most things?

1. la cuisine
2. la chambre

3. le salon
4. la salle de bains

Now, look at the picture of the bedroom of Aurélie Marquis' little brother, Thomas. What do you see in Thomas' bedroom?

Courtesy of Véronique Anover and Theresa A. Antes

STRUCTURE 1

Le futur proche *(The near future)*

- When reading Aurélie's text, you probably noticed the appearance of a new verb and a new construction. For example, in the first paragraph Aurélie says: **«tu vas visiter»** *(you are going to visit)*. This new construction is called **le futur proche** *(the near future)*. It is used to convey an action that is likely to happen in the near future (in the next couple of minutes, in a couple of hours, or in the next few days).

- The near future is formed with the verb **aller** *(to go)* plus the verb carrying the main action, which is left in the infinitive. For example, if you want to say, "we are going to eat at a restaurant," you use **aller** conjugated + **manger** in the infinitive (not conjugated).

    Nous **allons manger** au restaurant.

- The conjugation of **aller** is irregular in all forms except for the first and second person plural (**nous** and **vous**).

CD 1
Track 37

aller	
je vais	nous **all**ons
tu vas	vous **all**ez
il/ elle/ on va	ils/elles vont

- To make a sentence in the near future negative, **ne** is placed before the conjugated form of **aller** and **pas** after it.

    Affirmative: Je vais commencer mes devoirs ce soir.

    Negative: Je **ne** vais **pas** commencer mes devoirs ce soir.

- To ask a question in the near future, **est-ce que** is placed at the beginning of the sentence.

    Est-ce que vous allez acheter le CD de Feist?

Aller + à

- The verb **aller** can also be used to talk about going to a specific place. When this is the case, it is followed by the preposition **à** *(to)*.

    Je vais **à** la maison. Tu vas **à** l'université.

- Before masculine singular nouns, the preposition **à** contracts with the definite article **le** to become **au.**

    Chloé va **au** cinéma. (**à** + **le** = **au**)

- Before masculine plural nouns, the preposition **à** contracts with the definite article **les** to become **aux.**

    Céline et David vont **aux** concerts de Coldplay. (**à** + **les** = **aux**)

- There are two common expressions with **aller** that are used to invite someone to go somewhere: **Allons-y** *(Let's go!)* and **On y va?** *(Shall we go?)*.

VÉRIFIEZ Votre Compréhension

1. Go back to the *Passage 1* section on pp. 102–104 and find where Aurélie uses the expression **allons-y** or **on y va**. Why does she use it? In what context?

2. Reread Aurélie's description of her apartment one more time to see the use of the near future (**aller** + infinitive) in context. Write down each example of the near future that you find.

CD 1
Track 38

À l'écoute!

> **Petits tuyaux!** **Determining when an action happens.** In French, as in English, to determine when an action happens, you will often need to listen to the entire sentence. This is because verb tenses are often composed of more than one word. In the same way that we make a distinction in English between *I eat, I'm going to eat, I ate, I was eating*, and so on, you'll see that in French expressing these types of thoughts sometimes requires more than one word as well.
>
> In Chapter 2, you saw the present tense: **je mange** (I eat / I do eat / I am eating). In this chapter, you were introduced to the near future: **je vais manger** (I am going to eat). When listening for the meaning of a sentence, remember to listen for all of the verbs, otherwise you may miss an important part of the speaker's message!

Présent ou futur proche? Listen to the following sentences, and tell if the action expressed is in the present or the near future.

1. present _____   near future _____
2. present _____   near future _____
3. present _____   near future _____
4. present _____   near future _____
5. present _____   near future _____
6. present _____   near future _____

Pratiquons!

A. Demain matin. (Tomorrow morning.) Lucien is going to tell you what he and his friend Alain are going to do tomorrow morning. Complete each blank in the paragraph with the correct form of the verb **aller**.

Demain, je (1) ___Vais___ manger le petit déjeuner sur le balcon.
Je (2) ___vais___ contempler les palmiers et la mer *(sea)*.
Mon copain Alain (3) ___va___ téléphoner à 10 heures. Alain
et moi, nous (4) ___allons___ aller au parc faire du jogging.
Ensuite, nous (5) ___allons___ chercher le pain *(bread)* et nous
(6) ___allons___ acheter le journal. Les vendeurs *(sellers)* de
journaux (7) ___vont___ commenter les derniers événements
(events) politiques. Finalement, je (8) ___vais___ rentrer chez moi
(to my house) et Alain (9) ___va___ aller chez lui *(to his house)*.

B. Dans quelques années. (In a few years.) Tell what these celebrities are going to do, using the expressions provided. Answer in the affirmative or the negative.

 MODÈLE: John Travolta / être président des États-Unis

Dans quelques années, John Travolta va être président des États-Unis. / Dans quelques années, John Travolta ne va pas être président des États-Unis.

1. Nicole Kidman / gagner un autre Oscar
2. Madonna / avoir un quatrième enfant
3. Jodie Foster et John Travolta / habiter à la Maison-Blanche ensemble *(together)*
4. Brad Pitt / sortir avec *(to go out with)* Lindsay Lohan
5. Steven Spielberg / filmer *E.T. 2*
6. Jon Stewart et Beyoncé / chanter ensemble sur un nouveau CD

C. Pas maintenant! (Not now!) Ask a classmate if he/she is going to do the following things. Your classmate is going to answer with a complete sentence, using **pas... maintenant** *(now).* Follow the model.

MODÈLE: écouter le prof

—*Est-ce que tu vas écouter le prof?*
—*Je ne vais pas écouter le prof maintenant!*

1. étudier la leçon de français
2. travailler sur l'ordinateur
3. regarder le DVD de *À vous!*
4. parler au prof
5. jouer sur la console
6. aller au laboratoire de langues

D. Le livreur. (The delivery person.) A client has ordered some furniture and appliances to be delivered to his house. You are **le livreur (la livreuse)** and are calling to update your client. Use the near future to say which item you are going to deliver **(livrer)** and when.

MODÈLE:

15 minutes
Je vais livrer la table dans quinze minutes.

1. 25 minutes

2. 16 minutes

3. 40 minutes

4. 5 minutes

5. 38 minutes

STRUCTURE 2

Les verbes réguliers en -ir

In Chapters 2 and 3 you learned about regular and stem-changing verbs ending in **-er.** Now you are going to learn about a second group of regular verbs ending in **-ir.** These verbs are conjugated by dropping the **-ir** ending and adding the following present tense endings:

-is, -is, -it, -issons, -issez, -issent.

CD 1
Track 39

finir *(to finish)*	
je fin**is**	nous fin**issons**
tu fin**is**	vous fin**issez**
il / elle / on fin**it**	ils / elles fin**issent**

The following **-ir** verbs are also regular.

choisir *to choose*	**salir** *to dirty*
bâtir *to build*	**obéir (à)** *to obey*
punir *to punish*	**réussir (à)** *to succeed in, to pass (a test)*

- These verbs are negated in the same way as **-er** verbs.

    Je **ne** punis **pas** mon chien.

    Margot **ne** finit **pas** son examen de mathématiques.

- The verb **obéir** is used with the preposition **à** when followed by an object. The verb **réussir** is used with the preposition **à** when followed by an infinitive.

    Bébé Alex obéit **à** sa maman.

    Je réussis mes examens. BUT: Je réussis **à** finir mes devoirs.

Attention!

- When negating **réussir à** or **obéir à,** the preposition **à** stays outside the negation.

    Les enfants **n'**obéissent **pas** à leurs parents.

- Remember that the preposition **à** contracts with the articles **le** and **les** to form **au** and **aux.**

    Est-ce que les étudiants obéissent **aux** professeurs?

    J'obéis **au** prof de français!

VÉRIFIEZ Votre Compréhension

1. Go back to the *Passage 1* section on pp. 102–104. Which *-ir* verbs does Aurélie use? What are their infinitives?
2. If Aurélie had been using the **nous** form of these verbs instead of the **je** form, how would these verbs be conjugated?

Pratiquons!

A. Dans mon quartier. Tell what the following people in your neighborhood do. Complete each sentence with the correct form of the verb in parentheses.

1. Tous les matins, les enfants (finir) _____ leurs devoirs.
2. Mon voisin (punir) _____ son chat quand il est sur la table.
3. Tu (bâtir) _____ une nouvelle maison très moderne à côté de mon appartement.
4. Au parc, la petite fille (obéir) n'_____ pas à son père.
5. Vous (choisir) _____ un bon vin pour le dîner.
6. Mes amis et moi, nous (salir) _____ la cuisine quand on prépare le dîner.
7. Mon colocataire (finir) _____ ses devoirs dans le salon devant la télé!
8. Je (réussir) enfin _____ à faire des crêpes!

 B. Je suis étonné(e)! (I'm stunned!) Your classmate just can't believe what you are telling him/her. Compose a sentence based on the cue. Your partner will reply by repeating the sentence in the **tu** form and by saying, **"je suis étonné(e)!"**

> **MODÈLE:** je / finir les activités dans le cahier
>
> —*Je finis les activités dans le cahier*
>
> —*Tu finis les activités dans le cahier... je suis étonné(e)!*

1. je / finir les devoirs pour le cours de français
2. je / choisir des cours difficiles ce semestre
3. mes amis / ne... pas / salir mon salon quand il y a une fête
4. ma petite sœur (mon petit frère) / obéir à mes parents toujours
5. mes parents / punir mes amis aussi
6. mes amis et moi, nous / réussir à obtenir / un score parfait au jeu *Rock Band*!

 C. Oh, vraiment? (Oh, really?) Go back to Activity B, and ask your classmate to tell you the truth about each statement. Reverse roles. Follow the model.

> **MODÈLE:** Toi: *Est-ce que tu finis vraiment les activités dans le cahier?*
>
> Ton/Ta partenaire: *Oui, je finis vraiment les activités dans le cahier. / Pas vraiment, je ne finis pas les activités dans le cahier.*

À vous de parler!

 A. Votre maison / appartement. Your new in-laws are calling from abroad. They have not seen your new home yet. However, they are very curious and they want to know what your new house/apartment is like. Describe it to them and tell them what you have in each room, answering their questions in detail.

Possible questions from the in-laws: What is your bedroom like? Do you have two beds or one bed? What is your kitchen like? Do you have two bathrooms or one? etc.

> **MODÈLE:** —*Comment est votre chambre?*
> —*Notre chambre est...*

 B. Le voyant / La voyante. (The fortune-teller.) You are a famous fortune-teller. Two clients have come to you to find out what the future holds for them. Using the near future, make predictions based on your clients' questions.

Possible questions: Am I going to live in Paris? Am I going to work? Am I going to get married **(me marier)?** Am I going to have children? etc.

> **MODÈLE:** —*Est-ce que je vais terminer mes études?*
> —*Oui, vous allez terminer dans dix ans!*

 C. La nouvelle collection! You and your friends have been hired as designers at Roche Bobois, the very prestigious French furniture store. You are in charge of designing the new collection for their catalog, in particular living rooms and bedrooms. Write a short description of the furniture pieces and the furnishings (such as rugs, paintings, etc.) as well as the price for each item. Create this new collection by drawing or cutting pictures from a catalog the rooms that you and your friends have designed, and show them to the class. Which ones would you buy?

Courtesy of Véronique Anover and Theresa A. Antes

What do you imagine the apartments inside this building would look like?

Les Européens habitent comme ça

En Europe francophone (c'est-à-dire en France, en Belgique, à Monaco, au Luxembourg et en Suisse), il est très commun d'habiter en centre-ville. Les Européens aiment bien leurs villes, et beaucoup de personnes préfèrent habiter dans un appartement en ville, plutôt que[1] d'habiter dans les banlieues[2]. Les vieux bâtiments sont surtout recherchés[3]; ce qui[4] est nouveau et moderne est beaucoup moins désirable. Les maisons dans le centre-ville sont assez rares; il y a surtout des appartements. Il n'est pas rare pour les familles qui habitent dans un appartement en ville d'avoir aussi une maison de vacances à la campagne[5]; comme ça ils peuvent quitter[6] la ville de temps en temps.

Dans les banlieues, c'est très différent. On trouve beaucoup de nouvelles maisons individuelles, et des immeubles modernes avec beaucoup d'appartements. Le problème, c'est qu'on n'a pas l'avantage d'habiter près[7] des magasins et des restaurants, et le trajet[8] pour aller au travail est plus long. Pour cette raison, les logements dans les banlieues sont moins chers[9] que les logements au centre-ville. C'est aussi dans les banlieues où l'on trouve les HLM—les habitations à loyer modéré[10]—pour les personnes aux revenus modestes.

Courtesy of Véronique Anover and Theresa A. Antes

Réfléchissons!

Compare housing in the United States and in Europe by answering the following questions.

1. What differences do you see between living downtown and living in the suburbs in the United States and in Europe? What are considered the advantages and disadvantages of each in the two cultures?

2. In the United States, where is subsidized housing generally located? And in Europe? What does this say about how these locations are perceived in the two cultures?

3. Can you think of any American towns where living downtown is as prized as it is in Europe? Why do you think this is the case?

4. Do you know many people with vacation homes? If not, what do the people you know do for vacation instead?

---

[1]rather than [2]suburbs [3]especially sought after [4] that which [5]in the country
[6] can leave [7]near [8]commute [9]less expensive [10]subsidized housing

Passage 2

Retournons à l'appartement d'Aurélie

Dans l'appartement d'Aurélie, il y a quatre pièces: une cuisine, un salon, une salle à manger, une chambre et une salle de bains. Il y a aussi des toilettes, bien sûr! Regardons ces pièces ensemble… Dans la cuisine, il y a une cuisinière avec un four. La cuisinière est entre[1] le réfrigérateur et l'évier. (Le réfrigérateur est à gauche[2] de la cuisinière, et l'évier est à droite[3] de la cuisinière.) Au-dessus[4] de la cuisinière, il y a un four à micro-ondes. Dans le coin[5], il y a un lave-linge.

À côté de[6] la cuisine, il y a le salon avec un sofa mais il n'y a pas de fauteuil. Devant[7] le sofa il y a une table basse, et sous[8] la table basse, il y a un tapis. À gauche du sofa, il y a une lampe. Dans le coin, Aurélie a un téléviseur, avec une console de jeux vidéo et un lecteur de DVD. Elle a aussi une chaîne hi-fi. Derrière[9] le sofa, il y a une grande fenêtre, donc, c'est une pièce très lumineuse. À droite du sofa, il y a une table et quatre chaises. Il y a un grand tapis sous la table.

Derrière le salon, il y a une chambre. Aurélie aime bien sa chambre; elle est calme et accueillante[10]. Dans sa chambre, elle a un grand lit. À côté du lit, il y a une table de nuit, et en face[11] du lit, il y a un bureau. Sur[12] le bureau, il y a un ordinateur.

Pour finir, il y a la salle de bains. Elle est très petite, mais il y a l'essentiel—un lavabo et une douche. Au-dessus du lavabo, il y a un miroir. Les toilettes sont à côté de la salle de bains. Dans[13] les toilettes, il y a les W.-C et un lavabo.

[1]between   [2]to the left of   [3]to the right of   [4]Above   [5]corner   [6]Next to   [7]In front of
[8]under   [9]Behind   [10]cozy   [11]facing   [12]On   [13]In

Vous avez bien compris?

Describe Aurélie's apartment using an appropriate word or expression.

1. À côté du sofa il y a _____ et devant le sofa il y a _____.

2. Dans la cuisine, il y a l'essentiel: un _____, un _____ et l'_____. Le micro-ondes est _____ de la cuisinière.

3. Pour se détendre *(to relax)* dans le salon, Aurélie a un _____, une _____ de jeux vidéo et une _____.

→ Mon vocabulaire ←

Les prépositions

à côté de	*beside, next to*	dans	*in*
à droite de	*to the right of*	derrière	*behind, in back of*
à gauche de	*to the left of*	devant	*in front of*
au-dessus de	*above, over*	entre	*between*
en face de	*across from, facing*	sous	*under*
près de	*close to*	sur	*on*
loin de	*far from*		

À vous!

A. C'est logique? Mme Foufou is very extravagant and the way she has furnished her house is somewhat unusual. Read the description of the rooms in her house and indicate *normal* if the lay out and placement of the furniture makes sense or *pas normal* if it does not make sense.

1. Dans la cuisine, il y a une petite douche pour le chien.
   normal   pas normal

2. Dans la cuisine, il y a un réfrigérateur, un évier et une cuisinière aussi.
   normal   pas normal

3. Dans le salon, il y a un fauteuil et une table de nuit.
   normal   pas normal

4. Dans le salon, il y a aussi un tapis et des rideaux.
   normal   pas normal

5. Dans la chambre, il n'y a pas de lit, mais il y a un sofa.
   normal   pas normal

6. Dans la salle de bains, il y a un ordinateur à côté du lavabo.
   normal   pas normal

7. Dans la salle de bains, il y a un miroir.
   normal   pas normal

8. Dans la salle à manger, il y une grande table et six chaises.
   normal   pas normal

B. Le studio de Lucien. Look at the floor plan of Lucien's studio, and say whether the following statements are **vrai** *(true)* or **faux** *(false)*. Correct the false statements.

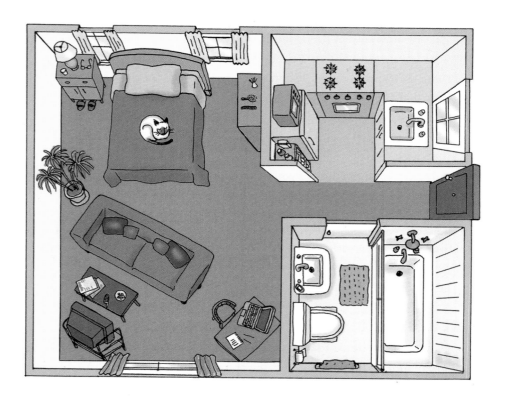

1. Dans l'appartement de Lucien, il y a deux lits. _____ vrai _____ faux
2. La commode est entre le lit et le coin-cuisine. _____ vrai _____ faux
3. Il n'y a pas de table dans la cuisine de Lucien. _____ vrai _____ faux
4. La table basse est derrière le sofa. _____ vrai _____ faux
5. Le bureau est à côté de la porte. _____ vrai _____ faux
6. Le téléviseur est dans le coin du salon. _____ vrai _____ faux
7. Le four à micro-ondes est sous le réfrigérateur. _____ vrai _____ faux
8. Le lit est près du sofa. _____ vrai _____ faux

 C. C'est où chez vous? *(Where is it in your house?)* Using the prepositions from this chapter, answer the following questions about your own room or house.

1. Où est votre ordinateur?
2. Est-ce que votre table de nuit est à gauche ou à droite de votre lit?
3. Est-ce que votre four à micro-ondes est près de la table ou loin de la table?
4. Qu'est-ce qu'il y a *(What is there)* derrière votre canapé?
5. Où sont les tapis?
6. Qu'est-ce qu'il y a en face de votre bureau? Et sur votre bureau?

STRUCTURE 3

Les prépositions et les contractions

- When describing where something is located in relation to something else, we use a preposition. A preposition in French may consist of one word or several. Compare the following French and English sentences.

    Dans mon appartement, le sofa est **à côté d'**un fauteuil.

    *In my apartment, the sofa is **beside** an armchair.*

    Sous le sofa, il y a un tapis.

    Under the sofa, there is a rug.

    Devant le sofa, il y a un téléviseur.

    In front of the sofa, there is a television.

- Do not rely on English to tell you how many words the preposition should contain. As you can see from the preceding examples, the two languages are often quite different.

- You may have noticed in the **Mon vocabulaire** section on page 116 that some of the French prepositions listed are followed by **de**. These words or expressions take **de** whenever they are followed by a noun.

    Le fauteuil est **à gauche de** la table.

    *The armchair is **to the left of** the table.*

- One-word prepositions, on the other hand, never take **de**.

    Le fauteuil est **devant** la lampe.

    *The armchair is **in front of** the lamp.*

- Again, do not let English be your guide, as the languages often work quite differently in this regard! Memorize which phrases require **de** in French; this is the only way to know.

- When using **de**, you must pay attention to the definite article that follows it. The preposition **de** contracts with **le** and **les**, but not with **la** or **l'**, to make the following forms.

Singular	Plural
du (= de + le)	des (= de + les)
de la	
de l'	

    Le lit est **à côté <u>du</u>** téléviseur.   *The bed is next to the television.*

    Le lit est **à côté <u>de la</u>** table.   *The bed is next to the table.*

    Le lit est **à côté <u>de l'</u>**armoire.   *The bed is next to the armoire.*

    Le lit est **à côté <u>des</u>** chaises.   *The bed is next to the chairs.*

Go back to the description of Aurélie's apartment in the *Passage 2* section (p. 115), and underline all the prepositions that you find. Then answer the following questions.

1. What do these words and phrases mean in English?
2. Which prepositions take **de?** Why?
3. Has there been a contraction with the definite article? Why or why not?
4. Which prepositions do not take **de?**

Pratiquons!

A. Où sont-ils? Look at Lucien's apartment and answer the following questions. Some questions may have several possible answers.

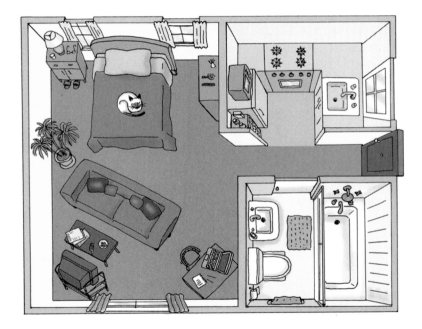

1. Combien de fenêtres est-ce qu'il y a dans l'appartement de Lucien?
2. Qu'est-ce qu'il y a dans la cuisine?
3. Est-ce que le four à micro-ondes est sur le réfrigérateur ou sous le réfrigérateur?
4. Où est l'ordinateur?
5. Où est le lit?
6. Est-ce que la table basse est devant le sofa ou derrière le sofa?
7. Où sont les placards?
8. Où est la porte *(door)*?

B. Architectes. You are an architect, and you are talking to a client over the phone about a remodeling job. Ask your client the following questions so that you can draw a layout of his/her rooms, with furniture and appliances in place. When you are finished, reverse roles. Did the drawings come close to your actual houses or apartments?

1. Est-ce que vous habitez dans une grande maison ou une petite maison? Où? Habitez-vous dans un appartement? Où? À quel étage?

2. Combien de pièces avez-vous? Où sont les pièces? La cuisine? Le salon? La salle à manger? Les toilettes? etc.

3. Qu'est-ce qu'il y a dans chaque pièce? Où sont placés les meubles *(furniture)*?

4. Est-ce que vous avez un bureau? Où est-il? Qu'est-ce que vous avez sur votre bureau?

Portrait personnel

Have you heard enough about the apartment or house of one of your classmates to describe it? Choose a classmate whose house or apartment you remember and describe it. (You may use the drawings you made in Activity B, *Architectes*.) If you do not remember your partner's house or apartment, ask him/her some questions before beginning to write.

Courtesy of Véronique Anover and Theresa A. Antes

How are the public restrooms in your country different from the one you see in this picture? How are they indicated? Are they indicated on a street sign?

Courtesy of Véronique Anover and Theresa A. Antes

Passage 3

Activités pendant le week-end

Le week-end, Aurélie retourne chez ses parents. Toute la famille est là, et tout le monde[1] travaille. Le matin, il fait beau mais pas trop chaud, donc vers[2] huit heures[3] son père, Michel, travaille dans le jardin. Il aime bien faire du jardinage. Le reste de la famille aime dormir[4] un peu plus tard[5]. Ils commencent à travailler vers dix heures. La sœur d'Aurélie, Agnès, fait la lessive et son frère, David, fait le repassage. David regarde la télé pendant qu'il travaille. Les jumelles, Léa et Andréa, font la vaisselle. La mère d'Aurélie, Cécile, est en train de peindre[6] la maison. Elle déteste faire du jardinage, mais elle adore faire du bricolage[7]. Et Aurélie? Qu'est-ce qu'elle va faire? Elle va travailler à l'intérieur. Elle va passer l'aspirateur[8] et elle va faire le ménage. Le soir, vers six heures et demie, elle va faire la cuisine; c'est elle qui prépare le dîner ce soir!

Vous avez bien compris?

Answer the following questions in French.

1. Qu'est-ce qu'Aurélie va faire aujourd'hui?
2. Que fait David pendant qu'il travaille?
3. Que font les jumelles?
4. Qui fait du jardinage?
5. Qui ne va certainement pas faire du jardinage? Pourquoi pas?
6. D'après vous (In your opinion), comment dit-on «faire le ménage» en anglais?

[1]everyone   [2]around   [3]8:00 am   [4]sleep   [5]later   [6]to paint   [7]to do repair work
[8]run the vacuum cleaner

→ Mon vocabulaire ←

Travaux ménagers

faire la cuisine

faire les courses *(f.)*

Shopping

faire le linge / faire la lessive

faire le ménage

faire le repassage

faire la vaisselle

faire du bricolage

faire du jardinage

passer l' aspirateur *(m.)*

faire les valises *(f.)*

faire les vitres *(f.)*

faire un gâteau

Expressions de temps

Quel temps fait-il?

Il fait beau.

Il fait chaud.

Il fait froid.

cold

Il fait frais.

chilly

Il fait du vent.

windy

Il fait du soleil.

Sunny

Il neige.

Il pleut.

Les saisons

l'été *(m.)*

le printemps

Spring

l'automne *(m.)*

fall

l'hiver *(m.)*

À vous!

A. Que faites-vous? For each of the following situations, tell which of the activities listed in the *Mon vocabulaire* section is important to do or not to do.

> **MODÈLE:** avant l'arrivée de tes parents
>
> *Avant l'arrivée de mes parents, il est important de...*
>
> *faire la vaisselle, faire la lessive, passer l'aspirateur.*

Expressions utiles

faire un voyage (*to take a trip*)

faire les devoirs (*to do homework*)

faire un gâteau (*to make a cake*)

1. pour fêter (*to celebrate*) l'anniversaire d'un ami chez vous (*at your place*) (il est important de...)
2. avant d'aller en cours
3. pour nettoyer (*clean*) la maison
4. pour travailler à l'extérieur
5. pour aller en vacances

B. Quel temps fait-il? Tell the class what the weather is like in the city or town you come from for each of the following seasons. When you have finished, vote on whose hometown has the best weather (**le meilleur climat**).

1. Je suis de ___Montecito___ .
2. En hiver, il ___fait chaud___ .
3. En été, il ___fait très beau___ .
4. Au printemps, il _____ .
5. En automne, il _____ .
6. La saison que je préfère, c'est le _____ parce que _____ .
7. La ville de _____ a le meilleur climat.

C. Qui fait le travail? Ask a classmate the following questions about household chores. Then, answer his/her questions. Who does all the work at home?

1. Qui fait le ménage chez toi? Quand? *when Je fais le ménage le matin.*
2. Qui fait la cuisine d'habitude? Quelle est la spécialité de la maison? *une salad de diététic*
3. Qui fait la lessive? Quel jour de la semaine? *lundi Je fais la cuisine d'habitude*
4. Qui fait les courses? Où? Quand?
5. Qui fait le repassage? Quand? *Iron*
6. Qui fait du bricolage? Pourquoi?

STRUCTURE 4

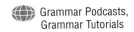

Le verbe *faire*

The verb **faire** has an irregular conjugation.

[handwritten: Je fais un voyage / tu fais la vaisselle / il fait beau]

faire	
[handwritten: I] je fais	nous fai**sons** *[handwritten: we you no fair vacom]*
[handwritten: he she] tu fais	vous fai**tes** *[handwritten: you]*
il / elle / on fait	ils / elles **font** *[handwritten: they]*

Faire means *to do* or *to make*.

| Je **fais** mes devoirs. | *I'm doing my homework. / I do my homework.* |
| Il **fait** un gâteau. | *He's making a cake. / He makes a cake.* |

In addition, it is often used in idiomatic expressions, and therefore may be translated quite differently in English.

Nous **faisons** un voyage.	*We're taking a trip.*
Je **fais** la vaisselle.	*I'm washing / doing the dishes.*
Ils **font** du jardinage.	*They garden. / They do the gardening.*

Faire is also frequently used in expressions describing weather. In these expressions, the pronoun is always **il** and the verb is always conjugated in the third person singular.

| Il **fait** beau. | *It's nice outside.* |
| Il **fait** du soleil. | *It's sunny.* |

Two common weather expressions do not use **faire.** Instead, they use the verbs **neiger** *(to snow)* and **pleuvoir** *(to rain),* which have just one form in the present tense.

| Il pleut. | *It's raining. / It rains.* |
| Il neige. | *It's snowing. / It snows.* |

Remind students that the present tense in French has three possible translations in English: **Je fais mes devoirs** = I do my homework, I am doing my homework, I *do* do my homework (emphatic). The context will help determine which one the speaker means.

 VÉRIFIEZ Votre Compréhension

Reread the description of the weekend activities of Aurélie and her family on p. 121. Then answer the following questions.

1. What idiomatic expressions contain **faire?** What do these expressions mean?
2. Are there any weather expressions with **faire?** If so, how is it conjugated, and why?
3. What other verbs are used? Are they regular or irregular verbs?

Pratiquons!

A. Que font ces personnes? Look at the drawings and tell what each person is doing. Then rewrite your sentences, substituting the subject pronouns in parentheses. Pay specific attention to the form of the verb.

1.

Il... (Je / Vous / On)

JE fais la vasselle

2.

Ils... (Tu / Nous / Vous)

3.

Elle... (Elles / Je / On)

4.

Ils... (Vous / Nous / Elle)

 B. Quel temps fait-il à... ? Ask and answer the following questions with a partner. There may be more than one appropriate answer; give as many as you can.

1. Quel temps fait-il à Houston en été?
2. Quel temps fait-il à Québec en hiver?
3. Quel temps fait-il à Seattle en mars?
4. Quel temps fait-il à Atlanta en automne?
5. Quel temps fait-il à Dakar (au Sénégal) en juillet?
6. Quel temps fait-il dans ta ville en janvier? _Il fait_

 C. À la recherche d'un «oui»! Interview your classmates to find someone who does each of the following. Do not use the same classmate for more than one **oui** answer.

Trouvez une personne qui...

1. aime faire la vaisselle.
2. aime faire du jogging.
3. va faire la lessive aujourd'hui.
4. finit toujours ses devoirs.
5. fait ses devoirs le samedi.
6. va faire des courses après le cours.
7. n'aime pas l'été.
8. adore l'hiver.
9. habite près de l'université.
10. travaille loin de l'université.

STRUCTURE 5

L'heure

Her days *over booked* *goes to class* *8:15*

Les journées d'Aurélie sont très chargées. Elle va en cours à huit heures et quart du matin.

morning

At noon *goes back to house*

À midi, elle retourne à la maison. Elle déjeune (*has lunch*), et elle fait la vaisselle. À deux heures et demie de l'après-midi, elle va au travail.

Vers sept heures du soir, elle dîne avec des amis. Elle prend (*takes*) le bus de huit heures vingt pour retourner chez elle.

- To tell time in French, the hour comes first, and then the minutes. In English you can vary between saying that it is *four ten* (4:10) or *ten after four*, but in French, you have only one choice: **Il est quatre heures dix.**

- As you can see in the preceding example, numbers follow the hour directly. However, when you want to say that it is a quarter past or half past the hour, you use the conjunction **et: Il est cinq heures et quart. / Il est une heure et demie.**

- To indicate that the next hour is approaching (*five minutes to,* in English), the expression **moins** is used: **Il est sept heures moins cinq.** To indicate 'a quarter to' the hour, use the expression '**moins le quart**': **Il est dix heures moins le quart.** *Noon* is expressed by the word **midi,** and *midnight* by **minuit.** French speakers use the expression **douze heures** only when using the official time system (see the marginal note on p. 129). **Midi** and **minuit** are followed by the number of minutes, if necessary: **Il est midi dix. / Il est minuit et demi. / Il est minuit moins le quart.**

- Other expressions to indicate time of day are: **à... heures** *(at... o'clock),* **du matin** *(in the morning),* **de l'après-midi** *(in the afternoon),* and **du soir** *(in the evening / at night).* There is no other French equivalent for the English abbreviations A.M. and P.M.

1 VÉRIFIEZ Votre Compréhension

1. How is *noon* expressed in French?
2. What does Aurélie do at **huit heures et quart du matin? And at deux heures et demie de l'après-midi?**
3. At what time does she take the bus?

Pratiquons!

A. La journée de Cécile Marquis. You've seen Aurélie Marquis's day. Now, say at what time her mother completes her activities.

> MODÈLE: 9 h 30, aller au travail
> *À neuf heures et demie du matin, Cécile va au travail.*

1. 10 h 10, parler avec le patron *(boss)* À dix heures dix de matin, Cécile parler avec le patron.
2. 10 h 40, aller à la poste À dix
3. 11 h 15, retourner au bureau
4. entre 12 h et 1 h 30, déjeuner
5. 2 h 30, assister à *(attend)* une réunion
6. 4 h 20, téléphoner à un client

B. À quelle heure est-ce que tu... ? Interview a partner to find out what time he/she does the following things.

> **MODÈLE:** arriver à l'université
>
> *À quelle heure est-ce que tu arrives à l'université?*

1. déjeuner
2. rencontrer *(meet up with)* tes amis
3. aller en cours de français
4. faire tes devoirs
5. retourner chez toi
6. regarder ton émission préférée à la télé

Portrait personnel

Write a description of your partner's day. When does he/she do each activity? How does this compare to your own day?

C. Quelle heure est-il? *(What time is it?)* Restate the time, using the 24-hour clock.

> **MODÈLE:** 9 h 50 du soir
>
> *Il est vingt et une heures cinquante.*

1. 6 h 30 du matin
2. 10 h 20 du soir
3. 1 h 15 de l'après-midi
4. 3 h 10 de l'après-midi
5. 7 h 08 du matin
6. 11 h 35 du soir

Now, tell a classmate what you do at the above times.

> **MODÈLE:** À 6 h 30 je commence la journée.

Le saviez-vous?
In French-speaking countries, the 24-hour clock is used much more frequently than in the United States. We tend to think of this as "official" or "military" time, but other cultures use the 24-hour clock as a way of making clear whether an activity is scheduled for the morning or the afternoon. It is used for train and bus schedules, TV guides, movie and concert announcements, appointments, and class meetings. To convert from conventional time to official time, simply add 12 to the P.M. hours: 8:00 A.M. remains **huit heures,** but 8:00 P.M. becomes **vingt heures.** When using the 24-hour clock, the expressions **midi, minuit, quart,** and **demie** are not used, and minutes to the hour are not expressed: 4 h 55 is **quatre heures cinquante-cinq** (and not **cinq heures moins cinq,** as in conventional time).

iLrn Complete the diagnostic tests to check your knowledge of the vocabulary and grammar structures presented in this chapter.

Départ	Destination		Train nº	Voie
8 h 16	LYON -PART-DIEU	*loc*	17702	2
8 h 46	PARIS -LYON	TGV 1 - 2 CLASSE	6194	
9 h 01	CERBERE	SUPPRIME	76409	
9 h 48	MARSEILLE	*loc*	17703	
10 h 05	LYON -PART-DIEU	*loc*	17430	
10 h 07	MONTPELLIER	SUPPRIME	76411	
10 h 29	STRASBOURG METZ	TRAIN GRANDES LIGNES	4340	
10 h 32	MIRAMAS	TGV 1 - 2 CLASSE	6191	

Trains au départ

Courtesy of Véronique Anover and Theresa A. Antes

À vous de parler!

 A. Décorateur d'intérieur. You are an interior designer. Two roommates ask you to help them decorate their empty house. Look at their floor plan and decorate one room at a time. Decide with them on the furniture and appliances. You might also talk about the colors of the walls and the furniture (sofas, curtains, rugs, etc.). Once you are done, show the newly designed house to the class. The class will vote on their favorite.

 B. L'agent immobilier. You and some classmates have decided to rent an apartment together in Paris. In groups of three or four, decide what kind of apartment you are going to rent (how many rooms, etc.). Explain to your real estate agent (your teacher) what your needs are; he/she will provide you with options. When you have chosen an apartment, discuss together how you will furnish it. Then, decide with your roommates who is going to do which housekeeping chores. When you have finished, explain your choices to the rest of the class. Each member of the group should speak at least once during this presentation.

 C. La météo. *(The weather forecast.)* You work for the French TV station, TV5. One of you is a meteorologist who will use the map of France to forecast the weather in the near future. The other is a journalist who makes comments on the weather. Let the class decide who has the best newscast.

> **MODÈLE:** Meteorologist: *Il va pleuvoir à Paris samedi.*
> Journalist: *Alors, nous n'allons pas aller au parc!*

Expressions utiles

un décorateur / une décoratrice d'intérieur

le plan de la maison / de l'appartement

meubler *(to furnish)*

décorer

peindre *(to paint)* les murs

Expressions utiles

louer *(to rent)* un appartement / une maison

au premier étage / au deuxième étage

en banlieue *(in the suburbs)*

en centre-ville *(downtown)*

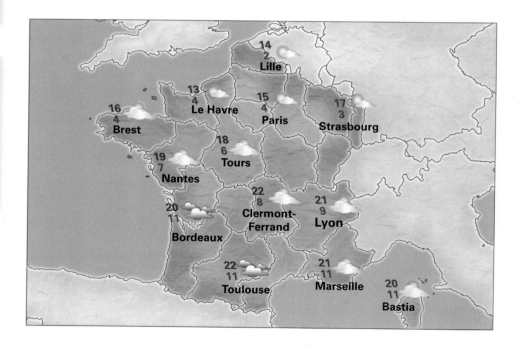

Au rayon poissonnerie

Il y a beaucoup de monde au rayon poissonnerie, alors Aude attend son tour[1] patiemment.

LA POISSONNIÈRE: À qui le tour[2] maintenant?

AUDE: C'est à moi! Bonjour, Madame. Est-ce que vous vendez des moules?

LA POISSONNIÈRE: Pardon, mais comme il y a beaucoup de monde, je n'entends[3] pas votre question.

AUDE: Est-ce que vous vendez des moules?

LA POISSONNIÈRE: Ah! Mais oui! Et elles sont excellentes aujourd'hui.

AUDE: Parfait! Alors, je voudrais un kilo de moules, s'il vous plaît. Et je voudrais aussi 500 grammes de crevettes.

LA POISSONNIÈRE: Avec plaisir! Je vais choisir les plus grosses moules et les plus belles crevettes!

AUDE: Merci, vous êtes très gentille! (À Julien:) Julien, ça te dit[4] une bouteille de vin rouge pour accompagner le dîner ce soir?

JULIEN: Ouais![5] Quelle bonne idée!

À la caisse

AUDE: Julien, tu mets[6] les provisions dans le chariot? Moi, je vais payer la caissière, d'accord?

JULIEN: D'accord, ça marche![7]

Aude et Julien vont à la boulangerie du coin.[8]

À la boulangerie

JULIEN ET AUDE: Bonjour, Madame.

LA BOULANGÈRE: Bonjour, Messieurs Dames! Que désirez-vous?[9]

JULIEN: Nous voudrions[10] une baguette, s'il vous plaît.

LA BOULANGÈRE: La baguette, bien cuite[11] ou pas trop cuite?[12]

JULIEN: Bien cuite! C'est combien?

LA BOULANGÈRE: Voilà votre baguette! C'est un euro.

---

[1]waits her turn   [2]Whose turn is it?   [3]hear   [4]What about…?   [5]Yeah!
[6]put   [7]That works (for me)!   [8]on the corner   [9]What would you like?
[10]would like   [11]well-baked   [12]not baked too dark

Courtesy of Véronique Anover and Theresa A. Antes

Vous avez bien compris?

A. First, answer the following questions according to the dialogue.

1. Où est-ce que Julien met ses provisions? *Il met le chariot*

2. Au rayon crémerie, combien de fromages est-ce qu'Aude achète? Et combien d'œufs?

3. Qu'est-ce que Julien achète au rayon boucherie?

4. Comment est-ce que Julien demande au boucher ce qu'il veut?

5. À la caisse, qui va payer? Et que fait Julien?

6. Comment est-ce que Julien et Aude demandent à la boulangère ce qu'ils veulent?

B. Now, answer the following cross-cultural questions from the dialogue.

1. Julien met les provisions dans le chariot. Est-ce qu'aux États-Unis on met les provisions dans le chariot? Et en France, qui met les provisions dans le chariot? ~~la femme mais~~ *on met les provisions dans la chariot.*

2. Julien demande une baguette bien cuite. Est-ce qu'aux États-Unis on demande aussi des baguettes bien cuites? Pourquoi? *non parce que des baguette sont faire du matin,*

3. Julien et Aude utilisent beaucoup de formules de politesse avec les commerçants. Est-ce qu'on utilise autant de *(as many)* formules de politesse aux États-Unis quand on s'adresse aux commerçants? Pourquoi?

non parce qu'on a pas. Le temps

Le rayon des vins dans un supermarché en France. Est-il différent des rayons des vin de votre pays? Pourquoi? Est-ce que vous voyez des vins étrangers ou français? Qu'est-ce qui facilite[1] la sélection des vins?

[1]makes easy

→ Mon vocabulaire ←

Les magasins spécialisés

Quand on va… on achète… what do you buy

à la boucherie

de la viande et du poulet

à la boulangerie

du pain et des croissants *(m.)*

à la boutique de vêtements

des vêtements *(m.)*

au magasin de chaussures

des chaussures *(f.)*

à la poste

des timbres *(m.)*

à la pharmacie

des médicaments *(m.)*

au grand magasin

de tout!

à l'épicerie

de tout aussi!

à la pâtisserie

des pâtisseries *(f.)*; des gâteaux *(m.)*; des tartes *(f.)*

au bureau *(m.)* de tabac

des cigarettes *(f.)*

à la crémerie

des produits laitiers *(m.)*

à la chocolaterie

des chocolats *(m.)*

Faire les courses (*To run errands*)

les achats *(m.)*	*purchases*
le caissier / la caissière	*cashier*
le chariot	*shopping cart*
une grande surface	*supermarket*
un grand magasin	*a department store*
la liste des courses	*shopping list*
les provisions / les courses *(f.)*	*food supplies*
le rayon boucherie / la boucherie	*meat department / the butchershop*
le rayon crémerie / la fromagerie	*dairy department / the cheese store*
le rayon poissonnerie / la poissonnerie	*seafood department / the fish market*

Les produits alimentaires (*Groceries and produce*)

une baguette (bien cuite / pas trop cuite)	*loaf of French bread (well baked / lightly baked)*
du bœuf *(m.)*	*beef*
des crevettes *(f.)*	*shrimp*
des moules *(f.)*	*mussels*
un poulet fermier	*farm-raised chicken*
du vin rouge *(m.)*	*red wine*
des œufs *(m.)*	*eggs*
des fromages *(m.)*	*cheeses*
des fruits *(m.)*	*fruit*
des légumes *(m.)*	*vegetables*

À vous!

A. Où? Tell where the following items can be purchased.

> **MODÈLE:** des vêtements
>
> *au grand magasin (à la boutique de vêtements)*

1. des médicaments *à la pharmacie*
2. des croissants *à la boulangerie*
3. des timbres *on va acheter à la poste.*
4. de la viande *on va acheter a la*

5. des œufs
6. des crevettes
7. des chaussures

on va acheter des medicaments à la pharmacie

 B. Le petit frère curieux! You are about to leave the house to run some errands, but your little brother is very curious! He wants to know where you are going and what you are going to buy. With a classmate, play the role of the little brother and the older sibling.

> **MODÈLE:** the bakery
>
> —*Où vas-tu?*
>
> —*Je vais à la boulangerie.*
>
> —*Que vas-tu acheter?*
>
> —*Je vais acheter du pain.*

1. the butcher
2. the cheese store
3. a department store

4. a clothing store
5. a pastry shop
6. a chocolate shop

CD 1
Track 48

STRUCTURE 1

Les verbes réguliers en -re

Grammar Podcasts,
Grammar Tutorials

finir en beaauté

You are already familiar with two groups of regular verbs, those ending in **-er** and those ending in **-ir**. Now you are going to learn about another group of regular verbs: those ending in **-re**.

To conjugate a regular **-re** verb, simply drop the **-re** of the infinitive and add the following endings: **-s**, **-s**, *nothing,* **-ons**, **-ez**, **-ent**. For example, let's look at the verb **vendre** *(to sell)* in the present tense.

Vendre	
je vend**s**	nous vend**ons**
tu vend**s**	vous vend**ez**
il / elle / on vend	ils / elles vend**ent**

Now, let's apply that pattern to another regular **-re** verb, **répondre** *(to answer).*

Répondre	
je répond**s**	nous répond**ons**
tu répond**s**	vous répond**ez**
il / elle / on répond	ils / elles répond**ent**

The verb **répondre** takes the preposition **à** when responding to someone or something:

| Je réponds **au** téléphone. | *I answer the phone.* |
| Vous répondez **à** votre professeur. | *You answer your professor.* |

When **répondre** is used with an <u>adverb</u> (correctly, quickly, wrongly, etc.) the preposition **à** is not needed.

Tu réponds **correctement**.	*You respond correctly.*
Nous répondons **rapidement**.	*We respond quickly.*
Ils répondent **mal** (**aux** questions).	*They respond wrongly (to the questions).*

Here is a list of regular **-re** verbs.

attendre	*to wait (for)*
descendre	*to get down, to go down*
entendre	*to hear*
mordre (dans)	*to bite (into)*
perdre	*to lose*
rendre	*to return, to give back*
rendre visite à	*to visit (a person)*

◀ VÉRIFIEZ Votre Compréhension

1. Can you give the conjugation of **perdre** in the present tense?
2. Go back to the *Passage 1* dialogues (pp. 140–141) and find all the **-re** verbs. Think about their endings and ask yourself these questions: Who or what is the subject? Why do some verbs have an **s** at the end? Why do others not have an **s**? Why does one of the **-re** verbs end in **-ez**? Who or what is the subject of this verb?

🔊 À l'écoute!

Petits Tuyaux! In the next listening activity you will be asked to distinguish between the singular and the plural forms of the verbs ending in **-re** that you just learned in **Structure 1.** Keep in mind that the "d" sound is not pronounced when it is used in a singular form: **je ven[ds].** In this case you will hear **je vends [vã].** However when these verbs are conjugated in their plural forms the sound "d" is pronounced: **nous ren<u>d</u>ons; vous atten<u>d</u>ez; ils mor<u>d</u>ent.**

A. Qui parle? Listen to the sentence fragments and complete the sentences by indicating the correct subject.

1. _____ il   _____ ils
2. _____ nous   _____ vous
3. _____ il   _____ ils
4. _____ ils   _____ nous
5. _____ ils   _____ nous
6. _____ il   _____ ils
7. _____ vous   _____ tu

Petits Tuyaux! In the next listening activity you will be asked to identify the verbs **entendre** or **attendre** in isolated sentences. These two verbs have very similar pronunciations. One way to distinguish them is by paying particular attention to the nasal sound "en" in **entendre** versus the oral sound "a" in **attendre.** Of course in a conversation where these two verbs are used, the context will help you distinguish them a little more easily.

B. Le verbe correct. Is the speaker using **entendre** or **attendre**? Indicate the sentence you hear.

1. _____ J'attends l'autobus.   _____ J'entends l'autobus.
2. _____ Nous entendons les enfants.   _____ Nous attendons les enfants.
3. _____ Tu entends le prof.   _____ Tu attends le prof.
4. _____ Il attend sa femme.   _____ Il entend sa femme.
5. _____ Vous attendez le train.   _____ Vous entendez le train.

Pratiquons!

Je prepond (handwritten)

A. La bijouterie Bijoux-Bijoux. *(The Jewelry store Jewel-Jewel.)* Write the correct form of each verb in parentheses.

Ma famille et moi, nous avons une bijouterie qui s'appelle Bijoux-Bijoux. Nous (1) __vendons__ (vendre) des bijoux très chers et très beaux! Nos clients sont toujours satisfaits—ils ne (2) __rendent__ (rendre) pas les bijoux qu'ils achètent chez nous. Si un client (3) __perd__ (perdre) un bijou, nous pouvons fabriquer *(we can make)* un autre bijou identique. Pour vérifier l'authenticité d'un diamant, je (4) __mord__ (mordre) le diamant très fort. Et vous, quand vous achetez un diamant, est-ce que vous (5) __mordez__ (mordre) la pierre précieuse?

(handwritten annotations: expensive, always, sell, don't, from us, Jewel we can make another identical one, bite, bite, stone precious)

B. Que dit-on? *(What do people say?)* Complete each sentence with the correct form of an **-re** verb that fits the context logically.

1. Quand les étudiants parlent en cours, je (ne... pas) __n'entends pas__ bien le professeur. *(cannot hear)*
2. Quand il y a beaucoup de monde à la poste, vous __~~perdez~~ attendez__ votre tour patiemment. *(When there is a lot of people)*
3. Quand un étudiant finit son examen, il __rend__ l'examen au professeur.
4. Quand un chien est méchant, il __mord__ les enfants. *(dog is mean)*
5. Quand c'est la Saint-Valentin, les supermarchés __vendent__ des chocolats et des cartes romantiques!

C. Entretien. Interview a classmate and find out a little about his or her personality by asking the following questions. When you have finished, complete the **Portrait personnel** that follows.

1. Est-ce que tu perds souvent tes clés *(keys)*? Où? À la maison? À l'université? Dans un lieu public? Dans la voiture *(car)*?

2. Toi et les autres étudiants dans ton cours, est-ce que vous répondez toujours aux questions du professeur de français? Pourquoi? Est-ce que ses questions sont faciles ou difficiles?

3. Est-ce que tu rends visite à tes parents? Souvent? Une fois par semaine? Une fois par mois? Une fois par semestre?

4. Est-ce que tu attends patiemment ou impatiemment ton meilleur ami / ta meilleure amie? Est-ce qu'il/elle est souvent en retard? Combien de temps *(How long)* est-ce que tu attends ton meilleur ami / ta meilleure amie avant de partir *(before leaving)*?

Portrait personnel

Write a brief paragraph about your classmate, using some of the adjectives that you learned in earlier chapters and justifying your description with some of the information that you learned in Activity C.

MODÈLE: Karen est très intelligente, mais elle perd toujours ses clés. C'est amusant!

STRUCTURE 2

L'article partitif et les expressions de quantité

- The partitive article is used in French to indicate *some* or *any*. In this chapter you have seen these articles used with food items, for example, **de la viande** *(some meat)*, **du pain** *(some bread)*, and **des crevettes** *(some shrimp)*.

- The partitive articles can be used in many other contexts, for example, **j'écoute de la musique** *(I listen to [some] music)* and **je regarde des films** *(I watch [some] movies)*.

- The partitive articles have the following forms.

du (m. sing.)	du poisson	*some fish*
de la (f. sing.)	de la viande	*some meat*
de l' (m. or f. sing. before a vowel)	de l'eau	*some water*
des (m. and f. plural)	des moules	*some mussels*

- In negative sentences, use **de** in the place of **du, de l', de la,** or **des.** Note that in negative sentences, the partitive article is often translated as *any*.

Je mange souvent **du** poulet.	*I eat chicken often.*
Je **ne** mange **pas** souvent *de* poulet.	*I do not eat chicken often.*
On vend **des** spaghettis.	*We sell spaghetti.*
On **ne** vend **pas** *de* spaghettis dans ce café.	*We do not sell spaghetti at this café.*
Vous achetez **de la** viande.	*You buy (some) meat.*
Vous **n'**achetez **pas** *de* viande.	*You are not buying any meat.*
Ils écoutent **de la** musique.	*They listen to (some) music.*
Ils **n'**écoutent **pas** *de* musique.	*They do not listen to (any) music.*

- The partitive articles indicate an undetermined quantity of something. They are used with uncountable nouns: **de la musique, de l'argent** *(some money)*, **de l'intelligence** *(some intelligence)*, **de la gentillesse** *(some kindness)*, **des intérêts** *(some interest)*, etc.

- In order to specify a quantity, an expression of quantity is used, followed by **de** and then the noun.

Je mange **une tranche** *de* pain.	*I eat a slice of bread.*
Je voudrais **un kilo** *de* carottes.	*I would like a kilo of carrots.*
Nous voudrions **une douzaine** *d'*œufs.	*We would like a dozen eggs.*

- Following are some common expressions of quantity:

beaucoup de	*a lot of*	une tranche de	*a slice of*
un peu de	*a little (of)*	un morceau de	*a piece of*
assez de	*enough (of)*	une douzaine de	*a dozen (of)*
pas mal de	*quite a lot of*	un kilo de	*a kilo of*
moins de	*less (of)*	un litre de	*a liter of*

plus de	*more (of)*	un gramme de	*a gram of*
une bouteille de	*a bottle of*	un paquet de	*a pack of*
un sac de	*a bag of*	une boîte de	*a box of*

- These expressions do not change in negative sentences, nor when followed by a plural noun.

  Catherine **n'**achète **pas** beaucoup *de* magazines (plural noun—**beaucoup de** does not change).

  Nous **ne** mangeons **pas** une tranche *de* pain.

- Do not use partitive articles with verbs that express likes or dislikes, such as **aimer, préférer, détester,** and **adorer.** Instead, use the definite articles, **le, la, l', les.**

  Éric adore **le** chocolat.   Nathalie déteste **la** viande.

  Roxanne n'aime pas **les** bonbons.

⌐ VÉRIFIEZ Votre Compréhension

1. Go back to the *Passage 1* dialogues (pp. 140–141) between Aude, Julien, and the clerks. Underline all the partitive articles as well as any expressions of quantity. Think about the meaning of each in its context.
2. Can you explain why Aude says, **un kilo de moules** rather than **un kilo des moules,** since **moules** is a plural noun?

Pratiquons!

A. Combien? Identify the item and the quantity in each drawing. Then, tell where each item can be bought.

MODÈLE:  *Un paquet de cigarettes; On achète un paquet de cigarettes au bureau de tabac.*

1.
2.

3.
4.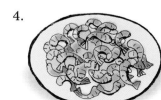
5.  *un aceter un filet de boeuf*
6.

B. Végétariens et carnivores! Based on their lifestyles (vegetarian versus meat eaters), tell if the following people eat the food mentioned. Pay attention to differences in form between the affirmative and the negative.

MODÈLE: Sandrine est végétarienne. Mange-t-elle de la viande?

*Non, elle ne mange pas **de** viande.*

1. Olivia est végétarienne. Mange-t-elle du poisson? *Olivia ne mange pas de poisson. fish*
2. Patrick est carnivore. Mange-t-il du poisson?
3. Mes parents sont carnivores. Mangent-ils des œufs?
4. Yves est végétarien. Mange-t-il du poulet? *non, il ne mange pas de poulet.*
5. Michel et Christine sont végétariens. Mangent-ils des croissants?
6. Patricia est carnivore. Mange-t-elle du fromage? *Elle mange de fromage*

C. Vos préférences. Find out your classmate's personal and gastronomic tastes by asking him/her the following questions. Then, report your classmate's answers to the class.

1. Aimes-tu le vin rouge ou le vin blanc?
2. Préfères-tu le poisson ou la viande?
3. Combien de litres de Coca est-ce que tu bois *(drink)* par semaine?
4. Fumes-tu des cigarettes? Combien de cigarettes ou de paquets par jour? *Je ne fume pas*
5. Est-ce que tu achètes beaucoup de chaussures? Où? *Je n'achète pas beaucoup*
6. Est-ce que tu achètes plus de chaussures ou plus de vêtements?
7. Combien de fois par semaine est-ce que tu vas faire tes courses *how many times a week do you* (au supermarché)? *Je vais faires les courses au supermarché le week-end. Deux fois par semaine.*

Au marché. Qu'est-ce qu'on peut acheter à ce stand? Est-ce que ce sont des baguettes normales? Pourquoi? Comment est-ce qu'on peut acheter du pain à ce stand?

Courtesy of Véronique Anover and Theresa A. Antes

On fait comme ça dans une brasserie en Suisse[1]

The **brasserie** pictured here is located in Lausanne, Switzerland. A **brasserie** is the equivalent of a brewery. However, European **brasseries** are very different from American breweries. For instance, one may have a drink and/or a meal outside. There are usually tables and chairs placed on the sidewalk. Inside there is a bar and a restaurant. If you choose a seat outside, prices are going to be higher than inside, regardless of what you order. Normally, the Swiss like to sit outside—provided that the weather is nice—so that they can look at the people passing by. They like to talk about them too (the way they are dressed, the way they walk, their hairstyles, with whom they are walking, and so on). There are no refills of any drink: sodas, coffee, or tea, as there are in the United States. And the drinks are served chilled, but without ice. Another difference is that, with the exception of beer, drinks come in one size only—the equivalent of the small size in the United States. At a **brasserie,** customers can choose between draft beer **(une pression** or **un demi[2]),** and bottled beer **(une bière[3]).** Beers can be **blondes, brunes, blanches, rouges, amères,[4]** or **fruitées.[5]** The legal drinking age in Switzerland is 16. Smoking is allowed at 16 as well. However, the legal drinking and smoking age is not as strictly enforced as it is in the United States.[6] Adolescents may drink a little wine at home on very special occasions (such as Christmas). Parents may add a few drops of wine to water for their children to taste.

Courtesy of Véronique Anover and Theresa A. Antes

Réfléchissons!

1. In your country, are prices higher depending on where you sit in a microbrewery or a restaurant (inside, outside, at the bar)?

2. What custom described in this reading surprised you the most? Explain your answer.

3. What do you think about 16 as a legal drinking age? Do you think it is reasonable for an American 18 year old to be able to vote but not to be able to drink legally? Explain your answer.

[1]Swiss   [2]Both expressions mean draft beer, but of different sizes.   [3]beer   [4]bitter   [5]flavored with fruit   [6]The cultural difference described in the text also applies to France, where there is no actual legal "drinking" or "smoking" age, but where children under 18 cannot purchase alcohol or cigarettes.

[Handwritten notes in right margin:]

Les Devoirs

étudier → p.151
145

le cahier
d'exercices:
le chapitre 5.

Le repas de la journée.
- Le petit déjeuner Le matin
- à midé, le déjeuner
- à cinq heures de l'après-midi
  c'est le goûter
- Le soir, à 8 heures, c'est le
  dîner

CD 1
Tracks
51–54

Passage 2

Au magasin de vêtements

C'est samedi après-midi et Aude et Julien vont faire les magasins[1] dans une rue piétonne, la rue Sainte-Catherine, à Bordeaux.

© Radius Images / Alamy

AUDE:	Il fait beau aujourd'hui, n'est-ce pas, Julien?
JULIEN:	Oui! L'été arrive!
AUDE:	Je voudrais acheter une jupe,[2] un chemisier[3] blanc et des sandales. Et toi?
JULIEN:	Moi, je voudrais des jeans et un tee-shirt.
AUDE:	On va à Promod? Je suis sûre de trouver un joli chemisier.
JULIEN:	Je préfère un chemisier sexy!
AUDE:	Ne sois pas bête,[4] Julien!

Aude et Julien entrent à Promod.

LA VENDEUSE:	Bonjour! Je peux vous aider?
AUDE:	Oui, je cherche une jupe et un chemisier, taille 38.
JULIEN (À AUDE):	Un chemisier sexy!
AUDE (À JULIEN):	Chut![5] Tu es pénible![6]
LA VENDEUSE:	Pardon, Monsieur, je n'entends pas bien ce que vous dites.[7]
JULIEN (TOUT ROUGE):	_very_ Euh, ce n'est rien d'important...
AUDE (À LA VENDEUSE):	Est-ce que je peux essayer[8] ce chemisier blanc, s'il vous plaît?
LA VENDEUSE:	Oui, les cabines d'essayage[9] sont à droite.[10]

[1]to go shopping [2]skirt [3]blouse [4]Don't be silly! [5]Shh! / Hush! [6]You're a pain!
[7]what you're saying [8]Can I try on. . .? [9]dressing rooms [10]to the right

Le saviez-vous?

Clothing and shoe sizes in France are different than in the United States.

Women's pants, dresses, blouses

United States	France
2	32
4	34
6	36
8	38
10	40
12	42
14	44

Men's shirts

United States	France
15	38
15 1/2	39
16	40
16 1/2	41
17	42

Women's shoes

United States	France
6	36
7	37
8	38–39
9	40
10	42

Men's shoes

United States	France
8	41
9	42–43
10	44
11	45
12	46

Dans la cabine d'essayage: Aude met[1] le chemisier. Il est parfait pour elle.

eddie linssen / Alamy

> LA VENDEUSE: Le chemisier vous va bien?[2]
>
> AUDE: Oui, merci. Il me va parfaitement! Je le prends.[3]

Aude et Julien sortent[4] de Promod.

> AUDE: Où vas-tu acheter les jeans et le tee-shirt?
> JULIEN: À Célio.
> AUDE: Encore? On y va toujours![5]
> JULIEN: C'est normal. Il y a souvent des soldes[6] et leurs vêtements sont bon marché.

Aude et Julien sortent de Célio, les mains pleines.[7]

> AUDE: J'aime beaucoup nos achats![8]
> JULIEN: Oui, moi aussi! Aude, est-ce que tu voudrais aller à la brasserie[9] Gambetta pour prendre une bière?[10]
> AUDE: Oh, oui! Je veux bien y aller!
> JULIEN: Alors[11] allons-y!

Vous avez bien compris?

Tell if the following sentences are true (**vrai**) or false (**faux**) according to the preceding dialogues.

1. Dans une rue piétonne il n'y a pas de voitures.   _X_ vrai   ___ faux
2. Il pleut. *raining*   ___ vrai   _X_ faux
3. Aude voudrait une robe bleue.   ___ vrai   _X_ faux
4. Julien voudrait des jeans.   _X_ vrai   ___ faux
5. À Célio les vêtements sont bon marché.   _X_ vrai   ___ faux
6. Après leurs achats, Aude et Julien vont à la brasserie.   _X_ vrai   ___ faux

[1]puts on   [2]Does the blouse fit you well?   [3]I'll take it.   [4]leave   [5]We always go there!   [6]sales
[7]their hands full   [8]purchases   [9]brewery   [10]to have a beer   [11]Then

→ Mon vocabulaire ←

Les vêtements

un chemisier

une chemise

une jupe

une robe

un tee-shirt

un tailleur

un costume

une cravate

une veste

un manteau

un sweat

un short

un pantalon

des chaussettes *(f.)*

des chaussures *(f.)*
de sport / des tennis

des bottes *(f.)*

un maillot de bain

un caleçon

une culotte

un soutien-gorge

une casquette

un survêtement / un jogging

Mode unisexe

un jean / des jeans   des sandales
un pantalon   un short
un pull (-over)   un tee-shirt

Quelques mots et expressions utiles quand on fait des courses

des soldes (m.)   *sales*
les cabines (f.) d'essayage   *dressing rooms*
C'est combien?   *How much is it?*
C'est (trop) cher.   *It's (too) expensive.*
C'est bon marché.   *It's cheap.*
C'est soldé / en solde.   *It's on sale.*

on porte
I will wear

Il met un Pyjama
He Put on

À vous!

 A. Cherchez bien! For each item, find at least one student in the class who is wearing the following.

1. un pantalon marron
2. une casquette verte
3. des chaussettes blanches
4. un pull rouge
5. des chaussures de sport Nike
6. une robe rouge

 B. Les achats. With a classmate, play the role of a clerk **(le vendeur / la vendeuse)** and a customer **(le client / la cliente).** The clerk asks the client if he/she needs help and the client tells the clerk what he/she wants (the item pictured).

> MODÈLE: LE VENDEUR / LA VENDEUSE: *Je peux vous aider?*
> LE CLIENT / LA CLIENTE: *Oui, je voudrais une chemise.*

1.

2.

3.

4.

5.

6.

C. Que porte-t-on? (What do we wear?) List the clothing items that we can wear for each occasion listed below. Be logical!

1. pour aller à la plage *un Maillot de bain*
2. pour aller à l'université *un caleçon*
3. pour aller au travail *un costume et/ou un sweat*
4. pour aller à une soirée *un pantalon*
5. pour aller au centre de fitness
6. pour aller faire les courses

STRUCTURE 3

Les verbes *mettre, porter* et *essayer*

- In the **Passage 2** dialogues on pages 152–153, you saw the verbs **mettre** and **essayer** in context. **Mettre** means *to put on* and **essayer** means *to try on.* **Mettre** is an irregular verb, with the following conjugation:

mettre	
je met**s**	nous mett**ons**
tu met**s**	vous mett**ez**
il/elle/on met	ils/elles mett**ent**

Le prof **met** toujours des vêtements de couleur noire.

Je **mets** un pyjama pour dormir.

- **Essayer** is conjugated like a regular **-er** verb, but the **y** of the infinitive changes to **i** in all but the **nous** and **vous** forms.

essayer	
j'essaie	nous essayons
tu essaies	vous essayez
il/elle/on essaie	ils/elles essaient

Thérèse **essaie** un joli pantalon à Promod.

J'**essaie** des sandales au magasin de chaussures.

- Another verb that is often used with **mettre** and **essayer** is **porter**, which means *to wear* or *to carry, to bring.*[1] It is a regular **-er** verb.

Les étudiants **portent** souvent des jeans.

Jeannette **porte** du vin à ses amis.

- When these three verbs are used in the negative and are followed by an indefinite article or a partitive article, the article changes to **de.**

Mes parents ne portent pas **de** jeans.

(*Affirmative:* Mes parents portent **des** jeans.)

Ta sœur ne met pas **de** pull en hiver.

(*Affirmative:* Ta sœur met **un** pull en hiver.)

Attention! Remember that definite articles don't change in the negative.

Je n'essaie pas **la** robe rouge; j'essaie **la** robe bleue.

⚑ VÉRIFIEZ Votre Compréhension

1. Go back to the **Passage 2** text (pp. 152-153) and see how **mettre** and **essayer** are used in context. Look at the meaning and the structure of the sentences in which the two verbs appear. Explain the form of each one.

2. Try to explain why **essayer** is left in the infinitive form in the sentence **Est-ce que je peux essayer ce chemisier?**

[1]When **porter** is used with the meaning *to bring*, it takes the preposition **à**: Je porte le café **à** ma femme le matin.

Pratiquons!

A. Histoire de sandales! Complete the sentences with the correct form of the verb in parentheses.

Marine va au centre commercial aujourd'hui. Comme il fait chaud, elle
(1) _____ (mettre) un short et un tee-shirt. Elle fait du lèche-vitrine.
Elle regarde les magasins de chaussures parce qu'elle adore les chaussures!
Elle découvre des sandales bon marché. Elle entre dans le magasin et elle
(2) _____ (essayer) les sandales. Une autre cliente (3) _____ (essayer) les
mêmes *(same)* sandales. Les sandales de Marine sont trop petites. Zut! Mais, les
sandales de l'autre cliente sont trop grandes! Elles échangent leurs sandales et
elles les *(them)* (4) _____ (mettre). Marine et l'autre cliente sortent *(leave)* du
magasin toutes contentes: elles (5) _____ (porter) leurs sandales!

B. Est-ce que c'est normal? Tell if what the following people wear is normal or not. Correct the sentences that are not logical. Use a complete sentence using the verb **mettre**.

> **MODÈLE:** Océane porte un maillot de bain pour aller à l'université.
> *Non! Elle met des jeans et un tee shirt!*

1. Les politiciens portent des jeans pour dîner au restaurant avec le président des États-Unis.
2. Mon ami porte un maillot de bain en hiver.
3. Nous portons un survêtement pour aller au mariage de nos amis.
4. Robert porte une jupe pour aller à l'université.
5. Tu portes un costume pour aller danser.

 C. Normalement, oui ou non? With a classmate, ask each other the following questions and answer with complete sentences. Who is more logical?

1. Qu'est-ce que tu portes d'habitude pour venir en cours?
2. Quand *(when)* est-ce que tu portes une casquette?
3. Où *(where)* est-ce que tu achètes tes chaussures d'habitude?
4. Essaies-tu les vêtements avant de les acheter *(before buying them)*?
5. Est-ce que tu mets des chaussettes avec des sandales?
6. Est-ce que tu es un/une fashionista? Pourquoi?

Mots utiles
d'habitude *(usually)*
le week-end
pour venir en cours
pour sortir
pour aller
au restaurant
pour aller danser

Portrait personnel

Describe what you and your partner usually wear to class. Then, draw some comparisons between the two of you (where each of you buys your shoes, if you try on clothes before you buy them, etc.).

STRUCTURE 4

Les pronoms *y* et *en*

Pronouns are used to avoid repetition. They replace a noun that would otherwise be repeated too often.

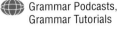
Grammar Podcasts,
Grammar Tutorials

Le pronom *y*

The pronoun **y** usually means *there,* and it replaces a prepositional phrase indicating a location, a place, or a destination. The phrase replaced by **y** is generally introduced by a preposition of location, such as **à** *(to),* **dans** *(in),* **en** *(in);* this preposition, along with the location, is replaced by **y.**

- The pronoun **y** is placed before a conjugated verb.

Je <u>vais</u> **à la poste.**	→	J'y vais. *(I go there.)*
Tu n'étudies <u>pas</u> **à la bibliothèque** *(library).*	→	Tu n'y étudies pas. *(You don't study there.)*
Vous <u>entrez</u> **dans la maison.**	→	Vous **y** entrez. *(You enter there.)*
Nous faisons nos <u>courses</u> **au centre commercial.**	→	Nous **y** faisons nos courses. *(We shop there.)*
Je ne vais <u>pas</u> **à la pharmacie.**	→	Je n'**y** vais pas. *(I'm not going there.)*

- Remember that when there are two verbs in one sentence, the second verb stays in the infinitive form: **je vais manger.**

- If the pronoun **y** is used in such a sentence, it is placed before the infinitive, between the two verbs.

Je vais voyager **à Bruxelles.**	→	Je vais **y** voyager. *(I am going to travel there.)*
L'infirmière aime travailler **à l'hôpital.**	→	L'infirmière aime **y** travailler. *(The nurse likes to work there.)*
Le prof n'aime pas parler anglais **en cours.**	→	Le prof n'aime pas **y** parler anglais. *(The professor does not like to speak English there.)*

- In Chapter 4, you saw an expression with the pronoun **y** when you were visiting Aurélie Marquis's apartment in Geneva: **On y va?** Do you remember its meaning? It means *Shall we go?*

- When you were introduced to the verb **aller** in that same chapter, you saw another expression with the pronoun **y: Allons-y!** *(Let's go).* **Allons-y** is the logical answer to the question **On y va?**

—On y va?	*Shall we go?*
—Oui, allons-y!	*Yes, let's go!*

Le pronom *en*

The pronoun **en** is very similar to **y** in placement, but has a different function: **en** replaces a noun that is introduced by a quantity, and, if it is translated in English, generally means *of it/of them.*

- The quantity that introduces the noun may be represented by the partitive article, by a specific number, or by any other expression of quantity, such as the ones that you saw earlier in the chapter. Notice that the quantity itself is not replaced.

- Like **y**, **en** precedes the conjugated verb in the sentence.

Je mange **du fromage**.	→	J'**en** mange. *(I eat some [of it].)*
Il a **cinq livres**.	→	Il **en** a cinq. *(He has five [of them].)*
Je mange **beaucoup de fromage**.	→	J'**en** mange beaucoup. *(I eat a lot [of it].)*

- If there is a verb + infinitive in the sentence, **en** precedes the infinitive.

Tu aimes manger **des escargots**?	→	Tu aimes **en** manger? *(Do you like to eat some [of them]?)*

- When combined with the expression **il y a** *(there is/are)*, **en** follows **y**.

Il y a **vingt-deux étudiants** en classe.	→	Il y **en** a vingt-deux. *(There are 22 of them.)*

🚩 VÉRIFIEZ Votre Compréhension

1. Go back to the *Passage 2* dialogues (pp. 152–153), and find the pronoun **y** each time that it appears. Think about what it is replacing and about its placement in the sentence. (Does it occur before the conjugated verb or before an infinitive? Why?)
2. Look at the use of the expression **Allons-y!** By saying that, how does Julien strike you? Is he enthusiastic about going to the **brasserie** or not?

Pratiquons!

A. Rectifications. Answer the following questions according to the drawings and photos. Use the pronoun **y** in your answers.

MODÈLE:

Courtesy of Véronique Anover and Theresa A. Antes

Est-ce que Chloé entre dans la salle de bains?
Non, Chloé n'y entre pas. Elle entre dans la cuisine.

1. Est-ce que Pierre mange au restaurant?

2. Est-ce que Jules et Georges regardent un film au cinéma?

ne pas

3. Est-ce que Céline va acheter des vêtements à Promod?

ç va à

4. Est-ce que les étudiants écoutent des CD au laboratoire?

5. Est-ce que Paul achète du fromage à la crémerie?

6. Est-ce que Julien et Aude vont faire les magasins au centre commercial?

B. Ne répétez pas! Ask and answer the following questions. In your answers, replace the italicized phrase with the pronoun **y** in order to avoid repetition. Pay attention to the placement of the pronoun.

1. Tu aimes danser *en boîte?* J'aime
2. À quelle heure *(At what time)* est-ce que tu arrives *en cours de français?* J'y arrive à dix
3. Quand *(When)* vas-tu *au cinéma?*
4. Est-ce que tu vas aller *à la maison* après le cours de français?
5. Est-ce que tu prépares tes devoirs *dans ta chambre?* J'y prepare
6. Est-ce que tu manges *au restaurant* pendant *(during)* la semaine?

C. Qu'est-ce qu'il y a dans le placard? *(What's in the cupboard?)*

You are helping Cédric prepare his grocery list. He's asking questions and making a list while you check the cupboards. Answer his questions based on the cues below. Use the pronoun **en** in your responses.

MODÈLE: Est-ce que j'ai **des oranges?** (oui)

*Oui, tu **en** as.*

are there

1. Est-ce qu'il y a **des croissants** dans le placard? (oui) oui, il y en a.
2. J'ai besoin *(I need)* **d'une baguette?** (non) Je n'en ai pas besoin.
3. Je dois *(have to)* acheter **du Coca?** (oui) Je dois oui J'en ai besoin d'une en acheter
4. Est-ce que j'ai **du riz** *(rice)?* (non) Non
5. Il y a **une bouteille de vin?** (oui)
6. Est-ce que j'ai besoin **de chocolat?** (non)
7. Est-ce qu'il y a **beaucoup de pain?** (oui) il, y en beaucoup
8. J'ai **des bananes?** (non) tu n'en as pas

D. Vous êtes gourmand? With a partner, ask and answer the following questions, using the pronoun **en** in your response. When you have finished, tell if your partner is a **gourmand (quelqu'un qui aime manger)** or a **gourmet (quelqu'un qui aime la bonne cuisine).**

Je mange

J'en préfère un verre.
J'en mange un morceau
J'en aime une tasse
J'en mange beaucoup
J'en mange une tranche
Pour le desert J'en préfère une.

1. Au supermarché, tu achètes beaucoup ou peu de bonbons *(candy)?*
2. Pour le petit déjeuner, tu manges un croissant ou trois croissants?
3. Pendant la journée, tu préfères un verre de Coca ou un litre de Coca?
4. Tu manges un morceau de fromage ou un fromage entier?
5. Le matin, tu aimes une tasse de café ou une cafetière de café?
6. Pour le déjeuner, tu manges un fruit ou beaucoup de fruits?
7. Pour le dîner, tu manges deux tranches de pizza ou une pizza entière?
8. Pour le dessert, tu préfères un grand gâteau ou une mousse très délicate?

Portrait personnel

Based on the information that you gathered in Activity D, write a brief paragraph about the eating habits of your classmate. What does he/she eat for breakfast? And lunch? How many sodas does he/she drink? Is your classmate a gourmand or a gourmet?

À vous de parler!

A. Au supermarché. In groups of three, pretend that you are shopping at a supermarket. Two of you will be the customers and one of you the clerk at the different departments. First, make a list with the food items you need to buy. Then, create a dialogue between the customers and the clerk in the different food departments at the supermarket. (You may use the dialogues at the beginning of the chapter as models.) Make sure that the customers and the clerk greet each other each time.

B. Au magasin de vêtements. You are going to go shopping at Promod (for women) and/or at Célio (for men). One of you plays the role of the clerk and the other two are the customers. Decide which clothing items you would like to purchase (color, size, price). In the store, the clerk greets the customers and asks if they need help. The customers tell the clerk what they need. Once they find what they want, the customers ask the clerk if they can try on the items. After they try them on, they decide if they are going to buy them.

La nouvelle collection de Célio. Ce sont des vêtements pour homme ou pour femme? Quels vêtements voyez-vous (*do you see*)?

STRUCTURE 5

Les verbes *prendre, comprendre et apprendre*

- Earlier in this chapter, you learned how to conjugate regular **-re** verbs. Some verbs that end in **-re** are irregular, however, and must be memorized separately. **Prendre** *(to take)* is one of these verbs.

Prendre	
je **prend**s	nous **pren**ons
tu **prend**s	vous **pren**ez
il/elle/on **prend**	ils/elles **prenn**ent

Note that this verb has three different stems: one for the singular forms, one for the **nous** and **vous** forms, and one for the **ils/elles** form.

- **Comprendre** *(to understand)* and **apprendre** *(to learn)* are conjugated exactly like **prendre,** but with the prefix **com-** or **ap-.**

  Je **comprends** l'espagnol.

  Nous **apprenons** le calcul dans le cours de mathématiques.

- Before an infinitive, **apprendre** will be followed by the preposition **à:**

  J'**apprends à** parler espagnol.

 VÉRIFIEZ Votre Compréhension

1. Can you give the entire conjugation for **comprendre** and **apprendre?**
2. Look back at the explanation of the regular **-re** verbs in this chapter (p. 145). How are **prendre, apprendre,** and **comprendre** different from the regular **-re** verbs? For which persons, in particular, are there differences?

🔊 À l'écoute!

Listen to the sentences and indicate whether each sentence is about one person or several people.

	one person	several people
1.	_____	_____
2.	_____	_____
3.	_____	_____
4.	_____	_____
5.	_____	_____

Pratiquons!

A. Qu'est-ce qu'ils font? Complete the following sentences with the appropriate form of the verb in parentheses. Then make the substitutions indicated.

1. *Je* _____ (prendre) le bus pour aller sur le campus.
2. Ce semestre, *il* _____ (apprendre) le japonais.
3. *Tu* _____ (comprendre) toujours le professeur?
4. *Nous* _____ (apprendre) à faire du ski.
5. Il _____ (prendre) un taxi ce soir?
6. Vos amis et vous, vous _____ (comprendre) le français, n'est-ce pas?

Les étudiants / Mes amis et moi / Tu
vous / je / nous
Elles / Vous / Il
Je / Elle / Ils
Vous / Nous / Elles
Vos parents / Elle / Tu

B. Quel verbe? Quelle forme? Fill in each blank with the correct form of the appropriate verb. Each verb can be used only once.

avoir   prendre   aimer   comprendre   préférer   aller   apprendre

Quand j(e) (1) _____ à Paris, j(e) (2) _____ toujours le métro. C'est rapide et confortable, et j(e) (3) _____ regarder les autres passagers. Souvent, il y a des étudiants qui *(who)* (4) _____ leurs leçons dans le métro! Mais ma mère déteste le métro! Elle n(e) (5) _____ pas le plan *(map)* et donc elle (6) _____ peur de se perdre *(getting lost)*. Elle (7) _____ le bus.

C. Trouve-les! (*Find them!*) Go around the room to find students who fit the following criteria. Write down their names and report your findings to the class.

1. Trouvez trois étudiants qui comprennent une langue étrangère *(foreign language)*.
2. Trouvez deux étudiants qui apprennent une autre langue en plus du français.
3. Trouvez un étudiant qui ne comprend pas le professeur de français.
4. Trouvez deux étudiants qui prennent le bus quelquefois pour aller en ville.
5. Trouvez un étudiant qui ne prend jamais *(never)* de taxi.
6. Trouvez un étudiant qui n'apprend pas ses leçons régulièrement!
7. Trouvez deux étudiants qui comprennent bien les films de Woody Allen.
8. Trouvez un étudiant qui prend souvent l'avion *(airplane)* pour aller en vacances.

iLrn Complete the diagnostic tests to check your knowledge of the vocabulary and grammar structures presented in this chapter.

Chapitre 5   Structure 5 • cent soixante-cinq   **165**

On fait les courses comme ça au supermarché en France[1]

When going to the supermarket, the first thing you do is get a shopping cart, right? Well, people do that in France too, but it gets a little tricky! All the shopping carts are tied together by a chain at the supermarket entrance. In order to get a cart, the customer must deposit a coin (one euro) or a token into a coin slot on the cart. This unties the chain and releases the cart. The customer can get the coin back by returning the cart and chaining it up again with the others.

Courtesy of Véronique Anover and Theresa A. Antes

Once inside, customers must weigh their fruits and vegetables before going to the cash register, as the cashier will not weigh them. There are digital scales located throughout the produce department. Each scale has buttons with pictures of each variety of fruit and vegetable available at the store. The customer presses the right button, and a self-adhesive price tag comes out of the scale.

Finally, after customers have paid at the cash register, they must bag their own purchases. And there are no bags given away. Customers must bring their own reusable bags or buy new ones at the cash register. Supermarkets, as well as other stores, stopped using plastic bags a few years ago!

Réfléchissons!

1. Why do you think that the French must deposit a coin in a shopping cart before they can use it? Is it the same in your country? Where do you take and leave the carts?

2. Do you think it is a good idea to weigh your own produce rather than having the cashier weigh it for you? Why or why not? Why do you think that it is done that way in France?

3. Do you like the fact that in the United States someone usually bags your purchases for you? How about the fact that you can have someone put your purchases in your car? What is customer service like in your country?

[1]The information in this section applies to both France and francophone Europe.

À vous de lire!

A. Stratégies. Before reading the passage, skim it very quickly. Underline terms that are familiar to you from this chapter and that you believe will be important for understanding the text. Are there words in the text that you have not yet seen but whose meaning you can guess because they are cognates? Look for words that are repeated in the text such as **commande** and try to guess the meaning by the context. However remember that you don't need to understand every word in order to understand the gist of a text!

B. Avant de lire. Look only at the title and the subtitles. Can you predict what this reading is about? What type of information do you expect to find here? Compare your answers with those of a classmate to see if you have the same ideas about what you will find in this text.

C. Lisons! Read only the first section of the text below, and answer the questions that follow.

Pourquoi faire ses courses en ligne?

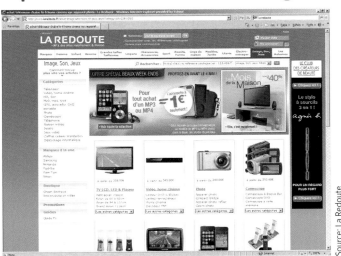

Source: La Redoute

Mais la réponse est très simple! Pour aller plus vite! Depuis le confort de votre maison et avec Internet, vous pouvez placez vos commandes avec le cybermarché. Si vous remplissez votre liste d'emplettes[1] sur le site Internet de la grande surface où vous faites vos courses, vous aurez[2] cette liste pour la prochaine fois. Et vous économiserez[3] du temps et de l'argent bien sûr!

1) Que veut dire **«une commande»** en anglais?
2) Qu'est-ce que les clients peuvent établir pour rendre la deuxième visite au cybermarché plus facile?
3) Comment s'appellent aussi les supermarchés en ligne?

[1]purchases [2]will have [3]save time

- Now read the last two sections (**Faites des economies!** and **Faites vos courses quand vous voulez!**), and answer the questions that follow.

Faites des économies!

Comment peut-on faire des économies? Comme vous ne prenez pas votre voiture (ni l'autobus ou le métro) par conséquent vous économisez en essence[1] (et en temps aussi!) C'est le camion de livraison qui vous livrera[2] votre commande et comme il livre plusieurs commandes dans un même quartier, il réalise aussi une économie en carburant –et c'est un cadeau pour l'environnement!

Faites vos courses quand vous voulez!

Vous voulez faire vos courses à minuit? À midi? Peu importe! Vous pouvez faire vos courses à tout moment 24 heures sur 24 et sept jours sur sept! Évitez[3] également les foules[4] du week-end qui se précipitent le samedi matin au supermarché pour faire leurs courses! Fini le stress! Vous pourrez faire vos achats sans distractions et sans attentes.

1) Comment est-ce que les clients réalisent des économies?

2) Expliquez la dernière phrase «et c'est un cadeau pour l'environnement».

3) Quand est-ce que les clients font leurs courses en ligne?

D. Après la lecture

1. Et vous, faites-vous vos courses en ligne? Pourquoi?

2. Pensez à *(think about)* d'autres avantages que présentent les cybermarchés.

3. Qu'est-ce que vous achetez en ligne d'habitude? Pourquoi?

[1]gas   [2]will deliver   [3]avoid   [4]the masses

Lexique

Faire les courses *To run errands*

les achats (m.)	purchases	le rayon boucherie /	meat department /
le caissier /	cashier	la boucherie	the butcher shop
la caissière		le rayon crémerie /	dairy department /
le chariot	shopping cart	la fromagerie	cheese store
une grande surface	supermarket	le rayon poissonnerie	seafood
la liste des courses	shopping list	/ la poissonnerie	department /
les provisions (f.)	food supplies		fish market

Les produits alimentaires *Food items*

une baguette	loaf of French bread	des fruits (m.)	fruit
		des légumes (m.)	vegetables
une baguette bien cuite	well-baked loaf	des moules (f.)	mussels
		des œufs (m.)	eggs
une baguette pas trop cuite	lightly baked loaf	un poulet fermier	farm-raised chicken
du bœuf (m.)	beef	du vin (m.)	wine (white / red)
des crevettes (f.)	shrimp	(blanc / rouge)	

Les magasins spécialisés et leurs produits
Specialty stores and their products

la boucherie	butcher shop	des chocolats (m.)	chocolates
de la viande	meat	la pâtisserie	pastry shop
du poulet	chicken	des pâtisseries (f.)	pastries
la boulangerie	bakery	des gâteaux (m.)	cakes
du pain	bread	des tartes (f.)	pies
des croissants (m.)	croissants	la poissonnerie	fish market
la boutique de vêtements	clothing store	du poisson	fish
		des fruits (m.) de mer	seafood
des vêtements (m.)	clothing	la poste	post office
la brasserie	brewery	des timbres (m.)	stamps
une bière	beer	la pharmacie	pharmacy
le magasin de chaussures	shoe store	des médicaments (m.)	medicine
des chaussures (f.)	shoes	l'épicerie (f.)	grocery store
la crémerie	cheese store	de tout!	everything!
des fromages (m.)	cheeses	le bureau de tabac	tobacco store
chez le chocolatier	at the chocolate store	des cigarettes (f.)	cigarettes

Les expressions de quantité

assez de	enough (of)	moins de	less (of)
beaucoup de	a lot of	un morceau de	a piece of
une boîte de	a box of	un paquet de	a pack of
une bouteille de	a bottle of	pas mal de	quite a lot of
une douzaine de	a dozen (of)	un peu de	a little
un gramme de	a gram of	plus de	more (of)
un kilo de	a kilo of	un sac de	a bag of
un litre de	a liter of	une tranche de	a slice of

Les devoirs
1) Étudiez le chapitre 5
2) Le cahier 5
3) La composition: vos repas
4) L'examen oral! p.163
une ville française
un film ou une recette

Faire les magasins *To go shopping*

bon marché	cheap, affordable
les cabines (f.) d'essayage	dressing rooms
une rue piétonne	pedestrian street
des soldes (m.)	sales

Les vêtements *Clothing*

un caleçon	man's underwear	un manteau	coat
une casquette	cap	un pantalon	pants
des chaussettes (f.)	socks	un pull (-over)	pullover, sweater
des chaussures (f.) de sport	sneakers	une robe	dress
		des sandales (f.)	sandals
une chemise	man's shirt	un short	shorts
un chemisier	woman's shirt	un soutien-gorge	bra
un costume	man's suit	un survêtement / un jogging	jogging suit, sweat suit
une cravate	tie		
une culotte	woman's brief	un sweat	sweatshirt
un jean / des jeans	jeans	un tailleur	woman's suit
une jupe	skirt	un tee-shirt	T-shirt
un maillot de bain	bathing suit	des tennis (f.)	tennis shoes
		une veste	jacket

Les verbes en -re

attendre	to wait	rendre	to return, to give back
descendre	to get down, to go down	répondre	to respond, to answer
entendre	to hear		
mordre	to bite	vendre	to sell
perdre	to lose		

Verbes utiles avec les vêtements

essayer	to try on	porter	to wear
mettre	to put on		

Verbes irréguliers en -re

apprendre	to learn	prendre	to take
comprendre	to understand		

Quelques expressions utiles quand on fait les courses

À qui le tour maintenant?	Whose turn is it now?
C'est bon marché.	It is cheap.
C'est (trop) cher.	It is (too) expensive.
C'est combien?	How much is it?
C'est mon tour.	It is my turn.
C'est tout, merci.	That is all, thank you.
Et avec ceci?	Anything else?
faire du lèche-vitrine	to go window-shopping
Je peux vous aider?	Can I help you?
Je voudrais…	I would like . . .
Nous voudrions…	We would like . . .
Que désiriez-vous?	What would you like?
C'est soldé / en solde.	It is on sale.

Mes goûts gastronomiques

CHAPITRE

6

Courtesy of Véronique Anover and Theresa A. Antes

Are you a **gourmand** or a **gourmet**? Do you like food in quantity, or do you prefer fine food for its quality? In this chapter, you will learn the French names of many of the foods that you eat, ways to express how you are feeling (for example, hungry, thirsty, or tired), and ways to express your desires, your capabilities, and your obligations.

VOCABULARY

- Ordering and paying at a restaurant
- Expressing likes and dislikes
- Expressions with **avoir**
- Foods
- Utensils used at the table

STRUCTURES

- The verbs **vouloir, boire, devoir,** and **pouvoir**
- Adverbs
- Review of articles and expressions of quantity
- The interrogative adjective **quel**
- Negative expressions **ne… plus, ne… jamais, ne… rien, ne… personne**

CULTURE

- Types of bread and cheese
- Table manners in France and Francophone Africa

Audio
www.cengagebrain.com/shop/ISBN/0495912085

RESSOURCES

Passage 1

Au bistro

Le week-end, François et Chloé descendent en ville. Ils font des courses, et ensuite, ils vont au cinéma. Après[1] le film, ils font des projets pour le soir. *~night~* *~make plans~*

FRANÇOIS: Qu'est-ce que tu veux[2] faire maintenant, Chloé?

CHLOÉ: J'ai faim. Allons[3] à ce petit bistro du coin pour prendre un sandwich. *~hungry~* *~feel like~*

FRANÇOIS: D'accord, mais moi, j'ai envie[4] d'une omelette.

CHLOÉ: Comme tu veux—mais mangeons[5] quelque chose! *~some~*

~They get close~

Ils s'approchent du restaurant.

CHLOÉ: Regarde, il y a une table en terrasse.

FRANÇOIS: Oh, c'est bien. J'aime bien regarder les passants. Mais est-ce qu'on ne va pas avoir froid?

CHLOÉ: Mais non! Il fait beau ce soir. Allons-y!

À la terrasse du bistro. Ils s'assoient.[6]

FRANÇOIS: J'ai soif![7] Je vais prendre une bière.

CHLOÉ: Pas moi! J'aurais trop sommeil après![8] Je vais prendre une grande bouteille de Perrier.

FRANÇOIS: Comme tu veux! Moi, j'ai envie de boire une bonne bière! *~as you wish~* *~feel like a~*

---

[1]After [2]want [3]let's go [4]I feel like / I want [5]let's eat [6]sit down [7]I'm thirsty [8]would get too sleepy afterward

François et Chloé sont à leur table. Le serveur arrive.

SERVEUR: Bonjour, Messieurs Dames. Est-ce que vous voudriez[1] une boisson pour commencer?

CHLOÉ: Oui. Je voudrais un Perrier pour commencer, mais je voudrais aussi un sandwich au jambon-fromage, s'il vous plaît.

SERVEUR: Très bien. Et Monsieur?

FRANÇOIS: Je vais prendre une bière et une omelette, s'il vous plaît.

SERVEUR: Pour la bière, une pression[2] ou une bouteille?

FRANÇOIS: Une pression.

SERVEUR: D'accord.

Il s'en va[3]... Il revient avec une bouteille d'eau et un verre de bière. François boit sa bière.

CHLOÉ: Tu bois vite,[4] François!

FRANÇOIS: Oui, j'ai très soif. Et toi, tu ne bois pas?

CHLOÉ: Si, mais plus lentement.[5] Avec l'eau gazeuse, je dois boire lentement!

Vous avez bien compris?

Answer the following questions by responding **vrai** or **faux.** If the sentence is false, correct it.

1. François et Chloé vont au cinéma après *(after)* le bistro. _____ vrai ⤫ faux

2. Chloé veut manger un sandwich parce qu'elle a soif. _____ vrai ⤫ faux

3. François veut manger une omelette. ⤫ vrai _____ faux

4. François et Chloé s'assoient en terrasse, mais ils ont froid. _____ vrai ⤫ faux

5. François aime regarder les passants. *People walk by* ⤫ vrai _____ faux

6. Comme boisson *(drink)*, Chloé va prendre une bière. ⤫ vrai _____ faux

7. François va prendre une bouteille de bière. ⤫ vrai _____ faux

8. Chloé ne boit pas rapidement. _____ vrai ⤫ faux

[1]would like   [2]draft beer   [3]he leaves   [4]fast   [5]more slowly

Expressions avec *avoir*

Il a faim.

Elle a soif.

Il a chaud.

Ils ont froid.

Elle a sommeil.

Ils ont de la chance.

Il a raison.

Il a tort.

Elle a envie d'une bague *(ring)*.

Son ami a besoin d'argent!

Ils ont peur du chien.

Elle a l'air intéressée, mais il a l'air ennuyé.

Dans un bistro on mange...

un sandwich
une pizza
des crêpes *(f.)*
une salade
une omelette
de la soupe
des frites *(f.)*

Dans un bistro on boit...

un Coca
une limonade
un café
un café noir / un crème (au lait / au petit déjeuner)
un exprès
un thé (nature / au citron)
une bière / une pression
un vin (rouge / blanc / rosé)
de l'eau *(f.)* (plate / gazeuse)

À vous!

A. Comment se sentent-ils et que désirent-ils? Give an appropriate expression with **avoir** to describe each situation. (Review the conjugation of the verb **avoir** in Chapter 2.) Sometimes more than one expression is logical—choose one. Don't forget to conjugate the verb appropriately for the subject pronoun.

1. Annie est dans le désert. Il fait 37 degrés Celsius (98 degrés Fahrenheit). Elle _a chaud._ .

2. Jérôme et Claire mangent à midi et encore à 8 heures du soir. Avant le dîner, ils _n'ont pas faim_.

3. Mes amis et moi désirons aller à la plage ce week-end, mais il n'y a pas de bus. Nous _avons besoin_ d'une voiture.

4. Hélène se lève *(gets up)* à 6 heures du matin tous les jours. À 10 heures du soir, elle _a sommeil_.

5. Samuel pense que *(thinks that)* deux plus deux font cinq. Il _Il a tort_. Moi, je sais que deux plus deux font quatre. J(e) _J'a raison_.

6. En hiver au Québec, il neige beaucoup. On _a froid_, donc on porte un gros manteau.

7. Marc dort *(sleeps)* de temps en temps en cours. Il _a l'air_ ennuyé. Mais, il réussit toujours aux examens. Il _a la chance_!

8. Souvent quand je fais mes devoirs, j(e) _il a besoin_ d'un dictionnaire.

9. Quand je vois un gros chien qui a l'air méchant, j(e) _J'ai peur du chien_

B. Qu'est-ce que tu vas prendre? Working with a partner, take turns reading the situation and telling one another what you are going to order **(Je vais prendre…)** depending where you are and the time of the day.

1. Il est 6 heures du soir. Vous avez un peu faim, mais vous allez manger à la maison avec votre famille dans une heure. *a little hungry so g*
2. Il est 2 heures de l'après-midi. Vous êtes en classe. Vous avez soif. *your thirsty*
3. Il est 5 heures du soir. Vous êtes à la maison, devant la télé. Vous avez soif, et un peu faim. *s inattention*
4. Il est 3 heures du matin. Vous êtes en boîte de nuit. Vous avez soif, mais vous n'avez pas faim. *morning* *night club* *thirst* *you're not hungry* *you are* *but*
5. Il est 10 heures du matin. Vous faites du tennis. Vous avez très soif.
6. Il est midi. Vous êtes sur le campus. Vous avez faim.

7. Il est midi.

Je vais boire du jus d'orange

un proverb
will
vouloir → to want
pouvoir → I can *way*

STRUCTURE 1

Les verbes *vouloir* et *boire*; révision des articles

- The verb **vouloir** means *to want*. It is an irregular verb, with a stem change in the present indicative.

vouloir	
je veu**x**	nous v<u>oul</u>**ons**
tu veu**x**	vous v<u>oul</u>**ez**
il / elle / on veu**t**	ils / elles veul**ent**

The verb **vouloir** is rarely used alone in French. It is generally followed by a noun,

> Je veux **le nouveau CD** de Phoenix.

or by another verb.

> Je veux **aller** au cinéma ce soir.

Attention! When **vouloir** is used with a noun, you must decide which type of article to use with that noun. If you can count the noun, use an indefinite article.

> Je veux **un** sandwich.
>
> Je veux **un** Coca. (You're going to drink the entire serving.)
>
> Je veux **une** salade. (You're in a restaurant where salads are sold in single-serve portions.)

If you are using a noncount noun, or if you are going to eat or drink an unspecified amount, use a partitive article.

> Je veux **du** Coca. (The entire bottle is available; you're going to drink some of it.)
>
> Je veux **de la** salade. (You're at a salad bar; you'll take part of what's available.)
>
> Je veux **du** sucre dans mon café. (Sugar can't be counted; you're going to use some.)

Finally, if you are talking about a specific item that everyone is already familiar with, use a definite article.

> Je veux / voudrais **le** plat du jour. (There is only one daily special—everyone knows what it is.)
>
> Je veux voir **le** film que Michelle a recommandé. (You're talking about a specific film here, the one Michelle recommended, rather than just any film.)

Reminder: When requesting something in a store or ordering food in a restaurant, the *conditional* form of **vouloir** is often used, as a way of being more polite. You saw two of these forms in Chapter 5: **je voudrais** *(I would like)* / **nous voudrions** *(we would like)*.

Je voudrais un café crème, s'il vous plaît.

- The verb **boire** *(to drink)* is also an irregular verb with a stem change. By now you should see a pattern that you recognize.

boire	
je boi**s**	nous b**uvons**
tu boi**s**	vous b**uvez**
il / elle / on boi**t**	ils / elles boi**vent**

The verb **prendre** *(to take)*, is often used in place of the verb **boire** in French.

Avec mon sandwich, je **bois** de l'eau / je **prends** de l'eau.

⚑ VÉRIFIEZ Votre Compréhension

1. Go back to the conversation between François and Chloé (pp. 172–173) and the questions that follow, and note each occurrence of the verbs **vouloir** and **boire.** How is the verb conjugated in each instance? What is the subject pronoun that accompanies it?
2. What is the object of **vouloir** in each case? (Is it a noun or another verb?)
3. Can you give a rough translation for the expression **comme tu veux?** What would be an equivalent response in English?
4. In the preceding grammar explanation, we pointed out that you should see a pattern with which you are familiar. Can you explain what this pattern is?

CD 1
Track 63

À l'écoute!

> **Petits Tuyaux!** **Determining Purpose and Focus.** As we've noted in previous chapters, we often listen differently depending on the situation. In an airport, for example, we listen only for flight or gate numbers, ignoring other portions of announcements. At other times, we'll listen to an entire message, trying to glean more complete details. The activity below asks you to determine if the verb in each sentence is in the singular or the plural. Which part(s) of the sentence will help you determine this? Which part(s) of the sentence can you ignore? Determine your purpose and focus in every activity before starting to listen; it will make the task much easier!

Singulier ou pluriel? You will hear a series of sentences using the verbs **vouloir** and **boire.** Note whether each verb is singular or plural.

1. _____ singulier   _____ pluriel
2. _____ singulier   _____ pluriel
3. _____ singulier   _____ pluriel
4. _____ singulier   _____ pluriel
5. _____ singulier   _____ pluriel
6. _____ singulier   _____ pluriel

Pratiquons!

A. Qu'est-ce qu'ils veulent? You are talking about your desires with some friends. Complete the following sentences with the appropriate form of the verb **vouloir** in the present tense. Then substitute the pronouns in parentheses, and redo the sentence.

1. Je _____veux_____ une nouvelle voiture. (tu / nous / ils / elle)
2. Ma mère _____veut_____ faire un pique-nique ce week-end. (mes parents / vous / je)
3. Mon frère ne _____ pas faire ses devoirs! (les étudiants / je / nous)
4. Toi et moi, nous _____ souvent du chocolat! (toi et tes amis / toi / ma mère)
5. Et vous, qu'est-ce que vous _____?

B. Qu'est-ce qu'on boit? Create sentences with the appropriate form of the verbs **boire** or **prendre,** to tell what the following people drink on various occasions. Vary your responses in order to use both verbs. (If necessary, review the conjugation of the verb **prendre** in Chapter 5 before beginning.)

1. Mon frère / le week-end
2. Mes parents / avec les repas *(meals)*
3. Moi / avant le cours de français
4. Le professeur / après le cours
5. Mes amis et moi / le vendredi soir
6. Les acteurs / la nuit des Oscars

 C. Et toi, qu'est-ce que tu bois? Ask a classmate questions to find out what he/she drinks with the following items. When you have finished, report your answers to the class.

> **MODÈLE:** avec un dessert
> —*Qu'est-ce que tu bois avec un dessert?*
> —*Avec un dessert, je bois un café.*

1. avec un sandwich
2. avec de la pizza
3. avec un croissant
4. avec une salade

5. avec une omelette
6. avec de la soupe
7. avec des frites
8. avec un dessert

 D. Au restaurant. The following sentences are often heard in French restaurants. Working with a partner, play the roles of a server and a customer. The customer answers the server's question, using the conditional form of the verb **vouloir (je voudrais, nous voudrions)** in order to be polite.

1. Bonjour, Monsieur. Est-ce que vous voudriez une boisson pour commencer?
2. Bonjour, Madame. Vous voulez manger quelque chose?
3. Bonsoir, Messieurs Dames. Que voudriez-vous commander?
4. Bonsoir, Madame. Qu'est-ce que vous voudriez comme boisson?
5. Bonjour, Mesdames. Qu'est-ce que je peux vous servir? *(What can I serve you?)*
6. Bonjour, Mademoiselle. Qu'est-ce que je peux vous apporter *(bring you)*?

STRUCTURE 2

Les adverbes

Adverbs are generally used to tell *how* something is done, or *how often* something is done. They can modify a verb *(I cook **well** / I cook **often**)*, an adjective *(I am **very** tall)*, or another adverb *(I cook **very** well)*.

- **Formation.** In French, there are two types of adverbs:

  1. Short forms that developed independently and are not based on an adjective.

très	*very*	trop	*too*
bien	*well*	peut-être	*maybe, possibly*
mal	*poorly, badly*	vite	*quickly*
beaucoup	*a lot*	souvent	*often*
assez	*enough*	parfois	*occasionally, sometimes*
toujours	*always*		

  2. Long forms that are based on an adjective. These are similar to adverbs that end in *-ly* in English. To form an adverb from an adjective, we usually take the *feminine singular* form of the adjective and add **-ment.**

(lent) lente → lente**ment**	*(slow → slowly)*
(silencieux) silencieuse → silencieuse**ment**	*(silent → silently)*
(faux) fausse → fausse**ment**	*(false → falsely)*

     There are two exceptions to this rule, however.

     a. When the masculine form of the adjective ends in a vowel, **-ment** is added directly to the masculine form.

vrai → vrai**ment**	*(real → really; true → truly)*
absolu → absolu**ment**	*(absolute → absolutely)*

     b. When an adjective ends in **-ent** or **-ant** in the masculine, **-nt** is dropped and **-mment** is added:

prudent → prud**emment**	*(careful → carefully)*
intelligent → intellig**emment**	*(intelligent → intelligently)*
constant → const**amment**	*(constant → constantly)*

     Adverbs do not vary under any circumstances.

François boit **lentement.**	François et Chloé boivent **lentement.**
Chloé boit **lentement.**	

- **Placement.** Unlike adverbs in English, adverbs in French come *after* the verb they modify rather than before it. This is true of all types of adverbs.

Je **vais souvent** au supermarché.	*I often go to the supermarket.*
Je **mange habituellement** chez mes parents.	*I usually eat at my parents' house.*
Je **travaille vite.**	*I work quickly.*

  Adverbs that are used to modify an adjective or another adverb are placed directly before the word they modify, just as in English.

Elle est **très grande.**	*She is very tall.*
Je réponds **extrêmement vite.**	*I respond extremely quickly.*

▼ VÉRIFIEZ Votre Compréhension

1. Go back to the conversation between Chloé and François (pp. 172–173). Are there any adverbs in this dialogue? Which ones?
2. Explain how each adverb is formed (is it a simple form, or is it based on an adjective?). What does each adverb modify?
3. Can you explain why the adverbs are positioned where they are?

Pratiquons!

A. Comment le font-ils? *(How do they do it?)* The following sentences give you an indication of their subjects' personalities. Use that adjective to form an adverb, and tell how those people do the activity indicated.

> **MODÈLE:** *François est très prudent. Il travaille* prudemment.

1. Chloé est *intelligente.* Elle étudie _____.
2. Les hommes politiques sont *ambitieux.* Ils travaillent _____.
3. Nous sommes *calmes.* Nous réagissons *(react)* _____.
4. Le prof n'est pas *méchant.* Il ne répond pas _____.
5. Béatrice est une femme très *polie.* Elle répond toujours _____.
6. Mon frère est très *patient.* Il attend _____ son bus le matin.

B. Moi, je le fais comme ça. With a partner, take turns asking and answering the following questions. In your answers, use one of the adverbs provided (or another adverb of your choice). Notice that some questions ask *how;* others ask *when.* When you have finished, report your partner's responses to the class.

Suggested adverbs: bien, mal, souvent, toujours, vite, parfois, lentement, prudemment, sérieusement, rarement, constamment, poliment, patiemment...

1. Quand est-ce que tu regardes la télé?
2. Quand est-ce que tu parles au professeur de français?
3. Comment est-ce que tu réponds au professeur en cours?
4. Quand est-ce que tu vas au cinéma?
5. Comment est-ce que tu travailles?
6. Comment est-ce que tu chantes?
7. Quand est-ce que tu fais des courses?
8. Comment est-ce que tu danses?

Portrait personnel

Écrivez maintenant une description de votre partenaire, en disant ce que vous avez appris pendant votre conversation dans le activité B. Quel type de personne est-ce? Comment est-ce qu'il/elle travaille? Et danse? Qu'est-ce qu'il/elle ne va probablement pas faire dans l'avenir *(future)?* Utilisez des **adjectifs** et des **adverbes** dans votre description.

> **MODÈLE:** Paul est toujours très occupé. Il travaille beaucoup, et il va rarement au cinéma. Il ne va certainement pas aller au cinéma ce week-end.

À vous de parler!

 A. Trouvez quelqu'un qui... Circulate around the room, and find someone who can answer **Oui** to one of the following questions. Ask him/her to provide you with details as indicated in parentheses. Once you have found a person who answers **Oui** to a question, you must move on to another person!

Trouvez quelqu'un qui...

1. a soif maintenant. (Demandez-lui *[Ask him/her]* ce qu'il/elle veut boire.)
2. fait habituellement ses devoirs juste après le cours. (Demandez-lui comment il/elle fait ses devoirs: seul[e]? en groupe? rapidement? etc.)
3. veut étudier à la bibliothèque *(library)* cet après-midi. (Demandez-lui pourquoi.)
4. ne boit pas de café. (Demandez-lui pourquoi.)
5. veut absolument voyager en France. (Demandez-lui où et quand.)
6. a sommeil. (Demandez-lui pourquoi.)
7. prend une salade tous les jours. (Demandez-lui où.)
8. parle couramment *(fluently)* une autre langue. (Demandez-lui quelle langue il/elle parle.)

After you have finished, choose three classmates who responded in the affirmative to any three questions and tell the class about them.

> **MODÈLE:** *Rob a très sommeil parce qu'il travaille tard le soir.*

 B. Scénarios. In groups of three or four, create a dialogue for one of the following situations. When you have finished, act out your dialogue for the rest of the class.

1. You and some friends have decided to go out this weekend. Talk about where you each want to go. What do you feel like doing? Why? If you decide to go to a restaurant, what will you eat and drink? If you are going somewhere else, what will you do? What will you do afterward?
2. Role-play the interaction between a server and some customers. Be sure to order both food and drinks.

En France, on mange le pain et le fromage comme ça

Bread and cheese are always present in French cuisine, and they are eaten together. They are the two most common food items that accompany almost every meal: **des tartines** for breakfast, and bread and cheese at lunch and dinner. The French continue the tradition of buying their bread every morning—or at the end of the day on their way home from work—at the **boulangerie.**

Courtesy of Véronique Anover and Theresa A. Antes

Normally, bread brought to the table is already sliced and placed in a basket. It is usually cut with a bread knife, le **couteau à pain,** and not torn apart with the hands. There are different types of bread that are frequently served at the table: **la baguette**, of course, but also **la boule campagnarde**,[1] **la ficelle, la flûte**,[2] or **la couronne**,[3] depending on the occasion.

When cheese is brought to the table—at the end of a meal, right after the salad and before the dessert—it comes on a tray, **le plateau à fromage**, and there is a wide selection of varieties. Cheese that has already been cut into is normally served when eating among family. At the table, the cheese is often cut with a special knife, **le couteau à fromage,** that comes with the tray. Usually, the cheese tray circulates around the table only once. Therefore, if you are a cheese lover, make sure you help yourself generously! The French like cheese so much that it is very common for them to end a meal with cheese and to eat it as dessert!

Courtesy of Véronique Anover and Theresa A. Antes

Réfléchissons!

1. Is cheese a big component of a meal in your country? When is it eaten? At the beginning of a meal, in the middle, or at the end, as in France?

2. How is cheese eaten in your country? Is it eaten only with bread, as in France?

3. What types of bread do you know? How often do you buy bread? Do you buy it every day, as the French do?

4. What French cheeses do you know? What is your favorite one?

[1]**La boule campagnarde** is a round loaf of bread.   [2]**La ficelle** and **la flûte** are very long and thin loaves of bread. **Ficelle** means *a string* and **flûte** *a flute*, like the musical instrument.   [3]**La couronne** means literally *the crown*. It is round, with a hole in the middle.

Passage 2

Chez le traiteur

Aujourd'hui, Chloé et François ne veulent pas cuisiner et ne veulent pas manger au restaurant, mais ils ont très faim! Alors, ils décident d'aller chez le traiteur[1] pour acheter leur dîner. Avez-vous faim et soif aussi? Voulez-vous accompagner Chloé et François?

Chloé et François regardent les plats proposés, et puis[2] ils décident ce qu'ils veulent manger et boire. Voici ce qu'ils trouvent chez le traiteur aujourd'hui.

Comme entrées et hors-d'œuvre[3] il y a:

du saumon fumé

des tomates (f.) provençales

de la soupe à l'oignon

du pâté de campagne

Chloé et François décident de prendre des tomates provençales. Et vous, quelle[4] entrée est-ce que vous allez prendre?

---

[1]Catering service. In France and Francophone Europe, it is possible to get meals already prepared from a catering service, or to have them delivered.   [2]then   [3]appetizers   [4]which

Ensuite, ils regardent les plats principaux.[1] Il y a beaucoup de choix très appétissants! Ils peuvent choisir:

du poulet rôti ou du porc rôti

des lasagnes *(f.)*

des *(f.)* crêpes fourrées *(stuffed)* au poulet

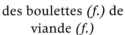

des boulettes *(f.)* de viande *(f.)*

une quiche ou une tarte salée

François voudrait bien manger du poulet, mais Chloé ne veut pas. Elle déclare qu'ils mangent trop de poulet! Après une longue discussion, ils décident de prendre des boulettes de viande. (Mais la prochaine fois, ils vont peut-être choisir des lasagnes!) Et vous, qu'est-ce que vous avez envie de manger?

Après ça, ils doivent choisir les légumes. Regardons le choix:

des carottes râpées

des asperges *(f.)*

Qu'est-ce que vous pensez qu'ils vont choisir? Chloé adore les carottes râpées, alors c'est ce qu'ils choisissent. Est-ce que vous aimez les carottes?

[1]main courses

Finalement, ils doivent choisir un dessert. C'est ce qu'il y a de plus difficile, parce que tout a l'air délicieux! Regardons avec eux.

un gâteau au chocolat

de la glace (au chocolat, à la vanille, à la fraise)

une crème brûlée

des tartelettes (f.) aux fruits

Quel dessert est-ce que vous allez choisir? François et Chloé ne peuvent pas se décider, donc ils prennent des tartelettes et de la glace à la vanille!

Vous avez bien compris?

Tell if the following sentences are true (**vrai**) or false (**faux**). Correct the false statements.

1. Les tomates provençales sont une entrée. _____ vrai _____ faux
2. Les lasagnes sont des hors-d'œuvre. _____ vrai _____ faux
3. Les carottes râpées sont un légume. _____ vrai _____ faux
4. La glace est un dessert. _____ vrai _____ faux
5. Les boulettes de viande sont une entrée. _____ vrai _____ faux
6. La soupe à l'oignon est un plat principal. _____ vrai _____ faux
7. Le saumon fumé est un plat principal. _____ vrai _____ faux

La nourriture

Here is some additional vocabulary related to food.

Les viandes *(f.)*, **les poissons** *(m.)* et **les fruits** *(m.)* **de mer**

du bœuf   du thon (grillé)   des crevettes *(f.)*   des huîtres *(f.)*   des coquilles *(f.)* Saint-Jacques

Les féculents *(m.)* *(Starchy foods)*

des pommes *(f.)* de terre   des pâtes *(f.)*   du riz   des haricots *(m.)*   des lentilles *(f.)*

Les légumes *(m.)*

les petits pois *(m.)*   des épinards *(m.)*   des haricots *(m.)* verts   des champignons *(m.)*

du chou-fleur   du céleri   un poivron rouge   du brocoli

Les fruits *(m.)*

une poire

une banane

un abricot

une pomme

une orange

un citron

une pêche

des cerises *(f.)*

du raisin

un melon

une pastèque

des fraises *(f.)*

Les condiments *(m.) et le sucre*

le sel

le poivre

le sucre

Les repas (m.) (Meals)

Pour...

le petit déjeuner *(breakfast)*

le déjeuner *(lunch)*

le goûter *(afternoon snack)*

le dîner *(dinner)*

La carte (The menu)

on prend...

des tartines *(f.)* avec du beurre et
   de la confiture
des céréales *(f.)* avec du lait
des croissants *(m.)*

une salade
de la viande ou du poisson
des légumes *(m.)*
un dessert

un yaourt *(yogurt)*
des biscuits *(m.) (cookies)*
un fruit

de la soupe
du jambon (un sandwich au
   jambon-fromage)
du fromage
un fruit

À vous!

A. La liste des provisions. You are going grocery shopping, and you need to organize your list. Place the following food items in the category in which they belong.

1. le poivron rouge
2. la pastèque
3. les moules
4. la pêche
5. le poulet
6. le chou-fleur
7. une tarte
8. l'eau gazeuse
9. le thon
10. le sucre
11. le riz
12. les crevettes

Viandes et volailles (poultry)	Poissons et fruits de mer	Féculents	Légumes

Fruits	Desserts	Condiments	Boissons (beverages)

 B. Tes habitudes alimentaires. Ask a classmate the following questions about his or her eating habits. Then, your classmate will ask you the same questions. Report your findings to the class.

1. Qu'est-ce que tu prends d'habitude (usually) pour le petit déjeuner?
2. Combien de cafés est-ce que tu bois par jour?
3. Tu aimes les fruits de mer? Quels fruits de mer? Où est-ce que tu vas pour manger des fruits de mer?
4. Combien de bières est-ce que tu bois par semaine?
5. Est-ce que tu manges souvent des légumes? Quel légume est-ce que tu préfères?
6. Est-ce que tu goûtes (snack) tous les jours? Qu'est-ce que tu prends pour le goûter? Des fruits? Des biscuits salés (crackers)? Du chocolat? Des biscuits?
7. Tu es gourmand(e)? Quel est ton dessert préféré?

Portrait personnel

Write a description of your partner's eating habits, based on his or her responses in Activity B.

STRUCTURE 3

L'adjectif interrogatif *quel*

In Chapter 1, you learned the question **Quel est ton numéro de téléphone?** This question contains the interrogative adjective **quel**, which is translated into English as *which* or *what* depending on the question. In French, when you can imagine a list of items from which you will choose (all the phone numbers in a phone book, all the addresses in a city, a variety of different types of fruit, etc.), instead of asking *what is (your phone number, your address, your favorite fruit, etc.)* we ask *which is . . .*

Because **quel** is an adjective, it will vary in number and gender according to the noun that it modifies. The forms of **quel** are as follows:

	Masculine	**feminine**
singular	quel	quelle
plural	quels	quelles

- The adjective **quel** can be followed by the noun its question refers to or by the verb **être** and then the noun. Notice that the adjective always agrees with the noun, however.

Quel + *noun* + *verb*	**Quel + *être* + *noun***
Quelle viande préférez-vous? *Which meat do you prefer?*	Quelle est la date aujourd'hui? *What's today's date?*
Quel type (m.) de musique est-ce que vous aimez mieux? *What type of music do you like best?*	Quels sont vos sports préférés? *What are your favorite sports?*

 VÉRIFIEZ Votre Compréhension

Reread the *Passage 2* section (pp. 183–185) where Chloé and François go to the caterer's. What forms of the interrogative adjective **quel** can you find in this text? Explain the form of the adjective that you find in each instance—is it masculine or feminine, singular or plural, and why?

Pratiquons!

A. Quel(le) employé(e)! Your boss is considering hiring a new employee who will have some bilingual duties, and has asked for your help with the interview. In order to make sure that the person speaks French well enough to interact with your clients, you'll ask the following questions. Complete them with the correct form of the adjective **quel,** and then ask them to a partner.

1. _____ est votre numéro de téléphone?
2. _____ est votre adresse *(f.)*?
3. _____ passe-temps *(m.)* préférez-vous?
4. _____ genres *(m.)* de films est-ce que vous aimez?
5. _____ sports est-ce que vous pratiquez?
6. _____ sorte *(f.)* de livres aimez-vous?

B. Habitudes alimentaires. Complete each of the following sentences with the appropriate form of **quel,** then ask a partner the questions.

1. _____ est ta boisson préférée au petit déjeuner? Et au dîner, _____ boissons prends-tu?
2. _____ fruit est-ce que tu préfères? _____ fruits est-ce que tu ne manges jamais *(never)*?
3. Quand tu manges au restaurant, _____ est ton plat principal préféré? Et quand tu cuisines?
4. _____ entrée *(f.)* préfères-tu?
5. _____ sont tes desserts préférés?
6. _____ féculent est-ce que tu manges le plus souvent?

C. Quelles sont les questions? Look at the following answers and determine what the questions are. Use the pronoun **quel** in your questions. Make agreements as necessary.

1. J'écoute souvent du rap.
2. Nous aimons les films d'aventure.
3. La ville que je préfère est Avignon.
4. Je prends des cours de français et de japonais.
5. Mon chien s'appelle Marcus.
6. Mon adresse e-mail est eiffel@yahoo.fr.

STRUCTURE 4

Les verbes *devoir* et *pouvoir*

Earlier in this chapter you learned the conjugation of the verbs **boire** and **vouloir.** The conjugation of **devoir** *(to have to, must)* is similar to that of **boire,** and the conjugation of **pouvoir** *(to be able to, can)* is similar to that of **vouloir.**

Both **devoir** and **pouvoir** keep their stems in the **nous** and **vous** forms.

devoir	
je dois	nous devons
tu dois	vous devez
il / elle / on doit	ils / elles doivent

Attention! The verb **devoir** is normally followed by an infinitive.

On **doit** bien **manger** pour bien vivre.   *One must eat well to live well.*

Vous ne **devez** pas **boire** de bière   *You must not drink beer if you*
si vous prenez votre voiture.   *take your car.*

Je **dois acheter** du lait pour mon fils.   *I have to buy milk for my son.*

pouvoir	
je peux	nous pouvons
tu peux	vous pouvez
il / elle / on peut	ils / elles peuvent

Attention! Like **devoir,** the verb **pouvoir** is normally followed by an infinitive.

Vous **pouvez faire** un gâteau pour le   *Can you make a cake for dessert?*
dessert?

Je ne **peux** pas **préparer** les fruits   *I can't cook seafood.*
de mer.

Les étudiants **peuvent manger**   *Students can eat lots of pizza!*
beaucoup de pizza!

⚑ VÉRIFIEZ Votre Compréhension

1. Go back to the *Structure 1* section (pp. 176–177) and look at the conjugations of the verbs **boire** and **vouloir.** Look for similarities and differences with the conjugations of **devoir** and **pouvoir.**

2. Reread the *Passage 2* section (pp. 183–185) where Chloé and François go to the caterer. What forms of **pouvoir** and **devoir** can you find in that text?

🔊 **À l'écoute!**

CD 1
Track 66

Une ou plusieurs personnes? You will hear a number of sentences that include the four verbs you have learned in this chapter: **vouloir, boire, devoir,** and **pouvoir.** Indicate whether each sentence is about one person or several people.

1. _____ one person   _____ several people
2. _____ one person   _____ several people
3. _____ one person   _____ several people
4. _____ one person   _____ several people
5. _____ one person   _____ several people
6. _____ one person   _____ several people
7. _____ one person   _____ several people
8. _____ one person   _____ several people

Pratiquons!

A. Obligations et conséquences. For each sentence beginning in the left column, choose a logical completion from the right column. Write the correct form of the verbs in parentheses.

1. Si tu as soif, tu...
2. Quand vous avez sommeil, vous...
3. Ils sont végétariens: ils ne...
4. Quand nous avons froid, nous...
5. Je suis incapable de cuisiner, je ne...
6. Quand Jules a faim, il...

a. (devoir) mettre une veste.
b. (devoir) vite manger quelque chose.
c. (pouvoir) pas préparer de pâtes!
d. (devoir) boire.
e. (devoir) aller au lit.
f. (pouvoir) pas manger de viande.

B. Que doit-on faire? Answer the following questions, using the verb **devoir** in your answers. *Je dois* *On doit travailler.*

1. Qu'est-ce qu'on doit faire pour avoir beaucoup d'argent?
2. Qu'est-ce que tu dois faire pour être heureux (heureuse)? *Je dois*
3. Combien de fois par mois est-ce que tu dois faire le ménage? *Je dois faire le menage*
4. Que doit-on faire pour avoir du succès avec les filles / les garçons?
5. Qu'est-ce que les Français doivent faire pour prendre un chariot au supermarché? *Ils doivent payer mettre un euro*
6. En Suisse, est-ce qu'on doit avoir 21 ans pour pouvoir boire de l'alcool?

192 cent quatre-vingt-douze · À vous!

C. Que peut-on faire? Answer the following questions, using the verb **pouvoir** in your answers.

1. Qu'est-ce que tu peux faire si tu ne comprends pas le prof de français?
2. Dans une brasserie, est-ce qu'on peut manger ou seulement *(only)* boire? Qu'est-ce qu'on peut boire dans une brasserie?
3. Est-ce que les Français peuvent voyager avec leurs chiens dans les autobus?
4. Est-ce que les Français peuvent aller au restaurant avec leurs chiens?
5. En général, aux États-Unis, est-ce qu'on peut fumer dans les restaurants?
6. Est-ce qu'on peut manger des crêpes facilement en France? Et aux États-Unis, pouvez-vous manger des crêpes dans tous les restaurants?

 D. Entretien. With a partner, take turns asking and answering the following questions.

1. Qu'est-ce que tu dois faire après le cours de français?
2. Qu'est-ce que tu voudrais faire dans la vie *(life)* mais tu ne peux pas pour le moment?
3. Peux-tu parler une autre langue? Quelle langue?
4. Qu'est-ce que les étudiants de votre université doivent faire pour bien réussir dans leurs cours?
5. Est-ce que tu peux manger de tout *(everything)*? Es-tu allergique à certains aliments *(foods)*?
6. Où est-ce que tu dois aller demain matin?

Portrait personnel

Using the information that you learned from your partner in Activity D, write a paragraph describing your partner and mentioning some of his or her *desires*, *capabilities*, and *responsibilities*.

Livre des proverbes. Est-ce que vous pouvez trouver la traduction de ces proverbes?[1]

Ce que femme veut, femme peut.	*The end justifies the means.*
Vouloir c'est pouvoir.	*Who can do more can do less.*
Si tu veux la paix, prépare la guerre.	*Give a dog a bad name and hang him.*
Qui peut le plus, peut le moins.	*If you want peace, prepare for war.*
Qui veut la fin, veut les moyens.	*A woman can do whatever she wills.*
Qui veut noyer son chien l'accuse de la rage.	*Where there's a will there's a way.*

[1]Can you translate these proverbs and sayings?

CD 1
Track 67

Passage 3

À table!

John rend visite à ses amis français Chloé et François dans leur apparte-ment à Toulouse. John veut aider[1] alors il met la table[2] pour le déjeuner pendant que[3] Chloé finit de faire la cuisine.

JOHN: Chloé, pour la soupe, je mets les assiettes à soupe[4] ou je mets les bols?

CHLOÈ: Tu es marrant! Non, on ne met jamais les bols pour la soupe. Les bols c'est pour le petit déjeuner pour boire du café, du thé ou du chocolat chaud. N'oublie pas les cuillères à soupe et les serviettes,[5] non plus!

JOHN: C'est vrai! Sur la table, j'ai les cuillères à café, mais je n'ai pas encore les cuillères à soupe! J'ai une autre question, Chloé: les cuillères, elles vont à droite ou à gauche de l'assiette?

CHLOÈ: Ah! Ces Américains! Bon, la cuillère à soupe est à droite, à côté du couteau. Comme ça, tu vois?[6] Et la fourchette est à gauche sur la serviette.

JOHN: Je mets les verres à vin?

CHLOÈ: Oui, nous allons boire une bouteille de vin blanc d'Alsace avec le poisson.

JOHN: Tu ne bois pas de vin rouge avec le poisson?

CHLOÈ: Non généralement personne n'en boit[7] avec du poisson. Avec le poisson, normalement, on prend du vin blanc. La table est super jolie. Merci, Johnny! À table![8]

JOHN: De rien, Chloé. Dis, ça sent[9] super bon!

Vous avez bien compris?

Complete the sentences, based on the preceding dialogue.

1. Pour manger de la soupe, on utilise une _____.
2. On met la soupe dans une _____.
3. On mange la viande avec une _____.
4. On coupe *(cuts)* la viande avec un _____.
5. On met le sucre dans le café avec la _____.
6. On boit le vin dans le _____.
7. Généralement, avec le poisson on boit du _____.
8. On s'essuie la bouche *(wipes his/her mouth)* avec la _____.

[1]to help   [2]sets the table   [3]while   [4]Another way to say *soup plate* is **assiette creuse** (literally, a *hollow plate*).   [5]napkins   [6]you see   [7]drinks it   [8]Lunch (dinner) is ready!   [9]That smells (**ça sent bon** = that smells good; **ça sent mauvais** = that smells bad)

194 cent quatre-vingt-quatorze · À vous!

→ Mon vocabulaire ←

À table!

un bouquet de fleurs (f.)
une cuillère à café
une assiette[1] (plate)
un verre à eau
un verre à vin
une tasse à café
un pichet (d'eau)
une cuillère à soupe
une serviette
une nappe
un couteau
un tire-bouchon
une fourchette

À vous!

A. Qu'est-ce que c'est? Choose the appropriate item on the right to complete the statement on the left.

1. On boit le café ou le thé au petit déjeuner dans
2. On met l'eau dans
3. Sous les couverts et la vaisselle[1] il y a
4. On boit le café au déjeuner ou au dîner dans
5. On ouvre une bouteille de vin avec
6. On mange de la viande dans

a. une assiette plate.
b. un tire-bouchon.
c. une tasse à café.
d. un pichet.
e. une nappe.
f. un bol.

B. Les bonnes manières à table. Find out how your partner eats. Ask him or her the following questions and then reverse roles.

1. Avec quoi est-ce que tu manges la pizza? Avec les mains *(hands)* ou avec un couteau et une fourchette?
2. Dans quoi est-ce que tu manges la pizza? Dans des assiettes en papier ou dans le carton où est livrée la pizza *(in the box in which the pizza was delivered)*?
3. Comment est-ce que tu manges les frites? Avec les mains ou avec une fourchette?
4. D'habitude, est-ce que tu manges à table ou sur le fauteuil devant la télé?
5. Est-ce que tu mets une nappe sur la table? Quand est-ce que tu mets une nappe?
6. Est-ce que tu prends la fourchette avec la main droite ou avec la main gauche pour manger la viande?

[1]For a dessert plate, use **une assiette à dessert.**

STRUCTURE 5

D'autres négations

In French as in English, there are several negations, such as *not*, *not anymore* or *no longer*, *nothing*, and *no one*. In French these negations are placed in the sentence like **ne... pas.** As in English, *nothing* and *no one* can be either the object or the subject of a sentence. Read the following sentences, noticing the different forms of the negative in each.

- **ne... plus** *(not anymore, no longer)*

Jean-Claude **ne** fait **plus** de tennis.	*Jean-Claude no longer plays tennis.*
Je **ne** vais **plus** boire de Coca. Je suis au régime!	*I'm not going to drink Coke any more. I'm on a diet!*

- **ne... pas encore** *(not yet)*

Ils **n'**ont pas **encore** assez d'argent pour cette voiture.	*They don't have enough money for that car yet.*

- **ne... jamais** *(never)*

Vous **ne** mangez **jamais** de chocolat.	*You never eat chocolate.*
Elle **ne** fume **jamais.**	*She never smokes.*

- **ne... rien** *(nothing, not . . . anything)*

Tu **ne** fais **rien** dans la maison.	*You don't do anything in the house.*
Nous **n'**achetons **rien** chez le traiteur.	*We're not buying anything at the caterer's.*

- **ne... personne** *(anyone, no one)*

Je **ne** vois **personne.**	*I don't see anyone.*

Attention! When **ne... personne** or **ne... rien** are used as the subject of the sentence, **personne/rien** takes the place of the subject pronoun, and is followed by **ne** + the verb. As in English, the verb is conjugated in the third person singular.

Personne ne parle en classe.	*No one speaks in class.*
Personne ne veut faire le ménage.	*No one wants to clean the house.*
Je n'ai pas faim; **rien n'a** l'air bon.	*I'm not hungry; nothing sounds good.*

🚩 VÉRIFIEZ Votre Compréhension

1. Go back to *Passage 3* section (p. 194) and find all the negative expressions other than **ne... pas** that you can. Tell what each means.
2. If you find instances of **personne** or **rien**, tell if they are used as the subject or the object of the sentence. What does this mean for the sentence structure?

Pratiquons!

A. Un vrai gourmand! You're discussing the dietary habits (**les habitudes alimentaires**) of a person with a real sweet tooth. Imagine his/her negative responses to your questions, using expressions other than **ne... pas**.

1. Vous avez **déjà** de bonnes habitudes alimentaires?
2. Qu'est-ce qui *(what)* explique vos habitudes alimentaires?
3. Vous mangez **souvent** du brocoli?
4. Dans votre famille, **qui** prend au moins cinq légumes et cinq fruits par jour?
5. Vous mangez **toujours** dans des restaurants végétariens?

B. Un(e) étudiant(e) pauvre! Your friend has just gone back to school, and doesn't have money to do the things he/she used to do. Imagine his/her negative responses to the following questions, using an expression other than **ne... pas** in each.

1. Tu vas **toujours** au cinéma le week-end?
2. Est-ce que tu vas **souvent** danser avec des amis?
3. Tu invites[1] **des amis** au restaurant?
4. Est-ce que tu achètes **quelque chose** quand tu vas au centre commercial?
5. Tu peux **déjà** gagner de l'argent avec ton diplôme?
6. **Quelqu'un** va payer tes études?

À vous de parler!

A. Ta nouvelle vie. Tell a classmate about changes that you have made in your lifestyle over the years. Mention five things that you no longer do and five things that you never do. Ask your partner some questions, too—he/she may answer in the affirmative or in the negative.

> **MODÈLE:** *Je ne fume plus et je ne mange jamais de viande. Et toi, est-ce que tu manges toujours beaucoup de fruits?*

B. Bon appétit! In groups of three or four, pretend that you are going to a **brasserie.** One of you is the server (**le serveur / la serveuse**) and the others are the customers. You arrive at the **brasserie** (find a name for it!) and you would like to sit outside. Order (**commander**) your food from the menu. You are very hungry and thirsty! Do not forget to leave the tip (**le pourboire**) after the meal. Also, as part of your conversation, talk about the pedestrians that pass by. Mention their looks and what they are wearing. And of course, **bon appétit!**

---

[1]In France, when you invite someone to a restaurant, the expectation is that you will pick up the tab!

On mange comme ça en Afrique

Dans la plupart des pays africains, on n'utilise pas de couverts (des fourchettes, des couteaux, etc.) à table. Les Africains mangent avec la main droite. Dans les pays musulmans (tels que le Maroc ou l'Algérie), la main gauche ne peut pas toucher la nourriture; elle est réservée à l'hygiène personnelle exclusivement. Avant de mettre la nourriture sur la table, tout le monde se lave les mains dans une assiette creuse qui circule autour de la table et qui contient de l'eau savonneuse.[1]

Quand on apporte la nourriture à table, tout le monde se sert sa portion d'un même récipient.[2] On utilise la main droite (ou on utilise du pain) pour prendre ce qui est dans l'assiette. (Le pain africain est plat—il ressemble plutôt à un pita qu'à une baguette.) Puisqu'on n'a pas d'assiette individuelle, il n'est pas mal vu de jeter les arêtes[3] de poisson par terre pendant qu'on mange. Dans quelques pays africains (le Cameroun, par exemple), les hommes mangent d'abord, les femmes après et les enfants en dernier.

Les plats typiques dans beaucoup de pays africains incluent des lentilles, des arachides[4] et/ou l'igname (f.) un légume qui ressemble beaucoup à une pomme de terre douce. La viande de zèbre est très appréciée dans quelques régions en Afrique, tout comme on apprécie le lapin[5] ou le canard[6] en France. En général, les Africains mangent tout ce qui leur est servi, sans laisser de restes.[7] Tout manger indique que les plats étaient très bons!

Réfléchissons!

1. Dans votre pays, quels aliments est-ce qu'il est acceptable de manger avec les mains?

2. Pour quelles occasions ou pour quels aliments est-ce que tout le monde se sert sa portion d'un même récipient (ou plat) dans votre culture?

3. Est-ce que vous lavez les mains à table dans votre pays? Quand? Pour quels aliments?

4. Est-ce qu'il y a des choses que vous pouvez jeter par terre pendant que vous mangez? Lesquelles?

Courtesy of Véronique Anover and Theresa A. Antes

Le restaurant *Le Vert Galant* se trouve à Amiens, en France. D'après vous, quelles sont ses spécialités? Est-ce que vous voudriez y manger? Pourquoi ou pourquoi pas? Qu'est-ce que vous allez commander?

[1]soapy   [2]serving dish   [3]bones   [4]peanuts   [5]rabbit   [6]duck   [7]leftovers

Les infos qui m'entourent

In this chapter, you will learn about the different media that are popular in France and in the Francophone world. You will become familiar with French radio and television stations and with Canadian newspapers and magazines, and will read about new French television programs. You will also learn how to talk about things that happened in the past.

Philippe Eranian/Sygma/Corbis

VOCABULARY

- The media (radio, television, magazines, and newspapers)
- Current events (crime, car accidents, and other newsworthy items)

STRUCTURES

- The **passé composé** (past tense) with **avoir** and **être**
- The **passé composé** in the negative and the interrogative
- The **passé composé** with **y** and **en**
- Placement of adverbs in the **passé composé**
- The verbs **lire, dire,** and **écrire**

CULTURE

- French/Francophone television
- French/Francophone radio stations

Audio
www.cengagebrain.com/shop/ISBN/0495912085

RESSOURCES

Passage 1

Les médias

Le saviez-vous?

TF1 (Télévision Française 1) is one of the main French television stations, along with France 2, France 3, and M6. There are many other channels, although not as many as in the United States. Some of the most popular are Arte (a Franco-German network that broadcasts documentaries, political debates, programs on social issues, movies, etc.), La 5, Canal + (a cable network that shows mostly movies and sports), iTélé (news channel), W9, Direct8, Canal Jimmy (a trendy cable TV network for a young audience) and TV 5 (a public channel that can be received in the United States via satellite). There are also special interest channels, such as Pink TV, a cable network for the gay community.

Christophe et Luc vont en voiture[1] à l'université Le Mirail, à Toulouse.

CHRISTOPHE: Luc, ça te dit d'écouter [2] un peu de musique?

LUC: Ouais! Bonne idée! Je vais mettre NRJ,[3] OK?

CHRISTOPHE: D'accord! En plus, c'est l'heure de l'émission[4] L'EuroHot 30 avec le hit-parade des tubes.[5]

LUC: C'est vrai! Super! J'aime bien Vincent, l'animateur de l'émission. Il est trop drôle et il passe[6] de la bonne musique.

CHRISTOPHE: Oui, tu as raison, il est amusant. On a besoin de rigoler[7] avant notre cours de maths! Aujourd'hui, le prof rend les examens en classe...

Karim et Yasmina regardent la télévision dans leur salon à Marseille.

YASMINA: Karim, ne veux pas regarder encore du foot! En plus, tu as regardé le match hier.[8] On peut changer de chaîne?[9]

KARIM: Et quel programme est-ce que tu veux regarder? Des feuilletons[10] interminables?

YASMINA: Eh bien non, Monsieur! Je voudrais regarder le journal télévisé sur TF1. À la radio ce matin j'ai entendu que les employés du RER[11] vont faire la grève.[12] Si le RER est en grève, je dois prendre ma voiture pour aller au travail demain.

KARIM: D'accord, change de chaîne alors!

YASMINA: Je ne peux pas, je n'ai pas la télécommande![13] Comme tu n'arrêtes pas de zapper, la télécommande doit être dans ton fauteuil quelque part![14]

Vous avez bien compris?

Choose the correct completion for each sentence.

1. NRJ est une _____.

   a. station de radio   b. émission de radio

2. *L'EuroHot 30* avec Vincent est une émission _____.

   a. comique   b. de musique

3. Vincent présente _____.

   a. les tubes   b. l'animateur

4. Yasmina veut regarder _____.

   a. des feuilletons   b. le journal télévisé

[1]car [2]what about listening to [3]This radio station is very popular among young people. The name sounds like **énergie**. [4]program [5]hit songs [6]plays/broadcasts [7]to laugh [8]yesterday [9]channel [10]soap operas [11]regional train system in Paris [12]strike [13]remote control [14]somewhere

5. Yasmina veut changer de chaîne pour voir _____.

    a. le RER   b. la situation sur la grève

6. Karim _____ la télécommande.

    a. a   b. n'a pas

→ Mon vocabulaire ←

Les médias (1)

À la télé on peut regarder...

le journal télévisé (le JT)	the television news
un feuilleton	a soap opera
la météo	the weather
une série (télévisée)	a (television) series
un documentaire	a documentary
des talk-shows (m.)	talk shows
la télé-réalité	reality television
des films (m.)	films

On peut aussi...

changer de chaîne	to change channels
faire du zapping/zapper	to channel surf

À la radio on peut écouter...

les informations (les infos) (f.)	the newscast
les informations routières	the traffic report
une émission musicale	a musical program
une émission culturelle	a cultural program
des tubes (m.)	hit songs

On peut aussi...

changer de fréquence	to change radio stations

À la télé / Sur le petit écran

On TV / On the small screen

À la radio / Sur les ondes...

On the radio / On the airwaves they broadcast . . .

le présentateur (la présentatrice) présente	the TV anchor presents
l'animateur (animatrice) anime	the DJ or the host announces or hosts the show

on passe / on diffuse...

de la publicité (de la pub)	advertisements
un reportage	a report
des magazines (m.)	exposés
un match de foot en direct	a live soccer game
des divertissements (m.) / des jeux (m.)	TV games
des dessins animés (m.)	cartoons
une émission / un programme	a program
des téléfilms (m.)	made-for-TV movies
des sports (m.)	sports
le hit-parade	the hit-parade

À vous!

A. Programmes et émissions. Match each title of a TV or radio program with the category in which it belongs.

1. *Les meilleurs tubes de l'été*
2. *L'actualité mondiale*
3. *Bob, le bricoleur*
4. *Espèces en danger: les éléphants*
5. *Spécial Mozart*
6. *Qui veut gagner des millions?*
7. *Dexter*
8. *Zone interdite: drogue, anorexie, boulimie*

a. une série
b. des dessins animés
c. une émission musicale
d. un documentaire
e. le journal télévisé
f. un magazine
g. le hit parade
h. les divertissements

B. Tes préférences. Ask your classmate the following questions to find out about his/her favorite TV and radio programs. Then reverse roles. Report your findings to the class and compare the results with your classmates.

1. Est-ce que tu regardes des feuilletons? Quel est ton feuilleton préféré?
2. Quand et où écoutes-tu la radio? Dans ta voiture le matin? Le soir à la maison, dans ta chambre?
3. Quelles émissions écoutes-tu à la radio? Le hit parade? Les infos? Les infos routières? Sur quelle fréquence?
4. Quelles émissions est-ce que tu regardes le soir à la télé? Le JT? Des divertissements? Sur quelle(s) chaîne(s)?
5. Quelle est la chaîne télévisée que tu regardes le plus? Pourquoi? Quelle est la chaîne télévisée que tu regardes le moins? Pourquoi?
6. Est-ce que tu zappes souvent? Qui a la télécommande chez toi?

C. Le choix d'une bonne émission. In small groups, answer the following questions. Report your findings to the class and compare your results with your classmates.

1. Comment est-ce que vous choisissez vos émissions de télévision? Est-ce que vous consultez un guide télé, ou est-ce que vous préférez zapper?
2. Si vous consultez un guide, est-ce que vous préférez consulter un magazine ou Internet?
3. Vous achetez un guide toutes les semaines? Quel guide?
4. À part pour le programme de la télé, qu'est-ce qu'il y a dans les guides télé que vous consultez quelquefois? Est-ce qu'il y a des recettes comme dans ce Télé Magazine français?

STRUCTURE 1

Le passé composé avec le verbe *avoir*

 Grammar Podcasts, Grammar Tutorials

In previous chapters you learned two forms of the indicative mood: the present tense and the near future.

The present tense (**le présent**)

| J'écoute le prof. | *I listen / am listening / do listen to the professor.* |

The near future (**le futur proche**)

| Je vais écouter le prof. | *I am going to listen to the professor.* |

Now you are going to learn a third form, a past tense, as expressed by the **passé composé.** This is the form that is used to talk about actions that were completed in the past. Just like the present tense, the **passé composé** has three possible translations in English.

| J'ai écouté le prof. | *I listened to the professor. / I have listened to the professor. / I did listen to the professor.* |

- The **passé composé** is formed by combining an auxiliary verb (also called a helping verb) with a past participle. For most verbs, the auxiliary verb is **avoir,** but for a few, **être** is used. For now, we'll concentrate on the **passé composé** with **avoir.**

In the preceding example, **J'ai écouté le prof, ai** is the *auxiliary verb* and **avoir** and **écouté** is the *past participle.* Here is the complete conjugation of the verb **écouter** in the **passé composé** with **avoir.**

écouter	
j'**ai** écouté	nous **avons** écouté
tu **as** écouté	vous **avez** écouté
il / elle / on **a** écouté	ils / elles **ont** écouté

- In English, regular past participles end in *-ed,* for example, *I haven't watched TV* or *I worked a lot.* In French, each group of verbs has a different ending for the past participle.

  1. For **-er** verbs, such as **manger, acheter, payer, parler, travailler,** the past participle ends in **é.**

     | J'ai **regardé** la télé. | *I watched / have watched TV.* |
     | Tu as **mangé** un sandwich. | *You ate / have eaten a sandwich.* |

  2. For **-ir** verbs, such as **finir, réussir, choisir, obéir, bâtir,** the past participle ends in **i.**

     | Paul a **fini** ses devoirs. | *Paul finished / has finished his homework.* |
     | Nous avons **choisi** un bon repas. | *We chose / have chosen a good meal.* |

3. For regular **-re** verbs, such as **vendre, attendre, entendre, descendre, répondre, rendre**, the past participle ends in **u**.

J'ai **vendu** mon lave-linge.	*I sold / have sold my washing machine.*
Tu as **attendu** ton petit ami.	*You waited / have waited for your boyfriend.*

- Some past participles are irregular. You will need to memorize these past participles since they do not follow any particular rule.

être → été
J'ai **été** en Afrique en 1990.   *I was in Africa in 1990.*

avoir → eu
J'ai **eu** un zéro à l'examen de   *I got a zero on the math exam.*
   mathématiques.

faire → fait
Tu as **fait** tes courses à Carrefour.   *You did your grocery shopping at Carrefour.*

prendre → pris
Tu as **pris** le métro.   *You took the metro.*

comprendre → compris
Vous avez **compris** la leçon.   *You understood the lesson.*

apprendre → appris
Ils ont **appris** à nager.   *They learned how to swim.*

mettre → mis
J'ai **mis** ma robe blanche.   *I wore my white dress.*

vouloir → voulu
Le petit garçon a **voulu** manger   *The little boy wanted ice cream une glace pour le dîner.   for dinner.*

voir → vu
J'ai **vu** un bon film hier à la télé.   *I saw a good movie on TV yesterday.*

pouvoir → pu
J'ai **pu** finir mes devoirs à temps.   *I was able to finish my homework on time.*

boire → bu
J'ai **bu** un Orangina.   *I drank an Orangina.*

 VÉRIFIEZ Votre Compréhension

Go back to the conversation between Karim and Yasmina on page 206. Identify the verbs that are in the **passé composé.** What are the infinitives of those verbs?

Pratiquons!

A. Une soirée à la maison. Do you remember Anou and Jean from Chapter 2? Now you will see what they did last evening. Put the verbs in parentheses in the **passé composé.**

Hier, Jean et Anou (1) _____ (manger) à la maison.
Jean (2) _____ (préparer) un poulet rôti. Anou
(3) _____ (choisir) un vin rouge pour accompagner la viande.
À table, ils (4) _____ (parler) de leurs prochaines vacances
d'hiver dans les Alpes. Ce n'est pas la première fois qu'ils vont en Suisse. Ils y
(5) _____ (être) deux fois déjà. Tout en parlant *(While talking)*,
Jean et Anou (6) _____ (boire) toute la bouteille de vin! Ils
(7) _____ (prendre) du café pour ne pas s'endormir *(in order not to fall asleep)*. Après le dîner, Anou (8) _____ (regarder) sa
série préférée: *Desperate Housewives* avec Felicity Huffman.

B. Qu'est-ce que Jérôme a fait hier? Look at the pictures and tell what Jérôme did yesterday.

1.

2.

3.

4.

5.

6.

STRUCTURE 2

La négation et les questions au passé composé

- When negating the **passé composé**, place **ne/n'** before the auxiliary verb and **pas** after the auxiliary verb.

Fatou **n'**a **pas** regardé la télé hier.	*Fatou did not watch TV yesterday.*
Nous **n'**avons **pas** fini de faire le ménage.	*We have not finished doing the housework.*
Mes amis **n'**ont **pas** voulu voir le film *Avatar*.	*My friends did not want to see* Avatar.

- Question formation in the **passé composé** is the same as for the present tense.

1. **Est-ce que** can be placed at the beginning of the sentence.

Est-ce que tu as pris une aspirine?	*Did you take an aspirin?*

2. Intonation can be used for short yes/no questions.

Tu as acheté une nouvelle voiture?	*Did you buy a new car? / You bought a new car?*

3. **N'est-ce pas?** can be placed at the end of the sentence.

Vous avez parlé au prof, **n'est-ce pas?**	*You talked to the professor, right?*

 VÉRIFIEZ Votre Compréhension

Go back to the dialogue on page 206 and change the sentences in the **passé composé** to the negative.

Pratiquons!

 A. Non, non! Your classmate is trying to figure out what Franck did yesterday. Answer your classmate's questions in the negative, as in the model.

> **MODÈLE:** acheter une voiture
> —*Franck a acheté une voiture?*
> —*Mais non! Hier, Franck n'a pas acheté de voiture!*

1. acheter des CD
2. prendre un avion *(plane)*
3. fumer dans la voiture
4. mettre ses chaussures de sport
5. acheter du vin
6. manger de la glace
7. être en boîte de nuit
8. danser

À vous!

A. Magazines et journaux. Give a French and an American title of a newspaper or magazine for each category listed.

1. une revue de mode mensuelle
2. un quotidien
3. une revue de cuisine
4. un magazine de santé
5. un magazine d'actualité hebdomadaire
6. un guide télé hebdomadaire

 B. Un abonnement. With a partner, fill out the following subscription forms for the French fashion magazine *Marie Claire* and for the French daily newspaper *Le Monde*.

MARIE CLAIRE ABONNEMENT
B324 - 60732 Sainte-Geneviève Cedex
Téléphone: 03 44 62 52 40 (prix d'un appel local)
Internet: http://abo.marieclaire.fr

**OUI, JE DÉSIRE M'ABONNER POUR 1 AN (12 NUMÉROS):
23 €* SEULEMENT AU LIEU DE 30 €.**

NOM.................................... PRÉNOM.....................

ADRESSE..

....

CODE POSTAL.........................VILLE ....

PAYS..

❏ Ci-joint mon règlement par chèque à l'ordre de Marie Claire

❏ Je règle par carte bancaire   ❏ Amex   ❏ CB Visa

N° de carte .... Expire le ....

Conformément à la loi «Informatique et Libertés», vous bénéficiez d'un droit d'accès
et de rectification des données vous concernant. Sauf refus écrit de votre part
auprès du Service Abonnement, ces informations pourront être utilisées par des tiers.

(*) Etranger envoi prioritaire: règlement par carte bancaire ou mandat international en €.
Europe: 58 €. Etat-Unis, Canada: 53 €.
Reste du monde: 91 €. DOM: 65 €. TOM: 111 €.   EP 89

Courtesy of Groupe Marie-Claire

OFFRE D'ABONNEMENT SPÉCIALE ÉTÉ Le Monde

À retourner dans une enveloppe affranchie accompagnée de votre règlement à:
Le Monde - Service abonnement - B1200 - 60732 Sainte-Geneviève Cedex - Tél: 0825 000 778
(0,15 € TTC/min)

☑ **Oui, je souhaite bénéficier de cette offre spéciale été.**   91BMQETE
                                                                                   Y316
Je m'abonne au *Monde* et au *Monde 2* pour la durée suivante:

(01) ❏ 1 mois pour 16 € au lieu de 41 €* soit 25 € d'économie
(02) ❏ 2 mois pour 32 € au lieu de 82 €* soit 50 € d'économie
(03) ❏ 3 mois pour 47 € au lieu de 123 €* soit 76 € d'économie

Mes coordonnées:

Nom: .... Prénom: ....

Adresse: ....

Code postal: |_|_|_|_|_| Ville: ....

Tél.: .... E-mail: ....

Mode de paiement:
❏ Chèque bancaire ou postal à l'ordre de la Société éditrice du *Monde*
❏ Carte bancaire: ❏ Visa ❏ MasterCard ❏ American Express

N°: |_|_|_|_| |_|_|_|_| |_|_|_|_| |_|_|_|_|

Expire fin: |_|_| |_|_|

Je note les 3 derniers chiffres du numéro figurant au dos de ma carte,
près de la signature: |_|_|_|

Plus rapide, plus pratique,
abonnez-vous sur **www.lemonde.fr/journal**

*Je souhaite recevoir
Le Monde sur mon lieu
de vacances*
(en France métropolitaine uniquement)

Dates: du ...../...../2009
au ...../...../2009 (8 jours minimum)

Adresse: ....

Code postal: ....

Ville: ....

Tél.: ....

E-mail: ....

Ensuite, je recevrai à nouveau le journal
à mon adresse personnelle.
Ou faites votre changement d'adresse
sur www.lemonde.fr/monabo

Date et signature obligatoires:

Offre valable pour un premier abonnement en France métropolitaine jusqu'au 30/09/2009.
Société éditrice du *Monde* - 80, boulevard Auguste-Blanqui 75707 Paris Cedex 13 - Société par actions simplifiée au capital de 149 017 497 € -
RCS Paris B 433 891 850 - TVA FR 67 433 891 850. Vous vous abonnez au *Monde*: vos nom, prénom et adresse sont communiqués à nos
services internes et, le cas échéant, à quelques publications partenaires, sauf avis contraire de votre part. Si vous ne souhaitez pas recevoir
de propositions de ces publications, merci de cocher la case ci-contre ❏. *Prix de vente au numéro.

Courtesy Le Monde

Now, compare the prices of these two subscriptions with a subscription for an American fashion or major daily newspaper. Which one is more expensive?

STRUCTURE 3

Le passé composé avec le verbe *être*

- In *Structure 2* you learned the **passé composé** with the verb **avoir.**

  J'**ai mangé** une pomme.

  Tu **as compris** la leçon.

  Nous **avons été** en vacances à la plage.

  However, in French, not all verbs use the auxiliary verb **avoir** to form the **passé composé.** Some verbs form the **passé composé** with **être** as the auxiliary verb. To help you remember which verbs use **être,** look at the drawing **La maison d'être.** As you can see, most of the verbs in "The house of **être**" are verbs of motion.

Now, look at the past participles of the verbs in **La maison d'être.**

retourner	→	Pierrot est **retourné** à la maison.
aller	→	Le chien est **allé** faire une promenade.
rester	→	Le chat est **resté** sur le toit *(roof).*
décéder	→	Un monsieur est **décédé.**
arriver	→	Pierrot est **arrivé** à la maison.
rentrer	→	Pierrot est **rentré** à la maison.
entrer	→	Pierrot est **entré** dans la maison.
monter	→	Luc est **monté** au premier étage.
passer	→	Un professeur est **passé** par la maison.
tomber	→	Un voleur *(thief)* est **tombé** par la fenêtre.
sortir	→	Un voleur est **sorti** de la maison par la fenêtre.
partir	→	Un voleur est **parti** de la maison par la fenêtre.
descendre	→	Charles est **descendu** de la maison avec sa fiancée.
venir	→	Pierrot est **venu** à la maison.
revenir	→	Pierrot est **revenu** à la maison.
naître	→	Un bébé est **né.**
mourir	→	Un monsieur est **mort.**

- The past participles of verbs that are conjugated with **être** in the **passé composé** agree in number (singular or plural) and gender (masculine or feminine) with the subject of the sentence. (The past participles of verbs that use **avoir** in the **passé composé** do not agree with the subject.)

Samedi dernier, je suis allé**(e)** au cinéma.   *Last Saturday, I went to the movies.*
Samedi dernier tu es allé**(e)** au cinéma.
Samedi dernier, Bruno est allé au cinéma.
Samedi dernier, Élise est allé**e** au cinéma.

Samedi dernier, nous sommes allé**(e)s** au cinéma.
Samedi dernier, vous êtes allé**(e)(s)** au cinéma.
Samedi dernier, Anne et Éric sont allé**s** au cinéma.
Samedi dernier, Michelle et Julie sont allé**es** au cinéma.

- The negative of the **passé composé** with **être** is formed in the same way as the **passé composé** with **avoir.** The first part of the negative (ne/n') is placed before **être** and the second part **(pas)** is placed after **être.**

Elle **n'**est **pas** partie avec son petit ami.
Nous **ne** sommes **pas** allés au restaurant.

- Interrogatives of the **passé composé** with **être** are formed in the same way as for the **passé composé** with **avoir.**

Using **est-ce que:** Est-ce que tu es rentré tard hier soir?
Using intonation: Tu es rentré tard hier soir?
Using n'est-ce pas: Tu es rentré tard hier soir, n'est-ce pas?

⚑ VÉRIFIEZ Votre Compréhension

1. Look at the following statements, paying particular attention to the endings of the past participles. What does each past participle agree with?

   Juliette est restée en France deux ans.

   Éva et Sandra sont passées chez moi à midi.

   Ils sont partis en Martinique.

   Luc est arrivé en classe en retard.

2. Go back to the paragraph where Aline Roger bought a newspaper (p. 215). Why is there an **e** at the end of the past participle in the sentence **Aline Roger est allée chez le marchand de journaux?** If Aline had gone to the newsstand with her brother, what would the past participle look like?

3. Are there any sentences in that paragraph in which the **passé composé** is conjugated with the verb **avoir?** Why are these verbs conjugated with **avoir?** Is there agreement of the past participle with the subject?

🔊 À l'écoute!

CD 1
Tracks 71–72

> **Petits Tuyaux!** When trying to determine the tense of a sentence that you hear, remember that while there is sometimes an adverb such as 'yesterday' (**hier**) or 'today' (**aujourd'hui**) to help orient you, the crucial information comes from the verb. To determine whether the sentences that follow are in the present or **passé composé**, for example, you'll need to listen for a single, conjugated main verb (present tense) versus a combination of auxiliary verb plus past participle (**passé composé**).

A. Présent ou passé composé? Indicate whether each sentence you hear is in the present or the **passé composé**.

1. _____ présent _____ passé composé
2. _____ présent _____ passé composé
3. _____ présent _____ passé composé
4. _____ présent _____ passé composé
5. _____ présent _____ passé composé
6. _____ présent _____ passé composé

B. Être ou avoir? For each sentence you hear, indicate whether the auxiliary verb (the helping verb) is **être** or **avoir**.

1. _____ être _____ avoir   4. _____ être _____ avoir
2. _____ être _____ avoir   5. _____ être _____ avoir
3. _____ être _____ avoir   6. _____ être _____ avoir

Pratiquons!

A. Les enfants n'arrêtent jamais! Put the verbs in parentheses in the **passé composé.** Pay attention to the agreement of the past participle (Martine and Marine are twin girls!).

Martine et Marine sont des jumelles de 4 ans. Voici leur journée hier chez Papi et Mamie:

Martine et Marine (1) _____ (arriver) chez Papi et Mamie à dix heures. Martine (2) _____ (entrer) en courant *(running)* dans la maison et elle (3) _____ (tomber). Marine (4) _____ (sortir) dans le jardin en courant aussi et elle (5) _____ (aller) jouer directement dans le bac à sable *(sand box)*. Martine (6) _____ (venir) jouer avec Marine et elles (7) _____ (rester) un petit moment dans le bac à sable. Ensuite, Martine et Marine (8) _____ (monter) dans un arbre et elles (9) _____ (descendre) de l'arbre au moins *(at least)* vingt fois! À treize heures, elles (10) _____ (partir) chez elles après un bon déjeuner et une matinée bien remplie.

220 deux cent vingt • À vous!

CD1, Track 73

Passage 3

À la une! *(On the front page!)*

You are listening to the news on a French radio station, and you hear the following news clips. Read along while you listen to the Text Audio.

Aujourd'hui, c'est l'anniversaire de la mort de Marie Curie. Madame Curie est née en Pologne en 1867 et elle est partie à Paris très jeune. Elle y a rencontré son mari, Pierre Curie. Marie Curie a gagné deux prix Nobel dans sa vie. Elle a partagé le premier prix, en physique, avec son mari Pierre et le physicien Antoine Becquerel, pour leur recherche concernant les propriétés radioactives de l'uranium. Elle a gagné le deuxième prix en chimie, pour la découverte de deux autres éléments chimiques, le radium et le polonium. Marie Curie est morte en 1934.

Également dans l'actualité aujourd'hui, un incident tragi-comique est survenu ce matin, à Toulouse. À 11 heures du matin, un homme est entré dans un bureau de tabac et a demandé de l'argent et des cigarettes. Il a prétendu[1] avoir une bombe, et a menacé de la faire exploser si on ne lui donnait pas ce qu'il voulait[2]. Il a même montré un détonateur, ce qui a fait très peur aux employés. Il a de nouveau demandé de l'argent et des cigarettes: on lui en a donné. Mais les employés du bureau de tabac ont remarqué qu'en sortant il a utilisé le détonateur pour allumer une de ses cigarettes! La police a arrêté le voleur peu de temps après dans un parc. Quelle a été sa bombe? Une orange! Quel a été son détonateur? Un briquet[3]!

Vous avez bien compris?

Briefly answer the following questions. (A few words will suffice.)

1. En quelle année est-ce que Marie Curie est née?
2. Quand est-ce qu'elle est morte?
3. Pour quelles découvertes est-ce que Marie Curie a gagné le prix Nobel?
4. Qu'est-ce que le voleur à Toulouse a demandé?
5. Est-ce qu'il avait vraiment une bombe?
6. Est-ce qu'il a réussi son vol *(theft)*? Expliquez votre réponse.

[1]claimed   [2]if they didn't give him what he wanted   [3]cigarette lighter

→ Mon vocabulaire ←

Des événements mémorables

Événements positifs

jouer dans un groupe (de musique)

jouer dans un orchestre

jouer dans une pièce de théâtre / dans un film

passer à la télé

chanter dans une chorale

chanter dans un groupe (musical)

donner un concert

participer à un match (sportif)

gagner un match

participer à une manifestation *(a demonstration)*

participer à un défilé *(parade)*

publier

    un poème

    un livre

    un article

écrire au Courrier des Lecteurs *(a letter to the Editor)*

donner une conférence

écouter une conférence

gagner un prix

sauver la vie à quelqu'un

Événements négatifs

perdre un match (sportif)

avoir un accident

causer un accident

commettre un crime

être victime d'un crime

être volé(e)	*to be robbed*
être cambriolé(e)	*to be burglarized*
un cambriolage	*a burglary (a break-in)*
un vol	*a robbery*

À vous!

A. Peut-être ou peut-être pas. Tell how certain it is that you will accomplish each of the following things in your lifetime. Use adverbs such as **certainement, probablement, peut-être, probablement pas, certainement pas,** etc. in your response.

> **MODÈLE:** écrire au Courrier des Lecteurs dans le journal de votre ville
>
> *Je vais probablement écrire au Courrier des Lecteurs dans le journal de ma ville un jour. / Je ne vais probablement jamais écrire au Courrier des Lecteurs dans le journal de ma ville.*

1. donner un concert de musique classique
2. participer à une manifestation
3. avoir un accident
4. participer à un match sportif
5. jouer dans un groupe (de rock)
6. écouter une conférence
7. commettre un crime
8. passer à la télé

B. Qu'est-ce qu'ils ont fait? Tell what the following people did last night. Choose any logical activity, and use the **passé composé.**

> **MODÈLE:** Joakim Noah, joueur de basket américain
>
> *Il a participé à un match sportif. / Son équipe* (team) *a gagné un match.*

1. Yo Yo Ma, violoncelliste
2. John Grisham, auteur
3. Serena Williams, joueuse de tennis
4. Jimmy Hoffa, Jr., chef de syndicat *(union leader)*
5. Les membres de Coldplay
6. Votre professeur de français

Courtesy of Véronique Anover and Theresa A. Antes

Une manifestation. Ces gens préparent une manifestation. Est-ce que vous avez déjà participé à une manifestation? Pour quelle raison? Combien de personnes ont manifesté? Est-ce que la police est intervenue?

STRUCTURE 4

Le passé composé avec les pronoms *y* et *en* et avec les adverbes

- When the pronouns **y** and **en** accompany a verb in the **passé composé,** they follow the same rule as when they accompany a verb in the present: the pronoun is placed *before* the conjugated verb. In the case of the **passé composé,** the conjugated verb is the auxiliary verb (**avoir** or **être**).

Nous sommes allés **à Paris.**	*We went to Paris.*
Nous **y** sommes allés.	*We went there.*
J'ai mangé **dans ce restaurant** hier.	*I ate at that restaurant yesterday.*
J'**y** ai mangé hier.	*I ate there yesterday.*
J'ai mangé **de la pizza.**	*I ate some pizza.*
J'**en** ai mangé.	*I ate some (of it).*
Ma mère a bu **du vin.**	*My mother drank some wine.*
Ma mère **en** a bu.	*My mother drank some (of it).*

- If the sentence is in the negative, **ne** precedes the pronoun, and **pas** follows the conjugated verb.

Je n'ai pas mangé **dans ce restaurant.**	*I didn't eat in that restaurant.*
Je n'**y** ai pas mangé.	*I didn't eat there.*
Mon père n'a pas mangé **de salade.**	*My father didn't eat any salad.*
Mon père n'**en** a pas mangé.	*My father didn't eat any (of it).*

- When an adverb accompanies the **passé composé,** its placement will vary depending on the type of adverb used.
- Short adverbs (those that are not based on an adjective) generally come immediately after the conjugated verb (i.e., the auxiliary).

Elle a **bien** compris la conférence.	*She understood the lecture well.*
Nous sommes **vite** descendus en ville.	*We went downtown quickly.*
J'ai **trop** mangé hier soir!	*I ate too much last night!*

- If the verb is in the negative, the adverb comes after **pas.**

Je n'ai pas **bien** compris la conférence.	*I didn't understand the lecture well.*

- Long adverbs (those that are formed from an adjective), in contrast, normally come after the past participle.

Elle a parlé **constamment** ce soir.	*She talked constantly tonight.*
Nous avons conduit **rapidement** sur l'autoroute.	*We drove fast on the highway.*
Mon père était avec moi; je n'ai pas conduit **rapidement**!	*My father was with me; I didn't drive fast!*

VÉRIFIEZ Votre Compréhension

1. Go back to the radio news clips (p. 223). Do any of the verbs appear with the pronoun **y** or **en**? Which ones? What does the pronoun stand for in each case?
2. Can you put those sentences in the negative? What would they look like?
3. Are there any adverbs? Find them.
4. Where are they placed in relation to the verb? Can you explain why?

Pratiquons!

A. Logique / pas logique. Answer the following questions in the affirmative or the negative, based on what you feel is a logical response. Use a pronoun **(y** or **en)** to replace the italicized noun in the question. If you give a negative response, follow it with a logical alternative.

> **MODÈLE:** Annie et Jean-Pierre sont allés *à la librairie* pour regarder un film?
>
> *Mais non, ils n'y sont pas allés! Ils sont allés au cinéma.*

1. Annie et Jean-Pierre sont allés *au supermarché* pour acheter du riz?
2. Ils sont allés *au supermarché* pour acheter du pain?
3. Ils ont mangé *du fromage* après le dîner?
4. Annie et Jean-Pierre ont séjourné *à Bruxelles* pour pratiquer leur anglais?
5. Ils ont bu *de la bière* avec le petit déjeuner?
6. Ils ont pris *des photos* pendant les vacances?

B. Tu y es allé(e)? Tu en as mangé? Take turns asking and answering the following questions in the affirmative or the negative, replacing the noun in each question with **y** or **en**.

> **MODÈLE:** Tu as voyagé en France?
>
> *Oui, j'y ai voyagé. / Non, je n'y ai pas voyagé.*

1. Tu as mangé du pâté?
2. Tu es allé(e) au cinéma cette semaine?
3. Tu as voyagé au Canada?
4. Tu as bu du vin français?
5. Tu as pris de la pizza hier soir?
6. Tu as mangé des céréales ce matin?

C. Comment est-ce que tu l'as fait? Use adverbs to tell how you did each of the following activities yesterday. Be sure to put the verb in the **passé composé**.

Suggested adverbs: **beaucoup, peu, trop, bien, vite, souvent, constamment, rapidement, lentement, intelligemment, tristement, tranquillement.**

> **MODÈLE:** manger
>
> *J'ai trop mangé hier. / J'ai mangé rapidement hier.*

1. étudier
2. aller en classe
3. dormir
4. faire mes devoirs
5. regarder la télé
6. manger

CD 1
Track 74

STRUCTURE 5

Les verbes *lire, dire et écrire*

There are three irregular verbs in French that are frequently used when talking about the media, and which have similar conjugations. These are the verbs **lire** *(to read),* **dire** *(to say),* and **écrire** *(to write).* Their conjugations in the present indicative are in the following chart, along with their past participles. From now on, when you learn a new verb, you'll learn the past participle in addition to the present tense. Unless otherwise indicated, the auxiliary verb is always **avoir.**

Notice the similarities between these three verbs, but also the very irregular **vous** form of the verb **dire.**

lire		dire		écrire	
je li**s**	nous li**sons**	je di**s**	nous di**sons**	j'écri**s**	nous écri**vons**
tu li**s**	vous li**sez**	tu di**s**	vous **dites**	tu écri**s**	vous écri**vez**
il/elle/on li**t**	ils/elles li**sent**	il/elle/on di**t**	ils/elles di**sent**	il/elle/on écri**t**	ils/elles écri**vent**
Past participle: lu		dit		écrit	

Note how these verbs are used in context:

Le matin, je **lis** toujours le journal avant d'aller au travail. Normalement, mon père ne **lit** pas le journal le matin; il préfère **lire** le soir, pendant qu'il regarde la télé.

Quand j'arrive au travail, je **lis** mes e-mails, et j'y réponds. Je parle moins fréquemment au téléphone maintenant; j'**écris** des e-mails à mes collègues dans le monde entier *(entire world).* Nous **disons** que cela cause moins d'interruptions que le téléphone. Notre patron *(boss)* **dit** que c'est gratuit!

Ma mère **dit** que je passe trop de temps devant l'ordinateur. C'est peut-être vrai! Hier soir, j'**ai lu** un journal français sur Internet, et ensuite j'**ai écrit** un e-mail à un ami au Texas. En tout, j'ai passé trois heures devant l'ordinateur. Que le temps passe vite! Finalement, ma mère **a dit** qu'elle avait besoin *(needed)* de l'ordinateur. Elle y a passé deux heures!

Reminder: The expression **On dit** is often used to mean *People say / They say* when reporting information that one has heard. **On dit que ce livre est très intéressant.** *They say that this book is very interesting.*

 VÉRIFIEZ Votre Compréhension

1. In the last chapter, we talked about certain patterns that occur in irregular verbs. Do you see any familiar patterns here?
2. We asked you to notice that the **vous** form of **dire** is very irregular. What exactly is irregular about it? Can you think of any other verbs with a similar ending?
3. Most of the verbs in the examples in **Structure 5** are in the affirmative. What would the negative of each verb be? (Pay attention to whether the verb is in the present or the **passé composé!**)

CD 1
Tracks
75–76

À l'écoute!

A. Combien de personnes font cette activité? You will hear various activities described on the Text Audio. Indicate whether each activity is done by one person or by more than one person.

1. _____ une personne   _____ plus d'une personne
2. _____ une personne   _____ plus d'une personne
3. _____ une personne   _____ plus d'une personne
4. _____ une personne   _____ plus d'une personne
5. _____ une personne   _____ plus d'une personne
6. _____ une personne   _____ plus d'une personne

B. C'est quand? For each sentence you hear, indicate whether the activity mentioned took place in the past, or is taking place in the present.

1. _____ passé _____ présent   4. _____ passé _____ présent
2. _____ passé _____ présent   5. _____ passé _____ présent
3. _____ passé _____ présent   6. _____ passé _____ présent

Pratiquons!

A. Qu'est-ce qu'ils lisent? Tell what different people read by choosing from the options.

un roman	des magazines	des revues
des e-mails	des billets doux *(love letters)*	des poèmes
un journal hebdomadaire		

1. Annette et Marie-Claire suivent un cours de poésie. Elles...
2. Ma fiancée et moi, nous habitons dans deux villes différentes. Nous...
3. Je préfère lire des articles scientifiques. Je...
4. Claude n'a pas le temps de lire le journal tous les jours. Elle...
5. Pour te reposer *(relax)* le soir, tu...
6. Le/La pauvre prof! Le week-end, il/elle...

B. Qui fait quoi? For each of the following items, tell who among your family and friends does each activity. Use a complete sentence in your response.

MODÈLE: lire le journal le matin

Ma mère lit le journal le matin. / Mes amis lisent le journal le matin.

1. dire que les films de Disney sont amusants
2. lire un quotidien
3. lire un hebdomadaire
4. écrire souvent des e-mails
5. lire un journal français
6. écrire des cartes postales pendant les vacances

C. Avantages/désavantages. Complete the following paragraph with the appropriate present tense form of the logical verb. Each verb will be used only once.

vouloir	écrire	préférer	boire
dire	prendre	lire	pouvoir

Le matin, je me lève *(get up)*, et je (1) _____ le journal pendant que je (2) _____ mon café. Mon mari (3) _____ une douche et ensuite il (4) _____ des courriels[1] à sa famille au Canada. Ses parents (5) _____ que l'e-mail est mieux que le courrier *(snail mail)* parce que c'est plus rapide, et que c'est mieux que le téléphone parce que c'est gratuit! Nous (6) _____ aussi envoyer des photos par courriel, ce qui est super génial. Mais moi, je (7) _____ entendre la voix *(the voice)* de mes proches *(loved ones)* de temps en temps. J'aime l'e-mail, mais je (8) _____ le téléphone!

 Complete the diagnostic tests to check your knowledge of the vocabulary and grammar structures presented in this chapter.

D. Mais non, il l'a déjà fait! A friend asks you if someone is currently doing an activity. Tell your friend that the person already did the activity, at the time indicated.

> **MODÈLE:** Est-ce que Jean-Pierre écrit une chanson d'amour? (hier soir)
> *Mais non, il a écrit la chanson d'amour hier soir.*

1. Est-ce que les étudiants lisent un poème en cours? (hier)
2. Est-ce que Martine écrit à sa mère? (ce matin)
3. Nous lisons le Chapitre 6? (la semaine dernière)
4. On dit bonjour à Madame Ferrier? (déjà)
5. Vous écrivez au Courrier des Lecteurs? (hier matin)
6. On lit *Le Petit Prince* ce semestre? (le semestre passé)

À vous de parler!

 A. Sondage. In groups of three or four, ask and answer questions 1–6. When you have finished, answer questions 7 and 8 as a class.

1. Combien de fois par semaine est-ce que tu lis le journal? Quels journaux et magazines lis-tu? Est-ce que ce sont des quotidiens ou des hebdomadaires?
2. Qu'est-ce que tu écoutes à la radio? De la musique? Des infos? Est-ce que tu écoutes la radio tous les jours?
3. Est-ce que tu regardes le journal télévisé le soir? Si oui, combien de fois par semaine? Si non, pourquoi pas?
4. Est-ce que tu parles souvent de l'actualité avec tes amis et ta famille? Est-ce que tu aimes discuter de la politique avec eux *(them)*?
5. Quand quelque chose de très important se passe dans le monde, où est-ce que tu vas pour t'informer *(to get information)*?
6. Est-ce que les journalistes sont honnêtes, à ton avis? Est-ce qu'ils font bien leur travail? Pourquoi penses-tu cela?
7. Dans votre groupe, en général, quels médias est-ce qu'on préfère pour s'informer? Pourquoi?
8. Est-ce que votre groupe fait plutôt confiance à la presse ou à vos amis pour obtenir des informations importantes? Pourquoi?

[1]'Courriel' est une forme contractée de 'courrier électronique.' On dit aussi 'e-mail' ou 'mèl.'

B. La réponse des Français. Now read the following survey results. A group of 1,000 French people were asked questions similar to the ones you answered in Activity A. Keeping the same groups you had in Activity A, compare your responses in A with the responses in this survey, and answer the following questions.

1. De quels moyens est-ce que les Français se servent en particulier pour s'informer? Est-ce que la réponse est différente de celle de votre groupe, ou la même?
2. Est-ce que les Français font plus confiance, moins confiance, ou égale confiance à la presse que votre groupe?
3. Est-ce que vous voyez plus de similarités ou plus de différences entre les opinions des Français et les opinions de votre classe?

QUESTION 1: Les journalistes vous paraissent-ils dans l'ensemble... ?

	Oui	Non	Pas d'opinion
Exprimer des opinions diverses	62%	35%	3%
Décrire honnêtement la réalité des faits	41%	57%	2%
Faire de moins en moins bien leur travail	38%	59%	3%
Être en contact avec la même réalité que vous	38%	60%	2%

QUESTION 2: Personnellement, pour vous informer de ce qui se passe dans la société, diriez-vous que pour chacun des acteurs ou éléments suivants, les sources d'information suivantes jouent un rôle très important, assez important, peu important ou pas important du tout?

	Très important	Assez important	Peu important	Pas du tout important
Les amis, la famille	50%	31%	15%	4%
La télévision	37%	39%	17%	7%
La radio	32%	42%	19%	7%
Les journaux quotidiens	26%	45%	17%	11%
Le budget du foyer	28%	41%	20%	9%
Les magazines (hebdomadaires et mensuels)	10%	40%	34%	16%
Les collègues	14%	32%	26%	15%
Les partis politiques	15%	28%	30%	25%

En France, un guide télé, c'est comme ça

En France, comme aux États-Unis, beaucoup de personnes consultent le programme télé sur Internet.[1] Ce guide a plusieurs avantages: à première vue, on a le resumé de tout ce qu'on peut voir à la télé ce jour-là, mais c'est aussi très interactif. On peut cliquer sur une chaîne de télévision pour voir toute la programmation de toute la journée ou même de la semaine, on peut aussi cliquer sur une émission pour avoir des détails plus complets, on peut également rechercher un type d'émission (films, divertissements, etc.) par catégorie, etc. Mais évidemment, si vous préférez avoir une copie sur votre fauteuil, vous pouvez toujours acheter le guide télé chez le marchand de journaux aussi!

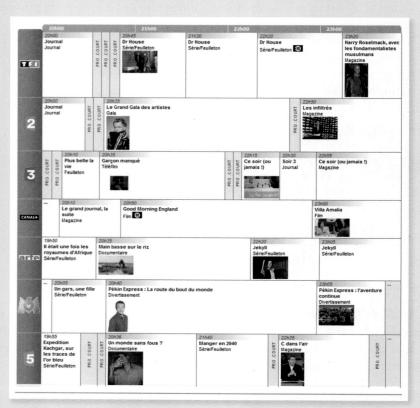

Courtesy of GuideTele

👤👤👤 Réfléchissons!

Par groupes de trois ou quatre, répondez aux questions suivantes:

1. Quelles sortes de programmes est-ce que vous voyez dans le guide télé ci-dessus? Quelles informations sont données concernant ces programmes? Est-ce que ce sont les mêmes informations que dans un guide télé de votre pays, ou est-ce qu'elles sont différentes? En quoi?

2. Regardez les programmes diffusés. Est-ce que les chaînes de télévision se spécialisent dans des programmes en particulier? Comment?

3. Combien de chaînes de télé est-ce qu'il y a? À votre avis, est-ce qu'il y a beaucoup ou peu de choix? Pourquoi est-ce que vous pensez que les chaînes câblées ne sont pas présentes ici?

4. Assez fréquemment dans les guides télé, il y a une rubrique qui s'appelle "*Pro Court*." Qu'est-ce que cela veut dire, à votre avis? Est-ce que c'est quelque chose qui se trouve dans un guide télé américain? Pourquoi ou pourquoi pas?

[1] This 'teleguide' [accents on 'tele'] has been slightly abridged. In a complete version, you'd see programming for one more public channel (France2), and for all prime time hours — 8pm to midnight.

À vous de lire!

A. Stratégies. One way we can facilitate the reading process is to think about the topic before we begin to read. This often helps us to predict what we will find in the text and to fill in gaps when we encounter words or grammatical constructions that are unfamiliar to us. The article that you are about to read, *"Les nouveautés télé de la rentrée,"* (*New Shows for the New Season*) comes from the website *Planet.fr*. Before you start reading this article, think about the information that you might find in it. Look at the title of the article: What does it suggest to you? What do you think this article is about?

Now, think about the programs that you like to watch on TV and why. What kind of new show would appeal to you? If you had to create a new show, what would you create and why?

B. Avant de lire

1. Look at the subtitles in the article. How do the subtitles help you to understand what the following paragraphs will be about?

2. Are there any graphics in the text? How do they contribute to your understanding of the information that follows?

3. With a partner, explain the following quotations from the synopses of the new shows:

   - TF1 met l'accent sur la proximité et la solidarité
   - une nouvelle émission de télé-réalité qui porte bien son nom
   - M6 innove en lançant *(while launching)* son journal télévisé
   - un rendez-vous hebdomadaire

 Now, compare your explanations with a classmate's.

C. Lisons! Before you start reading the following article, remember that you do not have to understand *everything*. Try to understand the general meaning of each synopsis, guessing the meaning of unknown words from context as you go. Then reread the paragraphs a second time for more complete understanding before answering the questions.

Les nouveautés télé de la rentrée

Un euro pour tout changer: un téléthon un peu particulier

Cette année, TF1 met l'accent sur la proximité et la solidarité. La chaîne propose l'émission *Un euro pour tout changer* au cours de laquelle[1] les téléspectateurs auront[2] le pouvoir de donner chacun[3] un euro pour venir en aide à une personne et lui permettre de réaliser son rêve[4] ou un projet comme le financement d'un terrain de basket dans une cité[5] ou la production d'un album pour une chanteuse...

Image copyright Tomo Jesenicnik, 2010.
Used under license from Shutterstock.com

[1]during which [2]will have [3]each giving [4]dream [5]housing project

Durant l'émission, chaque candidat présentera[1] son projet et annoncera[2] la somme dont[3] il a besoin, libre ensuite aux téléspectateurs d'y contribuer en donnant un euro par SMS, Internet ou audiotel.

'Qui veut épouser mon fils?'

Qui veut épouser mon fils? est une nouvelle émission de télé-réalité qui porte bien son nom! Bientôt diffusée sur TF1, elle permettra à des mères de famille de **trouver une prétendante[4] et de mettre fin au célibat de leur fils** âgé d'une trentaine[5] d'années.

19:45, le nouveau journal télévisé de M6

Cette année, **M6 innove en lançant[6] son journal télévisé!** D'une durée de quinze minutes, il traitera[7] de l'actualité[8] comme un journal télévisé traditionnel et laissera[9] une place importante à l'interactivité avec les téléspectateurs!

Ainsi, grâce à un partenariat avec le site Internet MSN, **les téléspectateurs pourront[10] poser des questions sur l'actualité** en les postant sur Internet. Le journal y répondra[11] au rythme de trois questions par soir de la semaine.

Le samedi, c'est un invité qui viendra[12] répondre aux questions des internautes[13] dans un entretien[14] qui sera[15] prolongé en ligne après la fin du journal.

Quant au dimanche,[16] *19:45* traitera des trois sujets d'actualité qui auront le plus marqué[17] les internautes.

Mot de passe: un succès d'été qui revient[18] à la rentrée

Vous avez peut-être regardé *Mot de passe* cet été sur France 2, ce jeu présenté par Patrick Sabatier où les candidats en équipe avec des célébrités doivent deviner[19] un mot le plus vite possible pour gagner 100 000 euros?

Le jeu a connu un tel succès[20] qu'il revient à la rentrée pour un rendez-vous hebdomadaire tous les samedis à 19 heures.

© Courtesy of France 2

D. Après la lecture

1. Write your own one sentence summary of each new television show. (Don't translate, just summarize!) What genre of program would each fall into?

2. How is the telethon being developed by TF1 different from a traditional telethon? Can you think of anything similar on American television?

3. How will the TV news on M6 be innovative? Would you be interested in a news program of this sort? Why or why not?

4. Would you be interested in programs like 'Qui veut épouser mon fils' or "Mot de passe"? Why or why not? Who do you think is the target audience for these programs?

5. From the titles of these new programs and their descriptions, do you think that French TV is any different from American TV? Explain your answer.

[1]will present [2]will announce [3]that [4]future spouse [5]about thirty [6]while launching [7]will deal with [8]current events [9]will leave [10]will be able [11]will answer [12]will come [13]internet users [14]interview [15]will be [16]On Sundays [17]most marked [18]is coming back [19]guess [20]was such a success

Lexique

À la radio on peut écouter...

une émission culturelle	*cultural program*
une émission musicale	*music program*
les informations (les infos) *(f.)*	*newscast*
les informations routières *(f.)*	*traffic report*
un talk-show	*talk show*
des tubes *(m.)*	*hit songs*

On peut aussi...

changer de fréquence	*change the station*

À la télé on peut regarder...

un documentaire	*documentary*
un feuilleton	*soap opera*
un film	*movie*
le journal télévisé (le JT)	*television news*
la météo	*weather report*
une série (télévisée)	*TV series*
la télé-réalité	*reality show*

On peut aussi...

changer de chaîne *(f.)*	*to change the channel*
faire du zapping / zapper	*to channel surf*

À la télé et à la radio...

l'animateur / l'animatrice anime	*the DJ or the host announces / hosts the show*
le présentateur / la présentatrice présente	*the TV anchor presents*

À la télé / Sur le petit écran (*On TV / On the small screen*) À la radio / Sur les ondes (*On the radio / On the airwaves*) on passe / on diffuse (*... they broadcast . . .*)

un dessin animé	*cartoon*	un programme	*program*
des divertissements *(m.)* / des jeux (m.)	*game shows*	de la publicité	*advertisements*
		un reportage	*report*
une émission	*program*	les sports *(m.)*	*sports*
le hit-parade musical	*top music hits*	un téléfilm	*TV movie*
un magazine	*exposé*		
un match de foot en direct	*live soccer game*		

Chez le marchand de journaux *At the newsstand*

un guide des programmes télévisés / un guide télé / un programme télé	*television guide*
un hebdomadaire	*weekly magazine*
un journal	*newspaper*
une revue de cuisine	*cooking magazine*
un magazine d'actualité	*news magazine*
un magazine de santé	*health magazine*
un mensuel	*monthly magazine*
la presse people	*entertainment magazines*
un quotidien	*daily newspaper*
un magazine people	*entertainment magazine*
une revue de mode	*fashion magazine*
une revue de sport	*sports magazine*

Les professionnels

un(e) journaliste	*journalist*
un(e) paparazzi	*paparazzi*
un(e) photographe	*photographer*

Les lecteurs

un(e) abonné(e)	*subscriber*
un abonnement	*magazine /newspaper subscription*
un bon d'abonnement	*a subscription form*
un lecteur / une lectrice	*reader*

Les événements mémorables dans une vie

Événements positifs

chanter dans une chorale	*to sing in a choir*
chanter dans un groupe	*to sing in a band*
dire	*to say*
donner un concert	*to perform a concert*
donner une conférence	*to present a paper*
écouter une conférence	*to listen to a lecture*
écrire	*to write*
écrire au courrier des lecteurs	*to write a letter to the editor*
gagner un prix	*to win a prize*
gagner un match	*to win a match*
jouer dans un groupe	*to play in a band*
jouer dans un orchestre	*to play in an orchestra*
lire	*to read*
participer à un défilé	*to march/participate in a parade*
participer à une manifestation	*to take part in a demonstration*
participer à un match (sportif)	*to play in a (sports) match/game*
publier	*to publish*
un article	*article*
un livre	*book*
un poème	*poem*
sauver la vie à quelqu'un	*to save someone's life*

Événements négatifs

avoir un accident	*to have an accident*
un cambriolage	*burglary (break-in)*
être cambriolé(e)	*to be burglarized*
causer un accident	*to cause an accident*
commettre un crime	*to commit a crime*
perdre un match (sportif)	*to lose a (sports) match/game*
être victime d'un crime	*to be a victim of a crime*
un vol	*robbery*
être volé(e)	*to be robbed*

Mes relations amoureuses et amicales

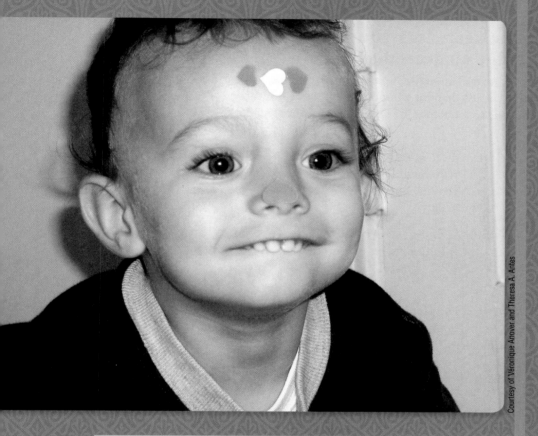

Courtesy of Véronique Anover and Theresa A. Antes

There are things we do every day, such as waking up, getting dressed, and brushing our teeth. In this chapter, you will learn the pronominal verbs that are used to express our daily routine; the verbs **partir, sortir** and **quitter;** to talk about different ways of coming and going; and vocabulary to talk about our relationships with others.

VOCABULARY

- Reflexive and reciprocal verbs for expressing emotions
- Reflexive and reciprocal verbs for talking about daily routine and relationships

STRUCTURES

- Reflexive verbs in the present tense
- Reciprocal verbs in the present tense
- Reflexive and reciprocal verbs in the **futur proche**
- Reflexive and reciprocal verbs in **passé composé**
- The verbs **partir, sortir,** and **quitter** in the present and **passé composé**

CULTURE

- Interracial and intercultural marriage
- Example of a French / Francophone wedding

Audio
www.cengagebrain.com/shop/ISBN/0495912085

RESSOURCES

Passage 1

Ma routine

Voici un test de personnalité. Lisez les questions et choisissez la réponse qui décrit le mieux votre personnalité. Vous êtes une personne stressée ou détendue?[1] Si vous ne connaissez pas certains mots de vocabulaire regardez les dessins *(drawings)* ou pensez au contexte.

Psycho-test: êtes-vous une personne stressée ou détendue?

1. À six heures du matin, **vous vous réveillez…**
   a. _____ de bonne humeur, toujours content(e).
   b. _____ de mauvaise humeur, toujours fâché(e).

2. Généralement, le matin, **vous vous levez…**
   a. _____ lentement.
   b. _____ rapidement.

3. D'habitude, le matin, **vous vous lavez…**
   a. _____ tranquillement et minutieusement.
   b. _____ toujours vite, vite, vite!

4. En général, **vous vous habillez…**
   a. _____ confortablement: le confort en premier.
   b. _____ coquettement et inconfortablement: l'esthétique prime.

5. **Vous vous maquillez** (les femmes)**…** /
   Vous vous rasez (les hommes)**…**
   a. _____ tous les jours sans exception.
   b. _____ seulement le week-end.

6. Normalement, au travail / à l'université **vous vous sentez…**
   a. _____ bien.
   b. _____ mal.

7. **Vous vous rongez les ongles…**
   a. _____ souvent: ça vous détend et ça vous relaxe quand vous êtes énervé(e) ou préoccupé(e).
   b. _____ jamais: vous n'êtes pas souvent nerveux(-euse).

[1]relaxed

8. Quand vous êtes en voiture, **vous vous énervez...**
   a. _____ facilement.
   b. _____ difficilement.

9. Le soir, généralement, **vous vous couchez...**
   a. _____ tôt, avant 22 heures.
   b. _____ tard, après 23 heures.

10. Le soir, **vous vous endormez...**
    a. _____ rapidement.
    b. _____ avec difficulté.

Résultat: Comptez combien de **a** et de **b** vous avez. Si vous avez plus de réponses **b** que de réponses **a,** vous êtes une personne stressée. Nous recommandons un bon massage. Si vous avez plus de réponses **a,** vous êtes une personne détendue. Bravo! Continuez!

Vous avez bien compris?

Indiquez si les situations suivantes sont *logiques* ou *pas logiques*.

1. Quand vous buvez beaucoup, beaucoup de bières, vous vous sentez mal: vous avez une migraine et vous voulez vomir. _____ logique _____ pas logique

2. Vous vous lavez dans le garage. _____ logique _____ pas logique

3. Vous vous rasez les ongles. _____ logique _____ pas logique

4. En cours, vous vous levez quand vous voulez. _____ logique _____ pas logique

5. Vous vous habillez dans la chambre ou la salle de bains. _____ logique _____ pas logique

6. Vous vous maquillez les cheveux. _____ logique _____ pas logique

La routine

The following reflexive verbs are listed in the infinitive form.

se brosser les dents

se calmer

se démaquiller

se déshabiller

s'épiler

s'habiller

se laver les cheveux

se maquiller

se peigner les cheveux

se presser / se dépêcher

se promener

se reposer

se sécher les cheveux

se baigner

Here are the reflexive verbs that you saw in the personality test: (go back to that test if you are unsure of their meaning).

se coucher	se laver	se raser
s'endormir	se lever	se ronger les ongles
s'énerver	se maquiller	se sentir bien / mal
s'habiller	se réveiller	

À vous!

A. Qu'est-ce qu'il/elle fait? Identifiez les affirmations avec les dessins correspondants.

1.

4.

_____ a. Il/Elle se sèche les cheveux.

_____ b. Il/Elle se rase.

2.

5.

_____ c. Il/Elle se lave.

_____ d. Il/Elle se réveille.

3.

6.

_____ e. Il/Elle se déshabille.

_____ f. Il/Elle se ronge les ongles.

B. La routine du prof. Posez des questions à votre professeur en utilisant les choix donnés entre parenthèses. Ensuite, organisez les phrases de façon logique pour avoir un paragraphe complet sur la routine de votre prof.

MODÈLE: Vous vous rongez les ongles (pendant un film d'horreur / de science-fiction).

Est-ce que vous vous rongez les ongles pendant un film d'horreur ou un film de science-fiction?

1. Vous vous couchez (tard / tôt).
2. Vous vous pressez pour aller à l'université (très souvent / pas souvent).
3. Vous vous endormez (facilement / difficilement).
4. Vous vous réveillez (de bonne humeur / de mauvaise humeur).
5. Vous vous séchez les cheveux (toujours / jamais).
6. Vous vous levez (tout de suite / avec difficulté).

STRUCTURE 1

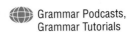Grammar Podcasts, Grammar Tutorials

Les verbes réfléchis au présent

Reflexive verbs (**Les verbes réfléchis**) are a type of pronominal verb (verbs accompanied by a pronoun). This means that they are used to indicate that the subject does something by itself or to itself. For example, in the morning, you wake up (you wake yourself up). *To wake (oneself) up* is a reflexive action and it uses a reflexive verb.

In English, you may omit the reflexive pronoun *oneself* and just say: *I wake up in the morning.* However, in French, you may not omit the reflexive pronoun in a sentence that conveys the meaning of doing something to oneself.

A reflexive action must always have a reflexive pronoun with the verb. Look at the following conjugation of **se raser** in the present tense. The reflexive pronouns are in boldface. These pronouns accompany all reflexive verbs.

se raser	*to shave (oneself)*
je **me** rase	*I shave (myself)*
tu **te** rases	*you shave (yourself)*
il / elle / on **se** rase	*he/she/one shaves (himself/herself/oneself)*
nous **nous** rasons	*we shave (ourselves)*
vous **vous** rasez	*you shave (yourself/yourselves)*
ils / elles **se** rasent	*they shave (themselves)*

- Before a vowel, **me**, **te**, and **se** become **m'**, **t'**, and **s'**.

  Je **m'**énerve facilement.

- To negate reflexive verbs, place **ne** before the reflexive pronoun and **pas** after the verb.

  Tu **ne** te maquilles **pas.**

  Nous **ne** nous réveillons **pas** tôt le samedi.

- In order to remember which verbs are reflexive in French, you need to memorize the reflexive verbs introduced in the preceding vocabulary sections.

- **Se lever** and **se promener** have spelling changes in the present tense: Add an **accent grave** except in the **nous** and **vous** forms. (You saw the same spelling change with **acheter** and **promener** in Chapter 2.)

  Je me lève, nous nous levons.

- **Se sécher:** The **accent aigu** changes into an **accent grave** except in the **nous** and **vous** forms. (This is the same spelling change as for **préférer** in Chapter 2.)

  Je me sèche, nous nous séchons.

- **Se sentir** and **s'endormir**[1] are irregular verbs. The stems change except in the *plural* forms.

[1]**s'endormir** *(to fall asleep)* is based on the verb **dormir** *(to sleep)*, and the two are conjugated in the same way. How would you conjugate **dormir**?

se sentir	s'endormir
je me **sens** bien	je m'en**dors**
tu te **sens** bien	tu t'en**dors**
il / elle / on se **sent** bien	il / elle / on s'en**dort**
nous nous sentons bien	nous nous endormons
vous vous sentez bien	vous vous endormez
ils / elles se sentent bien	ils / elles s'endorment

- **Se ronger:** As with all verbs that end in **-ger** (such as **manger** or **voyager,** which you learned in Chapter 2), the **e** is retained in the **nous** form.

    Nous nous rongeons les ongles.

- **Attention!** A reflexive verb may be turned into a nonreflexive one, depending on the action the speaker wishes to convey. Look at the following examples.

    Aurélie **s'**habille.   *Aurélie is getting (herself) dressed.*

    Aurélie habille **le bébé.**   *Aurélie is dressing **the baby**.*

In the first sentence, Aurélie is dressing herself. Therefore, in French it is necessary to use a reflexive pronoun with the verb **s'habiller** to indicate that meaning. In the second sentence, Aurélie is dressing someone else: the baby. The verb in this sentence **(habiller)** is not reflexive. Hence, it does not need a reflexive pronoun.

 VÉRIFIEZ Votre Compréhension

1. Go back to the personality test at the beginning of the chapter (pp. 238–239). Why are all the reflexive verbs conjugated in the second person plural form **(vous)?** Whom do they refer to? (Who is **vous?**)
2. Why are they all reflexive? What are they meant to indicate?

 À l'écoute!

CD 2
Track 3

> **Petits Tuyaux!** In the next activity you will be asked to distinguish plural from singular forms of the verbs **s'endormir** and **se sentir**. Since phonetically one cannot tell the difference between **il se/ils se** and **elle se/elles se**, you must pay attention to the way the endings of the verbs sound: il se s**en**t (you will hear /en/) vs. ils se sen**t**ent (you will hear /t/); je m'endo**r**s (you will hear /r/) vs. ils s'endor**m**ent (you will hear /m/).

Pluriel ou singulier? Écoutez les phrases suivantes avec les verbes **s'endormir** et **se sentir.** Pour chaque phrase, indiquez si le verbe est au pluriel ou au singulier.

1. _____ singulier _____ pluriel 5. _____ singulier _____ pluriel
2. _____ singulier _____ pluriel 6. _____ singulier _____ pluriel
3. _____ singulier _____ pluriel 7. _____ singulier _____ pluriel
4. _____ singulier _____ pluriel 8. _____ singulier _____ pluriel

Pratiquons!

A. La routine d'Annette. Voici une journée typique pour Annette Fourcher et sa famille. Complétez chaque phrase avec la forme correcte du verbe entre parenthèses.

Annette Fourcher (1) _____ (se lever) toujours très tôt le matin, mais son mari (2) _____ (ne... pas se lever) tôt. Annette fait du jogging et après elle (3) _____ (se laver). Elle (4) _____ (ne... pas se sécher) les cheveux parce que ses deux enfants (5) _____ (se réveiller) et ils appellent: «Maman, maman!» Annette (6) _____ (se dépêcher) et va dire bonjour à ses enfants. Elle (7) _____ (se sentir) heureuse avec sa famille réunie le matin. Après le petit déjeuner, Annette (8) _____ (se promener) avec ses enfants. L'après-midi elle travaille beaucoup et le soir, elle (9) _____ (s'endormir) très vite.

B. Questions indiscrètes. Posez à un camarade de classe les questions indiscrètes suivantes et ensuite inversez les rôles. Toute la classe ensemble, comparez les réponses que vous avez reçues. Quel est le cours le plus ennuyeux où la majorité des étudiants s'endorment? Pourquoi est-ce que les étudiants se rongent les ongles? Etc.

1. Est-ce que tu t'endors souvent en classe? Dans quel cours est-ce que tu t'endors le plus souvent?
2. Est-ce que tu te ronges les ongles? Pourquoi? Quand?
3. Est-ce que tu te brosses les dents tous les jours? Combien de fois par jour?
4. Quand est-ce que tu te dépêches? Pour aller à un rendez-vous amoureux?
5. Est-ce que tu te sens bien dans le cours de français? Pourquoi?
6. Quand est-ce que tu te sens mal? Pourquoi?

C. Ma journée typique. Dites à un camarade de classe comment est une journée typique pour vous. Ensuite, inversez les rôles. Présentez vos réponses à la classe et comparez vos routines.

Portrait personnel

Écrivez un **portrait personnel** dans lequel vous allez comparer et contraster la routine de votre partenaire et la vôtre, en vous basant sur les réponses que vous avez reçues à l'Activité C. Placez vos comparaisons sur le site web du cours ou dans vos journaux, si vous en avez.

> **MODÈLE:** *Sam ne se ronge jamais les ongles, mais moi, je suis nerveux (nerveuse). Je me ronge toujours les ongles, surtout pendant un examen!*

STRUCTURE 2

Les verbes réfléchis au futur proche

Do you remember how to form a sentence in the **futur proche**? You use a form of the verb **aller** followed by an infinitive: **je vais manger.**

With reflexive verbs, the reflexive pronoun agrees with the subject and the reflexive verb remains in the infinitive.

Je vais **me** baign**er.**	*I am going to take a bath.*
Tu vas **te** ras**er.**	*You are going to shave.*
Nous allons **nous** promen**er.**	*We are going to go for a walk.*
Les étudiants vont **se** dépêch**er.**	*The students are going to hurry.*

- To negate reflexive verbs in the **futur proche,** the negative words go around the conjugated verb—**aller** in this case—as usual.

  Je **ne** vais **pas** me sécher les cheveux.

  Vous **n'**allez **pas** vous presser.

 VÉRIFIEZ Votre Compréhension

1. Go back to the personality test at the beginning of the chapter (pp. 238–239). Look at the reflexive verbs in boldface. They are all conjugated in the **vous** form. How would you phrase question #1 in the **je** and the **tu** forms? How would you phrase question #2 in the **on** form? How about question #3 in the **nous** form? Finally, phrase question #4 in the **ils** form.
2. Try to negate question #5 in the personality test.
3. How would you phrase question #9 in the **futur proche?**

 À l'écoute!

CD 2
Track 4

Se lever ou se laver? Il est parfois difficile de faire la distinction entre les verbes **se lever** et **se laver**. Écoutez et répétez les phrases suivantes.

1.	Je me lève.	Je me lave.
2.	Il va se lever.	Il va se laver.
3.	Nous n'allons pas nous laver.	Nous n'allons pas nous lever.
4.	Vous voulez vous laver.	Vous voulez vous lever.
5.	Tu te lèves.	Tu te laves.
6.	Ils ne se lavent pas.	Ils ne se lèvent pas.

Maintenant, indiquez le verbe que vous entendez.

7.	_____ se lever	_____ se laver	10.	_____ se lever	_____ se laver
8.	_____ se lever	_____ se laver	11.	_____ se lever	_____ se laver
9.	_____ se lever	_____ se laver	12.	_____ se lever	_____ se laver

Pratiquons!

A. Parlons de demain. Complétez les phrases de façon logique afin de décrire ce que vont faire les personnes suivantes demain. Choisissez le verbe le plus approprié pour chaque situation et conjuguez-le au futur proche.

se sentir bien   se coucher tard   se presser
se réveiller   s'énerver   s'habiller
                                                     confortablement

1. Moi, je _____ de mauvaise humeur demain matin parce que je suis toujours fatigué(e).
2. La présidente _____ à cause des problèmes qu'elle ne peut pas résoudre: le parking, par exemple!
3. Les profs _____ pour arriver à l'heure.
4. Mes amies et moi, nous _____ à l'Institut de Beauté![1]
5. Tes amis et toi, vous _____ pour aller faire une longue promenade.
6. Tu _____ après avoir beaucoup dansé avec tes amis.

B. Pendant les vacances. Avec les éléments ci-dessous, formulez des questions et posez-les à un(e) camarade de classe pour savoir si il/elle va faire les choses suivantes pendant les vacances.

> **MODÈLE:** se lever tôt / À quelle heure?
>
> *Est-ce que tu vas te lever tôt pendant les vacances? À quelle heure tu vas te lever?*

1. se lever tard / À quelle heure?
2. s'énerver facilement / Pourquoi? Contre qui?
3. se maquiller / se raser / Pourquoi?
4. s'habiller élégamment / Pour quelle occasion?
5. se baigner[2] à la mer / à la piscine / Combien de fois *(How many times)* par jour?
6. se reposer / Comment? *(How?)*

Portrait personnel

En vous basant sur les réponses de votre partenaire à l'Activité B, écrivez un paragraphe pour décrire ce qu'il/elle va faire pendant les vacances. Comparez votre paragraphe avec ceux d'autres étudiants et décidez qui va faire les choses les plus intéressantes (ou amusantes).

[1]Similar to a day spa   [2]**se baigner** also means *to go swimming*

On se marie comme ça au Maroc

Au Maroc, généralement les jeunes couples se marient par amour. Cependant, il y a encore des mariages arrangés. La famille de la mariée donne une dot[1] et la famille du marié contribue à payer les besoins ménagers, comme par exemple les meubles.

Les préparatifs avant le mariage sont assez traditionnels. Quelques jours avant le grand jour, la mariée est décorée à l'henné[2] par les «hennayats». Les hennayats tracent sur le corps de la femme des symboles de protection et de fécondité. Les décorations à l'henné représentent aussi la séduction, l'érotisme et la passion. Le jour du mariage, les cheveux de la mariée sont coiffés par une femme heureuse qui a un mari fidèle. D'abord, cette femme met de l'henné dans les cheveux de la future épouse. Ensuite, elle place les cheveux dans un anneau d'argent[3] comme symbole de pureté. Après, une hennayat casse un œuf sur la tête de la future mariée en signe de fécondité. Enfin, elle met dans la coiffure de la mariée deux dattes avec du miel.[4]

© PhotoStock-Israel / Alamy

Pendant la cérémonie, la mariée change sept fois de robe. Les deux époux sont placés sur deux plateaux que l'on tourne sept fois aussi. Dans un mariage marocain il y a toujours la présence des «neggafates», des femmes qui font respecter les traditions qui font partie du patrimoine national.

Réfléchissons!

1. Quelles traditions conservez-vous? Quelle est la tradition lors des mariages dans votre culture? Que fait le marié? Et la mariée? Que font les invités?

2. Le pouvoir de séduction reste très important chez la femme marocaine avec la décoration du corps à l'henné. Est-ce que ce symbolisme de séduction existe dans votre culture? Comment «se décorent» les mariées?

3. Dans votre pays, y a-t-il l'équivalent de «neggafates» pendant les mariages? Y a-t-il des femmes qui aident les mariés pendant la cérémonie religieuse? Comment s'appellent-elles?

[1]*dowry* [2]**L'henné** is the henna plant. Dying agents, usually yellow or red, are extracted from it. Both women and men decorate their bodies with henna. The markings look like tattoos but they are not permanent. Women also dye their hair with henna. [3]*silver ring* [4]*dates with honey*

Passage 2

Une histoire d'amour

Everyone has a very best friend or a special person in his or her life. In this section, you will use pronominal verbs to express emotions and actions common in human relationships, such as *to love each other, to hate each other,* or *to talk to each other.* These verbs are called reciprocal verbs.

Au Chapitre 2, vous avez rencontré *(met)* Anou (belge) et Jean (canadien). Écoutez leur **histoire d'amour.**

Anou et Jean se sont mariés il y a quarante ans. Ils se sont rencontrés à une fête et ils ne se sont plus quittés! Ils sont sortis ensemble[1] six mois avant de se marier. Ils ont deux filles et deux petits-fils, Alexandre et Maximilien. Ils s'aiment beaucoup.

Ils ne se disputent jamais.

Anou et Jean s'amusent beaucoup ensemble: ils aiment se parler, se promener et s'embrasser.

Ils se téléphonent du travail au moins une fois par jour pour se dire des mots tendres. C'est le grand amour! Ils ne vont jamais divorcer, c'est sûr!

[1]*together*

L'histoire d'une rupture (break up)

Au Chapitre 2, vous avez également rencontré Gérard et Yolanda. Écoutez leur histoire:

Gérard et Yolanda se sont mariés il y a quarante ans. Ils ne s'entendent pas bien et ils se disputent souvent.

Ils s'ennuient ensemble.

Ils se fâchent constamment. Ils ne s'embrassent jamais et ils ne se regardent jamais avec amour. Ils se sont aimés à un certain moment mais maintenant ils ne s'aiment plus: ils se détestent et ils vont se séparer. Gérard va partir et va quitter Yolanda. Voilà l'histoire d'une rupture... C'est dommage!

Vous avez bien compris?

En vous basant sur les histoires du **Passage 2**, indiquez si les affirmations suivantes sont **vraies** ou **fausses**. Corrigez les phrases qui ne sont pas correctes.

1. Anou et Jean se téléphonent au travail.   _____ vrai   _____ faux
2. Anou et Jean ne s'aiment pas.   _____ vrai   _____ faux
3. Anou et Jean s'embrassent.   _____ vrai   _____ faux
4. Anou et Jean se disputent.   _____ vrai   _____ faux
5. Gérard et Yolanda s'amusent ensemble.   _____ vrai   _____ faux
6. Gérard et Yolanda se détestent.   _____ vrai   _____ faux

→ Mon vocabulaire ←

Les relations amoureuses et amicales

aimer quelqu'un à la folie	*to love someone madly*
se rencontrer	*to meet (one another)*
s'aimer	*to love one another*
s'embrasser	*to kiss one another / to hug*
se donner un baiser	*to kiss (generally on the lips)*
se faire la bise	*to kiss (on the cheeks)*
l'amour *(m.)*	*love*
s'amuser	*to have fun*
s'ennuyer	*to be bored*
avoir une déception amoureuse	*to have one's heart broken*
se détester	*to hate one another*
se disputer	*to argue with each other*
se marier	*to get married*
se fiancer	*to get engaged*
se quitter	*to leave each other*
se séparer	*to separate*
divorcer	*to get a divorce*
être amoureux(-euse) de quelqu'un	*to be in love with someone*
être fidèle à quelqu'un	*to be faithful to someone*
tromper quelqu'un	*to cheat on someone*
le coup de foudre	*love at first sight*
les amoureux	*lovers*
s'entendre bien	*to get along well*
s'entendre mal	*not to get along*
se fâcher (contre)	*to get mad (at)*
se réconcilier (avec)	*to reconcile*
se regarder	*to look at one another*
tomber amoureux(-euse) de quelqu'un	*to fall in love with someone*

Pour parler de la vie personnelle

Si on est marié(e):	mon mari / mon époux
	ma femme / mon épouse
Si on va se marier:	mon fiancé / ma fiancée
Si on vit avec quelqu'un *(live with someone):*	mon compagnon / ma compagne
Si on sort avec quelqu'un:	mon petit ami / ma petite amie
	mon ami(e) / mon copain / ma copine
Pour parler d'un grand amour:	mon grand amour
	l'homme / la femme de ma vie

Des mots tendres (Tender words)

mon amour	*my love*
mon chéri / ma chérie	*my darling*
mon cœur / mon chou[1]	*my sweetheart / sweetie*

[1]Literally *cabbage* (Applies more to children, especially when **petit** is used with **chou**. This is also true with **amour** and **chéri**).

Pour parler d'actions dans le passé

dans les premiers temps / au début	*at the beginning / at first*
la semaine dernière	*last week*
l'année dernière	*last year*
le mois dernier	*last month*
hier	*yesterday*
il y a (un an / une semaine)	*(a year / a week) ago*

À vous!

A. L'histoire d'Adèle et de Pierre. Complétez le paragraphe suivant avec la forme correcte des verbes donnés. Conjuguez les verbes au présent ou laissez-les à l'infinitif selon le cas. (Rappelez-vous que lorsque vous avez deux verbes qui se suivent dans une même phrase, le deuxième verbe reste à l'infinitif.)

s'embrasser	s'entendre	tomber amoureux
se parler	se regarder	se promener
se fiancer		

Adèle et Pierre sont en cours de français ensemble. Immédiatement, ils
(1) _____ et c'est le coup de foudre et ils
(2) _____. En cours, ils ne peuvent pas (3) _____,
mais ils s'écrivent des lettres d'amour. Après le cours de français, Adèle et Pierre
(4) _____ sur le campus la main dans la main. De temps en
temps, quand ils sont seuls et dans l'intimité, ils (5) _____. Ils
ne se disputent pas souvent: ils (6) _____ très bien.

Un jour, en classe, Pierre demande au professeur de français comment on dit
Would you like to be my wife? Le prof répond: «Voudrais-tu être ma femme?»
Pierre et Adèle (7) _____ devant toute la classe et tous les
étudiants sont invités au mariage!

B. Une rupture. Sylvie et Didier sont sur le point de rompre.[1] Un ami vous
demande comment va leur relation. Répondez à ses questions.

1. Est-ce que Sylvie et Didier s'entendent bien?
2. Est-ce qu'ils vont enfin se marier?
3. Est-ce qu'ils s'amusent ensemble?
4. Est-ce qu'ils se disputent souvent?
5. Est-ce qu'ils vont se réconcilier?
6. Oh, là, là... Alors, ils ne s'aiment pas du tout?
7. Qui va quitter qui? Sylvie ou Didier?

C. Tes amis et tes amours. Posez des questions à un camarade de classe sur
sa vie personnelle. Ensuite, inversez les rôles.

1. Es-tu amoureux (amoureuse)? C'est le coup de foudre? C'est possible les
   coups de foudre?
2. Tu tombes amoureux (amoureuse) facilement?
3. Est-ce que tu as un(e) petit(e) ami(e) (ou un(e) fiancé(e) ou un mari / une
   femme? Quels mots tendres est-ce que vous employez quand vous êtes
   ensemble?
4. Dans ta famille, avec qui est-ce que tu t'entends très bien? Et très mal?
5. Avec qui est-ce que tu t'amuses beaucoup?
6. Avec qui est-ce que tu t'ennuies le plus *(the most)*?

[1]**être sur le point de** (followed by
an infinitive) means *to be about
to*; **rompre** means *to break up.*

STRUCTURE 3

Les verbes réciproques

Like reflexive verbs, reciprocal verbs are pronominal verbs, and are therefore accompanied by a pronoun. However, they are called *reciprocal* because they describe a reciprocal action between two or more people. For example, when you say something like *We love each other,* you are indicating that the love between you and the other person goes both ways; in other words, it is reciprocal.

In French, reciprocal verbs are conjugated like reflexive verbs. The sentence *We love each other* is **Nous nous aimons** in French. In this context, the pronoun **nous** does not mean *ourselves* but *each other.*

- Reciprocal verbs are usually used in the plural forms. Otherwise, they would not be reciprocal.

  Nous nous parlons. (indicates a reciprocal action)　　　　*We speak to each other.*

  Je me parle. (indicates a reflexive action)　　*I talk to myself.*

- Because it can have a plural meaning *(they, people, we),* the subject pronoun **on** can also be reciprocal.

  On se parle souvent.　　　　*We talk to each other often.*

 VÉRIFIEZ Votre Compréhension

1. Go back to the two stories in the ***Passage 2*** (pp. 248–249) and find all the reciprocal verbs. Think about the way they are conjugated and their meanings.
2. Look for reciprocal verbs that are not conjugated in the two stories. Why are they left in the infinitive form?

Pratiquons!

A. Petits potins! *(Little pieces of gossip!)* Une de vos amies est une vraie commère *(a real gossip)*! Elle vous confie des potins sur les personnes que vous avez rencontrées dans ce chapitre. Complétez les phrases avec les verbes donnés. Utilisez chaque verbe une fois.

divorcer	se marier	se donner des baisers
se disputer	se rencontrer	tromper
se quitter		

1. Anou et Jean sont toujours mariés, mais dernièrement, ils _____ beaucoup: ils se fâchent constamment. Vont-ils divorcer?
2. Yolanda _____ Gérard avec Jean. Yolanda et Gérard _____ donc: ils ne sont plus mariés.
3. Annette Fourcher et son ex-mari vont _____ une deuxième fois. Ils se sont fiancés à Paris.

4. Quand Adèle et Pierre _____ dans un restaurant à Cannes, c'est le coup de foudre. Depuis leur mariage, ils ne _____ pas une minute: ils sont inséparables.

5. Mais récemment, Didier a surpris Adèle et Pierre en pleine démonstration affective sur la plage: les amoureux aiment _____ en secret. Didier n'est pas content!

B. Ça ne va pas bien! Les choses ne vont pas bien avec votre tendre moitié *(better half)*. Utilisez les éléments ci-dessous pour lui dire pourquoi vous pensez que votre relation n'est pas harmonieuse. Attention! Tous les verbes dans cette activité ne sont pas réciproques!

> **MODÈLE:** s'entendre mal
>
> *Nous nous entendons mal.*

1. ne pas s'embrasser sur la bouche / se faire seulement la bise
2. ne pas être fidèles
3. se quitter tôt le soir
4. ne pas se parler beaucoup
5. se disputer souvent
6. ne pas être amoureux comme avant

 C. Réactions. Votre tendre moitié passe en revue tous les arguments que vous lui avez donnés à l'Activité B. Donnez des explications logiques pour chaque argument.

> **MODÈLE:** s'entendre mal
>
> —*Nous nous entendons mal.*
>
> —*C'est normal, dernièrement* (lately) *tu es très méchant(e).*

À vous de parler!

 A. Un psycho-test. Vous êtes un(e) collaborateur (-trice) *(contributor)* dans le magazine de mode *Elle*. Un collègue (votre partenaire) et vous travaillez sur un test de personnalité pour le prochain numéro. Une fois le test terminé, mettez-le à l'essai sur vos autres collègues (les membres de votre groupe) pour vérifier son efficacité avant sa publication. Comparez les résultats de votre test avec les autres groupes.

Idées pour le psycho-test

Êtes-vous heureux (heureuse) dans la vie?

Êtes-vous fidèle en amour? En amitié?

Avez-vous une vie équilibrée?

Êtes-vous une personne organisée ou désorganisée?

B. Devinez. Racontez à la classe l'histoire d'amour d'un couple célèbre, ou décrivez la routine d'une star. Vos camarades de classe vont devoir deviner de qui vous parlez.

Les couples mixtes sont comme ça en France

Kathleen Finlay / Masterfile

En général, les Français se marient avec des personnes qui habitent à 100 kilomètres autour de[1] leur domicile. Mais, ce n'est pas le cas pour tous les Français. Il y a 10% de mariages qui sont mixtes et ce pourcentage augmente toujours. Les couples mixtes peuvent être formés par deux nationalités différentes ou par deux ethnies différentes. Les couples de mixité ethnique rencontrent plus de problèmes liés au racisme que les couples qui ont deux nationalités mais une même couleur de peau.[2] On appelle les enfants nés de couples mixtes ethniques des métis. Les enfants nés d'un couple blanc-noir sont appelés mulâtres. Souvent, les enfants mulâtres souffrent de leurs différences: ils ne sont considérés ni blancs en France, ni noirs en Afrique. Ils sont «caféolait.»[3] Si l'intégration sociale est parfois difficile, l'intégration familiale est encore plus compliquée: par exemple, les Français «blancs» ne voient pas toujours bien que leur fils ou leur fille épouse un Maghrébin, un Martiniquais ou un Africain et vice versa.

Mais tout n'est pas négatif! Les couples mixtes symbolisent une alliance entre deux univers. Ils sont unis par un amour qui est plus grand et plus fort que tout: religion, langue, culture, etc. Ces couples incarnent le grand amour! De plus, la famille mixte est biculturelle et bi-identitaire. Finalement, ces couples mixtes ont une mentalité très ouverte: ils sont tolérants et respectueux des cultures différentes. Chacun dans le couple pratique des choses de la culture de l'autre et ils se sentent à l'aise dans les deux cultures.

Réfléchissons!

1. Dans votre pays, y a-t-il beaucoup de couples mixtes? Souffrent-ils de racisme aussi? Ont-ils des problèmes d'intégration?

2. Pensez-vous que les enfants métis ont des problèmes d'identité? Pourquoi?

3. Pensez-vous que l'amour qui unit les couples mixtes est plus pur et plus fort que l'amour qui existe dans les couples non-mixtes? Pourquoi?

[1]*around*   [2]*skin*   [3]**Caféolait (café au lait)** literally means *coffee with milk*. Depending on how this expression is used it could be offensive.

STRUCTURE 4

Les verbes pronominaux au passé composé

As you learned in this chapter, pronominal verbs are those verbs that require an object pronoun in addition to the subject pronoun. These pronouns show that the action of the verb is reflected back on the subject **(verbes réfléchis),** as in **je me rase,** or that the action occurs reciprocally between two subjects **(verbes réciproques),** for example, **nous nous téléphonons.**

In the **passé composé,** *all* pronominal verbs are conjugated with the verb **être.** Look at this conjugation of the verb **se laver** in the **passé composé.** Notice that both the object pronoun and the auxiliary verb change forms to agree with the subject pronoun. Notice too, that as with other verbs conjugated with **être,** the past participle agrees in gender and number with the subject.

se laver	
je **me suis** lavé(e)	nous **nous sommes** lavé(e)s
tu **t'es** lavé(e)	vous **vous êtes** lavé(e)(s)
il **s'est** lavé / on **s'est** lavé	ils **se sont** lavés
elle **s'est** lavée	elles **se sont** lavées

All other pronominal verbs are conjugated the same way in the **passé composé,** whether they have a reflexive or reciprocal meaning. There are two exceptions to the agreement rule, however:

- If the verb is followed by a noun that is its direct object, there is no agreement.

  Marie **s'est coupé** <u>la main</u>.

  Nous **nous sommes brossé** <u>les dents</u>.

- If the reflexive pronoun is the indirect object of the verb, rather than the direct object, there is no agreement. Contrast the following:

  Elles **se sont regardées.** (On regarde *quelqu'un.* **Se** is a direct object.[1] There is agreement in this instance.)

  But: Ils **se sont téléphoné.** (On téléphone *à* quelqu'un. **Se** is an indirect object. There is no agreement here.)

  Nous **nous sommes écrit.** (On écrit *à* quelqu'un.)

  Elles **se sont parlé.** (On parle *à* quelqu'un.)

Negation. To negate pronominal verbs in the **passé composé,** place **ne** before the reflexive pronoun, and **pas, jamais, plus,** or **rien** after the auxiliary verb.

  Je **ne** me suis **pas** lavé les cheveux ce matin.

  Cet homme et moi, nous **ne** nous sommes **jamais** parlé.

  Nous **ne** nous sommes **rien** dit.

---

[1]Reminder: A direct object is an object that follows the verb directly, without needing a preposition to introduce it. An indirect object, by contrast, always requires a preposition between the verb and the noun. Be aware that these can be different in English and French; for example, in English *I listen **to** the radio,* but in French **J'écoute la radio.** A pronoun will have the same grammatical features as the noun it replaces.

Interrogation. The interrogative form is created in the same way as with other verbs.

- By simple intonation: Tu t'es reposé ce week-end?
- By adding "n'est-ce pas" at the end of the sentence: Tu t'es reposé ce week-end, n'est-ce pas?
- By adding "est-ce que" to the beginning of the sentence: Est-ce que tu t'es reposé ce week-end?

 VÉRIFIEZ Votre Compréhension

Go back to *Passage 2* (pp. 248–249), and answer the following questions.

1. Which pronominal verbs are used in the **passé composé?** List them.
2. Look at the forms of each of the following: the reflexive pronouns, the auxiliary verbs, and the past participles. Can you explain why each has the form it does?
3. How would you negate the sentences that are in the affirmative form in the **passé composé**?

Pratiquons!

A. Une journée bien remplie. Abdou et Clémentine sont toujours très occupés. En vous basant sur les dessins, faites des phrases avec des verbes pronominaux au **passé composé** pour décrire leurs activités.

MODÈLE: *Clémentine s'est levée très tôt!*

1.

2.

3.

4.

5.

6.

B. Quelle dispute! Complétez les phrases suivantes au **passé composé.** Faites attention aux pronoms et aux participes. C'est Camille qui parle.

se fâcher	se lever	se disputer	se laver
se dépêcher	ne... pas se parler	se recoucher	

Il y a deux jours, je (1) _____ avec mes colocataires. Quelle dispute! Cyrille (2) _____ très tôt, et il a réveillé toute la maison avec sa musique. Quand je lui ai demandé de faire moins de bruit, il (3) _____. Anaïs lui a dit qu'il n'était pas respectueux, et ensuite ils (4) _____ aussi! Je (5) _____, mais avec tout ce bruit, je n'ai pas pu me rendormir. J'étais de très mauvaise humeur! J'étais furieuse! Nous (6) _____ de toute la journée. Aujourd'hui, ça va mieux, mais ce n'est pas facile d'habiter avec deux colocataires!

C. Hier / Il y a / La semaine dernière, j'ai / je suis / je me suis... À tour de rôle et avec un partenaire répondez aux questions ci-dessous sur ce que vous avez fait récemment. (Notez que tous les verbes ne sont pas pronominaux!) Comparez vos réponses avec celles de la classe.

1. Est-ce que tu t'es amusé(e) hier? Avec qui?
2. Est-ce que tu t'es fâché(e) avec quelqu'un la semaine dernière?
3. Es-tu allé(e) à la fac (*university*) il y a deux jours? Si oui, à quelle heure? Si non, pourquoi pas?
4. Le week-end dernier, combien de temps est-ce que tu as passé à faire les devoirs?
5. Comment est-ce que tu t'es habillé(e) hier? (Avec des jeans, etc)
6. Est-ce que tu t'es reposé(e) la semaine dernière? Quel jour? Où et comment?

 D. Hier / Aujourd'hui. Avec un partenaire comparez ce que vous avez fait hier et ce que vous allez faire aujourd'hui. Utilisez les renseignements donnés afin de formuler vos questions au **passé composé** et au **futur proche.**

MODÈLE: à quelle heure / se coucher

  —*À quelle heure est-ce que tu t'es couché(e) hier?*
  —*Je me suis couché(e) à 11 heures.*
  —*Et à quelle heure est-ce que tu vas te coucher ce soir?*
  —*Je vais me coucher à 2 heures du matin!*

1. où / s'amuser
2. (vous et vos amis) combien de fois / se téléphoner
3. à quelle heure / se lever
4. où / se reposer
5. (vous et vos colocataires) combien de fois / se disputer
6. (vous et vos amis) où / se rencontrer

 Portrait personnel

En vous basant sur les réponses de votre partenaire dans les Activités C et D, écrivez un petit paragraphe pour décrire ce qu'elle/il a fait hier. Comparez ce qu'il/elle a fait hier avec ce qu'il/elle va faire aujourd'hui. Ensuite, avec toute la classe, décidez qui a eu la journée la plus chargée (*busiest day*) hier et qui va avoir la journée la plus chargée demain.

STRUCTURE 5

Les verbes *quitter, sortir* et *partir*

As in English, French has several words with quite similar meanings but different uses. In this section, you will learn three such verbs.

Quitter, sortir, and **partir** all mean *to leave,* but their usage is very different.

Quitter is a regular **-er** verb that can only be used to mean *to leave someplace or someone.* It must *always* be followed by a direct object. You must tell who or what you are leaving, otherwise the sentence is ungrammatical in French.

> Je **quitte ma maison** à 7 h 30 du matin.
>
> Elle **quitte sa mère** pour retourner au travail.

In the **passé composé, quitter** is conjugated with **avoir,** unless it is reciprocal, in which case it is conjugated with **être.**

> Il **a quitté sa femme.**
>
> Nous **avons quitté le restaurant** à 21 h.
>
> Ils **se sont quittés.** (reciprocal)
>
> Vous **vous êtes quittés** en bons termes. (reciprocal)

Sortir means *to leave* in the sense of *to go out* or *to go out of* and generally implies that you will eventually be returning. It can also be used to mean *to go out with someone socially* or *to date.*

> Je **sors** avec mes amis.
>
> Nous **sortons** de la boulangerie.

Partir also means *to leave,* but does not imply that you will return. You can leave for work, leave on vacation, or leave for good.

> Elle **part** au travail à 6 heures du matin.
>
> Mes parents **partent** en voyage.

Sortir and **partir** are both irregular verbs with very similar conjugations.

sortir		partir	
je **sors**	nous **sortons**	je **pars**	nous **partons**
tu **sors**	vous **sortez**	tu **pars**	vous **partez**
il / elle / on **sort**	ils / elles **sortent**	il / elle / on **part**	ils / elles **partent**
passé composé: (être) sorti		**passé composé:** (être) parti	

⚑ VÉRIFIEZ Votre Compréhension

1. What patterns do you see in the present tense conjugation of **partir** and **sortir**?
2. Look back at *Passage 2* (pp. 248–249). Which of the verbs **quitter, partir,** and **sortir** do they use? Can you explain the choice of each, given the context?
3. Can you give the entire conjugation of **partir** and **sortir** in the **passé composé**?

À l'écoute!

CD 2 Track 7

Une ou plusieurs personnes? Écoutez les affirmations suivantes et ensuite indiquez s'il s'agit d'une ou de plusieurs personnes.

	une personne	plusieurs personnes		une personne	plusieurs personnes
1.	_____	_____	4.	_____	_____
2.	_____	_____	5.	_____	_____
3.	_____	_____	6.	_____	_____

Pratiquons!

A. Sortir, partir ou quitter? Anne-Laure nous décrit sa journée. Complétez le paragraphe suivant avec les verbes **sortir, partir** ou **quitter** au présent.

Le lundi matin, je (1) _____ ma maison à 8 h 30. J'ai un cours à 9 h, alors je me dépêche. J'arrive à l'université vers 8 h 55, je (2) _____ de ma voiture et je vais vite à mon cours. Mon cours est au troisième étage, donc je prends l'ascenseur. Très souvent, mon prof y est aussi. Nous (3) _____ de l'ascenseur, et nous allons ensemble en classe. Nous (4) _____ le cours à 10 h 30, et je retrouve mes amis pour prendre un café. Mes amis (5) _____ avant moi, parce qu'ils ont un autre cours. Je reste encore quelques minutes, et puis je (6) _____ pour la bibliothèque, où je travaille jusqu'à 13 h. Mon amie Paule fait aussi des recherches à la bibliothèque, mais elle (7) _____ souvent parce qu'elle fume, et elle ne peut pas fumer dans la bibliothèque! Après avoir fini mes recherches, je (8) _____. J'arrive chez moi vers 15 h 30 et je me repose.

B. C'est fini! Gérard a quitté Yolanda. Yolanda raconte à son amie Eléonore comment Gérard l'a quittée. Conjuguez les verbes entre parenthèses au **passé composé**.

Gérard (1) _____ (partir) il y a un mois. Nous (2) _____ (se quitter) en bons termes. Le week-end dernier on (3) _____ (sortir) au restaurant une dernière fois et après nous (4) _____ (se quitter). J(e) (5) _____ (sortir) avec quelques hommes, mais je ne cherche plus le grand amour. Et toi, Eléonore, est-ce que tu (6) _____ (sortir) avec beaucoup d'hommes avant de te remarier?

C. Échange. Posez les questions suivantes à un(e) camarade de classe. Ensuite, comparez vos réponses avec celles de la classe. Qui quitte l'université tôt? Et tard? Qui est sorti(e) hier? Etc.

1. À quelle heure est-ce que tu as quitté ta maison / ta chambre aujourd'hui?
2. Est-ce que tu es sorti(e) hier soir? Si oui, avec qui? Où es-tu allé(e)? Si non, qu'est-ce que tu as fait?
3. Quand est-ce que tu es parti(e) en vacances la dernière fois? Où es-tu allé(e)?
4. À quelle heure vas-tu quitter l'université aujourd'hui?
5. Est-ce que tu as quitté ton petit ami / ta petite amie récemment? Pourquoi?
6. Veux-tu partir en voyage? Où? Pourquoi?

iLrn Complete the diagnostic tests to check your knowledge of the vocabulary and grammar structures presented in this chapter.

À vous de parler!

A. Préparons une sortie! Vous préparez un week-end avec vos amis. En groupes de trois, créez un dialogue pour parler de l'endroit où vous allez aller et ce que vous allez faire. (À quelle heure allez-vous partir? Où allez-vous sortir le soir? Etc.) Utilisez des verbes pronominaux ainsi que les verbes **sortir, partir** et **quitter** au **futur proche.**

B. Oui, chéri(e)! Avec un partenaire, imaginez une conversation entre un couple ou des amis de longue date. Pensez au jour où ils se sont rencontrés, ce qu'ils ont fait le premier jour où ils sont sortis ensemble, etc. Ensuite, faites une comparaison avec ce qu'ils font aujourd'hui. La passion existe-t-elle encore? (Ou l'amitié est-elle la même qu'avant?) Utilisez les verbes et le vocabulaire du chapitre (par exemple, les mots tendres).

Courtesy of Véronique Anover and Theresa A. Antes

Voici un couple de jeunes étudiants. Allie et Marcos. Ils se sont connus en cours de français! Imaginez leur histoire d'amour! (Comment ils se sont connus, où ils sortent, les mots tendres qu'ils se disent, etc.)

→ Mon vocabulaire ←

La scolarité

Les enfants de 6 à 10 ans vont à **l'école primaire.**

À l'âge de 11 ou 12 ans, on va au **collège.**

Les enfants de cet âge s'appellent **des élèves.**

Pour s'amuser entre les cours, les élèves vont **à la récréation/ la récré.**

Quand on est adolescent, on va au **lycée.**

Les étudiants de cet âge s'appellent des **lycéens (lycéennes).**

À l'école, on mange à **la cantine.**

Si on reste dormir à l'école pendant la semaine, on dort au **dortoir.**

Ces étudiants s'appellent **des pensionnaires**; ils sont **en pension.**

Pour s'amuser

On fait du sport au **gymnase** ou au **stade.**

En hiver, on peut s'amuser aussi à **la patinoire.**

Les lycéens et les étudiants peuvent danser en **boîte de nuit** ou dans **des clubs**[1] *(m.)*.

Ils peuvent aussi aller à **une soirée** ou à **une fête.**[2]

[1]On peut aussi dire **des discothèques** *(f.)* ou **des night-clubs** *(m.)*   [2]In slang, French people say **une teuf** (the word **une fête** backwards—this type of slang is called **verlan**).

À vous!

A. Identifications. Regardez les dessins suivants, et identifiez les mots de vocabulaire que vous voyez.

> **MODÈLE:** *Dans la première **salle de classe**, il y a **un professeur** de **maths**. C'est à **l'université**…*

1.

2.

3.

4.

B. Vrai ou faux? Indiquez si les phrases suivantes sont vraies ou fausses. Si elles sont fausses, corrigez-les!

1. Les élèves qui rentrent à la maison tous les jours sont en pension.   _____ vrai   _____ faux

2. On mange à la cantine.   _____ vrai   _____ faux

3. Quand on a 6 ans, on a un professeur.   _____ vrai   _____ faux

4. Les élèves suivent des cours à l'université.   _____ vrai   _____ faux

5. Le week-end, pour s'amuser, les étudiants peuvent aller à une fête.   _____ vrai   _____ faux

6. Les étudiants de 18 à 22 ans vont au collège; c'est l'équivalent de l'université.   _____ vrai   _____ faux

C. Mon enfance. Terminez les six phrases suivantes pour donner des détails sur votre enfance. Quand vous avez fini, comparez vos réponses avec celles de votre partenaire et décidez si vous avez eu des enfances similaires ou différentes. Expliquez vos comparaisons à la classe.

1. À l'école primaire, mon instituteur/institutrice préféré(e) s'appelait _____.

2. Dans une classe typique, il y avait _____ élèves. (Donnez un chiffre.)

3. À midi, je mangeais _____. (Où?)

4. À la récré, je jouais avec _____. (Qui?)

5. Au collège, pour m'amuser je *faisais du sport / j'allais à la patinoire / je ne faisais pas d'activités extra-scolaires* _____. (Choisissez la bonne réponse.)

6. Au lycée, j'étais très fort(e) en _____, et nul(le) en _____!

STRUCTURE

L'imparfait

Grammar Podcasts, Grammar Tutorials

In Chapter 7, you learned how to talk about completed past actions using the **passé composé.** In this chapter, you will learn another past tense, the **imparfait,** or imperfect, which is used to give descriptions, to talk about ongoing (but not completed) actions, and to talk about habitual actions in the past. In Chapter 10, you will have a chance to focus on the distinction between the **passé composé** and the **imparfait** more fully; for now, we will concentrate on the formation and uses of the **imparfait.**

Formation of the *imparfait.* The imperfect is the most regular tense in the French language. To form it, we start with the **nous** form of the verb in the present indicative, drop the **-ons** ending, and add the imperfect endings. These are the same for all verbs.

The only irregular verb in the **imparfait** is **être.**

CD 2
Track 9

Look at the following conjugations of **parler, finir, avoir,** and **être,** and listen to them on the In-Text Audio.

parler		finir	
(nous parl~~ons~~)		(nous finiss~~ons~~)	
je parl**ais**	nous parl**ions**	je finiss**ais**	nous finiss**ions**
tu parl**ais**	vous parl**iez**	tu finiss**ais**	vous finiss**iez**
il parl**ait**	ils parl**aient**	elle finiss**ait**	elles finiss**aient**
avoir		être	
(nous av~~ons~~)		(nous ~~sommes~~)	
j'av**ais**	nous av**ions**	j'ét**ais**	nous ét**ions**
tu av**ais**	vous av**iez**	tu ét**ais**	vous ét**iez**
il av**ait**	ils av**aient**	elle ét**ait**	elles ét**aient**

To negate a verb in the **imparfait,** follow the same rules as for the present: place **n(e)** before the verb and **pas / jamais / plus,** etc. after it.

Adrienne **n'**avait **pas** de frères.

Suzanne **ne** voulait **jamais** aller au cinéma avec nous.

Il **n'**y avait **personne** dans la rue.

Alain **ne** mangeait[1] **rien** au petit déjeuner.

[1]Note that verbs ending in **-ger** add an **e** before the ending to all but the **nous** and **vous** forms (**je mangeais; nous mangions**). Verbs ending in **-cer** change to **ç** before the ending in all but the **nous** and **vous** forms (**je commençais; nous commencions**).

→ Mon vocabulaire ←

Les ados

Vous êtes dans un lycée. À l'entrée il y a une brochure sur les problèmes de l'adolescence. Lisez la brochure.

L'adolescence:

une période de changements difficiles.

• Les ados...

veulent **affirmer leur individualité,**
veulent **affirmer leur personnalité,**
sont **à la recherche de leur identité,**
sont **complexés par leur look,**
ont **des difficultés** (*f.*) **à s'accepter,**
veulent **être à la mode,**
ont **des troubles** (*m.*) **alimentaires,**
(l'anorexie par exemple)
ont **des problèmes** (*m.*) **familiaux.**

• Souvent les ados pour **se rebeller** vont...

avoir des relations sexuelles précoces,
faire le mur, *sneak out*
faire une fugue, *run away*
sécher les cours, *skip school*
fumer des cigarettes,
se droguer,
se soûler. *get drunk*

• Les problèmes les plus fréquents sont:

l'alcoolisme,
la délinquance,
l'échec scolaire, *failure in school*
la toxicomanie, *(drug dependence)*
le tabagisme.

Pour plus de renseignements sur les problèmes des adolescents, contactez le ministère de la jeunesse de votre localité.

À vous!

A. Définitions. Relisez la brochure précédente et trouvez la définition correcte pour chaque mot et expression.

1. Quand une personne boit trop de vin ou de bière.
2. Quand un jeune s'enfuit de sa maison et ne revient plus.
3. Quand une personne ne s'aime pas.
4. Quand un adolescent n'a pas de bons résultats à l'école.
5. Quand un adolescent ne mange pas normalement.
6. Quand un jeune vole dans un magasin.
7. Quand un jeune s'achète les dernières nouveautés.
8. Quand un jeune ne va pas à l'école régulièrement.

a. l'échec scolaire
b. être à la mode
c. la délinquance juvénile
d. faire une fugue
e. sécher les cours
f. avoir des difficultés à s'accepter
g. avoir des troubles alimentaires
h. se soûler

B. Des problèmes d'ados. Identifiez les problèmes de ces adolescents d'après les dessins.

1.

2.

_____

3.

4.

_____

5.

_____

 C. Votre adolescence. Posez les questions suivantes à huit camarades de classe: quatre femmes et quatre hommes. Ensuite, dites à la classe qui a eu une adolescence plus difficile: les femmes ou les hommes. Comparez vos réponses et tirez-en une conclusion.

Quand tu étais adolescent(e)...

1. est-ce que tu étais complexé(e) par ton look? Pourquoi? Qu'est-ce que tu aimais ou n'aimais pas en toi?

2. est-ce que tu avais des problèmes familiaux? Qu'est-ce qui se passait? T'entendais-tu mal avec tes parents? Avec tes frères et sœurs?

3. est-ce que tu voulais affirmer ta personnalité? Comment? Étais-tu rebelle?

4. que faisais-tu pour te rebeller?

5. voulais-tu être à la mode? Comment est-ce que tu t'habillais?

6. séchais-tu souvent les cours?

STRUCTURE 2

Les pronoms *y* et *en* avec l'imparfait

In Chapter 5 you were introduced to the pronouns **y** and **en** in the present tense and in the near future. Now you will see how these two pronouns function similarly in the **imparfait.**

As in the present tense, **y** and **en** are placed before the conjugated verb in the **imparfait.**

	Quand j'avais 10 ans, j'allais à la plage tous les étés.
	Quand j'avais 10 ans, j'**y** allais tous les étés.
Négation:	Quand j'avais 10 ans, je n'**y** allais pas tous les étés.
Interrogation:	Est-ce que tu **y** allais tous les étés?

	Quand j'étais adolescent, je fumais des cigarettes.
	Quand j'étais adolescent, j'**en** fumais.
Négation:	Quand j'étais adolescent, je n'**en** fumais pas.
Interrogation:	Est-ce que tu **en** fumais beaucoup?

Attention! If the location or the quantity being replaced is the object of another *infinitive,* the pronoun precedes the infinitive rather than the conjugated verb, just as in the present tense or the near future.

	Josiane voulait manger à la cantine.
	Josiane voulait **y** manger.
Négation:	Josiane ne voulait pas **y** manger.
Interrogation:	Est-ce qu'elle voulait **y** manger?

	Les enfants aimaient boire du jus d'orange.
	Les enfants aimaient **en** boire.
Négation:	Les enfants n'aimaient pas **en** boire.
Interrogation:	Est-ce que les enfants aimaient **en** boire?

 VÉRIFIEZ Votre Compréhension

1. Read David's chat room message once again (p. 280). Find the pronouns **y** and **en** in his message. What words are they replacing?
2. Rewrite the sentences that you have found, putting them in the negative.

Pratiquons!

A. Y ou en? Lisez la conversation entre deux adolescents et choisissez le pronom correct ainsi que *(as well as)* la place la plus appropriée pour chaque pronom.

SIMON: L'année dernière, je te voyais toujours au café le Grain Noir.

(1) Tu _____ allais _____ toujours avec Léa. Comment va-t-elle?

FRANÇOIS: Elle va bien, je crois.

SIMON: Qu'est-ce que vous preniez? Du café?

FRANÇOIS: (2) Non, nous n(e) _____ prenions _____ pas. Léa prenait du thé et moi du Coca.

SIMON: (3) Léa _____ prenait _____ toujours?

FRANÇOIS: Oui. Mais pourquoi toutes ces questions?

SIMON: Parce que je voudrais inviter Léa au Grain Noir et je voudrais savoir ce qu'elle aime.

FRANÇOIS: (4) Tu _____ voudrais _____ inviter Léa? Bonne chance! Elle sort avec Paul maintenant!

SIMON: Ce n'est pas possible! Elle va au Grain Noir avec Paul?

FRANÇOIS: (5) Pas au Grain Noir, non. Paul est trop snob pour _____ aller. Ils vont à la *Tasse en crystal* tous les jours. (6) Ils _____ aiment _____ prendre un express et regarder les passants.

SIMON: C'est vraiment incroyable! (7) Avant, Léa n'aimait pas le café et elle n(e) _____ buvait _____ jamais.

 B. Quand tu étais plus jeune. Posez les questions suivantes à votre camarade de classe sur son adolescence. Ensuite, changez de rôle. Utilisez les pronoms **y** et **en** dans vos réponses.

1. Quand tu étais adolescent(e), est-ce que tu allais au lycée tous les jours de la semaine?

2. Est-ce que tu restais à la maison le samedi soir? Qu'est-ce que tu faisais?

3. Est-ce que tu aimais regarder des comédies à la télé? Qu'est-ce que tu regardais?

4. Est-ce que tu avais beaucoup d'amis?

5. Est-ce que vous faisiez des bêtises *(were you naughty)*, tes amis et toi? Comme quoi?

6. Est-ce que vous sortiez souvent au bowling? Où est-ce que vous sortiez d'habitude?

7. Quand tu rentrais du lycée, est-ce que tes parents étaient à la maison? Qu'est-ce que vous faisiez ensemble?

8. Est-ce que tu pratiquais un sport? Lequel?

→ Mon vocabulaire ←

L'enfance

L'enfance (de la naissance à l'adolescence)

Avant l'arrivée d'un enfant, une mère va...

attendre un enfant / être enceinte /
avoir une bonne grossesse[1] / avoir
une grossesse difficile.

accoucher
(un accouchement)

Après la naissance du bébé les parents vont...

élever un(e) enfant bien élevé(e)	*to raise a well-behaved child*
élever un(e) enfant mal élevé(e)	*to raise a badly behaved child*
gâter un(e) enfant	*to spoil a child*
avoir un(e) enfant gâté(e)	*to have a spoiled child*

Le corps humain:

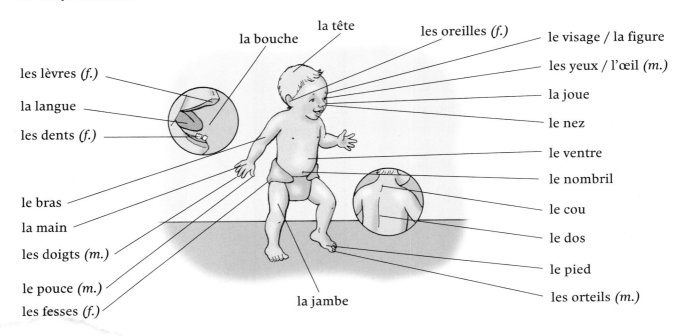

les lèvres *(f.)*

la langue

les dents *(f.)*

le bras

la main

les doigts *(m.)*

le pouce *(m.)*

les fesses *(f.)*

la bouche

la tête

la jambe

les oreilles *(f.)*

le visage / la figure

les yeux / l'œil *(m.)*

la joue

le nez

le ventre

le nombril

le cou

le dos

le pied

les orteils *(m.)*

[1]Pregnancy

À vous!

A. Une journée typique du petit Louis. Quand le petit Louis avait 3 ans, ses journées étaient assez similaires et typiques. Regardez les dessins et décrivez une de ses journées. **Attention!** Mettez les verbes à l'imparfait. Commencez par «Quand le petit Louis avait trois ans...»

1.  2.  3.

4.  5.  6.

B. Une maman et son enfant. Aurélien et sa maman passent toutes leurs journées ensemble et s'amusent beaucoup! Pour chaque situation, trouvez la partie du corps la plus logique.

> **MODÈLE:** *Après le bain, Maman dit: «Je vais te manger les petits...»*
> Vous dites: «... les petits *pieds!* / les petits *orteils!*»

1. Maman donne à manger à Aurélien. «Ouvre bien grand la...»
2. Maman joue à la balle avec Aurélien: «Prends la balle avec...»
3. Maman fait des chatouilles *(tickles)* à Aurélien: «Je te fais des chatouilles sur le... et la...»
4. Dans le bain, maman dit: «Je vais te laver le/la... et les...»
5. Maman dit à Aurélien: «Je vais te faire un bisou sur le/la...»
6. Maman met Aurélien au lit et elle dit: «Aurélien, mon petit chéri, ferme les... et fais un gros dodo *(go night-night)*!»

C. Votre journée typique. Interviewez un(e) camarade de classe pour savoir comment était une journée typique quand il/elle avait quatre ou cinq ans. Ensuite changez de rôles. Comparez vos réponses et dites à la classe qui de vous deux était le plus sage.

1. Qui t'élevait: ta mère, ton père ou les deux? Qui était le plus strict et te disciplinait le plus: ta mère ou ton père?
2. Comment est-ce qu'on te disciplinait?
3. Est-ce que tu pleurais beaucoup? Pourquoi?
4. Est-ce que tu faisais des caprices? Pourquoi?
5. Où est-ce que tu faisais des caprices? Dans des lieux publics devant tout le monde comme au supermarché, par exemple?
6. Quelles bêtises est-ce que tu faisais?
7. Étais-tu un(e) enfant gâté(e)? Qui te gâtait le plus dans ta famille? Comment est-ce qu'on te gâtait?
8. En général, étais-tu sage ou étais-tu un petit démon? Pourquoi?

Portrait personnel

Écrivez un paragraphe où vous décrivez l'enfance de votre partenaire. Comment était-il/elle comme enfant? Est-ce qu'il/elle était un enfant typique ou non? Expliquez votre réponse.

MODÈLE: *Karine était une enfant très sage. Elle ne faisait presque jamais de bêtises, sauf quand elle était très fatiguée…*

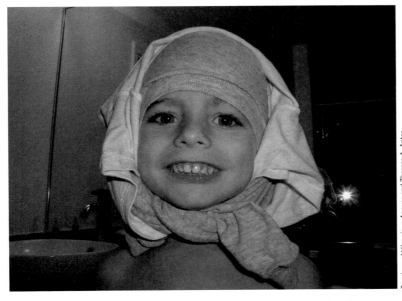

Courtesy of Véronique Anover and Theresa A. Antes

Voici Alex quand il était petit. Il aimait beaucoup faire le pitre *(to be silly)*. Quand vous étiez petit, vous aimiez faire le pitre? Qu'est-ce que vous faisiez? Quelles bêtises est-ce que vous faisiez?

STRUCTURE 3

Les pronoms interrogatifs et les questions à l'imparfait

As you saw in previous chapters, there are several options for formulating questions.

> Tu jouais avec ton frère quand tu étais petit?
>
> Est-ce que tu jouais avec ton frère quand tu étais petit?

With most of the *interrogative pronouns (who? what? when?* etc.), speakers do not use simple intonation, as they do for yes/no questions. The most common way to form a question using an interrogative pronoun is to use **est-ce que**, although inversion can also be used in more formal situations.

- **quand** *(when)*

    Quand est-ce que tu allais au parc? Tous les jours?

- **comment** *(how)*

    Comment est-ce que tu jouais? Calmement? Bruyamment?

- **où** *(where)*

    Où est-ce que vous faisiez le plus souvent des caprices?

- **pourquoi** *(why)* / (**parce que** *[because]*)

    Pourquoi est-ce que tu ne dormais pas toute la nuit?

    Parce que je n'avais jamais sommeil!

- **combien de** *(how many)* + noun

    Combien de sœurs est-ce qu'elles avaient?

- **qui** *(who,* object of the sentence)

    Qui est-ce que tu aimais le mieux?

- **que** *(what)*

    Qu'est-ce que tu regardais à la télé?

The only interrogative pronoun that functions differently is **qui** *(who)* when it is the subject of the sentence. In this case, **qui** is followed directly by the verb; there is no inversion or **est-ce que.**

- **qui** *(who,* as a subject) + verb

    Qui te punissait?

    Qui faisait des caprices?

    Qui ne voulait pas aller au coin?

 VÉRIFIEZ Votre Compréhension

Go back to the dialogue between Alexandre and his mother (pp. 285–286). Find the questions that have interrogative pronouns in them and explain why each one is used. What does the question mean?

CD 2
Track 13

À l'écoute!

Une chose ou une personne? Écoutez les phrases, et dites si on pose une question à propos d'une personne ou d'une chose.

1. _____ une personne   _____ une chose
2. _____ une personne   _____ une chose
3. _____ une personne   _____ une chose
4. _____ une personne   _____ une chose
5. _____ une personne   _____ une chose
6. _____ une personne   _____ une chose

Pratiquons!

A. Questions pour un champion. Vos amis et vous regardez le jeu télévisé *Questions pour un champion.* D'abord, complétez les questions avec les pronoms interrogatifs appropriés. Ensuite, essayez de répondre aux questions.

1. _____ est l'homme le plus riche du monde?
   C'est _____.

2. _____ ça veut dire[1] *hasta la vista* en espagnol?
   _____.

3. _____ habite le pape Benoît XVI?
   _____.

4. _____ est-ce que la Première Guerre mondiale a commencé?
   _____.

5. _____ d'habitants est-ce qu'il y a en France?
   _____.

6. _____ est-ce qu'on va pour visiter le Machu Picchu?
   _____.

B. Un(e) journaliste. Vous êtes journaliste et vous préparez des questions pour l'écrivaine belge Amélie Nothomb.[2] Formulez vos questions en vous basant sur les réponses suivantes.

1. _____?
   Amélie: Quand j'étais petite, j'habitais au Japon.

2. _____?
   Amélie: Je parlais japonais parfaitement. Maintenant, je ne le parle plus aussi bien.

3. _____?
   Amélie: J'allais à l'école à Tokyo. J'étudiais au lycée français de Tokyo.

4. _____?
   Amélie: Ma famille était au Japon parce que mon père travaillait à l'ambassade de Belgique à Tokyo.

5. _____?
   Amélie: J'écris un livre par an.

6. _____?
   Amélie: Mon dernier livre s'appelle *Le Voyage d'hiver.*

[1]vouloir dire = *to mean*   [2]The writer Amélie Nothomb is very popular in France and in Francophone Europe. She is originally from Belgium, although she lives in Paris. Nothomb's novels are very witty and original.

STRUCTURE 4

Les parties du corps et les articles définis et indéfinis

In English, there is often a choice between using a possessive adjective or a definite or indefinite article when referring to parts of one's body. For example, it is appropriate to say either of the following:

My hair is blond.   *I have blond hair.*

My nose is small and straight.   *I have **a** small, straight nose.*

French speakers, however, prefer to use an article, and the possessive adjective is almost never used. Therefore, in French there is only one equivalent for each of the preceding pairs of sentences.

J'ai **les** cheveux blonds.   →   J'ai **un** petit nez droit.

In many cases, this article is combined with a reflexive verb. The pronoun that accompanies the reflexive verb makes the recipient of the action clear, and therefore a possessive adjective would be redundant. In this instance, it is even more likely that a definite article will be used, rather than a possessive adjective. Compare the following:

*I washed **my** face.*   Je **me** suis lavé **le** visage.

*I brush **my** teeth after dinner.*   Je **me** brosse **les** dents après le dîner.

There are a few occasions where a possessive adjective is used before a body part.

- in some proverbial expressions such as "risquer **sa** tête," *to place oneself in a dangerous situation* or "**mon** œil," *yeah right!;*

- when replacing what belongs to someone by a possessive adjective.

Les mains de Chopin étaient fines   →   **Ses** mains étaient fines

Le corps des Avatars était grand   →   **Leur** corps était grand.

These are exceptions and it is generally best to use an indefinite or definite article when referring to body parts.

- Use the indefinite if you are talking about a non-specific noun or introducing a noun for the first time; the definite if the noun is specific, is already known to your listener, or is accompanied by a reflexive verb.

Comment sont **les** corps des athlètes?

Ils ont **des** bras et **des** jambes très musclés.

◀ VÉRIFIEZ Votre Compréhension

Go back to **Passage 3** (the dialogue between Alexandre and his mother) and list all the body parts that you find. For each one, tell if it is accompanied by a possessive adjective, an indefinite article, or a definite article. Can you explain why?

4. _____ un cabinet   d. une liste des qualifications

5. _____ une annonce   e. la machine qui remplace l'homme au téléphone

6. _____ un poste   f. la description d'un poste

→ Mon vocabulaire ←

Le travail (1)

avoir un emploi / un poste / un job / un travail / un boulot[1]	*to have a job*
avoir une formation...	*to have an education / training*
littéraire	
scientifique	
faire un stage	*to have an internship*
à plein temps / à temps complet	*full-time*
à temps partiel / à mi-temps	*part-time*
un(e) candidat(e) / un(e) postulant(e)...	
cherche du travail	*is looking for work*
passe / a un entretien	*has a job interview*
est embauché(e)	*is hired*
embaucher / engager	*to hire*
un(e) employé(e)...	
est licencié(e) / est mis(e) à la porte	*is fired / is laid off*
licencier	*to lay off*
fait (la) grève	*is on strike*
un(e) salarié(e) a / touche...	*a salaried employee gets*
un bon salaire / un mauvais salaire / le salaire minimum	
travailler / bosser[2] dans...	*to work in*
une boîte[3]	*a company*
une compagnie privée / publique / internationale	
une société	
une entreprise privée / publique	
un(e) candidat(e) / un(e) postulant(e)...	
est demandeur(-euse) d'emploi	*is a job applicant*
postule pour un poste	*applies for a position*
un patron(une patronne) engage	*an employer / a boss hires*
un(e) employé(e) qui ne travaille plus...	
est chômeur(-euse)	*is unemployed*
est retraité(e)	*is retired*
touche le chômage / la retraite	*receives unemployment compensation / a pension*

[1]**Un boulot** is slang.   [2]**Bosser** is slang.   [3]**Une boîte** is a slang word. It means *a box*; it is used in French to mean any workplace.

À vous!

A. Recommandations. Votre ami(e) veut obtenir un entretien dans une entreprise très prestigieuse. Avec un(e) partenaire, faites une liste où vous indiquez les démarches *(steps)* à suivre. Pour le faire, combinez les mots et expressions dans la colonne de gauche avec les phrases dans la colonne de droite.

1. D'abord...
2. Ensuite...
3. Quelques jours avant l'entretien...
4. Le jour de l'entretien...
5. Quand tu passes l'entretien...
6. Pendant l'entretien...
7. Pendant l'entretien...
8. Quelques jours après l'entretien...

   a. tu es embauché(e)!
   b. tu envoies ton CV et tu postules pour le poste.
   c. tu réponds aux questions calmement et brièvement.
   d. tu cherches une annonce intéressante.
   e. tu vas t'acheter un tailleur / costume élégant et discret.
   f. tu poses des questions sur l'entreprise.
   g. tu n'arrives pas en retard.
   h. tu regardes ton interlocuteur (interlocutrice) dans les yeux.

B. À Pôle Emploi *(unemployment agency)*. Vous êtes demandeur (demandeuse) d'emploi et vous allez à Pôle Emploi pour compléter un formulaire. Soyez logique!

Nom: _____ Prénom: _____

Date: _____

Formation: _____

Connaissances de *(knowledge of)* _____ *(languages; a particular skill)*

Vous cherchez un poste _____ à plein temps _____ à mi-temps dans une entreprise _____. *(what type)*

Vous êtes au chômage depuis _____. *(date)*

Vous pouvez passer des entretiens du _____ au _____. *(date)*

Désirez-vous recevoir des annonces électroniques? Oui _____ Non _____

Courriel: _____

C. Au travail! Posez les questions suivantes à un(e) camarade de classe sur ses expériences dans le monde du travail.

1. Où travailles-tu? (Si tu n'as pas de travail, est-ce que tu veux obtenir un job? Où?)
2. As-tu un travail à mi-temps ou à temps complet? Combien d'heures par semaine est-ce que tu travailles? (Si tu ne travailles pas, dis-moi ce que tu préfères: un travail à plein temps ou à mi-temps? Pourquoi?)
3. Est-ce que tu touches un bon salaire ou un mauvais salaire?
4. Quand tu passes un entretien, comment es-tu? Détendu(e) *(relaxed)* et calme, ou nerveux (nerveuse) et stressé(e)?
5. Comment t'habilles-tu quand tu passes un entretien?
6. As-tu jamais été licencié(e)? Pourquoi?

On travaille comme ça dans le monde francophone

Est-ce que vous avez un travail? Si oui, quelles sont vos conditions de travail? (Si non, pensez au travail d'un de vos parents.) Est-ce que vous êtes bien payé(e)? Combien d'heures par semaine est-ce que vous travaillez? Avez-vous droit à des congés (*holidays*) payés? La réponse à ces questions dépend probablement de l'entreprise pour laquelle vous travaillez et de l'État où vous vivez, parce qu'aux États-Unis, il n'y a pas beaucoup de réglementations fédérales concernant le travail. Le gouvernement américain fixe le salaire minimum à 7,25 dollars de l'heure depuis 2009 (mais c'est plus élevé dans quelques États), avec des exceptions pour les étudiants, les travailleurs handicapés et les travailleurs recevant des pourboires. Le gouvernement laisse le choix à chaque entreprise de déterminer le nombre d'heures de travail par semaine et de décider si l'entreprise paie les congés et offre d'autres avantages. La question de la couverture médicale est encore plus compliquée: les grandes compagnies sont obligées d'en fournir à leurs employés à plein temps, mais pas les petites, et aucune compagnie n'est obligée d'en fournir pour les employés à mi-temps.

Dans le monde francophone, c'est tout à fait différent. Pour avoir un aperçu plus large, nous avons choisi trois pays francophones assez différents: la France, la Tunisie et la Belgique. Nous allons maintenant revoir ces questions des conditions de travail. Comparez les informations du tableau ci-dessous sur la durée du travail hebdomadaire, le salaire minimum, les congés payés, etc., et puis répondez aux questions qui suivent. Les réponses vont quelquefois vous surprendre!

	La France	La Tunisie	La Belgique
Durée de travail hebdomadaire	35 heures	Il y en a deux: 40 heures 48 heures	38 heures
Salaire minimum	**Salaire Minimum Interprofessionnel de Croissance (SMIC)** 1.338 euros par mois – Différent pour les jeunes sans expérience ou en stage de formation ou d'apprentissage et certains travailleurs handicapés. – Même pour les serveurs et serveuses, parce qu'ils/elles ne reçoivent pas beaucoup de pourboires.	Il y en a deux: **Salaire Minimum Interprofessionnel Garanti (SMIG)** 239 dinars par mois pour une semaine de 48 heures; 207 dinars pour une semaine de 40 heures. **Salaire Minimum Agricole (SMAG)** 8 dinars par jour	Fixé par le gouvernement à 1.387,49 euros par mois, mais varie suivant l'âge, l'ancienneté au poste et le poste lui-même.
Bonification[1] pour	Toute heure supplémentaire		Le travail de nuit et de dimanche, Prime[2] de fin d'année pour tous les employés
Congés	Cinq semaines payées garanties à tout salarié (sur la base d'un temps plein) – autres congés possibles: mariage, décès, déménagement, etc.	Un jour de congé payé par mois (donc 12 jours par an) Different pour les travailleurs jeunes: – moins de 18 ans = 2 jours par mois – de 18 à 20 ans = 1,5 jours par mois	Quatre semaines payées garanties à tout salarié – autres congés possibles: pour le mariage, pour l'ancienneté au travail, etc.
Couverture médicale	Sécurité sociale[3]	Assurée par le gouvernement	Assurée par le gouvernement

Réfléchissons!

1. Comparez les salaires minimums dans ces pays francophones avec le salaire minimum des États-Unis. Est-ce qu'ils sont comparables? Est-ce que les Américains sont en général mieux payés que les salariés dans d'autres pays? (Justifiez votre réponse en pensant au nombre d'heures travaillées, au coût de la vie, etc.)

2. Comparez la situation des salariés américains à celles des salariés Francophones: Quels sont les points forts du système américain? Et les désavantages? Qui a les meilleurs avantages? Expliquez votre réponse.

3. Est-ce que vous voudriez travailler dans un de ces pays? Si oui, lequel et pourquoi? Si non, pourquoi pas?

[1]extra pay   [2]bonus   [3]The French "sécurité sociale" is offered to everyone living in France: legal and illegal immigrants, salaried, unemployed, retirees, students, and children. Only 0.1% are not covered by the "sécu." Everyone working in France must contribute to the "Sécurité Sociale."

CD 2
Track 16

Passage 2

Un petit commerce

Emmanuelle Binoche est propriétaire d'une chocolaterie. Elle nous parle de son commerce et de son travail.

«Je suis chef d'entreprise. C'est une petite entreprise, mais le travail est quand même énorme. En général, je travaille 45 heures par semaine à la chocolaterie, et encore 10 heures par semaine chez moi, devant l'ordinateur. Au début, j'avais une associée, mais elle a dû déménager dans une autre ville, donc, maintenant je suis la seule à m'occuper de la chocolaterie: l'achat des produits, la préparation des chocolats, le service aux clients, la vente, la supervision des employés et la comptabilité. Je vais à la banque chaque soir, et je gère[1] les comptes bancaires à la fin de chaque semaine.

Frank Fell/The Travel Library/Photolibrary.com

«J'emploie six à dix employés selon la saison. (À Noël, à la Saint-Valentin et à Pâques nous avons besoin de plus d'employés.) Trois de mes employés sont des chocolatiers-confiseurs:[2] ils assurent la fabrication des chocolats faits à la main. Ce sont de vrais artistes! Évidemment, ils travaillent à plein temps, et ils touchent de très bons salaires. L'année dernière, je voulais embaucher un quatrième chocolatier-confiseur, mais je n'ai pas pu—c'est un travail très spécifique, et il y a peu de personnes dans cette région avec les compétences.

«Mes employés travaillent 35 heures par semaine, et ils ont cinq semaines de congés payés par an—c'est la loi en France! Je travaille beaucoup mais je prends au moins deux semaines de vacances par an. Je ferme la boutique, et je pars me reposer! Même la patronne a besoin de congé de temps en temps! Vous ne croyez pas?»

Vous avez bien compris?

Répondez aux phrases suivantes, selon le texte.

1. Quel est le poste d'Emmanuelle? Décrivez son travail.
2. Combien de personnes travaillent pour elle? Pourquoi y a-t-il quelquefois plus ou moins d'employés?
3. Est-ce que les chocolatiers-confiseurs gagnent le SMIC? Expliquez votre réponse.
4. Quels avantages est-ce que ces personnes ont?
5. Et Emmanuelle, reçoit-elle des avantages? De quelle sorte?

---

[1]manage   [2]des artisans spécialisés dans la fabrication des chocolats

→ *Mon vocabulaire* ←

Le travail (2)

le PDG (président-directeur général)	*CEO*
Le/la chef d'entreprise	*company head*
le gérant / la gérante	*manager*
la gestion	*management*
toucher le SMIC / être smicard(e)	*earn the minimum wage / be a minimum wage earner*
un commerce	*a business*
les horaires (de travail)	*schedule*
la supervision	
la fabrication / la préparation	*production*
la vente	*sales*
l'achat *(m.)*	*purchase*
la clientèle / un(e) client(e)	*clientele / client*
la comptabilité	*accounting*
les avantages *(m.)* (sociaux)	*(social) benefits*
les congés *(m.)* payés	*paid holidays*
l'assurance *(f.)*-maladie	*medical insurance*
le service aux clients / le service client / le service après-vente	*customer service*

VOTRE REUSSITE NOUS INTERESSE

Profil :
BTS Force de Vente et Action Co. souhaité
20-30 ans

"Le talent ne s'invente pas, il se construit"

Vous souhaitez débuter une carrière commerciale au sein d'un groupe performant. L'esprit d'équipe vous anime et l'ambition vous caractérise.

NOUS VOUS PROPOSONS :
- d'intégrer une Ecole de Vente reconnue,
- un plan de carrière commerciale,
- un salaire de 110 KF évolutif,
- un fixe + commissions + primes.

Merci d'adresser CV + photo + LM à Mr P. NAVARRO
Le Marnois - 12, rue Jean Mermoz
93160 NOISY LE GRAND.

Courtesy of Véronique Anover and Theresa A. Antes

Expliquez la phrase: "Le travail ne s'invente pas, il se construit".

habitants et toutes les fées *(fairies)* du royaume. Mais malheureusement, ils (10) _____ (oublier) une vieille fée méchante qui (11) _____ (ne... pas habiter) avec les autres.

Le jour de la fête, tout allait bien. Il (12) _____ (faire) beau, le soleil (13) _____ (briller), et tout le monde (14) _____ (s'amuser). Puis, les invités (15) _____ (présenter) leurs cadeaux au bébé. Les fées lui ont offert des cadeaux magnifiques: la beauté, la sagesse, l'innocence, etc. À ce moment-là, la vieille fée méchante (16) _____ (déclarer) que la jeune fille tomberait raide morte *(would drop dead)* à l'âge de 15 ans, à cause d'une piqûre de fuseau *(needle prick)*. Une gentille fée qui n'avait pas encore offert son cadeau à la princesse (17) _____ (essayer) de l'aider: elle (18) _____ (changer) le sort *(spell)* que lui avait jeté la méchante fée, en disant que la princesse n'allait pas mourir, mais qu'elle tomberait dans un sommeil profond.

Évidemment, le roi et la reine (19) _____ (avoir) très peur. Le roi (20) _____ (demander) que tous les fuseaux du royaume soient détruits. Ils ont tous été détruits et pendant 15 ans, la princesse (21) _____ (grandir) entourée d'amour. C(e) (22) _____ (être) une jolie jeune fille sage, qui (23) _____ (rendre) ses parents très heureux.

Mais un jour quand elle (24) _____ (avoir) 15 ans, elle (25) _____ (rencontrer) une vieille dame qui filait *(was weaving)*. La princesse (26) _____ (être) une jeune fille curieuse; elle (27) _____ (demander) à essayer, et elle (28) _____ (se piquer) avec le fuseau. Tout de suite, elle (29) _____ (tomber) dans un sommeil profond. Le roi (30) _____ (demander) à toutes les fées du royaume de venir à son aide, mais personne n(e) (31) _____ (pouvoir) la réveiller. Finalement, ils (32) _____ (mettre) la princesse sur un lit au milieu de la forêt, dans l'espoir *(hope)* que quelqu'un la réveille.

Dans le royaume d'à côté, il y (33) _____ (avoir) un prince qui (34) _____ (aimer) chasser *(to hunt)*. Un jour, il (35) _____ (passer) par la forêt quand il (36) _____ (tomber) sur la belle princesse. Il (37) _____ (ne... pas pouvoir) résister; la princesse (38) _____ (être) la plus belle femme qu'il avait jamais vue! Captivé par sa beauté, il (39) _____ (décider) de l'embrasser. La princesse (40) _____ (se réveiller) tout de suite après!

Vous connaissez certainement la fin de l'histoire: ils (41) _____ (tomber) amoureux et (42) _____ (se marier). Peu de temps après, ils (43) _____ (avoir) un enfant. Il va sans dire que le roi et la reine (44) _____ (être) très heureux!

À vous de parler!

 A. Conversation. Posez les questions suivantes à un(e) camarade de classe. Ensuite, comparez vos réponses, et dites si vous avez eu des expériences plutôt semblables ou différentes.

1. Quand tu étais petit(e), est-ce que tu pouvais faire de la bicyclette? À quel âge as-tu appris à en faire?
2. Comment est-ce que tu allais à l'école? (À pied? À vélo? En bus?)
3. Où est-ce que tu es allé(e) pendant les vacances les plus mémorables de ta jeunesse?
4. Quand tu étais au lycée, est-ce que tu travaillais après l'école? Où? Combien d'heures par semaine?
   - Si oui, est-ce que c'est parce que tu *devais* travailler, ou parce que tu *voulais* travailler?
   - Si non, qu'est-ce que tu faisais pour avoir de l'argent?
5. Pendant ta première semaine à l'université, qui as-tu rencontré? Comment? (Est-ce que vous aviez des amis en commun? Est-ce que vous étiez dans le même cours?)
6. Qu'est-ce que tu as dû faire hier soir? Est-ce que tu étais content(e) de le faire? Pourquoi ou pourquoi pas? Est-ce que tu dois faire la même chose ce soir?

B. Jeu de rôles: Entretien. Imaginez que vous postulez pour un des postes à la page 319. Avec un(e) partenaire, choisissez un poste qui vous intéresse pour en parler à la classe, tout en considérant les questions suivantes. Ensuite jouez les rôles du/de la patron(ne) et du/de la candidat(e).

- Si vous êtes le/la candidat(e), décidez comment vous allez vous présenter. Pensez aux questions suivantes avant de vous présenter.
  Quelle est votre expérience? (Quel poste est-ce que vous avez déjà eu?)
  Qu'est-ce que vous avez dû faire à ce poste?
  Qu'est-ce que vous avez appris dans un autre poste qui vous serait utile *(that would be useful to you)* pour ce poste?
  Quelles autres qualifications avez-vous?
  Pourquoi voulez-vous travailler pour cette société?

- Si vous êtes le/la patron(ne), pensez à la description de ce poste et à ce que vous voulez savoir avant d'interviewer le/la candidat(e).
  Quelles sont les responsabilités de ce poste? Est-ce que cette personne a la formation / l'expérience nécessaire?
  Quels avantages allez-vous donner au/à la candidat(e)?
  Pourquoi est-ce que cette personne veut travailler chez vous?

Maintenant, jouez les rôles de ces deux personnes. À la fin, présentez votre dialogue à la classe.

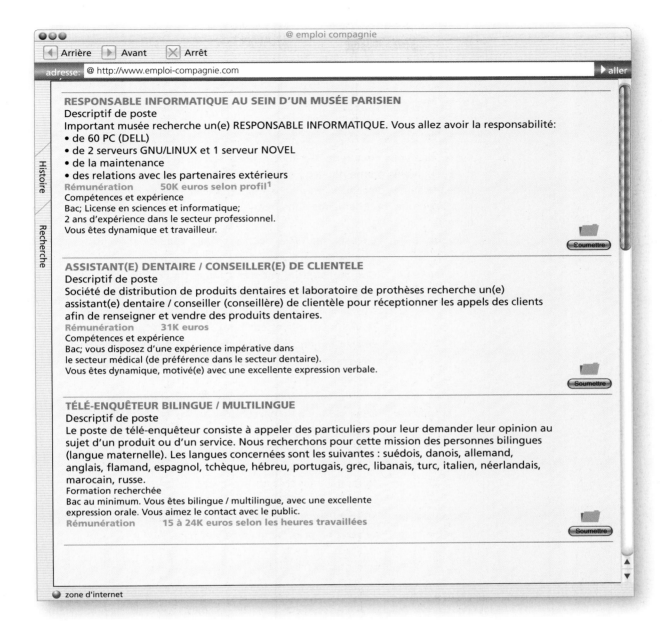

RESPONSABLE INFORMATIQUE AU SEIN D'UN MUSÉE PARISIEN
Descriptif de poste
Important musée recherche un(e) RESPONSABLE INFORMATIQUE. Vous allez avoir la responsabilité:
• de 60 PC (DELL)
• de 2 serveurs GNU/LINUX et 1 serveur NOVEL
• de la maintenance
• des relations avec les partenaires extérieurs
Rémunération   50K euros selon profil[1]
Compétences et expérience
Bac; License en sciences et informatique;
2 ans d'expérience dans le secteur professionnel.
Vous êtes dynamique et travailleur.

Soumettre

ASSISTANT(E) DENTAIRE / CONSEILLER(E) DE CLIENTELE
Descriptif de poste
Société de distribution de produits dentaires et laboratoire de prothèses recherche un(e) assistant(e) dentaire / conseiller (conseillère) de clientèle pour réceptionner les appels des clients afin de renseigner et vendre des produits dentaires.
Rémunération   31K euros
Compétences et expérience
Bac; vous disposez d'une expérience impérative dans
le secteur médical (de préférence dans le secteur dentaire).
Vous êtes dynamique, motivé(e) avec une excellente expression verbale.

Soumettre

TÉLÉ-ENQUÊTEUR BILINGUE / MULTILINGUE
Descriptif de poste
Le poste de télé-enquêteur consiste à appeler des particuliers pour leur demander leur opinion au sujet d'un produit ou d'un service. Nous recherchons pour cette mission des personnes bilingues (langue maternelle). Les langues concernées sont les suivantes : suédois, danois, allemand, anglais, flamand, espagnol, tchèque, hébreu, portugais, grec, libanais, turc, italien, néerlandais, marocain, russe.
Formation recherchée
Bac au minimum. Vous êtes bilingue / multilingue, avec une excellente
expression orale. Vous aimez le contact avec le public.
Rémunération   15 à 24K euros selon les heures travaillées

Soumettre

C. Après l'entretien... Avec un(e) nouveau (nouvelle) partenaire, parlez de votre entretien de l'activité B.

• Si vous avez été le/la candidat(e), trouvez un(e) autre candidat(e), et partagez vos expériences. Est-ce que vous allez être embauché(e)? Pourquoi ou pourquoi pas? Qu'est-ce que vous pensez de votre entretien?

• Si vous avez été le/la patron(ne), trouvez un(e) autre patron(ne), et parlez des candidats. Est-ce que vous allez embaucher cette personne? Pourquoi ou pourquoi pas? Quelles impressions avez-vous des candidats, en général? (Ils ont une bonne formation? Ils ont l'expérience nécessaire?)

CD 2
Track 18

Passage 3

Des directions

Est-ce que vous vous rappelez Abdourahma San du début du chapitre?
Il a reçu la très bonne nouvelle qu'il a été embauché comme stagiaire
dans le cabinet d'architecte Cinson. Maintenant, il est à Fort-de-France,
en Martinique, et il demande son chemin[1] à un passant pour trouver le
bureau.

ABDOURAHMA: Excusez-moi, Monsieur. Pourriez-vous me dire[2] où se
trouve la place José Marti, s'il vous plaît?

MONSIEUR: Oui, Monsieur. C'est très simple. On est sur la place
de l'Abbé Grégoire. Prenez la rue à gauche–la rue
Voltaire–jusqu'au carrefour.[3] Tournez à gauche dans
le Vieux Chemin et continuez tout droit[4] jusqu'à la
place Clémenceau. Tournez à droite sur le boulevard du
Général de Gaulle, et vous allez voir la place José Marti
sur votre droite.

ABDOURAHMA: Rue Voltaire... Vieux Chemin... Général de Gaulle...

MONSIEUR: C'est ça. Il y a un parc à droite dans le Vieux Chemin et
un cimetière à gauche. Quand vous arrivez au bout du
parc, tournez à droite sur le boulevard du Général de
Gaulle - vous ne pouvez pas le manquer.[5] Si vous avez
faim, il y a un très bon restaurant sur la place Marti:
le Lotus.

ABDOURAHMA: Merci beaucoup, Monsieur. Je vais certainement y aller.

MONSIEUR: Je vous en prie. Ne vous perdez pas!

Vous avez bien compris?

Dites si les phrases suivantes sont vraies ou fausses. Si elles sont fausses,
corrigez-les.

1. Abdourahma San est en vacances en
   Martinique. _____ vrai _____ faux

2. Abdourahma demande son chemin
   à un passant. _____ vrai _____ faux

3. Abdourahma cherche la place Clémenceau. _____ vrai _____ faux

4. Il y a un parc près de la place. _____ vrai _____ faux

5. Le passant recommande un restaurant
   sur la place. _____ vrai _____ faux

6. Abdourahma ne va probablement pas
   manger au restaurant. _____ vrai _____ faux

[1]his way, directions [2]Could you tell me...? [3]corner [4]straight [5]you can't miss it

Mes finances

© Chris Hellier / Alamy

Do you spend your money liberally or do you carefully draw up a budget each month and stick to it? In this chapter, you'll learn how to describe your spending and banking habits, and will have a chance to compare them to those of your classmates and to people in Francophone countries.

VOCABULARY
- Some businesses and their products and services
- Banking
- Your budget and your personal finances

STRUCTURES
- Direct object pronouns
- Direct object pronouns in commands
- Past participle agreement
- The comparative and the superlative
- The verbs **venir, revenir,** and **devenir**

CULTURE
- Expenses that the French have
- Consumers in Tunisia

 Audio

www.cengagebrain.com/ shop/ISBN/0495912085

RESSOURCES

Passage 1

Les dépenses au salon de coiffure

Au Chapitre 2, vous avez rencontré Ana, la femme d'affaires suisse (de Genève).
Elle a un rendez-vous très important avec le PDG de la Banque Cantonale de
Genève. Avant son rendez-vous, elle passe au salon de coiffure.

Courtesy of Véronique Anover and Theresa A. Antes

LA COIFFEUSE: Bonjour Mme Bachima, vous êtes venue pour votre coupe et votre couleur habituelles?

ANA: Bonjour Claire, non, aujourd'hui, je voudrais une coupe un peu plus courte. Une coupe au carré[1] et pour la couleur, un balayage.[2] C'est plus discret.

une coupe au carré et
un balayage

CLAIRE: Très bien! Je vais vous laver les cheveux d'abord. Vous voulez un shampooing traitant pour cheveux secs?

ANA: Oui, s'il vous plaît, lavez-les avec le shampooing *Miracle* pour cheveux secs!

CLAIRE: Je ne sais pas si c'est un «Miracle» mais toutes les clientes qui l'ont essayé l'adorent! Pour la coupe, vous voulez une frange? Ou la raie[3] sur le côté? La frange c'est à la mode en ce moment. Toutes les actrices de Hollywood se coiffent comme ça!

[1]a bob / a square-cut   [2]highlights   [3]part

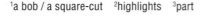

ANA: Alors…, si toutes les actrices se coiffent comme ça, moi aussi! Mais je ne veux pas une frange trop longue.

CLAIRE: OK! C'est comme vous voulez. Pour la coiffure, vous voulez les cheveux lisses aujourd'hui ou ondulés?

ANA: Je les voudrais lisses, s'il vous plaît, Claire. C'est mieux avec un carré, je pense. J'ai un rendez-vous important et je veux être la plus élégante possible.

CLAIRE: Et pour la couleur, vous la voulez plus foncée ou plus claire que d'habitude?

ANA: Je la voudrais plus foncée, moins claire que la dernière fois. Le mois dernier vous l'avez faite un peu trop claire et j'ai eu du mal à m'habituer.

CLAIRE: Voilà! Vous avez l'air d'une vraie star maintenant!

ANA: Ma coupe est très réussie, Claire. Je l'aime beaucoup. Maintenant que j'ai un nouveau look, j'ai besoin d'aller acheter de nouveaux vêtements!

la frange

Vous avez bien compris?

Répondez aux questions suivantes, selon le texte.

1. Que demande Ana à la coiffeuse?

2. Pourquoi est-ce qu'Ana veut un shampooing traitant?

3. Est-ce qu'Ana veut une couleur de cheveux plus claire ou plus foncée?

4. Comment va être la frange d'Ana?

5. Qui porte une frange?

6. De quoi est-ce qu'Ana a besoin après sa nouvelle coupe?

→ *Mon vocabulaire* ←

Au salon de coiffure / Chez le coiffeur

une coupe	*a hair cut*	un chignon	*hair up /*
une coiffure	*a hair style*		*hair in a bun*
une couleur	*a hair color*	une queue de cheval	*a ponytail*
claire	*light-colored*	une frange	*bangs*
foncée	*dark-colored*	des tresses (f.)	*braided hair*
un balayage	*highlights*	un shampooing	*shampoo*
des cheveux	*hair*	pour cheveux secs	*for dry hair*
longs	*long*	pour cheveux gras	*for oily hair*
mi-longs	*mid-length*	pour cheveux colorés	*for colored hair*
courts	*short*	l'après-shampooing	*conditioner*
lisses	*straight*	le démêlant	*anti-tangle cream*
ondulés	*wavy*	la raie	*part*
frisés	*curly*	sur le côté	*on the side*
au carré	*bob or square-cut*	au milieu	*in the middle*
en brosse	*spike / crew-cut*	chauve	*bald*

336 trois cent trente-six • À vous!

À vous!

A. Vite, cherchez-les! Trouvez des étudiants qui correspondent aux descriptions suivantes.

1. un étudiant avec une frange sur le côté
2. une étudiante avec un chignon
3. une étudiante avec une coupe au carré
4. un étudiant avec les cheveux mi-longs
5. une étudiante avec un balayage
6. un(e) étudiant(e) avec des tresses

B. On veut ce qu'on n'a pas! Vous aimez votre look? Ou vous voulez ce que vous n'avez pas? Écrivez le contraire de ce que vous avez. Commencez vos phrases par «Je veux....»

> **MODÈLE:** J'ai les cheveux longs.
> *Je veux les cheveux courts.*

1. J'ai les cheveux foncés.
2. J'ai les cheveux ondulés.
3. Je suis chauve.
4. J'ai les cheveux gras.
5. J'ai une coupe mi-longue.
6. J'ai la raie au milieu.

C. Des cheveux pour toutes les occasions! Pour chaque sortie, dites comment est votre coiffure. (Si vous êtes un homme, pensez aux femmes.) Répondez de façon logique.

1. Pour faire du sport (comment est-ce que les femmes portent les cheveux)?
2. Pour aller à un mariage?
3. Pour vous déguiser en Petit Chaperon Rouge *(Little Red Riding Hood)*?
4. Pour aller à l'université?
5. Pour un premier rendez-vous amoureux?
6. Pour vous déguiser en Cléopâtre?

Portrait personnel

Décrivez la coupe et le look d'un(e) des étudiant(e)s de la classe.

> **MODÈLE:** *Matthieu a les cheveux en brosse. Il n'a pas de raie. Il n'a pas les cheveux secs.—Il doit utiliser le shampooing **Miracle!***

STRUCTURE 1

Grammar Podcasts,
Grammar Tutorials

Les pronoms compléments d'objet direct

Direct object pronouns are used to replace a direct object noun[1] in a sentence. The direct object pronouns in French are as follows:

direct object pronoun		direct object pronoun	
me	*me*	nous	*us*
te	*you (informal)*	vous	*you (formal)*
le, la	*him/her/it*	les	*them (feminine and masculine)*

Il **me** regarde.	*He watches me.*
Elle **nous** regarde.	*She watches us.*
Elle **le** regarde.	*She watches him. (or it, masc.)*
Il **vous** regarde.	*He watches you. (formal)*

Notice that there is only one form for each of these pronouns, except in the third person singular, where the pronouns agree in gender with the noun that they replace.

Je fais **le gâteau.**	Je **le** fait.
Je conduis **la voiture bleue.**	Je **la** conduis.
J'écris **les lettres.**	Je **les** écris.

These pronouns follow the same rules of placement as the other pronouns that you already know (**y** and **en**): in the present indicative, the **passé composé,** and the **imparfait** they are placed *immediately before* the verb.

Je voulais **la frange** sur le côté.	Je **la** voulais sur le côté.
J'aime bien **ce shampooing pour cheveux gras.**	Je **l'**aime bien.
Elle fait **le chignon** à sa petite sœur.	Elle **le** fait à sa petite sœur.
Elle n'a pas compris **son prof.**	Elle ne **l'**a pas compris.

In negated sentences, the direct object pronouns are placed in between the negation (**ne... pas**) along with the verb.

Je n'aime pas **mes cheveux.**	Je *ne* **les** aime *pas.*
Samia n'aime pas **ton coiffeur.**	Samia *ne* **l'**aime *pas.*

When there is more than one verb in the sentence, however, these pronouns precede the verb of which they are the object. This is the case not only in the *near future* (**aller** + infinitive) but also with other verbs that are followed by an infinitive (**aimer, vouloir, pouvoir,** etc.).

Je vais faire **le balayage** sur la frange.	Je vais **le** faire sur la frange.
J'aime regarder **les coupes de cheveux** dans les magazines.	J'aime **les** regarder dans les magazines.

[1]Direct objects are nouns that receive the action of the verb directly, with no prepositions in between: *Je regarde la télévision.* Indirect objects require a preposition between the verb and the object: *Je téléphone à mes amis.* Direct objects answer the question *whom?* or *what?*, indirect objects answer the question *to whom? / for whom?* or *to what? / for what?*

In negative sentences with more than one verb, the negation is placed around the conjugated verb, and the pronouns come *before* the infinitive.

Je ne vais pas payer **le coiffeur!**   Je ne vais pas **le** payer!

Ma copine ne veut pas avoir **ta coupe!**   Ma copine ne veut pas **l'**avoir!

Notice that the pronouns **me, te, le,** and **la** all drop their vowels before a word beginning with a vowel or a mute h.

Il ne **me** comprend pas.	BUT:	Il ne **m'**a pas compris.
Je **te** regarde.	BUT:	Je **t'**ai regardé.
Elle **le** mange.	BUT:	Elle **l'**a mangé.

In French, it is important to distinguish between direct object nouns, which are replaced by **le, la,** or **les,** and partitive expressions, which are replaced by **en.** Compare the following expressions:

J'ai acheté deux tranches **de pizza.**   J'**en** ai acheté deux tranches.

J'ai mangé **le gâteau** tout entier![1]   Je **l'**ai mangé tout entier!

 VÉRIFIEZ Votre Compréhension

There are several direct object pronouns in ***Passage 1*** (pp. 334–335). Can you find them? What nouns do they replace?

 À l'écoute!

CD 2
Track 21

Petits Tuyaux! In order to use a direct object in a sentence, the noun that it is replacing must have been specified before. For example, **I like my hair →
I like it very much.** In French, you just saw that the direct object pronouns agree in gender and number with the noun they replace and their placement in the sentence depends on the tense, (present versus past, infinitive versus conjugated verb). In order to identify a direct object in a sentence and know what noun it replaces, you must pay attention to the gender and the number of the pronoun and the tense of the sentence.

Remplacement. Écoutez les phrases suivantes, et indiquez le nom que le pronom objet direct remplace.

MODÈLE: Vous entendez: Je les lis souvent.

            Vous indiquez: _____ le journal _____✓_____ **les** magazines

1. _____ la coupe   _____ les coupes

2. _____ le coiffeur   _____ la coiffeuse

3. _____ le riz   _____ la soupe

4. _____ les actualités   _____ le téléfilm

5. _____ le fruit   _____ les fruits

6. _____ la queue de cheval   _____ les tresses

[1]whole / the entire

Pratiquons!

A. Une femme difficile. Marc a décidé d'acheter des vêtements à sa petite amie Sophie pour son anniversaire. En regardant les dessins, dites ce que Sophie pense de chaque vêtement. Utilisez les verbes **aimer, adorer, détester, préférer,** et un complément d'objet direct dans votre réponse.

> **MODÈLE:**   Les sandales Hermès? ☺
> *Elle les aime.*

1. Les bottes Yves Saint Laurent? ☺ ☺
2. Le jean Calvin Klein? ☺
3. Les chaussures Jimmy Choo? ☹ (préférer / Manolo Blahniks)
4. La robe blanche Chanel? ☺
5. Le sac Louis Vuitton? ☺ ☺
6. La jupe Guess? ☹ ☹ ☹ (aimer / Michael Kors)
7. Les sandales Birkenstock ☺
8. L'écharpe Hermès ☺ ☺

B. Dépenses *(spending)* superflues. Comme Sophie n'a pas reçu les cadeaux qu'elle voulait, elle se les achète elle-même *(herself)*. Récrivez les phrases suivantes en remplaçant le nom en italique par **le, la, les** ou **en,** selon le cas. Sophie a des goûts de luxe!

> **MODÈLE:**   Elle prend *la robe DKNY.*
> *Elle la prend.*

1. Sophie admire *les sacs Lancel.*
2. Elle décide d'acheter *deux sacs.*
3. Sophie achète *son parfum préféré* (Prada) à la parfumerie.
4. Sophie regarde maintenant *les vestes Chanel.*
5. Finalement, elle décide de prendre *la veste noire.*
6. Ensuite, elle va chez Dior pour voir *la nouvelle collection.*

 C. Réponses courtes. Avec un(e) partenaire, répondez aux questions suivantes. Utilisez un pronom complément d'objet direct dans votre réponse.

1. En général, est-ce que tu achètes les produits de luxe de Chanel, Coach, etc? Pourquoi?
2. Est-ce que tu aimes ta coupe de cheveux actuelle *(current)*?
3. Sur toi, est-ce que tu préfères les cheveux longs ou courts? Pourquoi?
4. Est-ce que tu as déjà changé radicalement la couleur de tes cheveux? De quelle couleur as-tu eu les cheveux?
5. Comment est la coupe de cheveux de ton prof?
6. Combien de fois par mois est-ce qu'on te coupe les cheveux?

STRUCTURE 2

Les pronoms compléments d'objet direct avec l'impératif

In the imperative, the placement of the direct object pronoun depends on whether the imperative is affirmative or negative. In a negative command, the pronoun comes before the conjugated verb, as usual.

Ne regarde pas ma coupe de cheveux! Elle est horrible!

N'achète pas le démêlant.

Ne **la** regarde pas! Elle est horrible!

Ne **l'**achète pas!

Ne **me** regarde pas, je suis laide avec ma nouvelle coupe!

In an affirmative command, however, the pronoun is placed *after* the verb, and is connected to it by a hyphen. Note that **me** and **te** become **moi** and **toi** when placed after the verb.

Utilisez **ce shampooing.**

Appelle la coiffeuse!

Utilisez-**le.**

Appelle-**la!**

Lève-**toi** tôt demain matin!

Pratiquons!

A. À la maison. Madame Aubry donne des ordres à ses enfants. Remplacez le nom en italique par un pronom complément d'objet direct.

> **MODÈLE:** Lucas et Lucie, mettez *la table,* s'il vous plaît.
>
> *Mettez-la, s'il vous plaît.*

1. Lucas, nettoie *ta chambre,* s'il te plaît.
2. Baptiste, range *tes livres.*
3. Lucas, ne jette pas *ces papiers,* ils sont importants!
4. Lucie, aide *ton frère,* s'il te plaît.
5. Baptiste, ne provoque pas *le chien.*
6. Voilà, mes enfants, vous avez bien écouté! Prenez *ces bonbons* et allez jouer!

B. Situations hypothétiques. Imaginez les situations suivantes. Formez un impératif logique avec les verbes suggérés. Utilisez des pronoms compléments d'objet direct.

> **MODÈLE:** Vous parlez avec vos camarades de classe d'un examen.
> (se préparer / étudier les leçons / ne... pas se reposer)
>
> *Préparons-nous bien!*
> *Étudions-les!*
> *Ne nous reposons pas maintenant!*

1. Votre voisin a perdu son chien. Vous parlez avec votre voisin. (se calmer / ne... pas s'énerver/ ne... pas s'inquiéter)
2. Votre meilleur ami vient de rompre avec sa petite amie. (ne... pas jeter ses lettres d'amour / se rassurer, elle va revenir!)
3. Votre prof n'est pas très organisé(e) aujourd'hui! (ne... pas oublier ses livres / ne... pas perdre ses clés / se reposer ce week-end!)
4. Vos amis et vous voulez faire quelque chose ce week-end, mais vous ne savez pas quoi. (se retrouver au café / regarder le nouveau film au cinéma)

STRUCTURE 3

Grammar Podcasts,
Grammar Tutorials

L'accord du participe passé

In Chapter 7, you learned that the **passé composé** is formed with an auxiliary verb, either **avoir** or **être.** You also learned that the past participles of verbs conjugated with **être** agree with the subject, but that, in general, there is no agreement when the auxiliary used is **avoir.**

This is true with one exception: in verbs conjugated with **avoir,** there is agreement with a *preceding direct object*. In other words, when a noun is replaced by a direct object pronoun that comes before the verb, the past participle agrees in gender and in number with that pronoun. Compare the following sentences:

J'ai **vu** les films.	BUT:	Je **les** ai vus.[1]
Elle a **compris la** question.	BUT:	Elle **l'**a comprise.
La coiffeuse a **rangé** la brosse dans le tiroir.	BUT:	Elle **l'a** rangée dans le tiroir.
Il n'a pas **coupé** ses cheveux depuis un an!	BUT:	Il ne **les** a pas coupés depuis un an!

Often this agreement has no effect on the pronunciation of the past participle, but it does show up in the written form. Listen as your teacher reads the preceding examples, to see which past participles have noticeably different oral forms.

Pratiquons!

A. Tu as dépensé tout ça! Marc est furieux parce que Sophie a dépensé trop d'argent. Il demande à Sophie si elle a vraiment dépensé leur argent pour acheter des choses superflues. Répondez aux questions de Marc en employant un pronom complément d'objet direct. Commencez chaque phrase par «Oui, chéri... / Non, chéri...»

> MODÈLE: Tu as acheté le parfum et la crème Prada?
> *Oui, chéri, je les ai achetés!*

1. Tu as acheté les sacs Louis Vuitton?
2. Tu as mis les chaussures neuves Manolo Blahniks? (Non)
3. Tu as pris la chemise qui coûtait 250 euros?
4. Tu as acheté la veste noire Chanel?
5. Tu as acheté les sandales Jimmy Choo? (Non)
6. Tu as dépensé nos économies *(f.)* *(savings)*?

 B. Je l'ai déjà fait! Votre partenaire va vous poser des questions. Répondez honnêtement, selon votre situation personnelle.

> MODÈLE: As-tu lu le journal aujourd'hui?
> *Oui, je l'ai (déjà) lu. / Non, je ne l'ai pas (encore) lu.*

1. As-tu regardé les actualités *(f.)* à la télévision hier soir?
2. Tu as vu le dernier film de James Cameron?

---

[1]Similar agreement will also occur when the structure of the sentence places the direct object of the sentence before the verb: *Quels films* est-ce que vous avez ***vus*** ce weekend?

À vous!

A. Premier jour au travail. Vous venez d'embaucher *(just hired)* un nouvel employé à la banque où vous travaillez. C'est son premier jour et vous lui montrez les lieux de travail. Identifiez les objets et les gens que vous voyez sur le dessin.

1. _____	6. _____
2. _____	7. _____
3. _____	8. _____
4. _____	9. _____
5. _____	10. _____

B. À la banque. Vous êtes à Bordeaux depuis un mois. Votre meilleur(e) ami(e) arrive des États-Unis pour passer six mois avec vous. Il/Elle vous demande de l'aider pour ouvrir un compte à la Banque d'Aquitaine. Répondez à ses questions avec précision.

1. Est-ce que les employés de la Banque d'Aquitaine parlent anglais? (Non,...)
2. Bon, alors je dois parler français! Où est-ce que je vais quand j'arrive à la banque avec mes dollars?
3. Où est-ce que je vais pour ouvrir un compte?
4. Quel compte me recommandes-tu d'ouvrir pour les dépenses de tous les jours?
5. Où est-ce que je vais pour toucher un chèque?
6. Avec quoi est-ce que je retire mon argent?

Pouvez-vous remplir ce chèque pour un ami à qui vous devez 150 €?

 C. Et tes finances? Comment sont les finances de vos camarades de classe? À deux, posez-vous les questions suivantes à tour de rôle pour en savoir plus! Êtes-vous surpris(e) des résultats? Pourquoi?

1. En général, est-ce que tu paies tes achats en espèces ou par carte de crédit?
2. Combien de cartes de crédit as-tu? Est-ce que tu les utilises toutes?
3. As-tu beaucoup de dettes? Quand tu reçois le relevé des cartes de crédit *(credit card statement)*, est-ce que tu paies le montant *(balance)* dans sa totalité?
4. Tu prêtes souvent de l'argent à tes amis? Est-ce qu'ils te rendent ton argent?
5. Tu empruntes de l'argent à tes amis? À tes parents? Quand? Pourquoi?
6. Est-ce que tu as fait des emprunts à la banque? Pourquoi?
7. Comment fais-tu des économies? Dans quoi est-ce que tu dépenses le plus?
8. Es-tu dépensier (dépensière) ou économe?

STRUCTURE 4

Le comparatif

The following expressions are used in French to compare two or more people, things, ideas, or actions.

Comparing adjectives	
plus + adjective + **que**	more (-er) . . . than
moins + adjective + **que**	less . . . than
aussi + adjective + **que**	as . . . as
the adjective **bon** (good) → **meilleur(e)(s)** + **que**	better than
the adjective **mauvais** (bad) → **pire(s)** + **que**	worse than

Les voitures françaises sont **plus petites que** les voitures américaines.

French cars are smaller than American cars.

Les Français sont **moins sportifs** que les Américains.

French people are less athletic than Americans.

La caissière de BNP Paribas est **aussi gentille que** le caissier du Crédit Agricole.

The teller from the BNP Paribas is as nice as the teller from the Crédit Agricole.

Le fromage français est **meilleur que** le fromage américain.

French cheese is better than American cheese.

Notice from the preceding examples that the adjectives agree in gender and number with the first noun (i.e., the noun they modify).

Comparing adverbs	
plus + adverb + **que**	more . . . than
moins + adverb + **que**	less . . . than
aussi + adverb + **que**	as . . . as
the adverb **bien** → **mieux** + **que**	better than
the adverb **mal** → **pire** + **que**	worse than

Les trains américains roulent **plus lentement que** les trains français.

American trains go more slowly than French trains.

On communique par courrier **moins rapidement que** par e-mail.

One communicates by regular mail less rapidly than by e-mail.

En France, on voyage **aussi facilement** en train **qu'**en avion.

In France, one travels as easily by train as by plane.

Les joueurs de basket américains jouent très bien au basket. Ils jouent **mieux** au basket **que** les joueurs de basket français.

American basketball players play basketball very well. They play basketball better than the French basketball players.

Comparing nouns	
plus de + noun + **que**	more . . . than
moins de + noun + **que**	less (fewer) . . . than
autant de + noun + **que**	as many . . . as / as much . . . as

Les Français dépensent **plus d'argent en médicaments que** les Américains.

French people spend more money on medication than Americans.

Il y a **moins de voitures** en France **qu'**aux États-Unis.

There are fewer cars in France than in the United States.

Les enfants français regardent **autant de dessins animés que** les enfants américains.

French kids watch as many cartoons as American kids.

Attention! In all the preceding examples, quantities of nouns are being compared. That is why **de** is used in these expressions of comparison. They are similar to other expressions of quantity that you already know, such as **beaucoup de...** and **trop de....**

Notice that the comparison expression **autant de** + noun + **que** can mean *as many as* or *as much as,* depending on whether it is used with a count noun or a non-count noun.

Elle mange **autant de** pommes **que** moi.

She eats as many apples as I do.

Je mange **autant de** chocolat **que** ma sœur.

I eat as much chocolate as my sister.

 VÉRIFIEZ Votre Compréhension

1. Go back to *Passage 2* (pp. 346–347), and look at the comparative expressions in context. What is being compared? What words are used in the comparisons: adverbs, adjectives or nouns?
2. How would you say the opposite of each comparative expression?

 À l'écoute!

CD 2
Track 23

Les comparaisons. Écoutez les comparaisons suivantes, et indiquez s'il s'agit d'un adverbe, d'un nom ou d'un adjectif.

MODÈLE: Vous entendez: Je suis aussi pauvre que toi.

Vous indiquez: ___✓___ adjectif (pauvre) _____ adverbe _____ nom

1. _____ adjectif _____ adverbe _____ nom
2. _____ adjectif _____ adverbe _____ nom
3. _____ adjectif _____ adverbe _____ nom
4. _____ adjectif _____ adverbe _____ nom
5. _____ adjectif _____ adverbe _____ nom
6. _____ adjectif _____ adverbe _____ nom

CD 2
Track 24

STRUCTURE 6

Les verbes *venir, revenir et devenir*

Grammar Podcasts,
Grammar Tutorials

The verbs **venir** *(to come)*, **revenir** *(to come back)*, and **devenir** *(to become)* are irregular verbs and as such you will have to memorize their conjugations. However, **revenir** and **devenir** are conjugated like **venir** as they share the same root.

venir	
je viens	nous venons
tu viens	vous venez
il/elle/on vient	ils/elles viennent

imparfait* (regular for the three verbs)	Passé composé (with **être**)
je venais	je suis venu(e)
nous venions	nous sommes venu(e)s

Venir and **revenir** may be used with different prepositions, **de** (+ city and/or country) **du/de la/des/de l', avec, à, sans,** etc.:

Juliette **vient de** Paris.	*Juliette comes from Paris.*
Vous êtes **revenu de la** soirée très tard.	*You came back from the party very late.*
Ana **revient à** la maison à 18 heures.	*Ana comes back home at 6:00.*
Les parents **viennent avec** leurs enfants.	*Parents come with their children.*

Venir is used in the following idiomatic expressions:

- **venir de +** *infinitive* → *to have just done something*

Mes amis **viennent d'ouvrir** un compte en banque.	*My friends just opened a bank account.*

- **venir chercher** → *to come get someone or something*

Je **viens chercher** mon fils, est-il avec vous?	*I'm coming to get my son, is he with you?*
Vous **venez** me **chercher** à quelle heure?	*At what time will you come get me?*

To inquire about *how someone is doing* or to find out *what is up with someone*, the verb **devenir** is used.

Que devient Amélie?	*What's up with Amélie? How is she?*
Que **deviens-tu**?	*What's up with you? What's new with you?*

 VÉRIFIEZ Votre Compréhension

Go back to **Passage 2** (pp. 346–347) to see these verbs in context. Find the sentences where these verbs are used and translate them.

*The imperfect is formed from the regular stem **ven-**.

Pratiquons!

A. La caissière de banque se pose des questions. Amandine est caissière à la banque. Tous les jours elle voit la même cliente faire les mêmes transactions. Elle se pose des questions au sujet de sa cliente. Conjuguez les verbes au présent.

Mme Louche est bizarre! Elle (1) _____ (venir) à la banque tous les jours à la même heure, à 10 heures du matin. Je (2) _____ (venir) lui dire bonjour et lui demander si elle a besoin d'aide. Elle me dit «Non, merci». Elle retire de l'argent au guichet automatique et elle (3) _____ (revenir) vers moi. Elle me dit qu'elle veut aller à son coffre-fort. Elle (4) _____ (devenir) nerveuse et agitée. Tous les jours elle va voir son coffre-fort! Pourquoi? D'habitude, les gens ne (5) _____ (venir) pas à la banque tous les jours, non? Ils ne (6) _____ (venir) pas voir leur coffre tous les jours, non? Ils ne (7) _____ (devenir) pas agités à chaque fois, non? Mme Louche est vraiment bizarre, vous ne pensez pas?

B. Questions personnelles. Avec un(e) camarade, posez-vous les questions suivantes avec les verbes **venir, revenir** et **devenir.** Si la question est au passé, répondez de la même façon.

1. À quelle heure est-ce que tu es venu(e) en cours aujourd'hui?
2. Comment est-ce que tu es venu(e) à l'université? (Avec un(e) ami(e), en voiture, etc.)
3. Comment te sens-tu quand tu reviens de vacances?
4. Dans quels cours es-tu devenu(e) meilleur(e)? (En mathématiques, en français, etc.) Pourquoi?
5. Qu'est-ce que tu viens de faire avant le cours de français?
6. Tu viens de quel État ou pays?

C. Et votre prof? Avec un(e) camarade essayez de deviner les réponses aux questions suivantes à propos de votre prof de français. Les étudiants qui ont deviné le plus de réponses connaissent bien le prof!

1. D'où vient votre prof? (De quel pays ou État)
2. Comment est-ce que votre prof vient à l'université? (En voiture, à vélo, à pied.)
3. Est-ce que votre prof revient souvent de voyage en France ou dans un pays francophone avec des souvenirs?
4. Quand est-ce que votre prof est devenu(e) prof de français?
5. Quand est-ce que votre prof est venu(e) vivre dans la région?
6. À quelle heure est-ce que votre prof est venu(e) à l'université aujourd'hui?

À vous de parler!

 A. L'argent, les femmes et les hommes. Vous êtes journaliste pour la chaîne de télévision France 2. Vous préparez un reportage sur le comportement des hommes et des femmes par rapport à l'argent afin de savoir comment les hommes et les femmes dépensent leur argent et s'ils économisent. En groupes de trois, préparez des questions sur le sujet. Ensuite, posez vos questions à vos camarades de classe. Quand vous aurez assez de réponses, tirez-en des conclusions. Pour finir, chaque groupe va présenter ses conclusions à la classe comme si vous étiez à la télé dans une émission d'actualités. Est-ce que tous les groupes sont arrivés aux mêmes conclusions? Et vous, pensez-vous que les femmes sont plus dépensières que les hommes ou l'inverse? Pourquoi? Discutez.

Questions possibles

Demandez si la personne à un compte épargne.

Demandez si la personne a une ou plusieurs cartes de crédit.

Demandez comment la personne règle (paie) ses achats. (En espèces, par chèque, etc.)

Demandez combien de fois par semaine la personne va faire ses courses au supermarché.

Demandez combien d'argent la personne dépense en moyenne toutes les semaines.

Demandez quels sont les achats qui coûtent le plus et le moins. (Suggérez des produits et des services: des produits de beauté, le coiffeur, des vêtements, etc.)

 B. À la banque. Vous venez de gagner un million d'euros au Loto. Vous avez pris rendez-vous avec deux banquiers pour leur demander de vous aider à ouvrir un compte en banque et à placer votre argent. Les banquiers sont extrêmement aimables avec vous et ils vous traitent très bien: ils vous proposent tous les services possibles parce que vous êtes un(e) client(e) très spécial(e)! En groupes de trois, jouez le rôle du (de la) client(e) et des deux banquiers: un banquier aide le/la client(e) à ouvrir des comptes et l'autre à placer l'argent dans de bons investissements.

C. Jalousie! Formez des groupes de trois. Vous êtes au bistro avec des amis et vous parlez d'un(e) ami(e) commun(e) qui semble avoir une vie parfaite: une superbe maison, un travail de rêve, un(e) très beau (belle) petit(e) ami(e), une voiture de luxe, des vêtements de marque, etc. Vous êtes tous jaloux de votre ami(e) (donnez un nom à cet(-te) ami(e)). Dans votre conversation, comparez les choses qu'a votre ami(e) et les choses que vous avez. Par exemple: sa voiture est vraiment plus chère que ma voiture; il/elle est beaucoup plus beau (belle) que moi; il/elle cuisine mieux que moi, etc. Terminez votre conversation en trouvant des failles dans la vie de votre ami(e), qui, a première vue semble si parfaite. Par exemple, «Oui, mais je suis sûr(e) que son (sa) petit(e) ami(e) qui est si beau (belle) ne l'aime pas et il/elle est avec elle/lui pour son argent!»

iLrn Complete the diagnostic tests to check your knowledge of the vocabulary and grammar structures presented in this chapter.

La société de consommation est comme ça en Tunisie

Dans le premier texte culturel, *Les Français dépensent comme ça*, vous avez vu comment les Français dépensent leur argent. Dans ce texte vous allez voir comment les Tunisiens consomment de plus en plus alors que leur société évolue et se transforme.

Le consommateur tunisien est un cas à part au Maghreb. Comme le rappelle Ali Gharbi, directeur de l'Institut national de la consommation, «les modes de consommation en Tunisie connaissent une évolution très rapide et empruntent à la fois aux traditions propres au Maghreb et aux nouvelles habitudes de la société de consommation de type occidental.»

Pourtant, jusqu'à la fin des années quatre-vingts, les Tunisiens vivaient dans une économie relativement fermée et n'étaient exposés qu'à des produits locaux. [...] Aujourd'hui encore, malgré l'ouverture aux importations, les consommateurs continuent d'utiliser principalement des produits nationaux. Ainsi, 80% des articles vendus par l'enseigne[1] Carrefour sont d'origine tunisienne. «Les Tunisiens sont cependant appelés à être de plus en plus souvent confrontés à des marques[2] étrangères, grâce au développement à venir des franchises, qu'une loi vient d'autoriser, et du fait du matraquage[3] publicitaire», explique un diplomate.

Qu'est-ce que ces deux femmes peuvent acheter dans le souk?

[...] Le consommateur consacre 20 à 25% de son revenu à l'immobilier (près de 80% des Tunisiens sont propriétaires de leur logement), 10 à 15% au textile et à l'habillement et, nouveauté, depuis cinq ans, la part dédiée à la consommation des services de téléphonie n'a cessé d'augmenter, pour atteindre près de 5%... Aujourd'hui, 90% des Tunisiens ont un téléphone portable et 95% possèdent une télévision. Enfin, la plupart des couples ont au moins une voiture.

Signe que les traditions ont encore la vie dure, plus de 80% des achats sont encore effectués dans des épiceries, le reste dans la grande distribution. Cependant, tous les analystes s'accordent à reconnaître que le mode de consommation des Tunisiens va s'occidentaliser de plus en plus: à l'horizon 2016, 40% des achats s'effectueront dans une grande enseigne. [...]

Un endettement des ménages contrôlé

Avec un revenu mensuel moyen de 600 dinars (près de 320 euros) par foyer, les ménages[4] sont souvent tentés de recourir au crédit pour pouvoir satisfaire leur appétit de consommation.

L'endettement par habitant et par an est de 100 euros, contre 200 euros au Maroc et 2 000 euros en France.

Réfléchissons!

1. Pourquoi est-ce que le consommateur tunisien est un cas à part au Maghreb?

2. Est-ce que le consommateur tunisien achète des produits locaux ou étrangers? Est-ce qu'on prédit un changement? Pourquoi?

3. Comment sont distribués les pourcentages des dépenses des Tunisiens? Dans quoi est-ce qu'ils dépensent le plus? Quelles sont leurs plus grosses dépenses? Êtes-vous étonnés? Pourquoi? Est-ce la même chose dans votre pays?

4. Quel est le salaire mensuel d'un couple en Tunisie? Comparez ce salaire à un salaire mensuel moyen dans votre pays.

5. Est-ce que les Tunisiens sont les plus endettés par rapport aux Marocains et aux Français? Pourquoi?

[1]label, brand [2]brands [3]bombarder (au sens figure) [4]couples

À vous de lire!

A. Stratégies. Le sujet du texte que vous allez lire porte sur les gagnants[1] du Loto et comment ils gèrent[2] leurs nouvelles vie. Les mots et expressions suivants sont tirés du texte. Trouvez la définition qui correspond à chaque mot ou expression. Ceci vous permettra de vous familiariser avec certains mots et d'en réviser d'autres avant de commencer la lecture.

1. placer son argent
2. être endetté
3. le montant
4. faire des dons
5. avoir la tête sur les épaules
6. avoir les pieds sur terre

a. être raisonnable
b. investir
c. avoir des dettes
d. faire cadeau de son argent
e. être réaliste
f. la quantité

 B. Avant de lire. Avant de lire, parlez de vos finances personnelles. Posez-vous les questions suivantes.

1. Avez-vous un budget? Le respectez-vous?
2. Dépensez-vous tout votre argent tous les mois?
3. Est-ce que votre salaire est plus élevé que vos dépenses, ou est-ce le contraire?
4. Payez-vous vos dettes ou est-ce qu'elles s'accumulent?
5. Est-ce que vos finances vous préoccupent? Pourquoi?
6. Savez-vous placer votre argent (l'investir)? Où?
7. Vous préférez dépenser ou économiser?

Si vous croyez que vous ne gérez pas bien vos finances, que vous êtes toujours endettés et que votre salaire ne suffit pas à payer vos factures, alors, ne jouez pas au Loto! Si vous gagnez, vous risquez de perdre tout votre argent en le gérant mal! Ou alors, faites comme Antoine Richard, le millionnaire du texte que vous allez lire maintenant.

C. Lisons! Lisez le texte et répondez aux questions suivantes basées sur la lecture.

[1]winners [2]manage

J'ai gagné au Loto!!!

Je vous présente Antoine Richard, un gagnant du Loto, devenu millionnaire d'un jour sur l'autre. Il est dans le jardin magnifique de sa nouvelle maison!

JOURNALISTE: Bonjour, M. Richard. Vous venez de gagner au Loto, qu'allez-vous faire de votre fortune?

M. RICHARD: Je vais m'acheter une voiture de luxe, une nouvelle maison, je vais payer mes dettes, faire des dons pour les causes qui me sont chères et je vais placer mon argent.

JOURNALISTE: Quand vous êtes allé à la banque déposer votre chèque, quelle a été la tête du banquier?

M. RICHARD: Il était stupéfait! Comme il avait l'habitude de me voir endetté, il n'en croyait pas ses yeux! Il m'a traité comme un prince!

JOURNALISTE: Quel était le montant de votre chèque?

M. RICHARD: 35 millions d'euros!

JOURNALISTE: Une somme considérable! Allez-vous changer votre mode de vie?

M. RICHARD: Bien sûr que je vais faire des changements dans ma vie, mais je tiens à garder mon cercle d'amis et mes habitudes. Quant à ma famille, je vais m'assurer que mes enfants aient un bon futur et que ma femme ne manque de rien.

JOURNALISTE: Êtes-vous plus heureux maintenant que vous êtes millionnaire?

M. RICHARD: Plus heureux, non. Je suis moins stressé, moins préoccupé par l'avenir. "L'argent ne fait pas le bonheur," mais il donne de la sécurité. Je ne suis pas Dieu et je ne vais pas pouvoir éviter les maladies ou les problèmes familiaux. Mais si l'un de mes enfants ou ma femme est malade, il aura accès aux meilleures cliniques privées.

JOURNALISTE: Maintenant que vous êtes riche, est-ce que vous allez abandonner votre travail?

M. RICHARD: Non, pas du tout. J'aime beaucoup mon travail et je ne vois pas pourquoi je devrais arrêter de travailler. Pour dire la vérité, je ne sais pas ce que c'est qu'être riche! Que fait-on quand on est riche? Je vais devoir apprendre à être riche!

JOURNALISTE: Il y a des séminaires et des réunions proposés par la Française des Jeux. (Une organisation qui s'occupe d'aider les gagnants de jeux à gérer leur fortune.)

M. RICHARD: Oui, c'est vrai. Comme je ne viens pas d'un milieu social très élevé (mes parents étaient instituteurs tous les deux) et que je ne suis pas un héritier qui a été préparé à recevoir une grande fortune, je vais être obligé d'apprendre à être millionnaire! Je refuse de gaspiller mon argent même si je l'ai obtenu facilement. Je suis une personne responsable et je veux le rester. J'ai la tête sur les épaules et les pieds sur terre!

JOURNALISTE: Toutes mes félicitations encore une fois et je vous souhaite bonne chance dans votre nouvelle vie!

Courtesy of Véronique Anover and Theresa A. Antes

Après la lecture

1. Pourquoi est-ce que le banquier traite M. Richard comme un prince?
2. Que va faire M. Richard avec son argent?
3. Est-ce qu'il va changer son mode de vie? Expliquez votre réponse.
4. Pourquoi est-ce qu'il doit apprendre à être riche? Et comment va-t-il faire?
5. Est-ce que M. Richard est plus heureux maintenant qu'il a gagné au Loto? Justifiez votre réponse.

 D. Discutez. Après avoir lu le texte, réfléchissez aux questions suivantes afin de commencer un débat avec vos camarades. Pour chaque question, formez des groupes de trois ou quatre pour répondre aux questions.

1. À votre avis, doit-on rester anonyme quand on gagne au Loto ou doit-on se faire connaître? Expliquez votre réponse.
2. En général, croyez-vous que les gagnants du Loto pensent comme M. Richard? Pourquoi ou pourquoi pas?
3. Généralement, que font les gagnants du Loto dans votre pays? (Cherchez sur Internet des exemples si nécessaire).
4. Est-ce que vous pensez que «l'argent fait le bonheur»? Pourquoi ou pourquoi pas?

Lexique 🔊

Mon vocabulaire

Au salon de coiffure / Chez le coiffeur

une coupe	*a hair cut*	un chignon	*hair up / hair in a bun*
une coiffure	*a hair style*	une queue de cheval	*a ponytail*
une couleur	*a hair color*	une frange	*bangs*
claire	*clear*	des tresses *(f.)*	*braided hair*
foncée	*dark*	un shampooing	
un balayage	*highlights*	pour cheveux secs	*for dry hair*
des cheveux	*hair*	pour cheveux gras	*for oily hair*
longs	*long*	pour cheveux colorés	*for colored hair*
mi-longs	*half-length*	l'après-shampooing	*conditioner*
courts	*short*	le démêlant	*anti-tangle cream*
lisses	*straight*	la raie	*part*
ondulés	*wavy*	sur le côté	*on the side*
frisés	*curly*	au milieu	*in the middle*
au carré	*bob / square-cut*	chauve	*bald*
en brosse	*spiky / crew-cut*		

Les services bancaires

un compte en banque	*bank account*
un compte courant	*checking account*
un compte épargne	*savings account*
un chéquier / un carnet de chèques	*checkbook*
remplir un chèque	*to write a check*
toucher un chèque	*to cash a check*
déposer un chèque / de l'argent	*to deposit a check / money (in the bank)*
une carte de crédit / une Carte Bleue	*credit card*
le mot de passe	*password*
un coffre-fort	*a safe-deposit box*

Les finances personnelles

une dette	*a debt*
avoir des dettes	*to have debts*
faire des investissements *(m.)* / investir / placer son argent	*to have investments*
être endetté(e)	*to be in debt*
être riche	*to be rich*
être pauvre	*to be poor*
économiser / épargner	*to save*
dépenser	*to spend*
gaspiller	*to waste*
être économe	*to be thrifty*
être dépensier (dépensière)	*to be a spendthrift (to be wasteful)*
emprunter de l'argent à quelqu'un	*to borrow money from someone*
prêter de l'argent à quelqu'un	*to lend money to someone*
faire un emprunt / emprunter de l'argent à la banque	*to take a loan / to ask for a loan*
avoir une bourse	*to have a scholarship*

Mes rêves

Courtesy of Véronique Anover and Theresa A. Antes

If you could have your ideal life, what would it be? Where would you be? Soon you will be able to answer these questions in French! In this chapter, you will learn how to talk about your wishes and your dreams.

VOCABULARY
- Expressions of emotion
- Ideal situations and your ideal self
- Traveling (by train and plane)
- Making hotel reservations

STRUCTURES
- The present conditional tense
- Prepositions used with continents, countries and cities
- Relative pronouns **qui** and **que**
- Relative pronouns **dont** and **où**

CULTURE
- French advertisements
- The French and wine

 Audio
www.cengagebrain.com/ shop/ISBN/0495912085

 RESSOURCES

Passage 1

You are about to learn a new tense: the conditional tense (**le conditionnel**). Before you read further about the uses and the formation of the conditional in **Structure 1,** you need to know that it is used to convey hypothetical situations that may or may not occur.

🔊 Des vacances de rêve

CD 2
Tracks
25–26

Voici une publicité parue dans le magazine *Partir loin*.¹ Regardez-la et laissez-vous guider par vos rêves!

Vous êtes en ce moment dans votre bureau à Montréal (au Canada) face à votre ordinateur et vous rêvez de vacances entre palmiers et cocotiers. Alors, imaginez que vos rêves vous portent à Papeete (la capitale administrative en Polynésie française)!

Sur l'île de Tahiti, vous **pourriez**² vous détendre et vous amuser comme jamais. Vous **feriez** de la plongée sous-marine; vous **dormiriez** sur un hamac au bord de la mer; vous **boiriez** des boissons exotiques en contem-

plant le coucher de soleil; vous **marcheriez** sur les plages et tant d'autres choses de rêves!

Vous **passeriez** les meilleures vacances de votre vie, c'est garanti! Vous **seriez aux anges,**³ c'est promis! Profitez de notre offre spéciale du 4 au 15 octobre: Montréal-Papeete une semaine, transport et hôtel inclus, 3000 euros.

---

¹going far away   ²The verbs in this section are conjugated in present conditional, a new tense that you are about to learn. The English equivalent is "could," "would," "should."   ³you would be in heaven

L'agence de publicité qui travaille pour le magazine *Partir loin* a fait un sondage pour savoir si les gens[1] partiraient en vacances sans l'avoir prévu longtemps à l'avance.[2] Voici les questions que l'agence de publicité a posées à six personnes au Canada et les réponses de celles-ci. Après avoir lu cette publicité, rêvez-vous de sable chaud et de soleil? Si vous pouviez partir à Papeete maintenant, **partiriez**-vous en vacances en laissant[3] vos obligations derrière vous? Vous **sentiriez**-vous **coupables**[4] ou au contraire **soulagés**[5] de tout quitter?

SYLVIE (À CHICOUTIMI):

Oui, bien sûr, je **partirais**! Je serais très **heureuse** de quitter mon travail et la grisaille[6] de ma ville en hiver. Je déteste Chicoutimi en hiver! La boîte où je travaille est super cool. Mon responsable me **donnerait** mes congés sans problème.

FRÉDÉRIC (À QUÉBEC):

Non, je ne **partirais** pas tout de suite. Je **serais**[7] **angoissé** de partir sans avoir terminé mes cours à l'université.

ZOÉ ET ARNAUD (À TROIS-RIVIÈRES):

Oh, oui! Nous **partirions** sans hésiter! Nous serions **ravis** de pouvoir passer des vacances tous les deux, en amoureux à Bora Bora. Nous adorons la Polynésie française! De toute façon, on peut toujours demander à nos parents de garder nos trois enfants.

STÉPHANE ET SANDRINE (À MONTRÉAL):

Euh… Est-ce que nous **partirions** tout de suite? Non, pas tout de suite. Nous avons deux enfants à la maison qui sont encore petits. Nous **serions** très **inquiets** et **nerveux** de les avoir loin de nous. Et puis, nous **serions gênés**[8] de demander des congés à nos chefs à la dernière minute.

Et vous, partiriez-vous à Papeete tout de suite?

Vous avez bien compris?

Complétez les phrases avec les mots qui manquent.

1. À Papeete, vous pourriez vous _____ et vous _____.

2. Vous vous promèneriez _____.

3. Sylvie serait _____ de quitter son travail.

4. Frédéric serait _____.

5. Zoé et Arnaud seraient _____.

6. Stéphane et Sandrine seraient très _____ et très _____ d'avoir les enfants loin.

[1]people [2]without planning [3]leaving [4]guilty [5]relieved [6]grey weather [7]would be [8]embarrassed

→ Mon vocabulaire ←

Les émotions

Les sentiments positifs

être aux anges	to be in seventh heaven
être calme	to be calm
être euphorique	to be very elated
être enchanté(e)	to be happy / pleased
être fier (-ère)	to be proud
être heureux (heureuse)	to be happy
être fou (folle) de joie	to be extremely happy / excited
être soulagé(e)	to be relieved

Les sentiments négatifs

être choqué(e)	to be shocked
être déçu(e)	to be disappointed
être démoralisé(e)	to be demoralized
être désespéré(e)	to be desperate
être désolé(e)	to be sorry
être effondré(e)	to be devastated
être effrayé(e)	to be scared
être énervé(e)	to be nervous
être fâché(e)	to be mad
être horrifié(e)	to be horrified
être jaloux (jalouse)	to be jealous
être malheureux (malheureuse)	to be unhappy
être indigné(e), outré(e)	to be outraged
être surpris(e)	to be surprised
être inquiet(-ète)	to be worried

À vous!

A. Vos sentiments. Dites comment vous vous sentez dans les situations suivantes.

> **MODÈLE:** Quand vous êtes chez le dentiste.
>
> *Je suis effrayé(e)!*

1. Quand vous ne réussissez pas à faire un problème de mathématiques.
2. Quand vous n'êtes pas embauché(e) pour le poste que vous désirez.
3. Quand votre petit(e) ami(e) vous demande en mariage.
4. Quand vous attendez un(e) ami(e) qui est en retard.
5. Quand vous êtes dans un avion et qu'il y a des turbulences.
6. Quand vos amis ne vous invitent pas à leur fête.

C. Le ferais-tu? Demandez à plusieurs camarades de classe s'ils feraient les choses suivantes. Ensuite, commentez les réponses de vos camarades à la classe.

1. Le premier Starbucks en France a ouvert ses portes à Paris en 2003. Boirais-tu un café ou un thé à Starbucks à Paris? Pourquoi?
2. Les Français ont des chaînes de fast-food comme Quick ou Buffalo Grill, mais ils ont aussi des chaînes américaines comme McDo et Pizza Hut. Iriez-vous manger dans un fast-food si vous étiez en vacances en France? Auquel *(To which one)* iriez-vous, au fast-food français ou américain? Pourquoi?
3. Saviez-vous *(Did you know)* qu'au McDo dans toute l'Europe francophone on peut boire de la bière ou du vin? Prendriez-vous un pot *(have a drink)* au McDo si vous étiez en visite en France, en Suisse ou en Belgique? Pourquoi?
4. En France, vous pouvez loger dans les motels Formule 1 qui sont bon marché et qui sont «self-service». C'est-à-dire que quand vous arrivez, vous accédez à la chambre avec votre carte de crédit. Votre carte de crédit est à la fois votre clé et votre moyen de paiement. Passeriez-vous une nuit dans un hôtel de ce genre, sans surveillance et sans réception? Pourquoi?
5. En France, les toilettes publiques dans les magasins sont payantes. Utiliseriez-vous quand même les toilettes? Pourquoi?
6. Comme vous le savez déjà, en Europe francophone, sur la plupart des plages il est courant de faire du topless. Le feriez-vous? Pourquoi? (Si vous êtes un homme, feriez-vous du nudisme? Pourquoi?)

Portrait personnel

Demandez à votre camarade de classe de vous décrire son «moi idéal». (Vous pouvez vous inspirer de l'Activité A, *Le moi idéal.*) Comment est-ce que votre camarade voudrait être? Écrivez un paragraphe sur le «moi idéal» de votre camarade de classe.

Regardez la photo d'un McDo en France. Que veut dire "Guichet Vente à emporter"? Est-ce que ce McDo est différent de ceux qu'on trouve aux États-Unis? Pourquoi?

STRUCTURE 2

Les expressions géographiques

Les villes

- When talking about going *to* a city, living *in* a city, or being *in* a city, use the preposition **à.**

  Je vais **à** Bordeaux.

  J'habite **à** Bordeaux.

  Je suis **à** Bordeaux maintenant.

- When talking about visiting a city or liking / disliking a city, do not include the preposition **à.**

  Je visite Montréal tous les ans.

  J'adore Berlin!

- When talking about the city you come *from* or the city you are departing *from*, use the preposition **de.**

  Béatrice vient **de** Paris.

  Mes parents sont **de** Lyon.

  Le train part **de** Rome.

Les pays et les continents

Countries and continents in French are either feminine or masculine. Feminine countries end in -**e,** with one exception: **le Mexique.** Look at the following maps. The feminine countries and continents are in red and the masculine ones are in green.

- When talking about going *to* a country or a continent, living *in* a country or on a continent, or being *in* a country or on a continent, use the preposition

en for feminine nouns and **au** for masculine nouns. Use **aux** for plural masculine and feminine nouns.

Je vais **au** Maroc, mais ma sœur va **en** Angleterre.

Je suis **au** Canada depuis une semaine.

J'habite **en** Italie et mes parents habitent **aux** États-Unis

Exception: Masculine countries beginning with a vowel or mute **h** will take **en** rather than **au.**

Il habite **en** Iran.

- When talking about visiting or liking / disliking a country or a continent, use the definite article **le, la, l',** or **les.**

J'aime **la** France.

Béatrice visite **le** Japon souvent.

Je préfère **la** Norvège, et toi?

- When you want to indicate which country (or continent) someone comes *from*, use **de** (or **d'** before a vowel or mute **h**) for feminine nouns, **du** for masculine nouns, and **des** for plural nouns.

Je suis **de** Belgique *(f.)*. / Je suis **d'**Argentine *(f.)*.

Pierre est **du** Portugal *(m.)*.

Nous sommes **des** États-Unis *(pl.)*.

Exception: Masculine countries beginning with a vowel or mute **h** will use **d'** rather than **du.**

Il est **d'**Iran *(m.)*.

The same rule applies to all verbs that take **de,** such as **venir de** *(to come from)*, **entrer de** *(to come / to enter from)*, **rentrer de** *(to come back from)*, **partir de** *(to leave from)*, etc.

Mes parents viennent **d'**Afrique *(f.)*.	*My parents come from Africa.*
Tu rentres **des** Caraïbes.	*You come back from the Caribbean.*
Martine part **du** Canada pour aller **en** Europe.	*Martine is leaving (from) Canada to go to Europe.*

Les îles

- When going to an island or living on an island, use the preposition **à** (**aux** for plural); when coming from an island use **de** (**des** for plural).

Nous allons **aux** Caraïbes pour notre lune de miel.	*We're going to the Caribbean for our honeymoon.*
Je vais aller **à** Tahiti le mois prochain.	*I am going (I go) to Tahiti next month.*
Arrivez-vous **de** Bora Bora?	*Are you coming from Bora Bora?*

⚑ VÉRIFIEZ Votre Compréhension

Go back to *Passage 1* (pp. 366–367). Find the sentences in which geographical expressions are used, and explain each use. For example, why does Sylvie say **"Je déteste Chicoutimi"** (without the preposition **à** that is often used for cities)? Why do Zoé and Arnaud say **"Nous adorons la Polynésie française"?** Why do they use **la** rather than **en?**

Pratiquons!

A. Un long voyage! Sylvie a fait un long voyage pendant les vacances d'été. Elle va vous le raconter. Écrivez les prépositions ou les articles corrects.

Bonjour de Paris, mes amis! Je suis rentrée hier (1) _____ Maroc où j'ai passé un super séjour (2) _____ Afrique du Nord. D'abord, j'ai visité (3) _____ Algérie. Je suis restée (4) _____ Alger, la capitale, pendant trois jours. Après, je suis allée (5) _____ Tunisie. J'ai passé une semaine (6) _____ Tunis, la capitale. J'adore (7) _____ Tunisie! Pour finir, je suis partie (8) _____ Tunisie en avion pour aller visiter (9) _____ Maroc. Bien sûr, je suis restée (10) _____ Casablanca. J'étais très triste de quitter les dunes au sable chaud et de retrouver la circulation et la grisaille parisiennes.

 B. Vous connaissez votre géographie? En groupes de trois ou quatre, dites dans quels pays se trouvent les villes suivantes. L'équipe qui a trouvé le plus grand nombre de pays a gagné!

> **MODÈLE:** New York
> *New York se trouve aux États-Unis.*

1. Tijuana
2. Malaga
3. Édimbourg
4. Lisbonne
5. Turin
6. Larissa
7. Berne
8. Tanger
9. Oran
10. Laval
11. Helsinki
12. Oslo
13. Shanghai
14. Lima
15. Kyoto

C. Tes voyages. Posez les questions suivantes à un(e) camarade de classe à propos de ses voyages.

1. Quels pays as-tu visités? (Ou quelles villes américaines as-tu visitées?)
2. Quels pays et quelles villes voudrais-tu visiter? Pourquoi?
3. Quelle est la ville américaine que tu aimes le plus? Et le moins? Pourquoi?
4. Dans quelle ville, quel pays ou État ne veux-tu jamais aller? Pourquoi?
5. Dans quelle ville ou quel pays as-tu passé tes dernières vacances?
6. Où irais-tu si tu avais beaucoup d'argent et beaucoup de temps libre? Pourquoi?

Conversation sur les réservations

Luc: Dis donc, Léa, tu as bien réservé une chambre d'hôtel avec vue sur la mer, non?

Léa: Non, tu vois, j'ai réservé une chambre sans balcon, sans salle de bains, avec deux lits et qui donne sur un parking!

Luc: Ne te moque pas de moi, Léa! Je voudrais que tout soit parfait. C'est notre lunede miel, ma chérie.

Léa: Oui, mon amour, je sais, moi aussi. Ce soir, on pourrait aller sur la place de la Victoire, dîner et regarder les gens passer. Demain, on pourrait visiter les maisons coloniales ou le musée Saint-John Perse. Qu'est-ce que tu en penses?

Luc: Doucement, Léa! Je préfère me reposer sur la plage près de l'hôtel, boire un ti-punch[1] et prendre des photos de nous, en amoureux!

Vous avez bien compris?

Identifiez les dessins avec les mots suivants.

1. le décollage
2. l'enregistrement
3. l'hôtesse de l'air

4. la valise
5. la ceinture de sécurité
6. l'embarquement

a. _____

b. _____

c. _____

d. _____

e. _____

f. _____

[1] **un ti-punch:** c'est une boisson à base de rhum, de sucre et de citrons verts. ("Ti" vient du mot "petit").

Les trains

1. le wagon-lits / le train-couchettes
2. la voiture-restaurant
3. la voie
4. le quai
5. l'horaire *(m.)* des trains
6. un billet première classe (seconde classe)
7. le guichet
8. composter un billet

À l'aéroport et dans l'avion

le steward *(m.)* / l'hôtesse *(f.)* de l'air	*flight attendant*
l'agent *(m.)* / l'hôtesse au sol	*airline agent*
l'enregistrement *(m.)* des bagages	*to check-in luggage*
un baggage à main	*carry-on luggage*
une valise	*a suitcase*
le contrôle sûreté	*security*
l'embarquement *(m.)*	*boarding*
la porte	*the gate*
le pilote	*the pilot*
les turbulences *(f.)*	*turbulence*
rater le vol	*to miss a flight*
un billet aller-retour	*a round-trip ticket*
un aller simple	*a one-way ticket*
un siège / une place près de la fenêtre	*a seat near the window*
un siège / une place près du couloir	*a seat near the aisle*
la première classe	*first class*
la classe économique	*coach class*
la salle de livraison des bagages	*baggage claim*

la carte d'embarquement / la carte d'accès à bord   la remise des bagages   l'avion *(m.)* atterrit / l'atterrissage *(m.)*   l'avion décolle / le décollage *(m.)*

Les touristes

Les touristes doivent:

réserver une chambre d'hôtel

avec un lit double

avec deux lits

qui donne sur *(that overlooks)* (la mer / la rue / le parking / le jardin / etc.)

avec balcon

réserver une table au restaurant

pour deux / pour quatre

à l'intérieur / à l'extérieur

Les touristes peuvent:

aller aux musées *(m.)*

admirer / regarder les tableaux *(m.)* / les peintures *(f.)*

admirer / regarder les sculptures *(f.)*

apprendre l'histoire *(f.)* régionale

visiter les monuments *(m.)*

voir / découvrir les statues *(f.)*

les maisons traditionnelles

les places publiques et regarder les gens passer

les parcs nationaux

se reposer

sur un banc / sur le sable

couché sous un arbre

près d'un lac

goûter les spécialités régionales

les vins *(m.)* de la région

les plats *(m.)* typiques

acheter des souvenirs *(m.)* et faire du shopping

prendre des photos *(f.)*

en couleur

en noir et blanc

numériques

À vous!

A. L'interprète. Vous êtes interprète pour l'aéroport de Paris-Orly. Vous aidez les passagers qui désirent recevoir un service ou obtenir un renseignement en traduisant pour eux. Pour chacune des situations suivantes, choisissez la réponse correcte.

1. Un voyageur voudrait savoir l'heure de départ de son TGV (train à grande vitesse). Il part pour Nantes. Quelle question doit-il poser?
   a. «À quelle heure arrive le TGV en provenance de *(from)* Nantes?»
   b. «À quelle heure arrive le TGV qui vient de Nantes?»
   c. «À quelle heure part le TGV à destination de Nantes?»

2. Des voyageurs à Lyon souhaitent aller à Bruxelles. Ils ne veulent pas revenir à Lyon après. Que disent-ils pour faire leur réservation?
   a. «Nous voudrions un aller simple pour Bruxelles.»
   b. «Nous voudrions un billet aller-retour.»
   c. «Nous voudrions réserver une place en première classe.»

3. Un passager voudrait voyager de nuit et dormir dans le train à destination de Strasbourg. Comment va-t-il faire sa réservation?
   a. «Je voudrais réserver une couchette pour le train en provenance de Strasbourg.»
   b. «Je voudrais acheter un wagon-lits pour le train à destination de Strasbourg.»
   c. «Je voudrais acheter un billet dans la voiture-restaurant en provenance de Strasbourg.»

4. Un passager a quatre valises. Il veut monter dans l'avion sans ses quatre valises. Que dit-il à l'hôtesse au sol?
   a. «Je voudrais mettre mes quatre valises dans le compartiment.»
   b. «Je voudrais enregistrer mes quatre valises.»
   c. «Je voudrais chercher mes quatre valises à la salle de livraison des bagages.»

5. Un voyageur voudrait savoir à quelle heure il faut monter dans l'avion. Comment pose-t-il cette question à l'agent au sol?
   a. «À quelle heure est l'atterrissage?»
   b. «À quelle heure est le décollage?»
   c. «À quelle heure est l'embarquement?»

6. Une dame veut être assise à côté de la fenêtre dans l'avion parce qu'elle est malade si elle ne peut pas regarder à l'extérieur. Que dit-elle à l'hôtesse au sol?
   a. «Je voudrais un siège près de la sortie de secours.»
   b. «Je voudrais un siège près du couloir.»
   c. «Je voudrais un siège près de la fenêtre.»

B. La bonne réponse. En petits groupes, trouvez la bonne réponse aux questions suivantes. Essayez de faire cette activité sans regarder **Mon vocabulaire!**

1. Quel type de billet achète-t-on quand on a un petit budget?
2. Qui sont les personnes qui s'occupent des *(deal with)* passagers dans l'avion?
3. Où va-t-on chercher les bagages?
4. Que fait-on pour valider un billet à la gare?
5. Que fait un avion qui arrive à sa destination finale?
6. Où est-ce que les passagers attendent leurs trains?

 C. Quel genre de voyageur (voyageuse) êtes-vous? Est-ce que vous êtes un(e) bon(ne) ou un(e) mauvais(e) voyageur (voyageuse)? Posez les questions suivantes à votre camarade de classe pour le découvrir.

1. Quand tu rentres aux États-Unis après un voyage à l'étranger, est-ce que tu rapportes des produits qui sont interdits dans ton pays (par exemple, du fromage frais, de la viande, des cigares, des fruits)?
2. Tu es dans l'avion et tu as un siège près des toilettes. Une femme enceinte entre dans l'avion et son siège est loin des toilettes. Est-ce que tu lui proposes ta place?
3. Derrière toi dans l'avion, il y a un enfant qui pleure constamment. Est-ce que tu te retournes et dis à sa mère de le faire taire *(make him/her quiet)*?
4. Est-ce que tu as peur des turbulences? Que fais-tu quand il y a des turbulences dans l'avion?
5. Quel genre de touriste es-tu? Est-ce que tu aimes visiter les musées? Les maisons typiques? Ou préfères-tu te reposer, regarder les gens passer et goûter les spécialités locales?
6. Est-ce que tu as déjà raté un vol? En général arrives-tu en retard ou à l'heure à l'aéroport?
7. Est-ce que tu restes assis(e) sur ton siège avec la ceinture de sécurité attachée ou est-ce que tu circules dans la cabine pendant le vol?
8. Est-ce que tu réserves une chambre d'hôtel avant le départ ou à l'arrivée?

Maintenant, vous pouvez répondre à la question initiale. D'après vous, est-ce que vos camarades sont de bons ou de mauvais voyageurs? Pourquoi?

Portrait personnel

Avec les renseignements que vous avez obtenus à l'Activité C, décrivez quel genre de voyageur (voyageuse) est votre camarade de classe.

STRUCTURE 3

Grammar Podcasts,
Grammar Tutorials

Les pronoms relatifs *qui* et *que*

Like other pronouns, relative pronouns replace a noun in a sentence, thereby helping us to avoid repeating the noun. Relative pronouns have a special function, however, and that is to link two independent clauses (sentences that can stand alone) to form one sentence. When this happens, one of the clauses becomes subordinate to the other and can no longer exist separately.

In English, the relative pronouns are *who, that, which,* and *whom.* These are generally chosen depending on whether the noun being replaced is a person or a thing.

In French, however, the main concern when choosing a relative pronoun is the role that pronoun will play in the subordinate (or relative) clause. French distinguishes between relative pronouns that are the *subject* of the following clause, those that are the *direct object* of the following clause, or those that are the *object of the preposition* **de.** There is also a relative pronoun that is used to refer to specific *times, dates,* and *places.*

- **Qui** is used to refer to either persons or things that are the *subject* of the relative clause. In the following examples, pay close attention to the role of the relative pronoun in the *second* clause.

   J'ai acheté **une carte postale. La carte postale** montre une vue de Paris de la tour Eiffel.

   J'ai acheté une carte postale **qui** montre une vue de Paris de la tour Eiffel.

   Rachid est un homme d'affaires belge. **Rachid** voyage beaucoup.

   Rachid est un homme d'affaires belge **qui** voyage beaucoup.

Because it is the subject of the second clause, **qui** is always followed by a verb. It never elides (drops the 'i') before a vowel or a mute **h.**

   La Belgique est un pays **qui** est très riche en diversité.

- **Que** is used to refer to either persons or things that are the *direct object* of the relative clause. In the following sentences, note the role of **que** in the *second* clause.

   J'ai acheté **une carte postale.** Je vais envoyer **cette carte postale** à ma mère.

   J'ai acheté une carte postale **que** je vais envoyer à ma mère.

   Rachid est un homme d'affaires belge. J'ai rencontré **Rachid** la semaine dernière.

   Rachid est un homme d'affaires belge **que** j'ai rencontré la semaine dernière.

Because it is a direct object, **que** is followed by a subject and a verb. It elides (becomes **qu'**) before a vowel or a mute **h.** In addition, because it is a direct object, if it precedes a verb in the **passé composé,** the past participle of the verb agrees in number and gender with the noun that **que** replaces.

Charlotte a acheté **des tee-shirts.** Elle a donné **ces tee-shirts** à ses
  petits frères.

Charlotte a acheté des tee-shirts **qu**'elle a donnés à ses petits frères.

Que is never omitted in French, although it may be omitted in English.

Rachid est un homme d'affaires
  belge **que** j'ai rencontré la
  semaine dernière.

*Rachid is a Belgian businessman
(who/whom) I met last week.*

 VÉRIFIEZ Votre Compréhension

Les phrases suivantes sont tirées du dialogue du ***Passage 2***. Trouvez le(s)
pronom(s) relatif(s) dans chaque phrase, et expliquez ce que chaque pronom
remplace et la fonction grammaticale dans la proposition relative. Pour la
phrase 2, expliquez l'accord du participe passé «réservés».

1. Luc place les deux grosses valises qu'il porte péniblement sur le tapis
    roulant pour les enregistrer.
2. Voici les sièges que vous avez réservés.

Courtesy of Véronique Anover and Theresa A. Antes

Voici un garçon qui regarde par la fenêtre d'un
avion. Complétez la phrase: Le garçon est assis
sur un _____ près de la _____ et il a la
_____ de _____ attachée. Et vous, où
aimez-vous être placé(e) dans un avion?

🔊 À l'écoute!

CD 2
Track 32

> **Petits Tuyaux!** Rappelez-vous que pour savoir où se trouve le sujet dans une phrase on pose la question "who/what VERB": **Juliette voyage en première classe.** (Who travels first class? Juliette). «Juliette» c'est le sujet. **La banque se trouve au coin de la rue.** (What is at the corner? The bank) "a banque" c'est le sujet.
>
> Par contre pour savoir quel est l'objet direct on pose la question "VERB what/who": **Juliette prépare ses bagages.** (Juliette is preparing what? Her luggage). "Ses bagages" c'est l'objet direct. **J'ai vu Juliette.** (You have seen who? Juliette). "Juliette" c'est l'objet direct.

Sujet ou objet direct? Dites si le pronom relatif dans les phrases suivantes a la fonction grammaticale sujet ou objet **direct.**

	sujet	objet
1.	_____	_____
2.	_____	_____
3.	_____	_____
4.	_____	_____
5.	_____	_____

La France Gastronomique

La Manche

pommes de terre · poireaux · beurre · CHAMPAGNE · ALSACE-LORRAINE · macarons · Seine · Paris · Strasbourg · bière · NORMANDIE · madeleines · chouxfleur · pommes · BRETAGNE · rosé d'anjou · confitures · Dijon · choucroute · Loire · camembert · escargots · moutarde de Dijon · champignons · VAL DE LOIRE · BOURGOGNE · fromage de chèvre · coq au vin · Océan Atlantique · vin · huile de noix · olives · salade niçoise · Bordeaux · PROVENCE · Rhône · Garonne · foie gras · roquefort · bouillabaisse · Nice · cassoulet · armagnac · LANGUEDOC · Marseille · Mer Méditerranée

Regardez la carte de France avec les produits régionaux pour chaque région. Quels produits avez-vous goûtés? Dites si vous avez aimé ou pas.

trois cent quatre-vingt-huit · À vous!

Pratiquons!

A. Une visite à Paris. Reliez les deux phrases par un pronom relatif pour créer une seule phrase. Faites l'accord du participe passé, si nécessaire.

 La dernière fois que j'ai visité Paris, je suis resté dans un hôtel. L'hôtel se trouvait près de la Sainte-Chapelle.

*La dernière fois que j'ai visité Paris, je suis resté dans un hôtel **qui** se trouvait près de la Sainte-Chapelle.*

1. C'était un vieil[1] hôtel. Il avait beaucoup de charme.
2. J'ai loué une chambre. La chambre donnait sur la terrasse.
3. Le soir, j'ai écrit des cartes postales. J'ai envoyé ces cartes postales à tous mes amis.
4. Pendant la journée, j'ai visité des musées. Ces musées étaient très différents les uns des autres.
5. Un jour, je suis allé au musée d'Orsay. Ce musée est consacré à l'art impressionniste.
6. Là, j'ai vu de très belles peintures. J'ai beaucoup aimé ces peintures.
7. J'étais très triste de quitter cette ville. J'adore cette ville!

B. Le billet composté. Complétez le texte par **qui** ou **que (qu')**, selon le cas.

Hier, j'ai pris le premier train (1) _____ partait pour Bruxelles comme tous les lundis. J'étais en première classe avec des hommes d'affaires (2) _____ travaillaient sur leur ordinateur. Quand le contrôleur est passé dans notre voiture, je ne pouvais pas trouver le billet (3) _____ j'avais composté. Le contrôleur (4) _____ était très gentil, m'a dit que je pouvais lui montrer mon billet la semaine prochaine. J'ai finalement retrouvé mon billet, un billet (5) _____ je ne perdrais plus! Heureusement que le train (6) _____ je prends a toujours le même contrôleur!

 C. Révélations. Faites les révélations suivantes à un(e) camarade de classe. Complétez les phrases suivantes de façon logique. Qui a fait les révélations les plus surprenantes? Pourquoi?

1. L'homme / La femme que j'aime, c'est...
2. Le plus grand mensonge que j'ai dit, c'est...
3. La personne qui me connaît le mieux, c'est...
4. La chose la plus folle que j'ai faite, c'est...
5. La chose qui me rend triste, c'est...
6. La chose qui m'amuse, c'est...

[1]When the adjective "vieux" (masculine) is placed before a noun that starts with a vowel (or an "h"), it must be changed to "vieil". Example: un vieil ami. The same occurs with "beau" and "nouveau". Examples: Un bel appartement. Un nouvel hôpital.

STRUCTURE 4

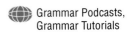 Grammar Podcasts, Grammar Tutorials

Les pronoms relatifs *dont* et *où*

As we noted in *Structure 3,* there is a relative pronoun in French that replaces an object of the preposition **de** and one that refers to specific dates, times, and places.

- **Dont** is used to refer to either persons or things that are the *object of the preposition* **de** in the relative clause.

    J'ai **deux frères**. Je suis très fière **de mes frères.**

    J'ai deux frères **dont** je suis très fière.

    Il a **un chien**. Les enfants ont peur **de ce chien.**

    Il a un chien **dont** les enfants ont peur.

In French, **dont** is frequently used to show possession, and translates into English as *whose.*

Cette femme habite à Paris. Je connais la fille **de cette femme.**	
Cette femme, **dont** je connais la fille, habite à Paris.	*That woman, **whose** daughter I know, lives in Paris.*
L'homme a été très reconnaissant. Elle a trouvé le passeport **de cet homme.**	
L'homme **dont** elle a trouvé le passeport a été très reconnaissant.	*The man **whose** passport she found was very grateful.*

- **Où** is used to replace a specific place, date, or time. It may translate into English as either *where* or *when.*

Voici **le café.** J'ai rencontré mon mari **dans ce café.**	
Voici le café **où** j'ai rencontré mon mari.	*That's the café **where** I met my husband.*
C'était un **jour** mémorable. J'ai rencontré mon mari **ce jour-là.**	
C'était le jour **où** j'ai rencontré mon mari.	*It was the day **(when)** I met my husband.*

VÉRIFIEZ Votre Compréhension

Ces phrases sont extraites du ***Passage 2***. Trouvez les pronoms relatifs et expliquez leur fonction grammaticale.

1. Ce sont les sièges où je me sens le mieux.
2. Ce sont deux îles dont on m'a beaucoup parlé

Pratiquons!

A. Près de la Sorbonne. Reliez les deux phrases par le pronom relatif **dont** ou **où,** pour créer une seule phrase.

1. Près de la Sorbonne, il y a beaucoup de petits restaurants. Les étudiants peuvent bien manger dans ces restaurants et pour pas trop cher.
2. Dans le Quartier latin il y a le fameux café Flore. Les gens parlent souvent de ce café parce que beaucoup d'écrivains célèbres y allaient.
3. Dans le Quartier latin, il y a pas mal de bars. On peut sortir avec ses amis dans ces bars.
4. Sur le campus, il y a une grande bibliothèque. Je travaille souvent dans cette bibliothèque.
5. Près de la Sorbonne, il y a un fleuriste. Je me souviens *(remember)* bien de ce fleuriste—j'y ai acheté beaucoup de fleurs.

B. Tous ensemble! Terminez les phrases suivantes par le pronom relatif approprié **(qui, que, où** ou **dont)** et une deuxième proposition logique. Pour vous aider, les phrases 1 et 2 sont à choix multiples. Après, c'est à vous de créer une proposition relative logique.

1. Paris est une ville...
   - où _____
   - qui _____
   - qu(e) _____
   - dont _____

   a. on parle souvent.
   b. j'aime beaucoup.
   c. les touristes dépensent beaucoup d'argent.
   d. ne dort jamais.

2. Le Canada est un pays...
   - qui _____
   - qu(e) _____
   - où _____
   - dont _____

   a. on parle joual.[1]
   b. est officiellement bilingue.
   c. il ne connait pas très bien.
   d. j'ai quelques photos.

3. Bruxelles est une ville...
   - qui _____
   - que _____
   - où _____

4. (votre ville) est un endroit...
   - où _____
   - dont _____
   - qui _____

 C. Interactions. Posez les questions suivantes à un(e) camarade de classe. Ensuite, rapportez ses réponses à la classe en utilisant une phrase avec une proposition relative.

1. Est-ce qu'il y a un professeur de lycée dont tu te souviens *(remember)* bien? Pourquoi?
2. Est-ce qu'il y a une chose que tu regrettes de ta vie universitaire?
3. Y a-t-il un voyage que tu aimerais faire? Lequel *(Which one)*? Pourquoi?
4. Est-ce qu'il y a une carrière qui t'intéresse beaucoup? Quelle carrière et pourquoi?
5. Y a-t-il un restaurant où tu manges beaucoup? C'est quel type de cuisine?
6. Y a-t-il un pays dont la langue et la culture t'intéressent? Quel pays? Pourquoi?

[1]**Joual** is a dialect spoken in the province of Quebec.

En vous basant sur les réponses de votre camarade de classe obtenues à l'Activité C, écrivez un paragraphe pour décrire les goûts de votre camarade de classe.

- Quels regrets a-t-il/elle?
- Quel(s) voyage(s) voudrait-il/elle faire? Pourquoi?
- Quelle carrière professionnelle l'intéresse et pourquoi?
- Quelle est la cuisine qu'il/elle préfère?

À vous de parler!

 A. Une pub! En groupe de trois ou quatre, créez une publicité télévisée pour votre ville. Dites ce qu'il faut voir et faire pendant la visite de votre ville. Soyez très imaginatifs et créatifs—vous voulez attirer des touristes chez vous! Quand vous aurez fini, présentez votre pub au reste de la classe. (Utilisez autant de pronoms relatifs que possible!)

 B. Un voyage difficile! Votre ami(e) et vous êtes à l'aéroport dans un pays francophone. Vous voulez partir en voyage (choisissez votre destination), mais vous avez beaucoup de problèmes. Par exemple, vous êtes au comptoir de la compagnie aérienne et vous voulez enregistrer vos bagages. L'hôtesse (ou l'agent) au sol n'est pas très sympathique et il y a des problèmes: votre siège n'est pas réservé, votre valise pèse trop lourd, etc. Ensuite, au contrôle sûreté et à la douane les problèmes continuent. À la porte d'embarquement vous avez aussi des problèmes. Même dans l'avion! En groupe de quatre, inventez un voyage difficile et présentez-le à la classe. Jouez les rôles de l'agent ou l'hôtesse au sol, du douanier, du contrôleur, de l'hôtesse de l'air ou du steward, d'autres passagers, etc.

iLrn Complete the diagnostic tests to check your knowledge of the vocabulary and grammar structures presented in this chapter.

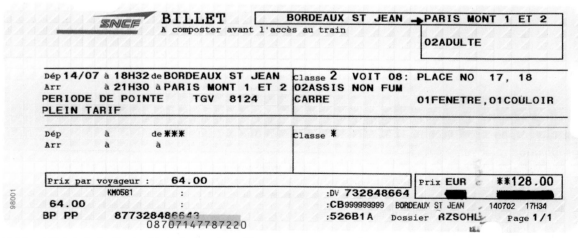

Courtesy of Véronique Anover and Theresa A. Antes

Voici un billet de train. Quel est le train dans lequel le passager va voyager? Est-ce que le passager a une place en première ou en seconde classe? Quelle est la ville de départ? Et de destination?

Ma vie branchée!

Image copyright Konstantin Sulyagin, 2010. Used under license from Shutterstock.com

In this chapter, you will learn ways to describe *une vie branchée*—a "connected" life. In French, this phrase is used to speak of someone or something trendy. You will learn how to talk about activities you are familiar with or know how to do, activities you plan to do in the future, and how to use two new types of pronouns. You will also see how various Francophone cultures are "branchées."

VOCABULARY
- Computers, the Internet, and other technology
- Extreme sports and other hobbies
- Fitness vocabulary

STRUCTURES
- The verbs **connaître** and **savoir**
- The future tense
- Stress pronouns
- Indirect object pronouns
- Multiple object pronouns in a sentence

CULTURE
- How the Internet is being used in villages in Africa
- The French and soccer

iLrn
◀)) Audio
🌐 www.cengagebrain.com/shop/ISBN/0495912085

RESSOURCES

CD 2
Track 33

Passage 1

La technologie de tous les jours

Marc est un étudiant très intelligent, qui aime beaucoup les nouvelles technologies. Pour cette raison, il décide de se spécialiser en informatique. Il est en première année à l'université. Sa chambre est équipée des derniers gadgets technologiques. Comparons la chambre de Marc et la chambre de son ami Damien.

Dans les chambres de Marc et de Damien, il y a un lit, une chaise et un bureau, bien sûr. Mais les similarités s'arrêtent là! Damien a un ordinateur sur son bureau, avec un lecteur/graveur de CD/DVD. Marc a aussi un ordinateur, mais c'est un portable, qui pèse moins de deux kilos. Il a un lecteur/graveur de CD/DVD, bien sûr, mais lui, il a aussi une webcam avec un microphone et une clé Bluetooth. Comme ça, il peut parler avec ses amis et les voir partout dans le monde gratuitement! Le weekend, il aime surfer sur Internet; il utilise son ordinateur pour télécharger de la musique et des films. Son portable a beaucoup de mémoire et un processeur très rapide, il peut donc les sauvegarder pour les écouter ou les regarder plus tard.

Damien aime surfer sur Internet aussi. Il utilise une connexion haut débit pour le faire. Marc a une connexion haut débit, mais il a aussi une carte Wi-Fi et un routeur. Il a aussi un scanner et une imprimante couleur, donc il peut imprimer ses photos ou numériser ses documents.

Sur son bureau, Damien a un agenda où il note ses cours et ses rendez-vous importants. De temps en temps, pourtant, il manque un rendez-vous parce qu'il oublie de regarder son agenda. Damien vient d'acheter un mobile. Il croit qu'il est très branché maintenant! Mais quand il le montre à Marc, Marc n'a pas l'air très impressionné. Damien veut savoir pourquoi. Alors Marc lui montre son téléphone: c'est un smartphone. Il l'utilise pour téléphoner, pour envoyer des SMS, et pour prendre des photos, bien sûr, mais aussi pour lire et envoyer des courriels, surfer sur Internet, écouter de la musique. il l'utilise même comme GPS ou assistant personnel. Marc ne rate jamais de rendez-vous!

Damien aime beaucoup Marc. Ils se connaissent depuis dix ans, et ce sont de bons amis. Mais quand même, Damien trouve que Marc commence à être un peu snob avec toute sa technologie! Vous ne pensez pas?

IDreamStock/age fotostock

Pouvez-vous comprendre les SMS? Essayez de trouver le français correct pour les messages suivants.
1. a2ml
2. koi29
3. b1
4. a12c4[1]

Vous avez bien compris?

Répondez aux questions suivantes, selon le texte.

1. Quelles sont les différences entre l'ordinateur de Damien et celui de Marc?
2. Qu'est-ce que Marc peut faire avec son imprimante?
3. Pour quelles fonctions est-ce que Damien peut utiliser son téléphone portable?
4. Et Marc?
5. Pourquoi est-ce que Marc ne rate jamais de rendez-vous?
6. Pensez-vous que Marc est snob, ou que Damien est jaloux? Expliquez votre réponse.

[1]Réponses: 1. à demain 2. quoi de neuf? 3. bien 4. à un de ces quatre (= à un de ces jours; c'est une abréviation de «à un de ces quatre matins».)

→ *Mon vocabulaire* ←

Les technologies

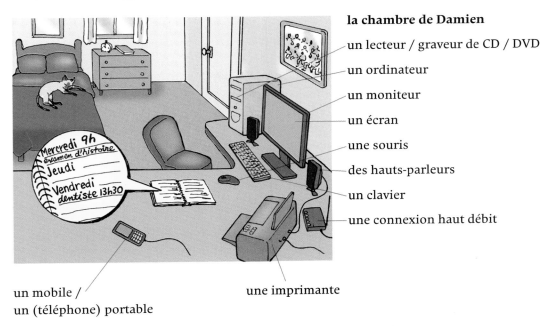

la chambre de Damien

un lecteur / graveur de CD / DVD

un ordinateur

un moniteur

un écran

une souris

des hauts-parleurs

un clavier

une connexion haut débit

un mobile /
un (téléphone) portable

une imprimante

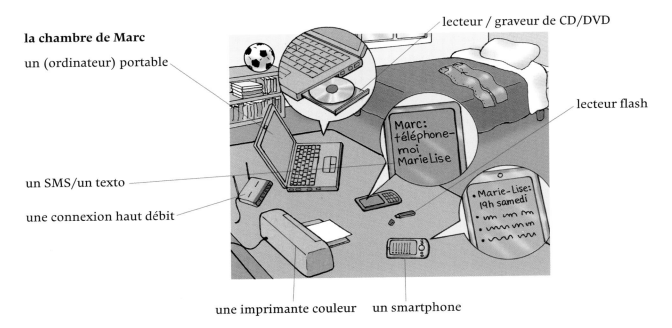

la chambre de Marc

un (ordinateur) portable

un SMS/un texto

une connexion haut débit

lecteur / graveur de CD/DVD

lecteur flash

une imprimante couleur   un smartphone

le Web = la Toile / le Net
surfer sur Internet / être sur Internet
naviguer sur le Web / naviguer sur la Toile / naviguer sur le Net
une adresse électronique
cliquer
utiliser un moteur de recherche (Google, Wanadoo, etc.)
avoir un mot de passe
envoyer un courriel / un e-mail
envoyer quelque chose en pièce jointe
envoyer un SMS / un texto
recevoir un courriel / un e-mail
sauvegarder un document
utiliser un traitement de texte *(word processor)*
un appareil photo numérique *(digital camera)*
un baladeur numérique *(digital audio player)*
un logiciel *(software program)*
un scanner
le home cinéma
un microphone
une clé Bluetooth
une webcam
un routeur
un agenda *(calendar)*
un assistant personnel

À vous!

A. La technologie envahit nos vies! Dans la colonne de gauche se trouvent les outils de communication que nos parents et nos grands-parents utilisaient. Dans celle de droite se trouvent les outils actuels. Reliez les nouvelles technologies de droite aux anciennes technologies de la colonne de gauche.

1. une machine à écrire
2. une encyclopédie
3. le code Morse
4. une lettre
5. un disque (45 rpm)
6. un agenda / un calendrier

a. le téléphone
b. un CD
c. Internet
d. un courriel
e. un ordinateur
f. un assistant personnel

B. Chez vous. Posez les questions suivantes à un(e) partenaire.

1. Est-ce que vous avez un ordinateur? Si oui, est-ce que vous avez un lecteur de CD / DVD? Un graveur de CD / DVD? Si non, où allez-vous quand vous avez besoin d'un ordinateur?
2. Pour quelles fonctions est-ce que vous utilisez votre ordinateur? (comme traitement de texte, pour surfer sur Internet, etc.)
3. À qui est-ce que vous envoyez des courriels le plus souvent? Pourquoi?
4. Vous avez un téléphone portable? Est-ce seulement un téléphone, ou est-ce un smartphone? Quand est-ce que vous l'utilisez (dans la voiture, en classe, etc.) et pour quelles fonctions?
5. Si vous n'avez pas de portable, que faites-vous quand vous avez besoin de téléphoner à quelqu'un?
6. Que pensez-vous des personnes qui parlent toujours au téléphone dans des endroits publics (le bus, le restaurant, etc.)?
7. Est-ce que vous pensez que c'est un crime de télécharger de la musique ou des films d'Internet? Pourquoi ou pourquoi pas? Est-ce que vous le faites?
8. Est-ce que vous connaissez un «snob» de la technologie? Qui?

Portrait personnel

Quand vous avez fini l'Activité B, faites un résumé des outils technologiques que votre partenaire utilise. Ensuite, comparez-le avec le reste de la classe. Est-ce que votre partenaire est plutôt technophile ou plutôt technophobe?

C. La technologie idéale. Dites à un(e) partenaire quel(s) outil(s) technologique(s) vous avez chez vous, et quel(s) outil(s) vous voudriez avoir / vous ne voudriez pas avoir. Quand vous avez fini, comparez vos réponses, et commentez vos similarités et vos différences à la classe.

1. J'ai déjà un / une / des... Je l'utilise (les utilise) pour...
2. Je voudrais bien avoir un / une / des... parce que...
3. Je ne voudrais pas avoir de... parce que...
4. Tout le monde devrait avoir un / une / des... parce que...
5. Personne n'a besoin d'un(e)... parce que...
6. Je vais bientôt acheter un / une / des... parce que...

STRUCTURE 1

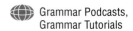
Grammar Podcasts,
Grammar Tutorials

CD 2
Track 34

Connaître vs. *savoir*

In French, there are two verbs that are routinely translated into English as *to know.* These verbs are not interchangeable, however, as they imply two quite different ways of "knowing." Both verbs are irregular.

connaître		savoir	
je connais	nous connaissons	je sais	nous savons
tu connais	vous connaissez	tu sais	vous savez
il/elle/on connaît	ils/elles connaissent	il/elle/on sait	ils/elles savent
passé composé: (avoir) connu		(avoir) su	

Connaître means *to know* in the sense of *to be familiar with* or *acquainted with.* It is always followed by a noun.

Tu connais Paris?	*Do you know / Are you familiar with Paris?*
Vous connaissez la sœur de Marie?	*Do you know / Are you acquainted with Marie's sister?*

Savoir means *to know (a fact)* or *to know how (to do something).* It can be followed by a noun, an infinitive, or a clause.

Vous savez quel jour on se réunit cette semaine?	*Do you know what day we're meeting this week?*
Tu sais envoyer un courriel?	*Do you know how to send an e-mail?*
Je sais que tu aimes la cuisine chinoise. Veux-tu aller manger avec moi?	*I know that you like Chinese food. Do you want to go eat with me?*

In a few cases, either **connaître** or **savoir** could be used, depending on the intended meaning and the context.

Je sais quelle est la capitale du Sénégal. C'est Dakar.	*I know the capital of Senegal. It's Dakar. (This is a fact that I know.)*
Je connais la capitale du Sénégal. Je l'ai visitée.	*I know the capital of Senegal. I've visited it. (This is a place that I'm familiar with.)*

In the *passé composé* and the imperfect

- The past participle of **savoir** is **su**; the past participle of **connaître** is **connu.** Both are conjugated with **avoir** in the *passé composé*: **j'ai su / j'ai connu.** Notice the very specific meanings of each verb.

J'ai connu ma meilleure amie à l'âge de cinq ans.	*I **met** my best friend at the age of five.*
J'ai su hier que tu as été malade.	*I **found out** yesterday that you were sick.*

- Because they are conjugated with **avoir,** the past participle agrees only with a preceding direct object (see Ch. 11 to review this structure):

  J'ai connu ma meilleure amie → Je l'ai connue à l'âge
  à l'âge de cinq ans. de cinq ans.

- The two verbs are regular in the imperfect. (Reminder: to form the imperfect, drop the -ons ending from the **nous** form in the present indicative, and add the imperfect endings.)

  Elle connaissait son ami depuis *She had known her friend for a long time.*
  longtemps.

  Elle ne savait pas qu'il était malade. *She didn't know that he was sick.*

- **Connaître** and **savoir** have very different meanings when used in the **passé composé** and the imperfect. Remember that the **passé composé** always implies the completion of an action. In the **passé composé,** therefore, forms of **connaître** mean *met* or *made the acquaintance of,* and forms of **savoir** in the **passé composé** mean *found out.* In the imperfect, on the other hand, no such completion is implied. Forms of these verbs in this tense simply mean *knew,* with no implication as to when the knowledge was acquired. Look at the preceding examples in this section and note the differences in meaning between the **passé composé** and the imperfect.

In the conditional

- Note that in the conditional, **connaître** maintains the circumflex accent of the infinitive throughout the conjugation. **Savoir** has an irregular stem, **saur-.**

  Si j'étais riche, je **connaîtrais** *If I were rich, I would know a lot*
  beaucoup de célébrités. *of celebrities.*

  Si j'avais un ordinateur, je *If I had a computer, I would know*
  saurais envoyer un courriel. *how to send e-mail.*

⚑ VÉRIFIEZ Votre Compréhension

1. Consider the conjugations of **connaître** and **savoir.** In what ways are these verbs irregular? Despite being classified as irregular verbs, what regularities do they have?
2. Go back to the *Passage 1* text at the beginning of the chapter (p. 402). Underline all uses of **savoir** and **connaître** that you find. Explain the choice of each verb in the context in which it is used.
3. Explain, in your own words, the differences between **connaître** and **savoir** in the **passé composé** and the imperfect.

CD 2
Track 35

À l'écoute!

Petits Tuyaux! You have now reached a point in your proficiency where you're likely to hear sentences that contain verbs in many different tenses. While there may also be an adverb in the sentence (such as **hier** or **demain**) to help you identify the tense of the sentence, that is not always the case.

As you have conversations with speakers of French, it will be very important to quickly and correctly identify the tense of the verb—there's a *huge* difference in meaning between **as-tu mangé** and **vas-tu manger**, for example. One may simply be a polite informational question; the other may be an invitation to lunch or dinner!

Before you complete the following activity, think about how you will determine the tense of the verb in each of the following sentences. What would distinguish **savoir** in the present from **savoir** in the imperfect? Is it the stem or the ending? What about the imperfect from the conditional? To pick out the conditional, should you listen for a stem or an ending? What would you listen for to find verbs in the **passé composé?**

C'est à quel moment? Écoutez les phrases suivantes et identifiez le temps des verbes **savoir** et **connaître**.

1. _____ présent _____ passé composé _____ imparfait _____ conditionnel
2. _____ présent _____ passé composé _____ imparfait _____ conditionnel
3. _____ présent _____ passé composé _____ imparfait _____ conditionnel
4. _____ présent _____ passé composé _____ imparfait _____ conditionnel
5. _____ présent _____ passé composé _____ imparfait _____ conditionnel
6. _____ présent _____ passé composé _____ imparfait _____ conditionnel
7. _____ présent _____ passé composé _____ imparfait _____ conditionnel
8. _____ présent _____ passé composé _____ imparfait _____ conditionnel

Image copyright Mlodrag Gajic, 2010. Used under license from Shutterstock.com

Est-ce que vous avez un téléphone portable? Savez-vous l'utiliser pour prendre des photos? Est-ce que vos photos sont toujours de nature sérieuse, ou est-ce que vous aimez vous amuser avec vos photos, comme ces filles? Est-ce que vous connaissez quelqu'un qui ne sait toujours pas prendre de photos avec son portable, ou qui n'en a pas? Qui?

UNE FAMILLE: Bientôt–dans dix jours exactement–toute la famille prendra l'avion pour aller à Montréal où nous ferons du rafting dans les rapides de Lachine sur le fleuve Saint-Laurent. Les rivières du Québec sont les meilleures pour pratiquer ce sport. Dans la famille, nous aimons tous les émotions fortes!

DEUX COPAINS: Demain nous volerons sur l'eau à l'aide d'un bateau en parachute ascensionnel. Nous volerons sur la Méditerranée depuis la baie de Cannes à Mandelieu-La Napoule. Nous aurons chacun notre parachute et nous pourrons admirer les plages depuis une position privilégiée.

UNE PASSANTE: Comme tous les week-ends, samedi prochain je ferai du VTT–vélo tout terrain–avec mes amis. C'est un sport stimulant[1] mais qui me permet de décompresser après une semaine chargée au travail.

Vous avez bien compris?

Définitions. Devinez de quel sport il s'agit d'après les indications données.

1. le rafting
2. le VTT
3. le saut à l'élastique
4. le parachute ascensionnel
5. le deltaplane
6. le parapente

a. On a besoin d'une force qui fait monter haut pour pratiquer ce sport.

b. Ce sport est parfait pour faire des randonnées à bicyclette.

c. On a besoin d'un bon bateau à moteur.

d. Dans ce sport on a besoin de bateaux pneumatiques.

e. C'est un sport où le parachute a la forme d'un triangle.

f. Dans ce sport on rebondit quand on se jette dans le vide.

[1]challenging

→ Mon vocabulaire ←

Les sports et l'équipement

Les sports d'hiver

la luge

le ski alpin

le ski de fond

le snowboard

l'escalade glaciaire

l'héliski

les patins à glaces /
la patinoire

les skis / une piste
de ski

Les sports nautiques

le jet ski

le ski nautique

la pêche au gros

la planche à voile

D'autres sports

la varappe

l'alpinisme

la raquette / les
courts de tennis

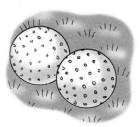

les balles de golf

les clubs de golf /
terrain de golf

le ballon de foot /
terrain de foot

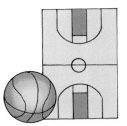

le ballon de basket /
terrain de basket

le parachutisme

À vous!

A. Identifications. Regardez les dessins et identifiez les sports[1].

Maintenant, dites à la classe quel sport de ceux qui sont mentionnés dans l'activité vous pratiquez en ce moment. Quel est le sport le plus pratiqué dans la classe?

B. Que manque-t-il? (What is missing?) Regardez les dessins et indiquez ce que les personnes ont oublié à la maison pour pratiquer les sports.

MODÈLE: *Elle a oublié son ballon de basket!*

[1]To put these in a complete sentence, use 'faire de' (and don't forget the contractions with 'de' and the definite articles when necessary!): *Elle fait **du** ski.*

C. Quel est leur sport? Décidez quels sports correspondent le mieux aux personnes suivantes.

1. Charlotte adore faire du bateau.
2. Michel aime les randonnées en montagne. Il veut sortir en hiver.
3. Ali a le vertige. Il a peur des hauteurs.
4. Dorothée aime la vitesse.
5. Leila aime les sports d'hiver.
6. Adrien déteste les avions. Il aime beaucoup les sports d'hiver.
7. Margot adore être en contact avec la nature.
8. Aurélien a beaucoup d'équilibre et beaucoup de force dans les bras et les jambes.

D. Quel est ton sport? Posez les questions suivantes à un(e) camarade de classe pour savoir quel genre de sport il/elle préfère.

1. Préfères-tu les sports d'hiver ou les sports nautiques? Pourquoi?
2. As-tu déjà fait du parachute ascensionnel? Voudrais-tu essayer d'en faire? Pourquoi?
3. As-tu fait du ski? Si oui, préfères-tu le ski de fond ou le ski alpin? Pourquoi?
4. Si c'était permis, ferais-tu du saut à l'élastique du Golden Gate Bridge à San Francisco? Pourquoi?
5. Quelle activité sportive est-ce que tu ne voudrais jamais faire? Pourquoi?
6. Quel sport extrême as-tu envie d'essayer? Pourquoi?
7. De quoi as-tu peur? Quel sport t'aiderait à réduire cette peur?

En fonction des réponses que votre camarade vous a données, déterminez quel genre de personne il/elle est. Choisissez la réponse qui convient le mieux.

a. Il/Elle est une personne audacieuse et courageuse.
b. Il/Elle est une personne qui n'aime ni *(neither)* le danger ni *(nor)* le risque.
c. Il/Elle est personne qui n'aime pas les défis *(challenges)*.
d. Il/Elle est personne qui cherche toujours des sensations fortes.

Qui est l'étudiant(e) le/la plus aventureux(-euse) de la classe?

STRUCTURE 2

Le futur

Grammar Podcasts, Grammar Tutorials

Uses

As its name implies, the future tense (**le futur**) can be used to express an action that will occur in the future. It may refer to an event in the near future (perhaps tomorrow) or at a later date.

Demain, je **paierai** les factures.	*Tomorrow I will pay the bills.*
L'année prochaine, nous **partirons** pour le Maroc.	*Next year, we will leave for Morocco.*

The future tense can also be used in a sentence that has an *if* clause when it is certain that the event will occur if the event in the *if* clause occurs. In such cases, the pattern is: **si** + present tense + main clause in the future tense.

S'il **pleut** demain, nous n'**irons** pas faire de ski nautique.	*If it rains tomorrow, we will not go water-skiing.*
Si vous **arrivez** en retard, l'avion **partira** sans vous.	*If you arrive late, the plane will leave without you.*
Si tu ne m'**appelles** pas, je ne te **parlerai** plus.	*If you don't call me, I won't talk to you ever again.*

Formation

For both regular and irregular verbs, the future shares the same stems as the conditional. However, the endings are different: **-ai, -as, -a, -ons, -ez, -ont.**

To help you remember these endings, think of the verb **avoir** in the present tense: **j'*ai*, tu *as*, il *a*,** etc.

Regular verbs		
parler	**partir**	**prendre**
je parler**ai**	je partir**ai**	je prendr**ai**
tu parler**as**	tu partir**as**	tu prendr**as**
il/elle/on parler**a**	il/elle/on partir**a**	il/elle/on prendr**a**
nous parler**ons**	nous partir**ons**	nous prendr**ons**
vous parler**ez**	vous partir**ez**	vous prendr**ez**
ils/elles parler**ont**	ils/elles partir**ont**	ils/elles prendr**ont**

The same verbs that are irregular in the conditional are also irregular in the future, as they use the same stems.

Irregular verbs		
aller → j'**ir**ai	recevoir → je **recevr**ai	vouloir → je **voudr**ai
avoir → j'**aur**ai	voir → je **verr**ai	envoyer → j'**enverr**ai
être → je **ser**ai	pouvoir → je **pourr**ai	savoir → je **saur**ai
faire → je **fer**ai	payer → je **paier**ai	acheter → j'**achèter**ai
venir → je **viendr**ai	devoir → je **devr**ai	appeler → j'**appeller**ai

La semaine prochaine, ils ir**ont** faire du rafting.	*Next week, they will go rafting.*
Dans un mois, vous verr**ez** votre famille.	*In a month, you will see your family.*

VÉRIFIEZ Votre Compréhension

1. Go back to *Passage 2* (pp. 412–413) and identify the verbs in the future tense. Look at the form and think about the subject. For example, in the sentence **Le vol libre nous aidera à nous sentir vraiment libres,** is the subject of the verb in the future tense **nous** or **le vol libre?**
2. Once you have identified all the verbs in the future tense, give the infinitive for each one. Is each one an irregular or a regular verb?

À l'écoute!

CD 2
Track 37

Conditionnel ou futur? Écoutez les phrases suivantes au conditionnel et au futur. Indiquez le temps que vous entendez.

1. _____ conditionnel   _____ futur
2. _____ conditionnel   _____ futur
3. _____ conditionnel   _____ futur
4. _____ conditionnel   _____ futur
5. _____ conditionnel   _____ futur
6. _____ conditionnel   _____ futur
7. _____ conditionnel   _____ futur
8. _____ conditionnel   _____ futur

Pratiquons!

A. Que feront-ils demain? Regardez les dessins suivants et dites ce que les personnes feront demain. (Pensez au verbe à l'infinitif d'abord et ensuite, mettez-le au futur.)

1. Clothilde

2. Je

3. Vous

4. Tu

5. Nous

6. Brigitte et Clémentine

B. Une brochure du Club Vacances. Vous travaillez au Club Vacances et votre chef vous a chargé(e) de terminer une brochure qui présente les activités du Club Vacances dans différents pays. Complétez la brochure en mettant les verbes entre parenthèses au futur.

Club Vacances

Si vous venez au Club Vacances, vous (1)_____ (être) toujours les bienvenus et vous (2) _____ (s'amuser) comme des fous! Garanti!

Au Club Vacances de Fort-de-France en Martinique, les GO (les Gentils Organisateurs) vous (3) _____ (prendre) en charge et ils vous (4) _____ (proposer) de faire de la plongée sous-marine[1]. Après quoi, vous (5) _____ (pouvoir) prendre un bain de soleil sur le sable chaud de la magnifique plage des Salines.

Au Club Vacances d'Agadir au Maroc, vous (6) _____ (pratiquer) tous les sports nautiques de votre choix. Depuis Agadir, on vous (7) _____ (conduire) à Marrakech pour assister à des fêtes locales, comme la Fantasia[2]. Vous (8) _____ (se promener) dans la palmeraie, vous (9) _____ (voir) des objets d'artisanat dans le souk[3] ou vous (10) _____ (faire) des promenades dans les petites rues étroites de la ville.

Au Club Vacances de Chamonix dans les Alpes françaises, les GO vous (11) _____ (guider) sur les pistes[4] de ski où vous (12) _____ (descendre) en ski entre les sapins[5] jusqu'au village.

Pour les moins jeunes, on vous (13) _____ (recommander) le ski de fond.

Chaque soir après le dîner, vous (14) _____ (avoir) toutes sortes de divertissements: danse, bingo et cinéma.

Courtesy of Véronique Anover and Theresa A. Antes

Courtesy of Véronique Anover and Theresa A. Antes

Courtesy of Véronique Anover and Theresa A. Antes

C. Décidez! D'après la brochure du Club Vacances de l'Activité B, choisissez un pays et décidez quelles activités vous pratiquerez pendant vos vacances. D'abord, parlez de vos projets au futur à un(e) camarade de classe.

MODÈLE: *Pendant les vacances, j'irai au Maroc. Comme sport nautique je ferai du parachutisme ascensionnel et du ski nautique. J'irai à Marrakech et je me promènerai dans les rues de la ville.*

Ensuite, racontez à la classe les projets de vacances de votre camarade.

MODÈLE: *Melissa ira au Maroc pendant les vacances. Comme sport nautique elle fera du parachutisme ascensionnel, etc.*

D. Le week-end prochain. Trouvez cinq camarades de classe qui vont faire les activités suivantes et pratiquer les sports suivants pendant le week-end. Notez leurs noms à côté de chaque réponse affirmative. Ensuite, dites à la classe ce que trois étudiants vont faire le week-end prochain. Qui va avoir le weekend le plus intéressant? Pourquoi?

> **MODÈLE:** faire du rafting (où?)
> —*Est-ce que tu feras du rafting le week-end prochain?*
> —*Oui, j'en ferai. (Oui, je ferai du rafting.)*
> —*Où est-ce que tu en feras? (Où feras-tu du rafting?)*
> —*J'en ferai au Colorado.*

1. envoyer des courriels (à qui?)
2. faire de l'héliski (où?)
3. voir un film au cinéma (quel film?)
4. faire du saut à l'élastique (où?)
5. se lever très tard (à quelle heure?)
6. recevoir des amis à la maison (pourquoi?)

Portrait personnel

Écrivez un paragraphe où vous comparez trois de vos camarades de classe. Quelles activités aiment-ils? Quel sport est-ce qu'ils ne font jamais? Qui est le/la plus aventureux(-euse)?

Courtesy of Véronique Anover and Theresa A. Antes

Qu'est-ce que vous aimez faire quand vous avez du temps libre le weekend? Est-ce que vous préférez des sports qui ne sont pas trop exigeants, comme le bateau ou le canoë, ou préférez-vous les sports extrêmes?

STRUCTURE 3

Les pronoms disjoints

In Chapters 1 and 2 you learned the subject pronouns, which accompany verbs. You have undoubtedly noticed, however, that these pronouns sometimes change form, as in the expression **Je vais bien, et *toi*?** Whenever the subject pronouns fall in a position where they must be stressed, they are changed to a **disjunctive**, or **stress, pronoun.**

These pronouns are as follows:

moi	nous
toi	vous
lui/elle	eux/elles

This happens in various situations in French, for example:

- in one-word responses to questions;

  —Qui va au cinéma?

  —**Moi.**

- in questions with no verbs;

  —Je m'appelle Julie, et **toi?**

- in sentences that combine a noun and a pronoun;

  —Ma famille et **moi,** nous partons en vacances.

  —Julien et **lui,** ils suivent un cours de chimie.

- to emphasize a subject pronoun;

  —**Elles?** Elles ne savent pas la réponse!

  —Et **toi,** qu'est-ce que tu en penses?

- following a preposition;

  —Je ne sors plus avec **lui.**

  —Il s'entend bien avec ses parents. Il dîne toujours chez **eux.**

- after an introductory phrase such as **il y a, c'est,** or **ce sont.**

  —Dans ma famille, il y a **moi,** mon père et ma sœur. C'est tout!

  —C'est ton frère? / Ce sont tes frères?

  —Oui, c'est **lui.** / Oui, ce sont **eux.**

▶ VÉRIFIEZ Votre Compréhension

Go back to **Passage 2** pp. 412–413 and underline all the disjunctive pronouns that you find. (Be careful not to confuse them with the direct object pronouns, or with subject pronouns, which sometimes look the same!) For each disjunctive pronoun that you find, explain why the stressed form has been used, referring to the categories above.

Pratiquons!

A. C'est qui? Spécifiez la personne dont il s'agit en utilisant des pronoms disjoints dans les phrases suivantes.

> **MODÈLE:** Tu aimes ça?
>
> *Tu aimes ça, toi? / Toi, tu aimes ça?*

1. Il va en France cette année.
2. Nous pensons que la technologie moderne est incroyable.
3. Ils ont besoin de vacances.
4. Elle n'écoute jamais les conseils des autres.
5. Qu'est-ce que vous en pensez?
6. J'adore les appareils photo numériques!

 B. C'est qui ça? Vous regardez des photos avec un(e) ami(e). Répondez à ses questions en utilisant un pronom disjoint.

> **MODÈLE:** Sur cette photo, c'est qui ça? C'est ton frère?
>
> *Oui, c'est lui.*

1. C'est ta sœur?
2. Ce sont tes parents?
3. Ce sont tes amis et toi?
4. C'est moi?
5. Ce sont tes actrices préférées?
6. Ce sont mes sœurs et moi quand nous étions petits?

 C. Réponses non-répétitives. Avec un(e) partenaire, posez les questions suivantes et répondez-y. Utilisez un pronom disjoint dans la réponse, pour ne pas être répétitif.

> **MODÈLE:** dîner / avec tes parents
>
> Question: *Est-ce que tu dînes souvent avec tes parents?*
> Réponse: *Oui, je dîne souvent avec eux. / Non, je ne dîne pas souvent avec eux.*

1. habiter toujours / chez tes parents
2. travailler bien / pour ton patron (ta patronne)
3. s'entendre bien / avec moi
4. dîner / chez ton/ta prof
5. se disputer souvent / avec ton/ta petit(e) ami(e)
6. se souvenir / de ton instituteur (institutrice) quand tu avais cinq ans
7. penser souvent / à tes amis du lycée
8. vouloir sortir / avec mes amis et moi

À vous de parler!

A. À l'agence des sports et des loisirs *(leisure activities)*. Votre meilleur(e) ami(e) et vous voulez expérimenter des vacances différentes. Pour cela, vous vous rendez dans une agence spécialisée en sports et loisirs extrêmes. Décrivez à l'agent votre personnalité et vos goûts afin qu'il/elle vous trouve des vacances sur mesure *(custom-made)*.

Voici quelques options proposées par l'agence à ses clients.

Sports d'hiver dans des snowparks à Avoriaz dans les Alpes

snowboard	ski alpin
ski de fond	héliski

Sports nautiques dans l'océan Pacifique à Tahiti

canoë	aquagym *(water aerobics)*	parachutisme ascensionnel
kayak	sandboard	

> **MODÈLE:** CLIENT(E): *Bonjour, Monsieur / Madame. Je voudrais partir en vacances dans un endroit où je pourrai expérimenter des émotions fortes. J'adore être face au danger et au risque! Que me proposez-vous?*
>
> AGENT: *Aimez-vous les sports nautiques ou préférez-vous les sports d'hiver?...*

B. Des vacances sur mesure! Votre meilleur(e) ami(e) et vous sortez de l'agence des sports et des loisirs très content(e)s car l'agent vous a proposé des vacances parfaites. Vous retrouvez vos amis et vous leur racontez tout ce que vous ferez pendant vos vacances. Vos amis vont être très jaloux! Ils vous posent beaucoup de questions pour en savoir plus! Vont-ils vous imiter?

> **MODÈLE:** ÉTUDIANT(E) 1: *Alors, raconte, qu'est-ce que l'agent de voyages a suggéré?*
>
> ÉTUDIANT(E) 2: *Il nous a dit que nous pourrons aller sur une plage au Maroc et faire de la planche à voile ou du parachute ascensionnel.*
>
> ÉTUDIANT(E) 3: *Oui, et il nous a aussi dit que nous pourrons faire du kayak dans la mer Méditerranée! Tu imagines?!...*

Image copyright T-Design, 2010. Used under license from Shutterstock.com

Comment est cet homme, et qu'est-ce qu'il fait ici? Est-ce qu'il vient de faire de la varappe et écrit maintenant un blog pour en parler? Ou est-ce qu'il est photographe, et vient dans ces montagnes pour la sérénité et les vues? Imaginez sa personnalité, sa profession, son rôle dans cette image, etc., puis comparez votre réponse avec celles du reste de la classe.

In negative commands, the indirect object pronouns are placed before the verb.

Ne dis pas **à tes parents** combien coûte l'abonnement au club de fitness!

Ne **leur** dis pas combien coûte l'abonnement au club de fitness!

Ne **me** donne pas ton mot de passe!

Ne **nous** téléphone pas.

But in affirmative commands, they are attached to the verb with a hyphen.

Dis **à ta sœur** que nous ferons du saut à l'élastique ce week-end.

Dis-**lui** que nous ferons du saut à l'élastique ce week-end.

Répondez **aux profs**.

Répondez-**leur.**

As with the direct object pronouns, **me** and **te** change into **moi** and **toi** in affirmative commands.

(donner à)   Donne-**moi** l'argent!

(téléphoner à)   Téléphonez-**moi!**

(se brosser les dents)   Brosse-**toi** les dents!

Attention! Remember that the preposition **à** is also used to introduce a place or a location. In this case, use the pronoun **y** and not an indirect object. Compare these examples:

Je vais **à la banque.** (location: **y**)   J'**y** vais.

Je parle **à mon banquier.** (à + person: indirect object)   Je **lui** parle.

Nous retirons de l'argent **au guichet automatique.** (location: **y**)   Nous **y** retirons de l'argent.

Nous posons des questions **aux entraîneurs.** (à + persons: indirect object)   Nous **leur** posons des questions.

 VÉRIFIEZ Votre Compréhension

1. Look at the dialog between Carole and the trainer in **Passage 3** (p. 425), and underline the indirect object pronouns. (Be careful to distinguish direct and indirect object pronouns, by thinking about which verbs are normally followed by the preposition **à**.) What do these pronouns mean and to whom do they refer?

2. What tenses are these pronouns used with? Why do they occur where they do in the sentence?

Pratiquons!

A. Le banquier blond! Voici une conversation entre deux amies, Julie et Caroline. Complétez les phrases par le pronom complément d'objet indirect correct.

JULIE: Dis donc, Caroline, tu dis bonjour au banquier blond quand tu vas à la banque? Il est mignon, non?

CAROLINE: Non, je ne (1) _____ dis pas bonjour. Il n'est pas sympa avec moi et il n'est pas mignon du tout. Et en plus, il ne (2) _____ dit pas bonjour, non plus.

JULIE: Ah bon? Eh bien moi, je (3) _____ demande toujours de m'aider. Je le trouve très mignon!

CAROLINE: Eh bien, moi non! Je fais mes opérations bancaires toute seule. Au fait *(By the way),* Julie, puisqu'on parle d'argent, tu as finalement emprunté de l'argent à tes parents pour partir en voyage cet été avec les copains?

JULIE: Non. Franchement, je n'ai pas voulu (4) _____ emprunter de l'argent. Mon père vient de donner toutes ses économies à mon oncle qui a divorcé récemment. Il (5) _____ a dit, à mes parents et moi, qu'il avait besoin d'aide parce que son ex-femme est partie avec tout leur argent.

CAROLINE: Quoi? Son ex (6) _____ a pris tout son argent? Le pauvre... Et toi, alors? Comment vas-tu faire ce voyage? Tu l'as dit aux copains?

JULIE: Non, je vais (7) _____ dire plus tard.

CAROLINE: J'ai une idée! Tu peux demander de l'argent à ton banquier blond qui est si mignon!

JULIE: Tu es folle! Je (8) _____ demande de m'aider avec mes finances, pas avec ma vie privée! Merci pour ton idée!

Offrez-lui une peau d'allure saine.

RAZOR DEFENSE
Exfoliant facial doux
Neutrogena MEN

RAZOR DEFENSE
Gel à raser
Neutrogena MEN

RAZOR DEFENSE
Lotion faciale
Neutrogena MEN

Les nouveaux produits
Neutrogena® MEN

© Neutrogena Corp., USA

Does the pronoun **lui** in the ad mean her or him? Why is there a hyphen before the pronoun?

B. Obéissez-moi! Vous faites du baby-sitting pour deux enfants de quatre et six ans, Lulu et Juju. Vous leur donnez des ordres pour qu'ils arrêtent *(stop)* de se disputer. Écrivez les ordres selon les indications données. Utilisez un **pronom d'objet indirect** dans vos ordres et soyez logique!

> **MODÈLE:** Juju prend le ballon de foot de Lulu. (donner)
> Donne-lui son ballon de foot!

1. Lulu donne un coup de pied à Juju. (ne... pas donner)
2. Lulu veut sa voiture bleue, mais c'est Juju qui a la voiture. (rendre)
3. Lulu et Juju vous mentent *(are lying)*. (dire la vérité)
4. Juju jette la soupe au visage de Lulu. (ne... pas jeter)
5. Juju ne veut pas demander pardon à Lulu. (demander)
6. Juju demande enfin pardon à Lulu mais maintenant, Lulu ne veut pas faire la bise à Juju. (faire la bise)

À l'écoute!

CD 2
Track 39

Écoutez les phrases suivantes, et indiquez si le pronom remplace un objet direct ou un objet indirect.

> **MODÈLE:** Vous entendez: Je l'ai envoyé à ma sœur.
> Vous indiquez objet direct.

1. _____ objet direct   _____ objet indirect
2. _____ objet direct   _____ objet indirect
3. _____ objet direct   _____ objet indirect
4. _____ objet direct   _____ objet indirect
5. _____ objet direct   _____ objet indirect
6. _____ objet direct   _____ objet indirect
7. _____ objet direct   _____ objet indirect
8. _____ objet direct   _____ objet indirect

STRUCTURE 5

Grammar Podcasts,
Grammar Tutorials

L'ordre des pronoms dans la phrase

To avoid repetition in a conversation or a written text, it is normal to use pronouns. In fact, it is common to use two object pronouns in the same sentence: a direct object pronoun and an indirect object pronoun. This construction also happens in English, for example:

I gave **the money to Brian.**   *I gave **it to him.***

She writes **the letters to me.**   *She writes **them to me.***

The following chart shows the order of the pronouns in the present indicative, the **passé composé,** the **imparfait,** and the *negative* imperative.

subject	(ne)	me	le	lui	verb	(pas)
		te	la	leur		
		nous	les			
		vous				

Il **me** donne **la lettre.**   Il **me la** donne.

Nous **vous** avons dit **les réponses.**   Nous **vous les** avons dites.

Elle envoyait **le courriel à son ami.**   Elle **le lui** envoyait.

Ne **me** dis pas **la vérité**—je ne veux   Ne **me la** dis pas—je ne veux
pas savoir!   pas savoir!

In the *affirmative* imperative, however, the order is different.

verb	le	moi
	la	toi
	les	lui
		nous
		vous
		leur

Dis **la vérité à ta mère!**   Dis-**la-lui!**

Passez-**moi les clubs de golf.**   Passez-**les-moi.**

Pratiquons!

A. C'est barbant! *(That's so boring!)* Odile n'arrête pas de parler et quand elle parle elle est barbante car elle répète toujours la même histoire avec les mêmes personnes et les mêmes choses. Pour rendre son histoire moins barbante, récrivez-la en utilisant les **pronoms directs** et **indirects** qui conviennent en remplaçant les mots en italique. Odile parle à son ami Frédéric.

«Frédéric, je vais te raconter ma journée d'hier. Je vais te raconter
(1) *ma journée* parce que ça a été une journée incroyable! D'abord, j'ai
téléphoné à ma sœur. J'aime téléphoner (2) *à ma sœur* parce qu'on rigole
toujours ensemble. Elle me raconte les bêtises de son chat Minoulefou.
Pendant qu'elle me raconte (3) *les bêtises de Minoulefou*, j'écoute (4) *ma
sœur* attentivement. À la fin, nous éclatons de rire toutes les deux,
tellement Minoulefou est marrant. Nous nous entendons très bien, ma
sœur et moi. Nous avons décidé de faire un sport extrême ce week-end.
Nous allons faire (5) *ce sport* avec nos amis Marc et Manuel. Nous allons
probablement faire du VTT. Nous n'avons pas de vélos, mais nos frères en
ont et nous pouvons emprunter (6) *les vélos à nos frères*. Marc et Manuel
sont impatients. Ma sœur doit téléphoner (7) *à Marc et Manuel* pour fixer
l'heure et le jour de notre sortie. J'ai donné (8) *leur numéro de téléphone à
ma sœur*, donc il n'y aura pas de problème.

 B. Tes amis et toi. En groupe de deux, posez-vous les questions suivantes à tour de rôle pour en savoir plus sur vos activités. Utilisez des pronoms directs et indirects dans vos réponses. (Attention! Parfois, vous pouvez avoir plusieurs pronoms dans une même réponse.)

1. Est-ce que tu prêtes ton portable à tes copains de temps en temps?
2. Tu invites souvent tes amis chez toi? Que faites-vous?
3. Est-ce que tu dis toujours la vérité à tes amis? Pourquoi?
4. Est-ce que tu vois tes amis souvent? Combien de fois par semaine?
5. Est-ce que tu parles au téléphone avec tes amis tous les jours? Pendant longtemps?
6. Est-ce que tu fais la bise à tes amis pour dire bonjour? Comment est-ce que tu dis bonjour à tes amis?
7. Est-ce que tu racontes tes problèmes à tes amis? Est-ce que vous vous aidez, tes amis et toi? Comment est-ce que vous vous aidez?
8. Est-ce que tu comprends tes amis? Y a t-il un(e) ami(e) que tu ne comprends pas? Pourquoi?

Portrait personnel

Après avoir fait Activité B, écrivez un paragraphe pour décrire votre camarade de classe. Est-ce que c'est quelqu'un de généreux *(generous)*? de compréhensif *(understanding)*? d'honnête? un peu radin *(stingy)*? Expliquez votre opinion en faisant référence aux réponses données par votre partenaire.

À vous de parler!

 A. Es-tu sportif (sportive)? Discutez avec votre partenaire vos habitudes sportives. Ensuite, regardez l'enquête faite en France sur les préférences sportives des Français. Comparez vos habitudes avec celles des Français.

1. Quel est ton club de fitness préféré?
2. Combien est-ce que tu paies par mois?
3. À quelle heure est-ce que tu aimes aller au club de fitness / faire de l'exercice? Pourquoi?
4. Combien d'heures est-ce que tu restes au club de fitness / fais du sport?
5. Quels sont tes exercices préférés?
6. Qu'est-ce que tu fais avant de faire du sport? Et après?
7. Est-ce que tu pratiques un sport à l'air libre? Quel sport? Où?
8. Est-ce que tu préfères les sports individuels ou en équipe? Pourquoi?
9. Pourquoi est-ce que tu fais du sport / ne fais pas de sport?

Maintenant, regardez le sondage *(survey)* sur les pratiques sportives des Français pour comparer vos habitudes sportives avec celles des Français.

Les pratiques sportives en France

32% des Français pratiquent un sport au moins une fois par semaine.

63% des Français font du sport pour se détendre et arriver à un bien-être personnel.

20% des Français vont faire du sport dans un club de fitness.

Le sport en France est associé à des périodes de vacances ou de loisir *(leisure time)*.

L'été est la saison préférée des Français pour faire du sport.

Les femmes françaises pratiquent le sport de façon plus régulière que les hommes.

Les femmes françaises pratiquent des sports moins brutaux que les hommes.

50% des Français préfèrent pratiquer des sports individuels.

Plus de **50%** des Français qui pratiquent un sport le font de façon non compétitive.

(iLrn) Complete the diagnostic tests to check your knowledge of the vocabulary and grammar structures presented in this chapter.

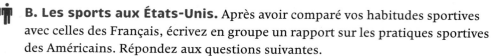 **B. Les sports aux États-Unis.** Après avoir comparé vos habitudes sportives avec celles des Français, écrivez en groupe un rapport sur les pratiques sportives des Américains. Répondez aux questions suivantes.

1. Est-ce que les Américains pratiquent un sport pour améliorer leur bien-être personnel ou est-ce qu'ils le font d'une façon compétitive? Est-ce que les Américains préfèrent faire du sport dans un club de fitness ou à l'extérieur? Préfèrent-ils pratiquer des sports individuels ou en équipe?
2. Est-ce que les femmes américaines font du sport plus régulièrement que les hommes? Est-ce que les sports qu'elles pratiquent sont moins brutaux?

Les Français et le foot sont comme ça

Le football c'est le sport national français! En effet, c'est le sport que les Français préfèrent, avant le basket et le rugby. La télévision diffuse les matchs de foot les plus importants—la Coupe du Monde, la Coupe d'Europe, la Coupe de France et la CAN (la Coupe d'Afrique des Nations)—et une grande majorité des Français sont collés à leur écran de télévision! Il y a même une chaîne de télé dédiée exclusivement aux sports où le foot est le sport le plus diffusé et le plus regardé. Les Français qui le peuvent vont au stade—par exemple, au Parc des Princes ou au Stade de France à Paris—pour assister aux matchs.

© Neil Tingle / Alamy

Les supporters sont nombreux et beaucoup suivent leur équipe préférée de ville en ville et de pays en pays. On appelle «les Bleus» les joueurs qui sont dans l'équipe française de foot parce qu'ils portent des tee-shirts—les maillots—de couleur bleue. Leur tenue de sport est tricolore—bleu, blanc, rouge—comme le drapeau français. Parfois, il y a des bagarres sur le terrain de foot entre les supporters de différentes équipes et la police doit intervenir. À la différence des matchs américains, en France il n'y a pas de *cheerleaders* pour animer le public. Quand «les Bleus» gagnent un match, les fans vont dans les rues des villes en chantant, en buvant et en célébrant la victoire jusqu'à très tard le soir. La vie intime des joueurs de foot est révélée dans la presse people et elle intéresse beaucoup les supporters. Le rêve de beaucoup de jeunes français est d'entrer dans l'équipe de France de foot car c'est un sport très bien payé et qui a beaucoup de succès. C'est facile de devenir une star et d'apparaître dans les journaux et la télévision quand on est dans l'équipe de France!

Réfléchissons!

1. Vous venez de lire que le foot c'est le sport préféré des Français. Quel est le sport préféré aux États-Unis?

2. Y a-t-il des bagarres pendant les matchs de football américain où la police doit intervenir? Est-ce que le public réagit de la même façon quand son équipe gagne?

3. Comme il n'y a pas de *cheerleaders* dans les matchs français, comment croyez-vous que le public s'amuse pendant les pauses?

4. Comment sont les joueurs de football américains en comparaison avec les joueurs français? Deviennent-ils aussi des stars?

À vous de lire!

A. Stratégies. *Skimming and Scanning.* Earlier, you learned that skimming a text to get a general impression of what it is about is an important strategy when reading, as it helps us to make predictions about the text and thus aids the reading process. An equally important strategy, with a different focus, is that of scanning. When you scan a text, you are trying to determine if the text contains certain information that is of interest to you. If you find the information you are looking for, you may decide to read the text more carefully. If not, you may choose to pass on to another text. We often use scanning (as well as skimming) while reading newspapers and other expository prose: we look for key words and phrases to signal the presence of the information we seek.

Scan the text of **Innovations technologiques: Le tunnel sous la Manche** and determine if it would be a good source of the following information.

1. the history of the Channel Tunnel between France and England
2. prices for taking the tunnel train
3. the speed of the tunnel train, and the amount of time it takes to go from Paris to London
4. alternative means of traveling between Paris and London
5. the types of cabins offered on the tunnel train

B. Avant de lire

Considérons le sujet. Le passage suivant concerne le tunnel qui relie la Grande-Bretagne à l'Europe continentale. Avant de lire le passage, faites une liste des informations que vous vous attendez à voir dans un texte de cette sorte. Quelles informations techniques, historiques ou culturelles est-ce que vous pensez que les auteurs vous donneront?

Considérons le vocabulaire. Étant donné le sujet de ce passage, essayez de deviner ce que les mots et expressions suivants veulent dire, et écrivez une définition ou traduction.

1. une traversée en mer

   _____

2. avoir le pied marin

   _____

3. faire preuve d'imagination

   _____

4. bateau sous-marin

   _____

5. pont ferroviaire

   _____

6. à vive allure

   _____

7. foré sous la mer

   _____

8. un havre de sécurité

   _____

C. Lisons! Lisez maintenant le texte et puis répondez aux questions qui le suivent.

Innovations technologiques:
Le tunnel sous la Manche

Il y a quelques 10 000 ans, une parcelle de terre reliait l'Angleterre à la France. Peu à peu, la mer a pris ses droits et la Manche a fait de la Grande-Bretagne une île.

Depuis plus de deux siècles, une grande question technique et politique se posait: comment relier à nouveau les deux pays sans les inconvénients d'une traversée en mer. Même la Reine Victoria qui n'avait pas le pied marin encourageait les projets: «en mon nom et celui de toutes les ladies d'Angleterre».

Les idées ne manquaient pas et des ingénieurs ont fait preuve d'imagination, à la manière parfois des écrivains de science-fiction. Parmi les propositions, on trouve la construction d':

*   un bateau sous-marin sur rail (1869)
*   un pont ferroviaire posé sur des piliers à 90 mètres au-dessus de la mer pour laisser passer les navires (1882)

Autant de projets tombés à l'eau en attendant le tunnel sous la Manche que nous connaissons. Commencé en 1988, il a été inauguré le 6 mai 1994 par la reine d'Angleterre et François Mitterrand, le président de la République française d'alors.

Grâce à cette fantastique œuvre humaine, l'Europe se tient... par la Manche. La Grande-Bretagne est devenue une presqu'île: il faut compter 20 minutes de traversée à 40 mètres sous le fond de la mer. Londres (Waterloo Station) se trouve à trois heures de Paris (Gare du Nord) par Eurostar: le train qui peut accueillir 774 voyageurs. Ce TGV «transmanche» atteint une vitesse de pointe de 300 kilomètres/heure. Le «shuttle,» drôle de train-navette, permet aux voitures, bus, camions de se ranger sur de gros wagons pour traverser la Manche à vive allure aussi.

Le tunnel sous la Manche a une longueur de 50 kilomètres; les 39 kilomètres forés sous la Manche en font le plus long tunnel sous-marin au monde. Le système de transport Eurotunnel est formé de trois tunnels: deux tunnels, réservés à la circulation ferroviaire (navettes et trains), reliés à un troisième tunnel de service central. Le tunnel de service, unique au monde, joue le rôle d'un havre de sécurité; il est en effet maintenu en état de surpression d'air, restant ainsi à l'abri des fumées en cas d'incendie.

Cinquante-sept millions de personnes, ce qui équivaut à la population totale de la Grande-Bretagne, ont emprunté le tunnel sous la Manche par des navettes Eurotunnel, entre 1994 et 2000.

1. Quand est-ce qu'on a commencé à penser à relier l'Europe continentale et la Grande-Bretagne?
2. Est-ce qu'on a pensé tout de suite à faire un tunnel? Si non, quelles ont été les autres suggestions données?

3. Ces suggestions sont comparées à quoi?
4. Quand est-ce qu'on a commencé à creuser le tunnel? Quand est-ce qu'on l'a terminé? Est-ce que cela vous paraît long? Expliquez votre réponse en citant quelques données technologiques concernant le tunnel.
5. Qu'est-ce qu'il y a d'unique concernant ce tunnel? Pourquoi est-ce que c'est important?
6. Est-ce que le tunnel sous la Manche est beaucoup ou peu utilisé, selon vous? Expliquez votre réponse.

JTB Photo/agefotostock

D. Après la lecture. Imaginez que vous allez voyager de Paris à Londres (ou vice versa) par le train. Que ferez-vous? Que verrez-vous? Avec qui est-ce que vous voyagerez? Écrivez un paragraphe où vous décrivez votre journée, en employant le futur.

MODÈLE: *Je me lèverai tôt le matin, et j'irai à la gare avec mon amie Séverine. Nous prendrons le tunnel sous la Manche pour aller à Londres. Le voyage sera court! À Londres, nous visiterons...*

→ Mon vocabulaire ←

Les parties internes du corps

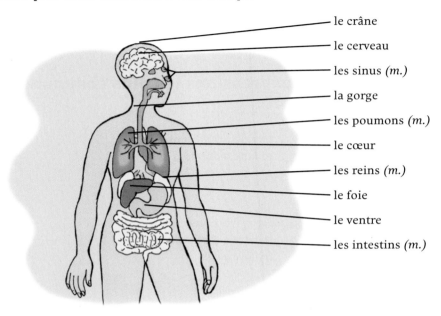

- le crâne
- le cerveau
- les sinus *(m.)*
- la gorge
- les poumons *(m.)*
- le cœur
- les reins *(m.)*
- le foie
- le ventre
- les intestins *(m.)*

Les médicaments et les remèdes

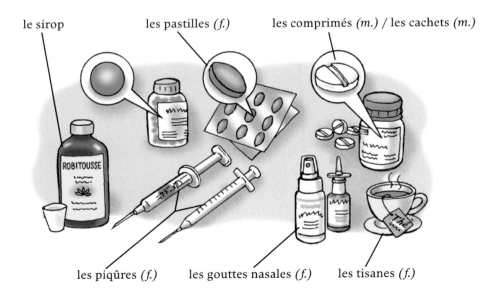

le sirop

les pastilles *(f.)*

les comprimés *(m.)* / les cachets *(m.)*

les piqûres *(f.)*

les gouttes nasales *(f.)*

les tisanes *(f.)*

D'autres médicaments

les antibiotiques *(m.)*
les antihistaminiques *(m.)*
l'aspirine *(f.)*
les médicaments *(m.)*
les remèdes *(m.)* homéopathiques (ou naturels)
un somnifère *sleeping pill*
les vitamines *(f.)*

Les maladies et les expressions les plus communes

avoir mal à la tête	
avoir une migraine	
avoir le nez bouché	*to have a stuffy nose*
avoir le nez qui coule	*to have a dripping nose*
avoir mal à la gorge	*to have a sore throat*
avoir de la fièvre	
avoir mal au dos	
avoir la nausée = avoir mal au cœur = avoir envie de vomir	
avoir une rage de dents	*to have a toothache*
avoir un rhume / être enrhumé(e)	*to have a cold*
avoir la grippe	*to have the flu*
avoir une crise de foie	*to have digestive problems*
avoir une crise cardiaque	*to have a heart attack*
avoir une infection	
tousser	*to cough*
se sentir mal / bien	*to feel bad / well*
être en bonne santé / en mauvaise santé	*to be in good health / bad health*
avoir une santé de fer	*(literally to have an iron health) to be extremely healthy, to have an iron constitution*
être malade / tomber malade	*to be sick / to fall sick*
être guéri(e) / guérir de	*to be healed (from)*
se soigner	*to take care (of oneself)*
un thermomètre	

Expressions utiles

Avoir une crise de foie is an expression that the French use when they have digestive or stomach problems, usually because of too much eating.

Tomber dans les pommes is a common expression meaning to faint.

Au Chapitre 9, vous avez vu **les parties externes du corps.** Révisez ce vocabulaire avant de faire les activités suivantes.

À vous!

A. Les remèdes. Quand est-ce qu'on prend les remèdes suivants?

1. le sirop
2. les gouttes nasales
3. l'aspirine
4. les antibiotiques
5. les tisanes
6. un somnifère

B. Cause et effet. Reliez les maladies de la colonne de gauche aux questions logiques de la colonne de droite à poser dans chaque cas.

> MODÈLE: J'ai une crise de foie.
>
> *Vous avez mangé beaucoup de chocolat?*

1. J'ai mal au ventre.
2. Je tousse.
3. J'ai la nausée.
4. J'ai mal au dos.
5. J'ai mal à la tête.
6. J'ai de la fièvre.

a. Vous attendez un enfant?
b. Vous avez transporté des objets lourds?
c. Vous avez trop mangé?
d. Vous fumez beaucoup de cigarettes?
e. Vous avez une infection?
f. Vous avez bu trop de vin?

C. Mes petits remèdes. Avec un(e) partenaire, dites quels symptômes vous avez quand vous êtes malades, quels remèdes vous prenez et ce que vous faites pour vous sentir mieux.

> MODÈLE: avoir mal au dos
>
> *Qu'est-ce que tu fais quand tu as mal au dos?*
> *Je me couche. / Je prends de l'aspirine. / Je m'étire.*

1. être enrhumé(e)
2. avoir une rage de dents
3. avoir mal à la tête
4. avoir mal à la gorge
5. avoir une crise de foie
6. avoir la nausée

STRUCTURE **1**

Le présent du subjonctif

L'emploi du subjonctif

As you've learned in previous chapters, the indicative is used to indicate fact, and it is used in past, present, and future time frames. From the speaker's point of view, the indicative denotes *objectivity:* the activities and states mentioned are virtually certain to occur, or have already occurred. Furthermore, there is little emotional involvement on the part of the speaker; he or she is simply stating fact.

The *subjunctive mood,* in contrast, denotes *subjectivity* on the part of the speaker, who is relating an event as he or she views it, and who acknowledges that this view may not be the same for others. The subjunctive is therefore used following expressions of necessity, emotion, volition, doubt, and possibility.

Read the following statements in the indicative.

> Chaque soir, avant de se coucher, Marie **boit** un verre d'eau.
> Hier, après avoir fait du jogging, Marie **a bu** un verre d'eau.
> Avant de se coucher ce soir, Marie **boira** un verre d'eau.

These three statements indicate facts about what Marie does normally, did recently, or will do in the future.

Now compare them with the following statement.

> Si Marie veut être en bonne santé, il faut qu'elle **boive** beaucoup d'eau chaque jour.

This sentence indicates what Marie *needs to do*, according to the speaker, in order to accomplish some goal. Because the statement reflects the point of view or opinion of the speaker, the subjunctive is used.

One of the most common uses of the subjunctive in French is to express necessity. There are several verbal, or impersonal, expressions that allow you to do this. These expressions are called impersonal expressions because they only exist in the third personal singular *(it)* form.

Les expressions de nécessité:

Pour être en bonne santé...

> **il faut que** tu manges beaucoup de fruits et de légumes.
> **il est nécessaire que** tu dormes huit heures par nuit.
> **il est essentiel que** tu aimes ton travail.
> **il est indispensable que** tu ne stresses pas trop.
> **il vaut mieux que** *(it is better that)* tu choisisses un style de vie équilibré.

La formation du subjonctif des verbes réguliers

The subjunctive mood exists in present and past tense forms only. In *À vous!* you will use only the present subjunctive, which is formed by adding a set of regular endings to a verb stem. These endings, for all verbs except **être** and **avoir,** are as follows.

(je)	-e	(nous)	-ions
(tu)	-es	(vous)	-iez
(il/elle/on)	-e	(ils/elles)	-ent

For regular **-er**, **-ir**, and **-re** verbs, the subjunctive stem is found by taking the third person plural (**ils** form) of the present indicative and dropping the **-ent** ending:

manger – ils mangent   finir – ils finissent   vendre – ils vendent

Present subjunctive:		
Il faut...		
que je **mange**	que je **finisse**	que je **vende**
que tu **manges**	que tu **finisses**	que tu **vendes**
qu'il/elle/on **mange**	qu'il/elle/on **finisse**	qu'il/elle/on **vende**
que nous **mangions**	que nous **finissions**	que nous **vendions**
que vous **mangiez**	que vous **finissiez**	que vous **vendiez**
qu'ils/elles **mangent**	qu'ils/elles **finissent**	qu'ils/elles **vendent**

Notice that the pronunciation and spelling of **-er** verbs differ from the present indicative only for the **nous** and **vous** forms (**vous mangez / que vous mangiez**); however, for **-ir** and **-re** verbs the two moods are different in all persons: **Je** *finis* **mes devoirs / Il faut que je** *finisse* **mes devoirs. Tu** *vends* **ta voiture / Il faut que tu** *vendes* **ta voiture.**

 VÉRIFIEZ Votre Compréhension

1. Go back to *Passage 1.* What subjunctive verbs can you find? Underline them and give their infinitive.
2. Why is the subjunctive used instead of the indicative in these sentences?

 À l'écoute!

CD 2
Track 41

Petits Tuyaux! In order to determine if the speaker is using present subjunctive or indicative, pay attention to the appearance of an expression of necessity in the sentence as in **il faut que** or **il est indispensable que** and the additional "i" in the **nous** and **vous** forms.

Subjonctif ou indicatif? Listen to the following sentences and determine if they are in present subjunctive or indicative.

	Subjunctive	Indicative		Subjunctive	Indicative
1.	_____	_____	4.	_____	_____
2.	_____	_____	5.	_____	_____
3.	_____	_____	6.	_____	_____

Pratiquons!

A. Pour bien faire. Refaites chaque phrase en conjuguant les verbes au subjonctif avec les différents pronoms.

1. Pour ne plus avoir de fièvre, il faut que *tu guérisses.* (nous / on / je / vous)
2. Pour être en bonne santé, il faut que *j'écoute* mon docteur. (tu / mes parents / nous / on / vous)
3. Pour ne pas avoir une crise de foie, il est essentiel que *nous mangions* sain, que nous ne *consommions* pas d'alcool et que nous *choisissions* des aliments bio *(organic)* si possible (je / vous / mon frère / tu)
4. Pour bien guérir, il est important que *je finisse* tous les antibiotiques. (mes amis / tu / il / vous)

B. Avec ou sans effort? Choisissez les affirmations qui vous décrivent le mieux. Complétez les phrases qui s'appliquent à votre cas. Discutez vos choix avec vos camarades. Est-ce que vous réussissez à faire les choses dans la vie sans effort ou, au contraire, avec beaucoup d'effort?

1. a. Il faut que j'_____ (étudier) beaucoup pour réussir en cours.

   b. Il ne faut pas que j'_____ (étudier) beaucoup pour réussir en cours.

2. a. Il est nécessaire que je _____ (travailler) à plein temps pour me payer mes études.

   b. Il n'est pas nécessaire que je _____ (travailler) à plein temps pour me payer mes études.

3. a. Il faut que je _____ (rendre) à mes parents l'argent qu'ils me prêtent.

   b. Il ne faut pas que je _____ (rendre) à mes parents l'argent qu'ils me prêtent.

4. a. Il est indispensable que je _____ (choisir) bien les aliments que je mange pour être en bonne santé.

   b. Il n'est pas indispensable que je _____ (choisir) bien les aliments que je mange pour être en bonne santé.

5. a. Il est nécessaire que je _____ (maigrir *[to lose weight]*) pour être en bonne santé.

   b. Il n'est pas nécessaire que je _____ (maigrir) pour être en bonne santé.

STRUCTURE 2

La formation du subjonctif des verbes irréguliers

Many irregular verbs in French form the subjunctive in the same way as the regular verbs: by dropping the ending of the third person plural indicative, and adding the subjunctive endings, for example **connaître ils connaissent.**

Il est nécessaire...	
que je connaisse	que nous connaissions
que tu connaisses	que vous connaissiez
qu'il/elle/on connaisse	qu'ils/elles connaissent

Three verbs, however, have an irregular stem. These stems must be memorized separately.

faire	fass-	Il faut que je fasse...
pouvoir	puiss-	Il faut que nous puissions...
savoir	sach-	Il faut que tu saches...

Only **avoir** and **être** are completely irregular in the subjunctive; they have both an irregular stem and irregular endings.

être		avoir	
que je **sois**	que nous **soyons**	que j'**aie**	que nous **ayons**
que tu **sois**	que vous **soyez**	que tu **aies**	que vous **ayez**
qu'il/elle/on **soit**	qu'ils/elles **soient**	qu'il/elle/on **ait**	qu'ils/elles **aient**

Stem-changing verbs

You have already seen several verbs in French that have two stems in the indicative. These verbs have the same two stems, for the same persons, in the subjunctive. Consider **boire** in the indicative:

Je **bois** du lait. Nous **buvons** du lait.

Now look at the conjugation of this verb in the subjunctive.

Il faut...	
que je **boive** du lait	que nous **buvions** du lait
que tu **boives** du lait	que vous **buviez** du lait
qu'il/elle/on **boive** du lait	qu'ils/elles **boivent** du lait

In the subjunctive just as in the indicative, the **nous** and **vous** forms of **boire** have one stem, while the other four persons have a different stem. This is the case for all stem-changing verbs that you have learned to this point:

aller	que j'**aille**	que nous **allions**
prendre	que je **prenne**	que nous **prenions**
vouloir	que je **veuille**	que nous **voulions**
croire	que je **croie**	que nous **croyions**
devoir	que je **doive**	que nous **devions**
venir	que je **vienne**	que nous **venions**

 VÉRIFIEZ Votre Compréhension

1. Go back to *Passage 1* (p. 442), and find all the irregular the verbs in the subjunctive.
2. Do these verbs have regular or irregular stems in the subjunctive? Are the endings regular or irregular?

◀)) À l'écoute!

CD 2
Track 42

Quel est le mode verbal? Écoutez les phrases suivantes attentivement. Ensuite, indiquez le mode verbal que vous entendez.

1. _____ subjonctif   _____ indicatif
2. _____ subjonctif   _____ indicatif
3. _____ subjonctif   _____ indicatif
4. _____ subjonctif   _____ indicatif
5. _____ subjonctif   _____ indicatif
6. _____ subjonctif   _____ indicatif
7. _____ subjonctif   _____ indicatif
8. _____ subjonctif   _____ indicatif

Pratiquons!

A. Une bonne discipline. Récrivez chaque phrase avec les sujets indiqués. Faites bien attention aux formes des verbes (subjonctif et indicatif) dans chaque phrase.

1. Avant un examen, il est nécessaire que *l'on fasse* toutes les activités du cahier d'exercices. (je / vous / ils / mes sœurs)
2. Si *je veux* être de bonne humeur le matin, il est indispensable que *je dorme* huit heures. (mon prof / nous / mes frères / tu)
3. Si *tu veux* apprendre le français, il faut que *tu sois* bien discipliné(e) et que *tu viennes* en cours tous les jours! (on / vous / ils)
4. Le week-end, il est absolument nécessaire que *nous allions* au cinéma. Il faut aussi que *nous nous amusions* de temps en temps! (je / tu / vous / mes amis)

B. Un docteur exigeant. Complétez les phrases suivantes avec la forme nécessaire des verbes entre parenthèses pour exprimer ce que le médecin demande à ses patients.

1. Le docteur dit: «Il est nécessaire que mes patients _____ (arriver) toujours à l'heure à ma consultation *(doctor's office).*»
2. «Il faut que l'on _____ (vouloir) vraiment changer ses mauvaises habitudes.»
3. «Il vaut mieux que vous _____ (ne... plus manger) au fast-food.»
4. «Il est indispensable que mes patients _____ (faire) des changements dans leur mode de vie avant de tomber malade.»
5. «Il vaut mieux que vous _____ (boire) assez d'eau, et que vous _____ (prendre) des vitamines tous les jours.»
6. «Il est important que mes patients _____ (venir) faire leur check-up tous les ans.»

C. Vous êtes docteur aussi: que faut-il faire d'autre? Continuez l'Activité B, en ajoutant au moins trois phrases. Ensuite, comparez vos idées à celles d'un(e) partenaire.

1. _____
2. _____
3. _____

D. Que faut-il faire pour avoir une santé de fer? Choisissez la réponse la plus logique pour terminer les phrases suivantes. Comparez vos réponses avec celles d'un(e) partenaire. Êtes-vous d'accord?

1. Pour ne pas faire une crise cardiaque, il faut que l'on...
2. Pour ne jamais avoir une rage de dents, il faut que tu...
3. Pour éviter d'avoir un rhume, il est indispensable que tu...
4. Pour avoir plus d'énergie, il est nécessaire que nous...
5. Pour prévenir le mal de dos, il vaut mieux que l'on...
6. Pour guérir plus rapidement, il est important que nous...

¹This "l" is only for phonetic purposes; it is neither a direct object pronoun nor an article. It sounds better to add an "l" after "que" and before "on."

À vous de parler!

A. Chez le docteur. Vous êtes hypocondriaque et vous allez chez le médecin très fréquemment. Imaginez: a.) vos conversations dans la salle d'attente avec d'autres patients aussi hypocondriaques que vous ou b.) votre conversation avec votre docteur dans la salle de consultation.

B. La prévention est la solution. Vous savez tous que la prévention peut être la solution pour éviter de nombreuses maladies. Vous travaillez au ministère de la Santé publique au Québec. Faites une brochure sur la prévention de certaines maladies comme la crise cardiaque, certains cancers (le cancer du poumon, par exemple), l'obésité chez les enfants, le cholestérol, etc. Utilisez le subjonctif autant que possible. Adressez-vous au public à la deuxième personne du pluriel **(vous).** Une fois que vous avez terminé, présentez votre brochure à la classe.

> MODÈLE:
> *Pour prévenir le diabète, il faut absolument que vous fassiez attention à votre consommation de sucre. Il est indispensable que vous fassiez de l'exercice régulièrement et que vous buviez moins de boissons alcoolisées (elles contiennent beaucoup de sucre)...*

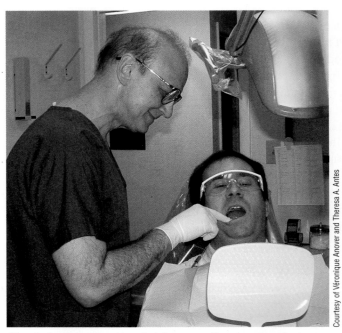

Courtesy of Véronique Anover and Theresa A. Antes

Chez le dentiste. Combien de fois par an allez-vous chez le dentiste? Est-ce que vous avez souvent des rages de dents? Pourquoi?

Le bien-être s'obtient comme ça en France

Les Français consacrent beaucoup de temps et d'argent à leur bien-être—pas seulement le bien-être physique mais le mental aussi pour arriver à une harmonie entre corps et esprit. Déjà au dix-huitième siècle, Voltaire parlait de l'importance de cultiver son «jardin intérieur», sans oublier le «jardin extérieur», bien sûr. Les Français ont plusieurs choix pour arriver à un bien-être parfait entre le corps et l'esprit.

- **Le thermalisme ou les cures thermales.** Comme son nom l'indique, la méthode utilisée dans les cures thermales se base sur la chaleur et le froid pour obtenir différents résultats. Les curistes font des bains d'eau chaude, de vase tiède[1] ou d'algues marines froides pour se détendre (l'esprit) et se sentir mieux physiquement (le corps). Les personnes qui se rendent dans les cures thermales ont souvent des problèmes de rhumatisme, de digestion, de peau[2], de respiration ou de circulation. Les cures thermales se trouvent dans des endroits privilégiés (la mer, la montagne) en contact avec la nature. La durée d'une cure thermale est de deux à trois semaines. Pour garantir la prise en charge par la sécurité sociale, il faut que le médecin traitant prescrive la cure et choisisse la station thermale où le patient va séjourner.

- **La thalassothérapie (ou la thalasso).** Le principe de la thalasso, c'est d'appliquer des soins et des traitements à base d'eau de mer. Les établissements se situent tous sur les côtes. Les soins[3] ou les cures en thalasso sont multiples. La cure la plus populaire est la remise en forme. Mais il y a également la cure antistress, la cure postnatale ou prénatale, les cures antitabac, minceur / diététique (soins anticellulite, aquagym, drainage lymphatique, régime alimentaire, musculation en salle de gym), ménopause, jambes lourdes, la spéciale dos (avec des hydromassages ou des bains de boue) ou la spéciale homme. Le but[4] de la thalasso est de procurer un bon équilibre biologique. On va en thalassothérapie pour améliorer sa forme plutôt que pour se soigner.

[1]warm mud   [2]skin   [3]treatments   [4]goal

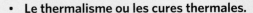

Courtesy of Véronique Anover and Theresa A. Antes

- **Les instituts de beauté ou les centres de bien-être.** Ce sont des centres esthétiques. Généralement dans ces centres il y a un salon de coiffure, un espace sauna, un espace manucure et pédicure et des esthéticiennes spécialistes du maquillage permanent, du drainage lymphatique ou de l'épilation laser ou à la cire.[1]

- **L'homéopathie (ou la médecine douce).** L'homéopathie soigne par le pouvoir des plantes. Bon nombre de Français préfèrent traiter les symptômes d'une maladie comme le rhume, les migraines ou le stress à l'aide de l'homéopathie plutôt[2] qu'avec les remèdes de la médecine traditionnelle. L'homéopathie est différente de la médecine tradition-nelle car elle s'occupe aussi bien de la psychologie du patient que des symptômes physiques (migraines, insomnies, mal au dos). La plupart des traitements homéopathiques sont couverts par la sécurité sociale.

Réfléchissons!

1. Est-ce que les Américains sont aussi préoccupés que les Français par leur bien-être? Pourquoi? Expliquez votre réponse.

2. Est-ce que dans votre pays il y a autant de centres dédiés au bien-être? Y a-t-il des centres similaires aux centres français? Donnez des exemples.

3. Où vont les Américains pour atteindre une harmonie entre corps et esprit? Que font les Américains pour réduire le stress, par exemple? Pour combattre les migraines?

4. Avez-vous été étonné(e) de la prise en charge par la sécurité sociale des soins homéopathiques, des cures thermales et des thalassothérapies? Pourquoi? Pensez-vous qu'il est nécessaire que ces soins soient remboursés par la sécurité sociale? Justifiez votre réponse.

[1]wax [2]rather than

CD 2
Track 43

Passage 2

Quel est votre mode de vie?

Faites le test suivant sur vos habitudes alimentaires et votre style de vie. Quand vous aurez terminé, comptez vos points et déterminez si le régime alimentaire que vous suivez est optimal ou non.

1. Prenez-vous le petit-déjeuner tous les matins?
   a. Oui, toujours. (1 point)
   b. Non, jamais. (3 points)
   c. De temps en temps. (2 points)

2. Quand vous prenez votre petit-déjeuner, vous mangez...
   a. des céréales avec du lait écrémé.[1] (1 point)
   b. des tartines avec du beurre et de la confiture. (2 points)
   c. des œufs avec du bacon. (3 points)

3. Que buvez-vous le matin?
   a. Du chocolat chaud avec du lait entier.[2] (3 points)
   b. Un à deux cafés crème. (2 points)
   c. Un jus de fruit. (1 point)

4. Pour le déjeuner, vous mangez...
   a. au fast-food. (3 points)
   b. un repas léger—une salade, un yaourt, des fruits, etc. (1 point)
   c. rien du tout. (3 points)

5. Pour vous déplacer...
   a. vous allez à pied. (1 point)
   b. vous prenez votre bicyclette. (1 point)
   c. vous prenez votre voiture ou un moyen de transport
      public. (3 points)

6. En général, vous pratiquez un sport ou vous faites de l'exercice...
   a. jamais. (3 points)
   b. tous les jours. (1 point)
   c. deux à trois fois par semaine. (2 points)

7. Pour le dîner, vous préparez votre repas avec...
   a. des aliments biologiques et maigres (des légumes et des fruits).
      (1 point)
   b. des aliments surgelés (des plats préparés, comme des pizzas).
      (2 points)
   c. des aliments gras—des frites, du bœuf, du poulet frit. (3 points)

**8. Est-ce que vous mangez beaucoup de fruits et de légumes
    chaque jour?**
   a. Non, je suis carnivore, je ne mange que de la viande et des
      féculents.[3] (3 points)
   b. Oui, je suis végétarien(-ne); la base de mon alimentation, ce
      sont les fruits et les légumes. (2 points)
   c. Oui, j'essaie de manger équilibré, c'est-à-dire, un peu de tout.
      (1 point)

---

[1]reduced fat milk   [2]whole milk   [3]or "hydrates de carbone" (more scientific)

9. **Consommez-vous des boissons alcoolisées?**
   a. Rarement ou jamais. (1 point)
   b. En abondance. (3 points)
   c. Avec modération. (2 points)

10. **Après le dîner, le soir...**
   a. vous restez vautré(e)¹ sur le fauteuil, la télécommande à la main. (3 points)
   b. vous faites du sport ou une activité physique. (1 point)
   c. vous allez chercher le courrier ou vous sortez le chien. (2 points)

Résultats

De 10 à 15 points: Vous menez une vie bien équilibrée. Nous recommandons que vous ne changiez rien. Vous savez qu'il est important d'être attentif(-ve) à votre poids et à votre santé. Il faut continuer ce mode de vie. Il est peu probable que vous tombiez souvent malade.

De 16 à 22 points: Il faut absolument que vous amélioriez votre style de vie. Il est préférable de faire quelques changements dans votre régime alimentaire et dans vos activités de tous les jours. Nous sommes navrés que vous deviez changer votre mode de vie. Il est regrettable que vous ne preniez pas assez soin de vous.

De 23 à 30 points: Il est dangereux de vivre comme vous le faites. Il faut que vous fassiez des changements immédiats, sinon vous allez le regretter. Nous sommes vraiment désolés que vous soyez obligé(e) de changer vos habitudes. Il est clair que vous allez avoir des maladies graves à l'avenir si vous restez comme vous êtes.

Vous avez bien compris?

Répondez aux questions suivantes, selon le texte.

1. Si vous avez un score de 28, est-ce qu'il faut changer quelque chose dans votre style de vie? Pourquoi ou pourquoi pas? Comment pourriez-vous avoir un score moins élevé?
2. Selon le test, est-ce que c'est bien de ne pas déjeuner? Est-ce que c'est mieux de manger dans les fast-foods? Pourquoi?
3. Selon le test, combien de fois par semaine faut-il prendre le petit-déjeuner? Que faut-il prendre pour avoir une vie plus saine?
4. Est-ce que c'est mieux d'être végétarien(ne) que de manger équilibré, selon le test? Pourquoi pensez-vous que les auteurs disent cela?
5. Si vous avez un score de 12, qu'est-ce que les auteurs du test recommandent?

¹spread out

→ Mon vocabulaire ←

Les émotions

être déprimé(é),
être malheureux (-euse),
être insatisfait(e)

être comblé(e), être satisfait(e),
être aux anges

être navré(e), être gêné(e)

être épaté(e), être
choqué(e); être surpris(e)

être fâché(e), être en
colère, être en rage

Le régime alimentaire

Des aliments (m.) riches en matières grasses

Des aliments maigres
(sans matières grasses),
des produits *(m.)* allégés,
des produits de régime

Des produits bio
(biologiques)

Des produits surgelés

Quelques expressions verbales utiles

être costaud( ) = être musclé(e) = être fort(e) = être gros (grosse)

être mince = être maigre

être au régime = vouloir perdre du poids

grossir = prendre du poids

maigrir = perdre du poids

garder la ligne = ne pas prendre de poids

manger sain = manger équilibré

À vous!

A. Rappelons-nous. Au Chapitre 12 (p. 368) et maintenant dans ce chapitre vous avez vu les expressions d'émotion suivantes. Indiquez sous chaque photo l'expression qui correspond le mieux. Ensuite, trouvez un synonyme pour autant d'expressions que possible.

_____ _____ _____ _____ _____

_____ _____ _____ _____ _____

_____ _____ _____ _____ _____

1. être heureux (heureuse)
2. être étonné(e)
3. être furieux (furieuse)
4. être soulagé(e)
5. être triste
6. avoir honte
7. être content(e)
8. être ravi(e)
9. être navré(e)

B. Le contraire. Trouvez une expression qui exprime le contraire des expressions suivantes.

1. Je suis au régime.
2. Je suis déprimé(e).
3. Elle prend du poids.
4. Elle est aux anges.
5. Je garde ma ligne.
6. Nous mangeons des aliments maigres.

 C. Comment se sentent-ils? Avec un(e) partenaire, nommez des personnages de romans ou de films qui éprouvent les émotions suivantes. Ensuite comparez votre liste avec celles de vos camarades.

1. malheureux
2. déprimé
3. épaté
4. fâché
5. comblé
6. déçu

STRUCTURE ③

Le subjonctif vs. l'infinitif

You may have noticed in the test results (**Passage 2,** pages 455–456) that expressions of necessity are not always followed by a verb in the subjunctive; sometimes they are quite simply followed by an infinitive, and in some cases the preposition **de** and an infinitive. This is possible when the statement refers to people in general, rather than to a specific person or group of people. The difference between these two usages is not only one of grammar, but also one of meaning. Compare the following examples:

> Pour être en bonne santé, il ne faut pas fumer.

> Si tu veux être en bonne santé, il ne faut pas que tu fumes.

The first sentence represents a statement that is true for the population at large. In the second sentence, however, the action of the verb **fumer** is personalized—it is made specific to the subject pronoun **tu.** With the change of subject from the expression of necessity (impersonal **il**) to the doer of the action **(tu),** the subjunctive becomes necessary.

Impersonal expressions consisting of **Il est** + adjective must add the preposition **de** before the infinitive.

> Il est important **de manger** des produits bio pour être en bonne santé.

> Il est nécessaire **de choisir** des produits allégés pour maigrir.

Do not add the preposition **de** with **il faut** and **il vaut mieux** before an infinitive.

> Il vaut mieux **être** satisfait avec sa vie.

⚑ VÉRIFIEZ Votre Compréhension

1. Go back to the test results in Passage 2 on pages 455–456, and find all the expressions of necessity that are followed by an infinitive. Why is an infinitive used and not a clause with a subjunctive?
2. Find the sentences that have the preposition **de** before an infinitive and the ones that do not, and explain why.

Pratiquons!

A. Différences irréconciliables! Charlotte va vous parler des différences entre Isabelle, sa colocataire, et elle. Complétez le paragraphe avec le subjonctif ou l'infinitif, selon le cas.

Isabelle et moi, nous sommes des personnes très différentes! Elle pense qu'il faut (étudier) (1) _____ pendant des heures chaque soir; moi, je trouve qu'il est nécessaire de (se préparer) (2) _____ seulement un peu avant les examens. D'après *(according to)* Isabelle, il est essentiel que j(e) (aller) (3) _____ plus fréquemment à la bibliothèque.

Elle répète souvent qu'il faut (être) (4) _____ sérieux, si
l'on veut réussir. Mais moi, je trouve qu'il est important de (connaître) (5)
_____ les autres étudiants des cours aussi et qu'il est nécessaire
de (sortir) (6) _____ avec eux pour s'amuser. Je pense qu'il
est indispensable que les étudiants (être) (7) _____ sociables
pour avoir beaucoup d'amis et pour mieux comprendre les cours! Isabelle est
plutôt solitaire. Il faut qu'elle (sortir) (8) _____ un peu plus
et qu'elle (travaille) (9) _____ un peu moins. Isabelle dit que
nous ne pouvons pas vraiment travailler dans un café. Il faut qu'elle (avoir) (10)
_____ du silence pour bien travailler. Et vous,
êtes-vous d'accord avec elle ou avec moi?

Maintenant, répondez à la question de Charlotte!

B. Que faut-il? Dites ce qu'il faut faire pour ressentir (ou non) les émotions
suivantes.

> MODÈLE: pour être heureux
> *Pour être heureux, il faut penser de façon positive.*

1. pour ne pas être déprimé
2. pour être comblé dans son couple
3. pour ne pas être malheureux dans son travail
4. pour être satisfait de sa vie
5. pour ne pas être déçu par ses amis
6. pour ne jamais regretter ses choix

 C. Jeu de rôles. Avec un(e) partenaire, jouez les jeux de rôles suivants. (La
personne qui est le professeur dans le premier jeu de rôles sera le/la client[e]
dans le deuxième.)

> MODÈLE: LE PROF: *Il faut compléter les activités dans le cahier d'exercices.*
> L'ÉTUDIANT(E): *Est-ce qu'il faut que je fasse les activités orales dans le
> cahier aussi?*
> LE PROF: *Oui, bien sûr! Il faut que tu les fasses aussi.*

1. Vous êtes professeur et étudiant(e). Le professeur va expliquer à
   l'étudiant(e) ce qu'il faut faire (de façon générale) pour préparer l'examen.
   Ensuite, l'étudiant(e) va poser des questions précises.
2. Vous êtes docteur et patient(e). Le docteur va dire au patient (à la patiente)
   ce qu'il faut faire (de façon générale) pour rester en bonne santé. Ensuite,
   le/la patient(e) va poser des questions spécifiques à son cas

**Quelles émotions exprime le
jeune homme sur la photo devant
sa tasse de chocolat chaud?** Et
vous, quelle est la boisson qui
vous procure le plus de plaisir le
matin? L'après-midi? Et le soir?

Courtesy of Véronique Anover and Theresa A. Antes

Portrait personnel

D'après la réponse de votre camarade de classe, dites s'il/si elle est un(e)
étudiant(e) comme Charlotte ou comme Isabelle. Élaborez votre réponse.

> MODÈLE: *Robert est comme Isabelle parce qu'il pense qu'il faut... et qu'il est
> important de...*

STRUCTURE 4

Le subjonctif avec les expressions d'émotion et de volonté

Another common use of the subjunctive in French is with expressions of emotion and desire. These are also subjective, because they represent the speaker's point of view rather than general fact. The use of the subjunctive mood tells the listener that he/she is hearing an opinion: how the speaker feels, or what he/she wants or doesn't want. Compare the following sentences.

Marc **vient** nous voir chaque soir.

Je suis content que Marc **vienne** nous voir chaque soir.

Je veux que Marc **vienne** nous voir chaque soir.

The first sentence states general fact, without showing any emotional involvement on the part of the speaker. The second sentence, on the other hand, shows how the speaker feels about Marc's activity; therefore, it uses the subjunctive. The third sentence also involves emotional participation on the part of the speaker: it shows what he/she wants (for Marc to visit), and therefore contains a subjunctive. Note that English uses an infinitive following such expressions of volition.

*I **want to go** to the movies.*

*I **want** you **to go** to the movies with me.*

This use of an infinitive is possible in French only when there is no change of subject.

Je **veux aller** au cinéma.   *I **want to go** to the movies.*

However, when the speaker is referring to the actions of another person, the subjunctive is required.

Je **veux** que tu **ailles** au cinéma   *I **want** you **to go** to the movies*
avec moi.   *with me.*

Following are common expressions of emotion and volition (desire) in French.

Les expressions d'émotion	
être heureux (heureuse), être content(e)	*to be happy / glad*
être ravi(e)	*to be delighted*
être désolé(e)	*to be sorry*
être furieux (furieuse)	*to be furious*
être déçu(e)	*to be disappointed*
être triste	*to be sad*
être étonné(e)	*to be surprised / shocked*
être surpris(e)	*to be surprised*
être soulagé(e)	*to be relieved*
avoir honte	*to be ashamed*
avoir peur	*to be afraid*
regretter	*to regret, to be sorry*
cela (ça) m'agace	*it bothers me*

Les expressions de volonté
vouloir / ne... pas vouloir
insister pour
recommander
demander
exiger (= insister)

 VÉRIFIEZ Votre Compréhension

Now look back at the test results in *Passage 2* (pp. 455–456). Underline all the uses of the subjunctive and all the infinitives that you find. With which types of expressions do these verb forms occur?

Pratiquons!

A. Réactions et recommandations. Imaginez que vous êtes le prof et que vos étudiants vous disent les choses suivantes. Trouvez des réactions possibles, en utilisant les expressions d'émotion ou de volonté suggérées, et le subjonctif.

> **MODÈLE:** Je n'ai pas passé l'examen hier, parce que j'étais malade.
> *Je suis content que vous ne soyez plus malade.* **ou**
> *J'insiste pour que vous passiez l'examen demain.*

1. Je ne peux pas parler en cours, parce que j'ai très mal à la gorge.
   Je suis désolé(e) / Je ne veux pas
2. Je ne suis pas préparé(e); j'avais d'autres choses à faire hier!
   J'insiste pour que / Je voudrais
3. Je ne veux pas lire le texte—j'ai une migraine.
   Je regrette / Je recommande
4. Si je m'endors en cours, c'est parce que je suis enrhumé(e)!
   Je suis furieux (furieuse) / Je suis désolé(e)
5. J'aime bien les voyelles nasales aujourd'hui—j'ai le nez bouché!
   Je suis ravi(e) / Je recommande

B. Une réaction compréhensible. Vous êtes à l'université depuis deux semaines. Votre mère vous téléphone pour vous donner des nouvelles de la famille. Réagissez à ce qu'elle vous dit.

> **MODÈLE:** «Papa va en Chine, pour travailler.»
> *Je suis étonné(e) que Papa aille en Chine.*

1. «Mamie est à l'hôpital.»
2. «Ta sœur dort maintenant dans ta chambre.»
3. «Papi commence à boire.»
4. «J'arrête de fumer.»
5. «Tonton Michel veut être président des États-Unis.»
6. «Ta sœur et moi, nous venons te voir la semaine prochaine!»

C. Votre réaction personnelle. Refaites l'Activité B avec un(e) partenaire, mais cette fois-ci, parlez des événements qui ont lieu *(occur)* en ce moment. Pour commencer, écrivez cinq phrases.

> **MODÈLE:** *Il y a des guerres dans le monde.*

Ensuite, dites ce que vous avez écrit à votre partenaire. Il/Elle va exprimer ses réactions pour chaque situation.

> **MODÈLE:** *Je suis déçu(e) qu'il y ait des guerres.*

Portrait personnel

Après avoir fait l'Activité C, écrivez un paragraphe où vous décrivez ce dont vous avez parlé avec votre partenaire, et les réactions de celui-ci (celle-ci).

> **MODÈLE:** *Sarah est étonnée qu'il y ait beaucoup de pauvres aux États-Unis. Elle est triste que le gouvernement américain ne fasse rien pour résoudre le problème....*

D. Des conversations entre amis. Vous parlez de la vie universitaire avec des amis, qui donnent leurs opinions sur les phrases et les questions suivantes. Indiquez votre point de vue, en utilisant des expressions telles que: **je veux / voudrais, je ne veux pas / je ne voudrais pas, j'insiste pour, je recommande, j'aimerais, j'exige,** etc.

> **MODÈLE:** On devrait aller en cours le samedi.
> *Oui, je recommande qu'on aille en cours le samedi.* **ou**
> *Mais non, je ne veux pas aller en cours le samedi!*

1. Le professeur devrait nous donner plus de devoirs écrits.
2. Les étudiants devraient passer moins de temps à s'amuser.
3. On devrait payer moins pour nos cours à l'université.
4. On devrait avoir des vacances d'hiver plus longues.
5. Qu'est-ce que tu recommandes pour le problème du parking sur le campus?
6. Qu'est-ce qu'il faut faire pour résoudre le problème des étudiants qui trichent *(cheat)*?
7. Comment peut-on améliorer les restaurants universitaires?

STRUCTURE 5

Le subjonctif pour exprimer le jugement et le doute

The subjunctive mood is also used with two other types of constructions that show the speaker's point of view: expressions of judgment and of doubt. The rule concerning **expressions of judgment** is clear-cut: whenever a speaker gives a personal judgment about another person, the verb is in the subjunctive mood.

> Il est juste que le président ait un avion à sa disposition, mais il est dommage qu'il ne puisse pas voyager en train. C'est agréable de voyager en train!

Note that in the first two clauses, the speaker is expressing a judgment concerning the actions of someone other than him-/herself. This judgment is not necessarily shared by others, however. In the final sentence, the speaker continues to express his/her opinion, but because there is no change of subject, this judgment is followed by an infinitive.

Les expressions de jugement[1]		
il est bon	il est ridicule	il est stupide
il est juste	il est dommage	il est agaçant
il est normal	il est regrettable	il est surprenant
il est préférable	il est inacceptable	il est étonnant
il est injuste	il est bizarre	il est agréable

Expressions of doubt are a little less clear-cut in French than expressions of judgment. Speakers of French normally make a distinction between doubt, which requires a subjunctive, and certainty, which requires a verb in the indicative mood.

> Marie doute que son mari la comprenne vraiment. Elle est sûre qu'il fait de son mieux, mais il est peu probable qu'il sache vraiment ce qu'elle veut dans la vie. Et son mari? Il est certain que sa femme ne le comprend pas du tout!

For French speakers there is a continuum, which runs from total doubt on one end to total certainty on the other. Expressions that are closer to expressing doubt **(il est possible)** take the subjunctive, whereas those that are closer to expressing certainty **(il est probable)** take the indicative. The following expressions of doubt take the subjunctive, whereas the expressions of certainty take the indicative.

Les expressions de doute (subjunctive mood is necessary)[2]	
il est douteux	il est possible / il se peut que
il est impossible / improbable	il est peu possible / peu probable
il n'est pas possible / pas probable	il n'est pas clair
il n'est pas certain	il n'est pas vrai / il est faux
douter: je doute, elle doute, etc.	

[1]All the expressions under this category may be used with "c'est" instead of "il est." (It is less formal.) For example: "C'est ridicule que tu sois encore fâché avec moi!"   [2]As with the previous expressions, these expressions of doubt may be used with "c'est" instead of "il est."

Les expressions de certitude (indicative mood is necessary)[1]	
il est clair	il est sûr
il est certain	il est probable
il est évident	il n'est pas douteux
il est vrai	ne... pas douter

Les verbes *penser* et *croire*

These two verbs represent one last complication in the question of doubt versus certainty. Used in the affirmative, these verbs generally represent certainty, and therefore take the indicative.

> Je pense que le président est peu rémunéré.

> Je crois que nous devrions lui donner un plus gros salaire.

Used in the negative or the interrogative, on the other hand, these verbs generally represent more doubt than certainty, and are followed by the subjunctive.

> Pensez-vous que le président soit peu rémunéré?

> Je ne crois pas que nous devions lui donner un plus gros salaire.

 VÉRIFIEZ Votre Compréhension

Reread the test results in **Passage 2,** and underline all the expressions of judgment, doubt, and certainty that you find in it. Explain which moods are used with these forms, and why.

 ## À l'écoute!

CD 2
Track 44

Doute ou non? Écoutez les phrases suivantes, et dites si le deuxième verbe est au subjonctif ou à l'indicatif.

1. _____ subjonctif   _____ indicatif
2. _____ subjonctif   _____ indicatif
3. _____ subjonctif   _____ indicatif
4. _____ subjonctif   _____ indicatif
5. _____ subjonctif   _____ indicatif
6. _____ subjonctif   _____ indicatif
7. _____ subjonctif   _____ indicatif
8. _____ subjonctif   _____ indicatif

[1]These expressions may also use "c'est" instead of "il est."

Pratiquons!

A. Vos opinions. Quel est votre jugement concernant les situations suivantes.

> MODÈLE: Les étudiants américains doivent payer leurs études.
>
> *Il est injuste (**ou** normal) que les étudiants doivent payer leurs études.*

1. On doit étudier une langue étrangère à l'université.
2. On peut obtenir un diplôme en quatre ans.
3. Il y a des étudiants qui trichent.
4. Les étudiants connaissent bien leurs professeurs.
5. Les manuels de classe coûtent cher.
6. Il y a beaucoup d'étudiants par cours.

Maintenant, exprimez trois opinions personnelles concernant la vie universitaire.

B. Jugements et doutes. Récrivez les phrases suivantes, avec les expressions données, en faisant attention à l'usage du subjonctif ou de l'indicatif.

1. *Il est clair que* nous avons un super prof de français! (il est peu probable / il est vrai / il est évident / elle doute)
2. *Je doute que* les étudiants fassent les devoirs de mathématiques en cours de français! (il est certain / il se peut / il est probable / pensez-vous...?)
3. *Il est impossible que* tu maigrisses avec ce régime. (il est bien probable / je crois / il est douteux / il est possible)

 C. Transformations. Posez les questions suivantes à un(e) camarade de classe pour savoir comment il/elle envisage *(contemplates)* son futur. Votre camarade va répondre avec des expressions de doute ou de certitude.

> MODÈLE: Dans dix ans, est-ce que tu habiteras toujours ici?
>
> *Il est peu probable que j'habite ici dans dix ans.*

1. Dans dix ans, est-ce que tu seras marié(e)?
2. Auras-tu des enfants? Si oui, est-ce que tu garderas la ligne?
3. Est-ce que tu mangeras mieux? Est-ce que tu achèteras exclusivement des produits allégés ou biologiques?
4. Est-ce que tu habiteras aux États-Unis? Où?
5. Seras-tu satisfait(e) de ta vie? Pourquoi ou pourquoi pas?
6. Quand tu obtiendras ton premier poste, est-ce que tu seras stressé(e)? Pourquoi ou pourquoi pas?

Portrait personnel

Écrivez un paragraphe dans lequel vous comparerez les opinions de votre partenaire avec vos propres opinions. Est-ce que vous aurez une vie semblable ou différente dans dix ans?

À vous de parler!

 A. Régime alimentaire. Donnez des exemples pour les catégories suivantes. Ensuite, dites à votre partenaire quels sont les produits que vous consommez le plus souvent. Finalement, faites une enquête dans la classe pour savoir quels sont les produits que vos camarades consomment le plus ou le moins.

> MODÈLE: des produits surgelés
> *des pizzas, des plats préparés*

1. des aliments riches en matières grasses
2. des produits bio
3. des aliments maigres
4. des produits allégés
5. des produits diététiques

Dans l'ensemble, quelles sont les habitudes alimentaires des étudiants de la classe? Qui mange mieux et plus équilibré? Pourquoi?

 B. Le stress et moi. Avec un(e) partenaire, discutez de ce qu'il faut faire pour éviter le stress et rester en bonne santé.

1. Quand vous avez trop de travail (devoirs, examens, responsabilités familiales, etc.), qu'est-ce qu'il est important de faire pour réduire le stress?
2. Est-il prioritaire que vous mangiez de façon équilibrée? Que vous mangiez des produits biologiques? Est-ce que vous le faites?
3. À votre avis, est-il important que vous vous vacciniez régulièrement? Pourquoi ou pourquoi pas?
4. Est-il essentiel de faire une activité physique tous les jours? Quelle activité est-ce que vous faites de façon régulière?
5. Combien d'heures faut-il que vous dormiez chaque nuit? Est-ce que vous le faites?
6. Est-il important que vous limitiez votre consommation d'alcool et de tabac? Pourquoi?

iLrn Complete the diagnostic tests to check your knowledge of the vocabulary and grammar structures presented in this chapter.

C. Conseils. Votre meilleur(e) ami(e) est très stressé(e) par la vie qu'il/elle mène: il/elle est déprimé(e), travaille trop, boit trop, fume trop, tousse toujours, ne dort pas assez, mange comme quatre, etc. Vos amis et vous allez vous occuper un peu de lui/elle. Vous organisez pour lui/elle un plan beauté et santé en lui donnant des conseils de nutrition et de mode de vie.

La médecine traditionnelle est comme ça en Afrique

En Afrique de l'Ouest, la majorité de la population (85%) utilise la médecine traditionnelle africaine, c'est-à-dire, les guérisseurs et les herboristes. Ceci est dû en partie au coût très élevé de la médecine moderne et de son accès difficile surtout dans les milieux ruraux, mais aussi au fait que la médecine moderne n'a pas une approche holistique, si importante pour les africains. En effet, la médecine traditionnelle africaine est centrée autour des bienfaits des plantes, mais aussi de tout un système de symboles et de rites. D'ailleurs, les guérisseurs sont réputés pour deviner[1] la cause des maladies avant de les traiter. Cependant il n'y a pas de législation qui contrôle ces guérisseurs ce qui fait que parfois il y a des abus (erreurs de diagnostics et de traitements). Le texte suivant répond à la question: Quand est-ce qu'un guérisseur est perçu comme un charlatan ou au contraire comme un bon praticien?

Jim Holmes/Panos Pictures

Guérisseurs ou charlatans?

Les guérisseurs ne prétendent pas soigner, mais soulager les symptômes de certaines maladies. Ceux qui prétendent soigner des maladies graves et complexes comme le SIDA[2] ont tendance à être vus comme des charlatans par le milieu médical, étant donné que même la médicine moderne a du mal à traiter les malades du SIDA.

Il y a un autre groupe de guérisseurs appelés les marabouts (ou médiums-voyants) qui se disent doter de pouvoirs spéciaux—basés sur la culture religieuse—qu'ils ont hérités de leur famille. Les guérisseurs soignent avec des plantes et des décoctions et les marabouts (ou médiums) avec des potions, des prières et des talismans (ou amulettes, des petits objets qui portent bonheur). Les marabouts sont souvent considérés comme des magiciens qui ont un don[3] surnaturel. Les charlatans existent, bien sûr, parce que les pratiques des marabouts ne sont pas réglementées et parfois n'importe qui[4] peut se déclarer marabout ou guérisseur. L'OMS (Organisme Mondial de la Santé) s'efforce depuis quelques années à réglementer la médecine traditionnelle en Afrique pour qu'il y ait moins d'abus.

Réfléchissons!

1. Que pensez-vous des guérisseurs? Sont-ils des médecins légitimes? Pourquoi?

2. Est-ce que vous vous feriez soigner par un guérisseur? Expliquez votre réponse.

3. Et les marabouts? Qu'en pensez-vous? Sont-ils des charlatans? Pourquoi?

4. Dans votre pays, y a-t-il des pratiques similaires? Est-ce que les patients se font soigner par des guérisseurs semblables aux guérisseurs africains? Élaborez votre réponse.

[1]guess   [2]AIDS   [3]gift   [4]whoever

À vous d'écrire!

A. Stratégies. Vous êtes journaliste et chargé(e) d'écrire un article sur les excès ou les addictions de la société actuelle. Voici un exemple d'article—«Droguées au sport»—qui parle d'une addiction aux sports.

- Lisez l'article une première fois pour en comprendre le sens général.

Droguées au sport

Si vous êtes du genre à nager, courir, ramer, suer[1] quelle que soit[2] l'heure ou l'humeur, vous êtes peut-être devenue [...] un(e) «sport addict». Comme souvent en matière d'excès, c'est aux États-Unis que le phénomène «dépendance du sportif» a été pour la première fois observé. En 1976, dans le cadre d'une étude de coureurs de fond, le docteur William Glasser a constaté que certains joggeurs ne peuvent plus se passer de[3] leur sport quotidien, malgré la fatigue et parfois les blessures. La faute aux endorphines (neuromédiateurs du système nerveux central) capables, grâce à leurs propriétés calmantes et euphorisantes, de provoquer, au bout d'une demi-heure d'effort cardio-vasculaire intense (course à pied, natation, vélo, cardio-training), une sensation de bien-être et d'apaisement proche de la béatitude. Une décharge d'endorphines qui se traduit, dans le cerveau, par une activité biochimique similaire à celle provoquée par la morphine ou l'héroïne.

Pratiquer une activité physique de manière intense et répétitive est donc un moyen pour un sportif accro[4] de recréer ces sensations fortes. En sachant que douze minutes de crawl ou vingt de stretching suffisent rarement à atteindre le nirvana... Cependant, les sportifs en herbe[5] sont aussi concernés, puisque, selon une étude réalisée dans les

[1]transpirer   [2]regardless   [3]abandonner, arrêter   [4]accroché (dependant)   [5]les non-professionnels

grandes salles de sport parisiennes, plus de 10% des personnes inscrites s'entraînent quotidiennement. À commencer par certaines femmes qui n'hésitent pas à venir transpirer quatre heures par jour, obnubilées[1] par le sacro-saint culte du corps.

Chez les femmes, le surentraînement (quatre-vingt-dix minutes par jour) fait chuter la production d'hormones, provoquant du même coup une fragilisation des os et un risque accru[2] d'ostéoporose. Sans oublier la fameuse «mort subite[3]», responsable chaque année en France du décès de 1 500 personnes. On l'aura compris: dans le sport il n'y a pas que[4] le dopage qui ruine la santé.

- Maintenant, répondez aux questions suivantes pour vous concentrer sur les points du texte les plus importants.

    1. Comment est-ce qu'on devient un(e) «sport addict»?
    2. Pourquoi est-ce que certains joggers ne peuvent plus s'arrêter de courir?
    3. Quels sont les effets biochimiques que provoque une pratique cardio-vasculaire intense régulière?
    4. Est-ce que les professionnels sportifs sont les seuls à être affectés? Qui d'autre est affecté?
    5. Quelles sont les conséquences d'une pratique sportive poussée à l'extrême?

B. Organisons-nous! Lisez l'article une seconde fois et regardez comment sont donnés les exemples (avec chiffres à l'appui), les explications (ou le développement du sujet) et la conclusion. Par exemple, la conclusion est annoncée par une phrase courte mais qui synthétise bien le problème: «On l'aura compris: dans le sport il n'y a pas que le dopage qui ruine la santé.»

 C. Pensons-y!

- Avec un(e) partenaire, pensez aux activités que la société fait en excès, au point d'être dépendante de ces activités. Faites une liste des «addictions» les plus courantes.

- Comparez votre liste avec la classe. Quelles activités avez-vous trouvées en commun?

 D. Écrivons! Choisissez une activité qui est pratiquée en excès par la société et composez un paragraphe en vous inspirant de l'article **«Droguées aux sports».** Justifiez vos affirmations et vos arguments avec des exemples précis et/ou des chiffres. N'oubliez pas d'écrire votre conclusion!

E. Révisons! Lisez l'article de votre partenaire et posez-vous les questions suivantes.

1. Est-ce que le sujet choisi traite un excès? Lequel?
2. Est-ce que les arguments sont clairs et bien présentés? Sont-ils justifiés? Comment?
3. Pouvez-vous ajouter (add) d'autres arguments?
4. Comment est la conclusion? Est-ce une bonne conclusion? Pourrait-elle être mieux? Comment?

[1]obsédées [2]plus grand [3]sudden [4]not only

→ Lexique

Les parties internes du corps *Internal organs*

le cœur	*heart*	les intestins *(m.)*	*intestines*
le crâne	*skull*	les poumons *(m.)*	*lungs*
le foie	*liver*	les sinus *(m.)*	*sinuses*
la gorge	*throat*	le ventre	*stomach*

Les médicaments et les remèdes *Medications and remedies*

les cachets *(m.)*	*tablets*	les piqûres *(f.)*	*shots*
les comprimés *(m.)*	*tablets*	le sirop	*cough syrup*
les gouttes *(f.)* nasales	*nasal spray*	les tisanes *(f.)*	*herbal teas*
les pastilles *(f.)*	*lozenges*		

D'autres médicaments *More medications*

les antibiotiques *(m.)*	*antibiotics*	les remèdes *(m.)* homéopathiques (ou naturels)	*homeopathic remedies*
les antihistaminiques *(m.)*	*antihistamines*		
l'aspirine *(f.)*	*aspirin*	un somnifère	*sleeping pill*
les médicaments *(m.)*	*medication*	les vitamines *(f.)*	*vitamins*
le paracétamol	*acetaminophen (like Tylenol- to reduce fever and aches)*		

Les maladies et les expressions les plus communes *Common illnesses*

avoir mal à la tête	*to have a headache*	avoir une crise cardiaque	*to have a heart attack*
avoir une migraine	*to have a migraine*	avoir une infection	*to have an infection*
avoir le nez bouché	*to have a stuffy nose*	avoir une santé de fer	*(literally an iron health) to be extremely healthy, to have an iron constitution*
avoir le nez qui coule	*to have a dripping nose*		
avoir mal à la gorge	*to have a sore throat*		
avoir de la fièvre	*to have a fever*	être en bonne santé / en mauvaise santé	*to be in good health / bad health*
avoir mal au dos	*to have a backache*		
avoir la nausée = avoir mal au cœur	*to be nauseous*	être guéri(e) / guérir de	*to be healed (from) / to feel better*
avoir envie de vomir	*to want to throw up*	être malade / tomber malade	*to be sick / to fall sick*
avoir une rage de dents	*to have a toothache*	se sentir mal / bien	*to feel bad / well*
avoir un rhume / être enrhumé(e)	*to have a cold*	se soigner	*to take care (of oneself)*
		un thermomètre	*a thermometer*
avoir la grippe	*to have the flu*	tousser	*to cough*
avoir une crise de foie	*to have digestive problems*		

Le régime alimentaire *Daily diet*

des aliments *(m.)* riches en matières grasses	*rich foods*	des produits *(m.)* bio (biologiques)	*organic foods*
des aliments maigres (sans matières grasses)	*fat-free foods*	des produits allégés	*diet foods*
		des produits de régime	*diet aids*
		des produits surgelés	*frozen foods*

Les émotions

être choqué(e)	*to be shocked*	être fâché(e)	*to be angry*
être comblé(e)	*to be very happy*	être gêné(e)	*to be embarrassed*
être déprimé(e)	*to be depressed*	être insatisfait(e)	*to be dissatisfied*
être en colère	*to be angry*	être navré(e)	*to be sorry*
être en rage	*to be enraged*	être satisfait(e)	*to be satisfied*
être épaté(e)	*to be dumbfounded*		

Quelques expressions verbales utiles

être costaud(e)	to be stocky	grossir	to gain weight
être fort(e)	to be strong / to be chubby	maigrir	to lose weight
être gros (grosse)	to be fat	manger équilibré	to eat a balanced diet
être maigre	to be skinny	manger sain	to eat healthy
être mince	to be thin	perdre du poids	to lose weight
être musclé(e)	to be muscular	prendre du poids	to gain weight
être au régime	to be on a diet	vouloir perdre du poids	to want to lose weight
garder la ligne	to maintain one's weight		
ne pas perdre de poids	not to gain weight		

Les expressions de nécessité *Expressions of necessity*

il est essentiel que	it is essential that	il faut que	one must; it is necessary that
il est indispensable que	it is indispensable that	il vaut mieux que	it is better that
il est nécessaire que	it is necessary that		

Les expressions d'émotion *Expressions of emotion*

avoir honte	to be ashamed	être heureux (heureuse), être content(e)	to be happy / glad
avoir peur	to be afraid		
cela (ça) m'agace	it bothers me	être ravi(e)	to be delighted
être déçu(e)	to be disappointed	être soulagé(e)	to be relieved
être désolé(e)	to be sorry	être surpris(e)	to be surprised
être étonné(e)	to be surprised / shocked	être triste	to be sad
être furieux (furieuse)	to be furious	regretter	to regret, to be sorry

Les expressions de volonté *Expressions of volition*

demander	to ask / to require	recommander	to recommend
exiger (= insister)	to demand	vouloir / ne... pas vouloir	to want / not to want
insister pour	to insist (on)		

Les expressions de jugement *Expressions of judgment*

il est agaçant	it's bothersome	il est juste	it's fair
il est agréable	it's enjoyable / it's agreeable	il est normal	it's normal
il est bizarre	it's bizarre	il est préférable	it's preferable
il est bon	it's good	il est regrettable	it's regrettable / it's unfortunate
il est dommage	it's a pity		
il est étonnant	it's stunning / shocking	il est ridicule	it's ridiculous
il est inacceptable	it's unacceptable	il est stupide	it's stupid / it's dumb
il est injuste	it's unfair	il est surprenant	it's surprising

Les expressions de doute *Expressions of doubt*

douter	to doubt	il est possible	it's possible
il est douteux	it's doubtful	il n'est pas certain	it's not certain
il est faux	it's false	il n'est pas clair	it's not clear / obvious
il est impossible	it's impossible	il n'est pas possible	it's not possible
il est improbable	it's improbable	il n'est pas probable	it's not probable
il est peu possible	it's not very likely	il n'est pas vrai	it's not true
il est peu probable	it's not very probable	il se peut que	it's possible

Les expressions de certitude *Expressions of certainty*

il est certain	it's certain	il est sûr	it's certain / sure
il est clair	it's obvious / clear	il est vrai	it's true
il est évident	it's evident	il n'est pas douteux	it is not doubtful
il est probable	it's probable	ne... pas douter	not to doubt

La province de Québec

Visit La province de Québec on Google Earth!

À vous de découvrir!

La fresque des Québecois—une murale historique à Québec

Un peu d'histoire. En 1534, Jacques Cartier explore le golfe du fleuve Saint-Laurent (au nord-est de ce qui est aujourd'hui[1] la ville de Québec) dans l'espoir de trouver un passage vers la Chine et l'Inde. En 1535, Cartier revient au golfe du fleuve Saint-Laurent et arrive à Hochelaga (Montréal de nos jours). Mais comme il y trouve beaucoup de résistance (et contrairement à ce qu'il pensait il n'y a ni métaux précieux, ni grandes richesses) la colonie qu'il espérait y établir échoue[2]. Au XVIe siècle, les pêcheurs normands, basques et bretons reviennent dans cette région et commencent alors un commerce entre les autochtones[3] et les Français et se lancent de nouvelles explorations. En 1608, Samuel de Champlain fonde la ville de Québec, première ville française en Nouvelle-France (aujourd'hui le Canada). La ville de Montréal est fondée sous le régime du cardinal de Richelieu en 1642. Après de nombreuses batailles, la Nouvelle-France devient une colonie de la Grande-Bretagne en 1769 (jusqu'en 1867). En 1774 avec l'Acte de Québec, les Canadiens-Français revendiquent[4] leur religion (catholique), leur code civil (français), leur région et leur langue (le français). Le Québec est de nos jours une province du Canada.

[1]of what is today   [2]fails   [3]the indigenous people   [4]claimed

Courtesy of Veronique Anover and Theresa A. Antes

Depuis 1976, il y a deux partis politiques qui se partagent le pouvoir: Le Parti québécois (indépendantiste) et le Parti libéral du Québec (qui n'est pas pour l'indépendance du Québec). Il y a eu des référendums pour l'indépendance du Québec, mais la majorité des Québécois ont voté contre. Le grand défi[1] du Québec est de protéger la langue et la culture françaises de l'influence de l'anglais et de sa culture. Les deux plus grandes villes de la province de Québec sont Montréal (une ville plutôt moderne) et Québec (une ville plutôt traditionnelle).

Avez-vous compris?

1. Est-ce que Jacques Cartier réussit à coloniser la Nouvelle-France? Pourquoi?
2. Quand commencent de nouvelles explorations dans cette région et pourquoi?
3. Quel est le but (goal) de l'Acte de Québec?
4. Quelle est la différence entre les deux partis politiques?
5. Quelle est la différence entre Montréal et Québec?

À vous d'apprécier!
Explorations gastronomiques

La cuisine québécoise a gardé les influences des cuisines française et irlandaise. Le Canada est un grand producteur de sirop d'érable[2] et de bleuets[3]. Voici une recette avec des bleuets. Très facile à faire!

Milk-shake aux bleuets

Courtesy of Véronique Anover and Theresa A. Antes

- 1 banane
- ¾ de tasse de bleuets
- ¼ de tasse de yaourt à la vanille
- ¾ de tasse de lait écrémé
- ½ de tasse de glace pilée

Mettez tous les ingrédients dans un mixeur. Couvrez et mélangez bien. À déguster tout de suite!

Explorations architecturales

Le château Frontenac est devenu le symbole de la ville de Québec de part[4] son passé, chargé d'histoire. La construction du château Frontenac commence en 1892 par l'architecte new-yorkais Bruce Price. La tour centrale de dix-sept étages a été construite en 1924 et la dernière aile[5] en 1993. Le château n'a jamais été habité par des rois (des princes ou des princesses!) mais par de nombreux hôtes[6] puisque c'est un hôtel. L'hôtel a plus de 600 chambres et parmi les hôtes qui y ont séjourné il y a de nombreux personnages célèbres: Charles de Gaulle, Alfred Hitchcock, la princesse Grâce de Monaco, Bing Crosby et quelques membres de la famille royale britannique pour n'en citer que quelques-uns[7]. Les Alliés pendant la Seconde Guerre mondiale (en 1943 et en 1944) s'y sont réunis pour discuter la stratégie à adopter pour lutter contre l'Occupation

Courtesy of Véronique Anover and Theresa A. Antes

[1]challenge [2]maple syrup [3]blueberries (**myrtilles** in France) [4]due to / because of [5]wing
[6]guests [7]to name only a few

allemande. Le château Frontenac doit son nom à Louis de Buade de Frontenac, ancien gouverneur de la Nouvelle-France (en 1672).

Et aux États-Unis, est-ce qu'il y a des châteaux-hôtels comme le château Frontenac? Quel est le château le plus célèbre aux États-Unis? Pourquoi? Est-ce qu'il y a un château qui symbolise une ville? Si oui, laquelle?

À vous de réagir!

La féerie des glaces[1] à Mont-Tremblant (mi-février à début mars tous les ans)

La féerie des glaces est un festival qui célèbre l'hiver. C'est un évènement familial où petits et grands s'amusent en participant à des activités sur la neige (ou à base de neige et glace). Par exemple, il y a des ateliers de sculpture sur glace pour les enfants et pour les adultes où on apprend à façonner la glace pour faire des sculptures. Il y a aussi des concours de bonhommes de neige[2]. Il y a également des aires de jeux avec des glissades, des labyrinthes en glace et du patinage. Et puis à ne pas manquer, les traîneaux à chiens[3]!

Est-ce que vous pensez que c'est une bonne idée de célébrer l'hiver? Pourquoi? Est-ce que votre ville (ou pays) célèbre l'arrivée d'une nouvelle saison? Laquelle? Comment?

Mon blog

Salut tout le monde! Je m'appelle Jean et je suis canadien. Le mois dernier j'ai voyagé en France (je suis allé un peu partout, en Normandie, à Paris, à Strasbourg et sur la côte d'Azur). C'était un super voyage et comme je parle français, je n'ai eu aucun problème de communication. Bon, ce n'est pas tout à fait vrai. Les Français et les Québécois ont un lexique différent pour certains termes ainsi qu'un accent différent. Il y avait des Français qui avaient du mal à[4] me comprendre! Par exemple, quand j'ai dit à mes amis français que la blonde de mon fils était très jolie, ils n'ont pas très bien compris. Comment dit-on «la blonde / une blonde» en France? Ensuite, j'ai voulu faire du magasinage et personne n'a compris ce que je voulais dire. Est-ce que quelqu'un sait comment on dit en France «faire du magasinage»? J'ai encore un mot à vous demander: lorsqu'on m'a servi du vin, j'ai dit que ce breuvage était délicieux. On m'a regardé comme si j'étais un extraterrestre! Comment dit-on «breuvage» en France?

À vous de décider: Le français pour quoi faire? 🌐

Meet Melanie, a fellow French student. We interviewed her to find out how she intends to use her French in the entertainment industry. Go to the *À vous* online resources to find out what she said! ✈

[1]The ice festival   [2]snowman contests   [3]dog sledge   [4]**avoir du mal à:** to have a hard time

Reference Section

Appendice A

En cours de français

À vous de parler au/à la prof:

Que veut dire «plage»?

Comment écrit-on «plage»?

Comment épelle-t-on «plage»?

Comment dit-on «beach» en français?

C'est à quelle page?

C'est quelle activité?

Pouvez-vous répéter?

Quels sont les devoirs?

C'est pour quel jour les devoirs?

Je ne comprends pas.

Je ne sais pas.

Désolé(e).

S'il vous plaît.

Merci.

D'accord!

Your turn to talk to the instructor:

What does plage *mean?*

How does one write plage?

How does one spell plage?

How does one say beach *in French?*

What page is it on?

Which activity is it?

Could you repeat?

What is the homework assignment?

What day is the homework due?

I don't understand.

I don't know.

Sorry.

Please.

Thank you.

All right!

Le/La prof vous parle:

Ouvrez le livre à la page 4.

Fermez le livre.

Écoutez.

Ne répétez pas.

Répétez.

Silence, taisez-vous!

Prenez une feuille de papier.

Regardez le tableau / l'écran.

Ne regardez pas le livre.

Levez-vous!

Asseyez-vous!

Circulez dans la classe.

Faites l'Activité B à la page 4.

Faites l'Activité B avec un(e) partenaire.

Faites l'Activité B par écrit.

Faites l'Activité B oralement.

Ne faites pas l'Activité B par écrit.

Cherchez un(e) partenaire.

Travaillez avec un(e) partenaire.

Formez des groupes de trois.

Je cherche un(e) volontaire pour corriger l'Activité B.

Lisez le texte.

Répondez aux questions.

Répondez par des phrases complètes.

The instructor talks to you:

Open the book to page 4.

Close the book.

Listen.

Do not repeat.

Repeat.

Quiet, don't speak!

Take out a sheet of paper.

Look at the board / screen.

Don't look at the book.

Stand up!

Sit down!

Walk around the classroom.

Do Activity B on page 4.

Do Activity B with a partner.

Write Activity B.

Do Activity B orally.

Don't write Activity B.

Look for a partner.

Work with a partner.

Form groups of three.

I'm looking for a volunteer to go over Activity B.

Read the text.

Answer the questions.

Answer in complete sentences.

Très bien!	*Very good!*
Excellent!	*Excellent!*
Parfait!	*Perfect!*
Non... qui peut l'aider?	*No . . . who can help him/her?*
Les devoirs sont à faire pour mardi.	*The homework is to be done for Tuesday.*
Les devoirs sont à rendre mardi.	*The homework is to be turned in on Tuesday.*

À vous de parler aux autres étudiants:

Your turn to speak to your fellow students:

Tu veux travailler avec moi?	*Do you want to work with me?*
Tu veux être dans mon groupe?	*Do you want to be in my group?*
Tu sais faire l'Activité B?	*Do you know how to do Activity B?*
Je peux travailler avec toi?	*Can I work with you?*
C'est moi qui donne la réponse?	*Is it up to me to give the answer?*
C'est à moi?	*Is it my turn?*
C'est à toi.	*It's your turn.*
Qu'est-ce qu'il a dit, le/la prof?	*What did the instructor say?*
Qu'est-ce que le/la prof a dit?	*What did the instructor say? (more formal)*
Tu comprends le/la prof?	*Do you understand the instructor?*
À demain!	*See you tomorrow!*
À plus!	*See you (later)!*

Appendice B

Les États-Unis et le Canada

Les États-Unis

ÉTAT	in or to	ÉTAT	in or to
l'Alabama (m.)	dans l'Alabama / en Alabama	le Maine	dans le Maine
l'Alaska (m.)	dans l'Alaska / en Alaska	le Maryland	dans le Maryland
l'Arizona (m.)	dans l'Arizona / en Arizona	le Massachusetts	dans le Massachusetts
l'Arkansas (m.)	dans l'Arkansas / en Arkansas	le Michigan	dans le Michigan
la Californie	en Californie	le Minnesota	dans le Minnesota
la Caroline du Nord	en Caroline du Nord	le Mississippi	dans le Mississippi
la Caroline du Sud	en Caroline du Sud	le Missouri	dans le Missouri
le Colorado	dans le Colorado / au Colorado	le Montana	dans le Montana
le Connecticut	dans le Connecticut	le Nebraska	dans le Nebraska
le Dakota du Nord	dans le Dakota du Nord	le Nevada	dans le Nevada
le Dakota du Sud	dans le Dakota du Sud	le New Hampshire	dans le New Hampshire
le Delaware	dans le Delaware	le New Jersey	dans le New Jersey
la Floride	en Floride	l'état de New York	dans l'état de New York
la Géorgie	en Géorgie	le Nouveau-Mexique	au Nouveau-Mexique
Hawaii (m.)	à Hawaii / aux îles Hawaii	l'Ohio (m.)	dans l'Ohio
l'Idaho (m.)	dans l'Idaho	l'Oklahoma (m.)	dans l'Oklahoma
l'Illinois (m.)	dans l'Illinois / en Illinois	l'Oregon (m.)	dans l'Oregon
l'Indiana (m.)	dans l'Indiana	la Pennsylvanie	en Pennsylvanie
l'Iowa (m.)	dans l'Iowa	le Rhode Island	dans le Rhode Island
le Kansas	dans le Kansas	le Tennessee	dans le Tennessee
le Kentucky	dans le Kentucky	le Texas	au Texas
la Louisiane	en Louisiane	l'Utah (m.)	dans l'Utah
		le Vermont	dans le Vermont
		la Virginie	en Virginie
		la Virginie-Occidentale	en Virginie-Occidentale
		l'État de Washington	dans l'État de Washington
		le Wisconsin	dans le Wisconsin
		le Wyoming	dans le Wyoming

Le Canada

PROVINCE	in or to	TERRITOIRE	in or to
l'Alberta	dans l'Alberta	le Nunavut	au Nunavut
la Colombie-Britannique	en Colombie-Britannique	les Territoires du Nord-Ouest	dans les Territoires du Nord-Ouest
l'île du Prince-Édouard	dans l'île du Prince-Édouard	le Yukon	au Yukon
le Manitoba	au Manitoba		
le Nouveau-Brunswick	au Nouveau-Brunswick		
la Nouvelle-Écosse	en Nouvelle-Écosse		
l'Ontario	dans l'Ontario		
le Québec	au Québec		
le Saskatchewan	au Saskatchewan		
Terre-Neuve	à Terre-Neuve		

Appendice C

L'alphabet phonétique international (API)

Consonants

/ p /	Pierre		/ v /	vous
/ t /	tu		/ z /	bise
/ k /	comme		/ ʒ /	bonjour
/ b /	bonjour		/ l /	la
/ d /	de		/ ʀ /	garçon
/ g /	garçon		/ m /	main
/ f /	fille		/ n /	Anne
/ s /	merci, professeur		/ ɲ /	poignée
/ ʃ /	chez		/ ŋ /	parking

Vowels

/ i /	bise		/ y /	une
/ e /	café		/ ø /	de, peu
/ ɛ /	appelle		/ œ /	heure
/ a /	va		/ ɛ̃ /	bien, un, main
/ ɔ /	comme		/ ɑ̃ /	connaissance
/ o /	au		/ õ /	faisons
/ u /	vous			

Semivowels

/ j /	Pierre
/ w /	oui
/ ɥ /	nuit

Mute e

/ ə /	je, ferai

Appendice D

Conjugaison des verbes

Les verbes réguliers

A. Conjugaison régulière

	INDICATIF		
Infinitif	**Présent**	**Passé composé**	**Imparfait**
Verbes en **-er** **parler**	je parl**e** tu parl**es** il/elle/on parl**e** nous parl**ons** vous parl**ez** ils/elles parl**ent**	j'**ai** parl**é** tu **as** parl**é** il **a** parl**é** nous **avons** parl**é** vous **avez** parl**é** ils **ont** parl**é**	je parl**ais** tu parl**ais** il parl**ait** nous parl**ions** vous parl**iez** ils parl**aient**
Verbes en **-ir** **finir**	je fin**is** tu fin**is** il/elle/on fin**it** nous fin**issons** vous fin**issez** ils/elles fin**issent**	j'**ai** fin**i** tu **as** fin**i** il **a** fin**i** nous **avons** fin**i** vous **avez** fin**i** ils **ont** fin**i**	je fin**issais** tu fin**issais** il fin**issait** nous fin**issions** vous fin**issiez** ils fin**issaient**
Verbes en **-re** **répondre**	je répond**s** tu répond**s** il/elle/on répond nous répond**ons** vous répond**ez** ils/elles répond**ent**	j'**ai** répond**u** tu **as** répond**u** il **a** répond**u** nous **avons** répond**u** vous **avez** répond**u** ils **ont** répond**u**	je répond**ais** tu répond**ais** il répond**ait** nous répond**ions** vous répond**iez** ils répond**aient**
Verbes pronominaux **se laver**	je me lave tu te laves il/on se lave elle se lave nous nous lavons vous vous lavez ils se lavent elles se lavent	je me **suis** lavé(e) tu t'**es** lavé(e) il s'**est** lavé elle s'**est** lavée nous nous **sommes** lavé(e)s vous vous **êtes** lavé(e)(s) ils se **sont** lavés elles se **sont** lavées	je me lavais tu te lavais il se lavait elle se lavait nous nous lavions vous vous laviez ils se lavaient elles se lavaient

Indicatif	Conditionnel	Subjonctif	Impératif
Futur	**Présent**	**Présent**	
je parler**ai**	je parler**ais**	que je parl**e**	
tu parler**as**	tu parler**ais**	que tu parl**es**	parl**e**
Il/elle/on parler**a**	il parler**ait**	qu'il/elle/on parl**e**	
nous parler**ons**	nous parler**ions**	que nous parl**ions**	parl**ons**
vous parler**ez**	vous parler**iez**	que vous parl**iez**	parl**ez**
Ils/elles parler**ont**	ils parler**aient**	qu'ils/elles parl**ent**	
je finir**ai**	je finir**ais**	que je fini**sse**	
tu finir**as**	tu finir**ais**	que tu fini**sses**	fini**s**
Il/elle/on finir**a**	il finir**ait**	qu'il/elle/on fini**sse**	
nous finir**ons**	nous finir**ions**	que nous fini**ssions**	fin**issons**
vous finir**ez**	vous finir**iez**	que vous fini**ssiez**	fin**issez**
Ils/elles finir**ont**	ils finir**aient**	qu'ils/elles finiss**ent**	
je répondr**ai**	je répondr**ais**	que je répond**e**	
tu répondr**as**	tu répondr**ais**	que tu répond**es**	répond**s**
Il/elle/on répondr**a**	il répondr**ait**	qu'il/elle/on répond**e**	
nous répondr**ons**	nous répondr**ions**	que nous répond**ions**	répond**ons**
vous répondr**ez**	vous répondr**iez**	que vous répond**iez**	répond**ez**
Ils/elles répondr**ont**	ils répondr**aient**	qu'ils/elles répond**ent**	
je me laverai	je me laverais	que je me lave	
tu te laveras	tu te laverais	que tu te laves	lave-toi
il/elle/on se lavera	il se laverait	qu'il/on se lave	
elle se lavera	elle se laverait	qu'elle se lave	
nous nous laverons	nous nous laverions	que nous nous lavions	lavons-nous
vous vous laverez	vous vous laveriez	que vous vous laviez	lavez-vous
ils se laveront	ils se laveraient	qu'ils se lavent	
elles se laveront	elles se laveraient	qu'elles se lavent	

B. Verbes à modification orthographique

Infinitif	**INDICATIF**		
	Présent	**Passé composé**	**Imparfait**
acheter	j'achète tu achètes il/elle/on achète nous achetons vous achetez ils/elles achètent	j'ai acheté	j'achetais
préférer	je préfère tu préfères il/elle/on préfère nous préférons vous préférez ils/elles préfèrent	j'ai préféré	je préférais
payer	je paie/je paye tu paies / tu payes il/elle/on paie/paye nous payons vous payez ils/elles paient/payent	j'ai payé	je payais
appeler	j'appelle tu appelles il/elle/on appelle nous appelons vous appelez ils/elles appellent	j'ai appelé	j'appelais
commencer	je commence tu commences il/elle/on commence nous commençons vous commencez ils/elles commencent	j'ai commencé	je commençais tu commençais il/elle/on commençait nous commencions vous commenciez ils/elles commençaient
manger	je mange tu manges il/elle/on mange nous mangeons vous mangez ils/elles mangent	j'ai mangé	je mangeais tu mangeais il/elle/on mangeait nous mangions vous mangiez ils/elles mangeaient

Futur	Conditionnel Présent	Subjonctif Présent	Impératif
j'ach**è**terai	j'ach**è**terais	que j'ach**è**te que tu ach**è**tes qu'il/elle/on ach**è**te que nous ach**e**tions que vous ach**e**tiez qu'ils/elles ach**è**tent	ach**è**te ach**e**tons ach**e**tez
je préf**é**rerai	je préf**é**rerais	que je préf**è**re que tu préf**è**res qu'il/elle/on préf**è**re que nous préf**é**rions que vous préf**é**riez qu'ils/elles préf**è**rent	préf**è**re préf**é**rons préf**é**rez
je pa**i**erai	je pa**i**erais	que je pa**i**e que tu pa**i**es qu'il/elle/on pa**i**e que nous pa**y**ions que vous pa**y**iez qu'ils/elles pa**i**ent	pa**i**e pa**y**ons pa**y**ez
j'appe**ll**erai	j'appe**ll**erais	que j'appe**ll**e que tu appe**ll**es qu'il/elle/on appe**ll**e que nous appe**l**ions que vous appe**l**iez qu'ils/elles appe**ll**ent	appe**ll**e appe**l**ons appe**l**ez
je commen**c**erai	je commen**c**erais	que je commen**c**e que tu commen**c**es qu'il/elle/on commen**c**e que nous commen**c**ions que vous commen**c**iez qu'ils/elles commen**c**ent	commen**c**e commen**ç**ons commen**c**ez
je mangerai	je mangerais	que je mange que tu manges qu'il/elle/on mange que nous mangions que vous mangiez qu'ils/elles mangent	mange mang**e**ons mangez

Appendices

Les verbes auxiliaires

	INDICATIF		
Infinitif	**Présent**	**Passé composé**	**Imparfait**
avoir	j'ai tu as il/elle/on a nous avons vous avez ils/elles ont	j'ai eu	j'avais
être	je suis tu es il/elle/on est nous sommes vous êtes ils/elles sont	j'ai été	j'étais

Les verbes irréguliers

	INDICATIF			
Infinitif	**Présent**		**Passé composé**	**Imparfait**
aller	je vais tu vas il/elle/on va	nous allons vous allez ils/elles vont	je suis allé(e)	j'allais
s'asseoir	je m'assieds tu t'assieds il/elle/on s'assied	nous nous asseyons vous vous asseyez ils/elles s'asseyent	je me suis assis(e)	je m'asseyais
boire	je bois tu bois il/elle/on boit	nous buvons vous buvez ils/elles boivent	j'ai bu	je buvais
conduire	je conduis tu conduis il/elle/on conduit	nous conduisons vous conduisez ils/elles conduisent	j'ai conduit	je conduisais

Futur	Conditionnel Présent	Subjonctif Présent	Impératif
j'aurai	j'aurais	que j'aie que tu aies qu'il/elle/on ait que nous ayons que vous ayez qu'ils/elles aient	aie ayons ayez
je serai	je serais	que je sois que tu sois qu'il/elle/on soit que nous soyons que vous soyez qu'ils/elles soient	sois soyons soyez

Futur	Conditionnel Présent	Subjonctif Présent	Autres verbes ayant une conjugaison semblable
j'irai	j'irais	que j'aille que nous allions	
je m'assiérai	je m'assiérais	que je m'asseye que nous nous asseyions	
je boirai	je boirais	que je boive que nous buvions	
je conduirai	je conduirais	que je conduise que nous conduisions	

	INDICATIF		Passé composé	Imparfait
Infinitif	**Présent**		**Passé composé**	**Imparfait**
connaître	je connais tu connais il/elle/on connaît	nous connaissons vous connaissez ils/elles connaissent	j'ai connu	je connaissais
courir	je cours tu cours il/elle/on court	nous courons vous courez ils/elles courent	j'ai couru	je courais
croire	je crois tu crois il/elle/on croit	nous croyons vous croyez ils/elles croient	j'ai cru	je croyais
devoir	je dois tu dois il/elle/on doit	nous devons vous devez ils/elles doivent	j'ai dû	je devais
dire	je dis tu dis il/elle/on dit	nous disons vous dites ils/elles disent	j'ai dit	je disais
écrire	j' écris tu écris il/elle/on écrit	nous écrivons vous écrivez ils/elles écrivent	j'ai écrit	j'écrivais
envoyer	j' envoie tu envoies il/elle/on envoie	nous envoyons vous envoyez ils/elles envoient	j'ai envoyé	j'envoyais
faire	je fais tu fais il/elle/on fait	nous faisons vous faites ils/elles font	j'ai fait	je faisais
falloir	il faut		il a fallu	il fallait
lire	je lis tu lis il/elle/on lit	nous lisons vous lisez ils/elles lisent	j'ai lu	je lisais

Futur	Conditionnel Présent	Subjonctif Présent	Autres verbes ayant une conjugaison semblable
je connaîtrai	je connaîtrais	que je connaisse que nous connaissions	
je courrai	je courrais	que je coure que nous courions	
je croirai	je croirais	que je croie que nous croyions	
je devrai	je devrais	que je doive que nous devions	
je dirai	je dirais	que je dise que nous disions	prédire (vous prédisez)
j'écrirai	j'écrirais	que j'écrive que nous écrivions	décrire récrire
j'enverrai	j'enverrais	que j'envoie que nous envoyions	renvoyer
je ferai	je ferais	que je fasse que nous fassions	
il faudra	il faudrait	qu'il faille	relire
je lirai	je lirais	que je lise que nous lisions	

Infinitif	INDICATIF		Passé composé	Imparfait
	Présent		**Passé composé**	**Imparfait**
mettre	je mets tu mets il/elle/on met	nous mettons vous mettez ils/elles mettent	j'ai mis	je mettais
ouvrir	j'ouvre tu ouvres il/elle/on ouvre	nous ouvrons vous ouvrez ils/elles ouvrent	j'ai ouvert	j'ouvrais
partir	je pars tu pars il/elle/on part	nous partons vous partez ils/elles partent	je suis parti(e)	je partais
pleuvoir	il pleut		il a plu	il pleuvait
pouvoir	je peux tu peux il/elle/on peut	nous pouvons vous pouvez ils/elles peuvent	j'ai pu	je pouvais
prendre	je prends tu prends il/elle/on prend	nous prenons vous prenez ils/elles prennent	j'ai pris	je prenais
recevoir	je reçois tu reçois il/elle/on reçoit	nous recevons vous recevez ils/elles reçoivent	j'ai reçu	je recevais
savoir	je sais tu sais il/elle/on sait	nous savons vous savez ils/elles savent	j'ai su	je savais

Futur	Conditionnel Présent	Subjonctif Présent	Autres verbes ayant une conjugaison semblable
je mettrai	je mettrais	que je mette que nous mettions	admettre permettre promettre
j'ouvrirai	j'ouvrirais	que j'ouvre que nous ouvrions	rouvrir
je partirai	je partirais	que je parte que nous partions	dormir (j'ai dormi) s'endormir (je me suis endormi) sentir (j'ai senti) servir (j'ai servi) sortir (je suis sorti)
il pleuvra	il pleuvrait	qu'il pleuve	
je pourrai	je pourrais	que je puisse que nous puissions	
je prendrai	je prendrais	que je prenne que nous prenions	apprendre comprendre
je recevrai	je recevrais	que je reçoive que nous recevions	
je saurai	je saurais	que je sache que nous sachions	

Appendices

	INDICATIF		Passé composé	Imparfait
Infinitif	**Présent**		**Passé composé**	**Imparfait**
venir	je viens tu viens il/elle/on vient	nous venons vous venez ils/elles viennent	je suis venu(e)	je venais
vivre	je vis tu vis il/elle/on vit	nous vivons vous vivez ils/elles vivent	j'ai vécu	je vivais
voir	je vois tu vois il/elle/on voit	nous voyons vous voyez ils/elles voient	j'ai vu	je voyais
vouloir	je veux tu veux il/elle/on veut	nous voulons vous voulez ils/elles veulent	j'ai voulu	je voulais

Futur	Conditionnel Présent	Subjonctif Présent	Autres verbes ayant une conjugaison semblable
je viendrai	je viendrais	que je vienne que nous venions	devenir (je suis devenu) revenir (je suis revenu) se souvenir (je me suis souvenu)
je vivrai	je vivrais	que je vive que nous vivions	
je verrai	je verrais	que je voie que nous voyions	prévoir (je prévoirai)
je voudrai	je voudrais	que je veuille que nous voulions	

French-English Vocabulary

The French-English vocabulary list contains all productive and receptive vocabulary that appears in the student text. Productive vocabulary includes words and expressions that appear in the *Mon vocabulaire,* **Passages,** *Expressions utiles,* and *Vocabulaire utile* sections, and in charts and word lists that are part of the **Structure** explanations. Receptive vocabulary consists of words and phrases that are given an English gloss in textual material throughout the book: readings, photo captions, exercises, activities, and authentic documents. Productive vocabulary entries are followed by the number of the chapter in which they are first introduced.

The following abbreviations are used:

adj.	adjective	*fam.*	familiar	*n.*	noun
adv.	adverb	*form.*	formal	*pl.*	plural
conj.	conjunction	*inv.*	invariable	*pron.*	pronoun
f.	feminine	*m.*	masculine	*sing.*	singular
f. pl.	feminine plural	*m. pl.*	masculine plural	*v.*	verb

A

à to, 4; in, 11; at, 12
~ **bientôt** see you soon, 1
~ **bord** on board, 12
~ **côté (de)** next to, 4; beside, 12
~ **demain** see you tomorrow, 1
~ **droite (de)** to the right (of), 4
~ **gauche (de)** to the left (of), 4
~ **la mode** hip, fashionable, 9
~ **la radio** *f.* on the radio, 7
~ **la télé** *f.* on TV, 7
~ **la une** on the front page (of the newspaper), 7
~ **l'extérieur** *m.* outside, 12
~ **l'intérieur** *m.* inside, 12
~ **mi-temps** part-time, 10
~ **mon aise** *f.* as I please
~ **plein temps** full-time, 10
~ **plus (tard)** see you later, 1
~ **qui le tour?** whose turn is it?, 5
~ **table!** Dinner / Lunch is ready!, 6
~ **temps complet** full-time, 10
~ **temps partiel** part-time, 10
~ **tout ~ l'heure** see you in a while, 1
abdominal *m. (pl.* **abdominaux)** sit-up, 13
abdos *m. pl.* sit-ups, 13
abonné(e) *n.* subscriber, 7
abonnement *m.* magazine / newspaper subscription, 7

abricot *m.* apricot, 6
absolument absolutely, 6
s'accepter to accept oneself, 9
accident *m.* accident, 7
accouchement *m.* labor,9
accoucher to give birth,9
accro (accroché[e]) addict
accueillant(e) cozy, 4
achat *m.* purchase, 5
acheter to buy, 2
activité *f.* activity, 13
actualités *f. pl.* news, 7
actuel (actuelle) current
adjectif *m.* adjective, 2
admirer to admire, 12
adolescence *f.* adolescence, 9
adolescent(e) (ado *fam.)* adolescent, 9
adopté(e) adopted, 3
adorer to adore, 2
adresse *f.* **électronique** e-mail address, 13
adverbe *m.* adverb, 6
aéroport *m.* airport, 12
affirmer to assert, 9
~ **sa personnalité** to assert one's own personality, 9
~ **son individualité** to assert one's own individuality, 9
agaçant(e) bothersome, 14
agacer to bother, 14
âge *m.* age
agenda *m.* desk calendar / planner, 13
~ **électronique** electronic planner

agent *m.* agent
~ **au sol** ground personnel, 12
~ **de police** police officer
~ **de voyage** travel agent, 3
agréable enjoyable, agreeable, 14
aider to help, 5
aile *f.* wing, 12
aimer to like, to love, 2
~ **à la folie** to love madly, 8
s'~ to love each other, 8
aîné(e) oldest (child)
ainsi que as well as
ajouter to add
alcoolisme *m.* alcoholism, 9
aliment *m.* food, 14
~**s bios** organic foods
~**s maigres** fat-free foods, 14
~**s riches en matières grasses** rich foods, 14
~ **sans matières grasses** fat-free foods, 14
aller to go, 4
allons-y let's go, 4
billet *m.*
~**-retour** round-trip ticket, 12
(billet *m.)* ~ **simple** one-way ticket, 5
Je vais bien, et toi? I'm doing well, and you?; I'm good, and you?, 1
Je vais bien, merci I'm doing well, thank you, 1
s'en ~ to leave, 6
alliance *f.* union, alliance
par ~ by marriage
alors so; then, 5

alpinisme *m.* mountain climbing, 13

améliorer to improve

amer (amère) bitter

ami(e) friend, 3

amicale amicable, friendly, 8

amitiés *f. pl.* best wishes (closing for letter)

amour *m.* love, 8
    grand ~ true love, 8
    mon ~ my love, 8

amoureux (amoureuse) in love, 3

amoureux *n. m. pl.* lovebirds, lovers, 8

amusant(e) amusing, funny, 2

s'amuser to have fun, 8

analphabétisation *f.* illiteracy

ange *m.* angel
    être aux ~s to be in seventh heaven, 12

anglais *m.* English (language)

animal *m.* (*pl.* animaux) animal
    ~ domestique pet, 2

animateur (animatrice) DJ, host (hostess), 7

animer to announce, to host (a show), 7

anneau *m.* ring

année *f.* year, 3
    l'~ dernière last year, 7

anniversaire *m.* birthday, 3
    ~ de mariage wedding anniversary, 3

annonce *f.* announcement
    une petite ~ classified ad

annoncer to announce

anorexie *f.* anorexia, 9

antibiotique *m.* antibiotic, 14

antihistaminique *m.* antihistamine, 14

antipathique unfriendly, 2

août *m.* August, 3

appareil photo *m.* numérique digital camera, 13

appartement *m.* apartment, 4

appeler to call, 2
    s'~ to be named, 1

apporter to bring

apprendre to learn, 5

approfondi(e) expanded

après after

après-midi *f.* afternoon, 4
    de l'~ in the afternoon, 4

après-shampooing *m.* conditioner, 11

aquagym *f.* water aerobics

arachide *f.* peanut

arbre *m.* tree, 12

architecte *m./f.* architect, 2

arête *f.* de poisson fish bone

argent *m.* money, 11; silver

arithmétique *f.* math

arme *f.* à feu firearm

armoirie *f.* coat of arms

arrêter to stop
    s'~ to stop

arriver to arrive, 7

article *m.* article, 7

ascenseur *m.* elevator, 4

asperge *f.* asparagus, 6

aspirateur *m.* vacuum cleaner, 4

aspirine *f.* aspirin, 14

s'asseoir to sit (down), 6

assez enough, 6
    ~ de enough of, 5

assiette *f.* plate, 6
    ~ à dessert dessert plate
    ~ à soupe soup bowl, 6
    ~ creuse soup bowl, 6

assis(e) seated

assistant(e) *m./f.* assistant, 2

assistant *m.* personnel PDA, 13

assister à to attend

assurance *f.* maladie medical insurance, 10

athlétisme *m.* track and field, 3

attelage *m.* de chiens dogsled

attendre to wait, 5
    ~ son tour to wait one's turn, 5
    ~ un enfant to be pregnant, 9

atterrir to land, 12

atterrissage *m.* landing, 12

au (= à + le)
    ~ carré bob, square-cut (hair), 11
    ~ centre-ville downtown, 10
    ~ coin in / on the corner, 5; in time-out, 9
    ~ cours de laquelle during which
    ~ début *m.* at first, 8
    ~ four baked
    ~ moins at least
    ~ régime on a diet, 14
    ~ revoir good-bye, 1
    au-dessus (de) above, over, 4

augmenter to rise

aujourd'hui today, 1

auquel (= à + lequel) to which

aussi also
    ~ ... que as . . . as, 11

autant de... (que) as many (as), as much (as), 11

automne *m.* autumn, 4

autour (de) around

autre other

avance *f.* advance, 12

avant (de) before

avantages *m. pl.* (sociaux) (social) benefits, 10

avec with, 6
    Et ~ ceci? Anything else?, 5

avenir *m.* future

avion *m.* airplane, 12

avocat(e) lawyer, 2

avoir to have, 2
    ~ besoin (de) to need, 6
    ~ chaud to be hot, 6
    ~ de la chance to be lucky, 6
    ~ des ronds to be loaded (financially)
    ~ envie (de) to want / to feel like, 6
    ~ faim to be hungry, 6
    ~ froid to be cold, 6
    ~ honte to be ashamed, 14
    ~ l'air to seem, 6
    ~ le vertige to be dizzy
    ~ lieu to occur, to take place
    ~ mal to have pain, to be in pain, 14
    ~ peur to be afraid, 6
    ~ raison to be right, 6
    ~ soif to be thirsty, 6
    ~ sommeil to be sleepy, 6
    ~ tort to be wrong, 6
    ~ travail *m.* let's get to work, 13
    ~ une bonne grossesse to have an easy pregnancy, 9
    ~ une déception amoureuse to have one's heart broken, 8
    ~ une grossesse difficile to have a difficult pregnancy, 9

avortement *m.* abortion

avril *m.* April, 3

B

bac *m.* college entrance exam

bagage *m.* à main carry-on luggage, 12

bagarre *f.* fight, 9

baguette *f.* loaf of French bread, 5
    ~ bien cuite well-baked loaf, 5
    ~ pas trop cuite not too dark loaf, 5

baigner to bathe
    se ~ to take a bath; to go for a swim, 8

baignoire *f.* bathtub, 4

baiser *m.* kiss on the cheek or mouth

baiser to have intercourse (*slang*)

baisse *f.* decline
    à la ~ declining

baladeur *m.* **numérique** digital portable audio player, 13
balayage *m.* highlights, 11
balcon *m.* balcony, 4
balle *f.* **de golf** golf ball, 13
ballon *m.* ball,
    ~ de basket basketball, 13
    ~ de foot soccer ball, 13
banane *f.* banana, 6
banc *m.* bench, 12
banlieue *f.* suburb, 4
banque *f.* bank, 11
base-ball *m.* baseball, 2
basket *m.* basketball, 2
    ballon *m.* **de ~** basketball, 13
    terrain *m.* **de ~** basketball court, 13
bâtir to build, 4
bavard(e) talkative, 2
beau (belle) beautiful, handsome, 2
beaucoup (de) a lot (of), 5
beau-frère *m.* brother-in-law, 3
beau-père *m.* stepfather, father-in-law, 3
bébé *m./f.* baby, 2
beige beige, 2
belle *f.* beautiful, 2
Belle au Bois Dormant Sleeping Beauty
belle-mère *f.* stepmother; mother-in-law, 3
belle-sœur *f.* sister-in-law, 3
besoin *m.* need
bête silly
    Ne sois pas ~! Don't be silly!, 5
beurre *m.* butter, 6
beurré(e) drunk *(slang)*, 12
bibliothèque *f.* library
bicyclette *f.* bicycle
bidet *m.* bidet, 4
bien well, 6
    ~ cordialement cordially (closing of a letter), 4
bien-être *m.* well-being, 14
bienvenue welcome
    Bienvenue chez moi! Welcome to my place!
bière *f.* beer, 5
bijou *m.* (*pl.* **bijoux**) jewel
bijouterie *f.* jewelry store
billet *m.* ticket, 12; bill (banknote), 11
    ~ aller-retour round-trip ticket, 12
    ~ d'avion plane ticket, 12
    ~ doux love letter
    ~ première classe *f.* first class ticket, 12

    ~ seconde classe *f.* second class ticket, 12
bio(logique) organic, 14
biscuit *m.* cookie, 6
    ~ salé cracker
bise *f.* kiss (on the cheek)
bisou *m.* kiss on the cheek or mouth
bistro *m.* café, pub
bizarre bizarre, 14
blanc (blanche) white, 2
bleu (e) blue, 2
blond (e) blond, 2
bœuf *m.* beef, 5
boire to drink, 6
    ~ un pot to have a drink
boisson *f.* beverage, 6
boîte *f.* *(slang)* workplace; box, 5
    ~ aux lettres mailbox, 4
    ~ de nuit nightclub, 9
bol *m.* bowl, 6
bon(ne) good, 14
    bon well, 3
    bon *m.* **d'abonnement** subscription form, 7
    bon marché *inv.* cheap, affordable, 5
bonbon *m.* candy
bonhomme *m.* **de neige** snowman
bonjour hello, 1
bosser (dans) *(slang)* to work (in), 10
botte *f.* boot, 5
bouche *f.* mouth, 9
boucher (bouchère) butcher
boucherie *f.* butcher shop, 5
bouclé curly, 2
boulangerie *f.* bakery, 5
boule *f.* **campagnarde** round loaf of bread
boulette *f.* **de viande** meatball, 6
boulot *m.* *(slang)* job, 10
bouquet *m.* bouquet, 6
bourré(e) drunk *(slang)*, 12
bourse *f.* scholarship, 11
bouteille *f.* bottle, 5
boutique *f.* shop, store, 5
branché(e) *(slang)* hip, tech-savvy, 13
braquage *m.* bank robbery
bras *m.* arm, 9
brasserie *f.* brewery, 5
bricolage *m.* repair work, 4
briquet *m.* cigarette lighter, 7
brocoli *m.* broccoli, 6
brosser to brush
    se ~ les dents to brush one's teeth, 8

brouillon *m.* draft
brun(e) brown, 2
buffet *m.* sideboard, 4
bulletin *m.* **d'abonnement** subscription form, 7
bureau *m.* desk; office, 4
    ~ de change currency exchange office
    ~ de tabac tobacco store, 5
but *m.* goal

C

ça it; that, 1
    ~ m'agace it bothers me, 14
    ~ peut aller it could be better, 1
    ~ te dit? What do you say about it?, 5
    ~ va. It's going okay / well., 1
    ~ va? How's it going?, 1
    ~ va bien. It's going well., 1
    ~ va pas mal. It's going all right., 1
cabine *f.* **de bronzage** tanning booth, 13
    ~ d'essayage fitting room, 5
cabinet *m.* office, 10
cachet *m.* tablet, 14
café *m.* coffee
    ~ au lait coffee with milk, 6
    ~ crème coffee with cream, 6
    ~ noir black coffee, 6
caisse *f.* teller window, cash drawer, 11
caissier (caissière) cashier, 5; bank teller, 11
caleçon *m.* man's underwear, 5
calme calm, 12
calmer to calm
    se ~ to calm oneself down, 8
cambriolage *m.* burglary, break-in, 7
cambriolé(e) burglarized, 7
campagne *f.* country
canapé *m.* couch, 4
canard *m.* duck
candidat(e) candidate, 10
canoë *m.* canoeing, 3
cantine *f.* cafeteria, 9
car *conj.* because
carnet *m.* **de chèques** checkbook, 11
carotte *f.* carrot, 6
carrefour *m.* corner, crossroads, 10
carte *f.* menu, 6
    ~ d'accès à bord / d'embarquement boarding pass, 12
    ~ de crédit credit card, 11

Carte Bleue debit / credit card, 11

~ **Flying Blue** frequent flyer card, 12

~ **Wi-Fi** Wi-Fi card, 13

carton *m.* box

casquette *f.* cap, 5

causer to cause, 7

CD *m. inv.* CD

ce *pron.* this; it, 1 (see also **c'est**)

~ **que** what

~ **qui** that which

ce *adj.* this, that, 1

cela m'agace it bothers me, 14

céleri *m.* celery, 6

célibataire single, 3

centre *m.* center

~ **de remise en forme** fitness center, 13

~ **ville** downtown, 4

ce qu'on what one

céréales *f. pl.* cereal, 6

cerise *f.* cherry, 6

certain(e) certain, 14

certitude *f.* certainty

cerveau *m.* brain, 14

ces these, those

c'est it's; this is, 1

~ **tout** that is all, 5

cette *f. adj.* this

chacun(e) each one

chaîne *f.* channel, 7

~ **hi-fi** stereo, 4

chaise *f.* chair, 4

chambre *f.* room; bedroom, 4

~ **d'hôtel** hotel room, 12

champignon *m.* mushroom, 6

chance *f.* luck

changer to change, 7

~ **de fréquence** to change the radio station, 7

chanson *f.* song

chanter to sing, 2

chapeau *m.* hat

chargé(e) busy

chariot *m.* shopping cart, 5

chasser to hunt

chatter(te) cat, 2

châtain *inv. (agrees in number)* light brown (hair), 2

chatouiller to tickle

chaud(e) hot, 6

chaussette *f.* sock, 5

chaussure *f.* shoe, 5

~ **de sport** sneaker, 5

chauve bald, 11

chef *m.* **d'entreprise** head of a company, 10

chef *m.* **de syndicat** *m.* union leader

chemise *f.* man's shirt, 5

chemisier *m.* woman's shirt, 5

chèque *m.* check, 11

chéquier *m.* checkbook, 11

cher (chère) expensive, 5

chercher to look for, 3

chéri(e) darling

mon / ma ~ my darling, 8

cheveu *m.* (*pl.* **cheveux**) hair, 2

chez elle/lui/vous at her/his/your place

~ **le traiteur** at the caterer's, 6

chien(ne) dog, 2

chiffre *m.* number, 3

~**s à l'appui** supporting numbers

chignon *m.* hair up (in a bun), 11

chinois *m.* Chinese language

chocolat *m.* chocolate, 5

chocolaterie *f.* chocolate shop, 5

chocolatier *m.* chocolate shop, 5

chez le ~ at the chocolate store, 5

~**-confiseur** artist who specializes in making chocolate, 10

choisir to choose, 4

chômage *m.* unemployment, 10

chômeur (chômeuse) unemployed person, 10

être ~ to be unemployed, 10

choqué(e) shocked, 12

chorale *f.* choir, 7

chou *m.* cabbage

mon ~ my dear (*lit:* my cabbage), 8

chouette cool, nice, 4

chou-fleur *m.* cauliflower, 6

Chut! Shh!, Hush!, 5

chute *f.* **libre** free fall, 13

ciao see you, 1

cigarette *f.* cigarette, 5

cinéma *m.* movies, 3

cire *f.* wax

cité *f.* housing project

~ **universitaire** dormitory

citron *m.* lemon, 6

clair(e) clear (color), 11; clear, obvious, 14

classe *f.* **économique** coach class, 12

classique classic, 2

clavier *m.* keyboard, 13

clé *f.* key

~ **Bluetooth** Bluetooth connection, 13

client(e) customer; client, 10

clientèle *f.* clientele, 10

cliquer to click, 13

club *m.* nightclub, 9

~ **de fitness** fitness center, 13

~ **de golf** golf club, 13

~ **de gym** fitness center, 13

Coca *m.* Coke™, 6

cochon *m.* **d'Inde** guinea pig, 2

cœur *m.* heart, 14

mon ~ my sweetheart, 8

coffre-fort *m.* safe(-deposit box), 11

coiffeur (coiffeuse) hair stylist, 11

coiffure *f.* hair style, 11

coin *m.* corner, 9

colère *f.* anger

en ~ angry, 14

collaborateur (-trice) contributor

collège *m.* middle school, junior high school, 9

colocataire *m./f.* roommate, 4

coloré(e) colored (hair), 11

combien (de) how many, how much, 5

C'est ~? How much is it?, 5

~ **de temps?** how long?

comblé(e) very happy, 14

comédie *f.* comedy, 3

~ **musicale** musical comedy, 3

~ **romantique** romantic comedy, 3

comédien actor

comédienne actress

comique comic, 3

commande *f.* order

commander to order

comme like; as, 2

~ **ci,** ~ **ça** so-so, 1

commencer to begin, 2

comment how, 9

~ **allez-vous / vas-tu?** How are you?, 1

~ **ça va?** How is it going?, 1

~ **dit-on... ?** How do you say . . . ?

~ **t'appelles-tu?** What's your name (fam.)?, 1

~ **tu t'appelles?** What's your name (*fam.*)?, 1

~ **vous appelez-vous?** What is your name (*form.*)?, 1

commerce *m.* business, 10

commère *f.* person who gossips

commettre un crime to commit a crime, 7

commode *f.* chest of drawers, 4

commun(e) common, 14

communisme *m.* communism

compagne *f.* partner (female), 8

compagnie *f.* company, 10

compagnon *m.* partner (male), 8
complexé(e): être ~ to have a complex, 9
composter to validate, 12
compréhensif(-ive) understanding
comprendre to understand, 5
comprimé *m.* tablet, 14
comptabilité *f.* accounting, 10
compte *m.* account
   ~ courant checking account, 11
   ~ en banque bank account, 11
   ~ épargne savings account, 11
concert *m.* concert, 3
condiment *m.* seasoning, 6
confiture *f.* jam, 6
congés payés *m. pl.* paid holidays, 10
conjuguer to conjugate
connaissance *f.* **de** knowledge of
connaître to know (to be familiar with), 13
connexion *f.* **haut-débit** high-speed connection, 13
conseil *m.* advice
console *f.* **de jeux vidéo** video game system, 4
constamment constantly, 6
consultation *f.* doctor's office
conte *m.* tale
content(e) happy, 2
continent *m.* continent
continuer to continue, 10
conversation *f.* conversation
contrôle *m.* **sûreté** security gate, 12
convaincant(e) convincing
copain (copine) boyfriend (girlfriend), 8
coquille *f.* **Saint-Jacques** scallop, 6
corde *f.* rope, 13
corps *m.* body, 9
correctement correctly, 4
costaud(e) stocky, 14
costume *m.* man's suit, 5
côté *m.* side
Côte d'Ivoire *f.* Ivory Coast
cou *m.* neck, 9
se coucher to go to bed, 8; to lie down, 12
couleur *f.* color, 2
   de quelle ~ est... ? what color is . . . ?
couloir *m.* aisle, 12
country *f.* country music, 3
coup *m.* blow
   ~ de foudre love at first sight, 8
coupable guilty, 12

coupe *f.* (hair) cut, 11
couper to cut
couple *m.* couple
courage *m.* courage
courageux (courageuse) courageous, brave, 2
couramment fluently
courir to run, 13
couronne *f.* crown; loaf of bread with hole in the middle
courriel *m.* e-mail, 13
courrier *m.* snail mail
   ~ des lecteurs letter to the editor, 7
cours *m.* class
course *f.* race
   ~ d'attelage de chiens dog-sled race
   ~ en canoë *m.* ice-canoe race
courses *f. pl.* shopping, 4
   faire les ~ to run errands, 4; to do the shopping
court(e) short, 2
court *m.* **de tennis** tennis court, 13
cousin(e) cousin, 3
couteau *m.* knife, 6
coûter to cost
couturière *f.* seamstress
couverts *m. pl.* cutlery
crâne *m.* skull, 14
cravate *f.* tie, 5
crème *f.* cream, 2
   ~ brûlée crème brûlée, 6
crémerie *f.* cheese store, 5
crêpe *f.* crepe, 6
crevette *f.* shrimp, 5
crier to scream, shout, 9
crime *m.* crime, 7
crise *f.* **cardiaque** heart attack, 14
crise *f.* **de foie** stomach / digestive problem, 14
croire to believe, to think
croissance *f.* growth
croissant *m.* croissant, 5
cuillère *f.* spoon
   ~ à café teaspoon, 6
   ~ à soupe tablespoon, 6
cuisine *f.* cooking; kitchen, 4
cuisinière *f.* stove, 4
culotte *f.* woman's underwear (briefs), 5
cultures maraîchères *f. pl.* market gardening
cultures vivrières *f. pl.* food production
culturel(le) cultural, 7

D

d'abord first, 5
dans in, 4
   ~ les premiers temps at the beginning, 8
   ~ quelques années in a few years
danser to dance, 2
d'après according to
   ~ vous in your opinion
datte *f.* date (*fruit*)
d'autres choses *f. pl.* other things, 6
de *art.* any, some, 5; *prep.* from, 11; of
   ~ quelle couleur what color
   ~ rien you're welcome, 10
   ~ tout everything, 5
début *m.* beginning
décéder to die, 7
décembre *m.* December, 3
déception *f.* **amoureuse** heartbreak, 8
décollage *m.* take-off, 12
décoller to take off, 12
décompresser to relax, to decompress
décorateur (-trice) d'intérieur interior decorator, 4
décorer to decorate, 4
découvrir to discover, 12
déçu(e) disappointed, 12
défi *m.* challenge
défilé *m.* parade, 7
déguster les vins to taste wines
déjà already
déjeuner *m.* lunch, 6
déjeuner to have lunch
de l' (see **du/de la/de'l/des**)
de la (see **du/de la/de'l/des**)
délinquance juvénile *f.* juvenile crime, 9
délit *m.* misdemeanor
deltaplane *m.* hang-gliding, 1
demander to ask, to require, 14
   ~ son chemin to ask directions, 10
demandeur (demandeuse) d'emploi job applicant, 10
se démaquiller to remove one's makeup, 8
démarches *f. pl.* steps
démêlant *m.* anti-tangle cream, 11
demi *m.* glass of draft beer
demi(e) half
   et ~ half past, 4
demi-frère *m.* half-brother, stepbrother, 3

demi-sœur f. half-sister, stepsister, 3
démoralisé(e) demoralized, 12
dent f. tooth, 9
dentiste m./f. dentist, 2
département m. department
se dépêcher to hurry (up), 8
dépenser to spend, 11
dépenses f. pl. spending
dépensier (dépensière) spendthrift, 11
déposer to deposit
   ~ de l'argent to deposit money (in the bank), 11
   ~ un chèque to deposit a check (in the bank), 11
déprimé(e) depressed, 14
depuis since; for, 14
   ~ deux ans for two years
dernier (dernière) last, 8
dernièrement lately
derrière behind, in back of, 4
des (see **du/de la/de'l/des**)
dès as early as
dès que as soon as
descendre to get down, to go down, 5
descriptif (descriptive) descriptive, 2
désespéré(e) desperate, 12
se déshabiller to remove one's clothes, 8
désirer to like, 5
désolé(e) sorry, 12
dessert m. dessert, 6
dessin m. drawing
   ~ animé cartoon, 7
se détendre to relax
détester to hate, 2
   se ~ to hate each other, 8
dette f. debt, 11
devant in front of, 4
devenir to become, 11
deviner to guess
devoir to have to, must
devoirs m. pl. homework, 4
d'habitude usually, 4
diarrhée f. diarrhea
difficulté f. difficulty, 9
diffuser to broadcast, 7
dimanche m. Sunday, 3
dîner m. dinner, 6
dire to say, 7
direction f. direction, 10
discothèque f. disco (theque)
diseur (diseuse) de bonne aventure fortune-teller
disponible available

se disputer to argue (with each other), 8
divertissements m. pl. TV games, 7
divorcé(e) divorced, 3
divorcer to get a divorce, 8
document m. document, 13
documentaire m. documentary, 7
doigt m. finger, 9
don m. gift
donc therefore, so
données f. pl. data
donner to give, 7
   ~ des coups de pied to kick
   ~ la fessée to spank, 9
   ~ sur to overlook, 12
   ~ un baiser to kiss (on the lips), 8
   ~ un concert to perform a concert, 7
   ~ une conférence to present a paper, 7
dont whose, 12
dortoir m. dormitory, 9
dos m. back, 9
dot f. dowry
douane f. customs, 12
double queen-size bed, 12
douche f. shower, 4
doute m. doubt
douter to doubt, 14
douteux (douteuse) doubtful, 14
doux (douce) sweet, soft
douzaine f. dozen, 5
draguer to flirt
drapeau m. flag
se droguer to use drugs, 9
droite f. right
   à ~ on the right
du/de la/de l'/des art. some, 5
dur(e) hard

E

eau f. water
   ~ gazeuse carbonated water, 6
   ~ plate mineral water, 6
s'échauffer to warm up, 14
échec m. **scolaire** failure in school, 9
école f. school, 9
   ~ primaire elementary school, 9
économe thrifty, 11
économies f. pl. savings
économiser to save, 11

écouter to listen to, 2
   ~ une conférence to listen to a lecture, 7
écran m. screen, 7
s'écraser to crash, 12
écrire to write, 7
écrivain(e) writer
effondré(e) devastated, 12
effrayé(e) scared, 12
électro f. electronic music, 3
élégant(e) elegant, 2
élève m./f. student (elementary / middle school), 9
élever to raise, 9
elle she, it, 1; her, 13
elle-même herself
elles they, 1; them, 13
e-mail m. e-mail, 13
embarquement m. boarding, 12
embauché(e) hired, 10
embaucher to hire, 10
embêter to annoy, 9
embrasser to kiss
   s'~ to kiss (each other), 8
émission f. program, 7
émotion f. emotion
émouvant(e) moving
emplette f. purchase
emploi m. job, 10
employé(e) employee, 10
emprunter (à) to borrow (from), 11
   ~ de l'argent à la banque to ask for a loan, 11
en in, 5; of it / of them, 5
   ~ bonne santé healthy, 14
   ~ brosse spiky (hair), crew-cut, 11
   ~ colère angry, 14
   ~ direct live, 7
   ~ face (de) across from, facing, 4; across, 5
   ~ herbe budding
   ~ mauvaise santé in bad health, 14
   ~ provenance de from
   ~ rage enraged, 14
   ~ sens m. **inverse** the wrong way, 9
   ~ solde on sale, 5
enceinte pregnant, 9
enchanté(e) happy, pleased, 12
   Enchanté(e). It's nice to meet you, 1
endetté(e) in debt, 11
s'endormir to fall asleep, 8
énervé(e) nervous, 12
s'énerver to get upset, 8
enfance f. childhood, 9

piscine *f.* swimming pool, 14
piste *f.* slope
    ~ de ski ski slope, 13
pizza *f.* pizza, 6
placard *m.* closet, 4
placards kitchen cupboards, 4
place *f.* place; square, 12
placer son argent to invest one's money, 11
plan *m.* map
    ~ (de maison *f.***)** blueprint (of a house), 4
planche *f.* **à voile** windsurfing, 14
plante *f.* plant
plat *m.* dish, 12
    ~ principal entrée, main dish, 6
plateau *m.* tray
plein(e) de full (of), 5
pleurer to cry, 9
pleuvoir to rain, 4
plongée *f.* **sous-marine** diving
plus (de) more (of), 5; plus
    ne... ~ not anymore, no longer, 6
    ~ (de)... que more (-er) . . . than, 11
    ~ tard later, 4
plusieurs several
plutôt que rather than
poème *m.* poem, 7
poids *m. pl.* weights, 13
poignet *m.* wrist
poilu(e) hairy, 2
poire *f.* pear, 6
poisson *m.* fish, 5
    ~ rouge goldfish, 2
poissonnerie *f.* fish market, 5
poivre *m.* pepper, 6
poivron *m.* **rouge** red pepper, 6
policier (policière) police officer, 2
pomme *f.* apple, 6
    ~ de terre potato, 6
pompes *f. pl.* push-ups, 13
porc *m.* pork, 6
portable *m.* laptop (computer), 13
porte *f.* door; (airport) gate, 12
porter to wear; to carry, 5
    ~ à to bring (to someone), 5
positif (positive) positive, 12
posséder to possess
possible possible, 14
poste *f.* post office, 5
poste *m.* position, 10
postulant(e) candidate, 10
postuler to apply, 10
potins *m. pl.* pieces of gossip
pouce *m.* thumb, 12

poulet *m.* chicken, 5
    ~ fermier farm-raised chicken, 5
poumon *m.* lung, 14
pour for, 12; in order to
pourboire *m.* tip
pouce *m.* thumb, 9
pourquoi why, 9
Pourriez-vous me dire... ? Could you tell me . . . ?, 10
pouvoir to be able to, can, 6
pratiquer to practice, to participate in, 3
    ~ un sport to do (a sport), 13
précoce early, 9
prédire to predict
préférable preferable, 14
préférence *f.* preference
préférer to prefer, 2
première classe *f.* first class, 12
prendre to take, 5
    ~ des photos *f.* to take photos, 12
    ~ du poids to gain weight, 14
    ~ soin to take care
    ~ un pot to have a drink
prénom *m.* first name
préparation *f.* production, 10
préparer to prepare, 2
près (de) close (to), near, 4
présentateur (présentatrice) de télévision television anchor, 7
présenter to introduce, 1; to present, 7
    Je te / vous présente... This is . . . , 1
présentation *f.* introduction
presse *f.* **people** entertainment magazines, 7
se presser to hurry (up), 8
pression *f.* draft beer, 6
prétendant(e) future spouse
prétendre to claim, 7
prêter to lend, 11
prier to pray
prime *f.* bonus
printemps *m.* spring, 4
privé(e) private, 10
prix *m.* prize, 7
    ~ Nobel Nobel Prize
probable probable, 14
problème *m.* problem, 9
processeur *m.* processor, 13
proche near
proches *m. pl.* loved ones
produit *m.* product
    ~s alimentaires food items, 5
    ~ allégé diet food, 14

    ~ bio(logique) organic food, 14
    ~ de régime diet aid, 14
    ~ laitier dairy product, 5
    ~ surgelé frozen food, 14
professeur (*professeure*) professor, 2; high school or college teacher
profession *f.* profession, 2
professionnel (professionelle) professional, 7
programme *m.* program, 7
    ~ télé television guide, 7
se promener to go for a walk, 8
promouvoir to promote
provisions *f. pl.* food supplies, 5; funds, 11
provocateur (provocatrice) provocative, 2
prudemment carefully, prudently, 6
psy *m.* *(slang)* "shrink" (psychiatrist)
public (publique) public, 4
publicité *f.* advertisement, 7
publier to publish, 7
puce *f.* flea
puis then, 4
pull(-over) *m.* pullover, sweater, 5
punir to punish, 4
punition *f.* punishment, 9
pyjama *m.* pajamas

Q

quai *m.* platform, 12
quand when, 9
quart *m.* quarter
    et ~ quarter past, 4
    moins le ~ quarter to, 4
que what, 9; that, 12
    ~ désirez-vous? What would you like?, 5
quel(le) what, which, 6
    à quelle heure *f.***?** At what time?
    Quel est ton / votre numéro de téléphone / de mobile? What's your phone number / cell number?, 1
    quelle que soit regardless of
    Quel temps fait-il? What's the weather like?, 4
quelques a few, some
quelque chose something
    ~ en pièce jointe an attachment, 13
quelque part somewhere, 7
quelquefois sometimes, 3

quelqu'un someone, 7
qu'est-ce que what, 1
queue f. de cheval ponytail, 11
qui who, 1
    ~ est-ce? who is it?
    ~ es-tu? / ~ êtes-vous? who are you?, 1
quiche f. quiche, 6
quitter to leave (someone or something), 8
    se ~ to leave each other, 8
quoi what (object of verb)
quotidien m. daily newspaper, 7

R

radin(e) stingy
radio f. radio, 7
raffermir to tone, 13
rafting m. rafting, 13
rage f. de dent toothache, 14
raie f. part (hair), 11
    ~ au milieu in the middle, 11
    ~ sur le côté on the side, 11
raisin m. grapes, 6
ramasser to pick up (person or object)
ramer to row, 14
ranger to arrange, 7
rap m. rap, 3
râpé(e) grated, 6
rapidement quickly, 4
rappeler to remind, 1
raquette f. racket, 13
rarement rarely, 3
se raser to shave, 8
rater le vol to miss the flight, 12
ravi(e) delighted, 14
rayon m. department, 5
    ~ boucherie meat department, 5
    ~ crémerie dairy department, 5
    ~ poissonnerie seafood department, 5
réagir to react
réalisateur (réalisatrice) movie director
se rebeller to rebel, 9
recevoir to receive, 13
recherché(e) sought after
récipient m. serving dish
réciproque reciprocal
recommander to recommend, 14
se réconcilier (avec) to reconcile, 8
reconnaissant(e) grateful
récré(ation) f. recess, 9
réfléchi(e) reflexive

réfrigérateur m. refrigerator, 4
regarder to watch, 2; to look at, 12
    se ~ to look at each other, 8
reggae m. reggae, 3
régime m. alimentaire daily diet, 14
régional(e) regional, 12
regrettable regrettable, unfortunate, 14
regretter to regret, to be sorry, 14
rein m. kidney, 14
relations f. pl. sexuelles précoces early sexual relations, 9
relevé m. statement
    remèdes m. pl. remedies, 14
    ~ homéopathiques homeopathic remedies, 14
    ~ naturels natural remedies, 14
remplir un chèque to write a check, 11
rencontrer to meet (each other), se ~ to meet (each other), 8
rendre to pay; to return, to give back, 5
    ~ visite à to visit (someone)
renseignement m. information
rentrer to come home, 7; to go back
repas m. meal, 6
repassasge m. ironing, 4
répondeur m. answering machine, 4
répondre (à) to respond, to answer, 5
réponse f. answer, response
reportage m. report, 7
se reposer to rest, to relax, 8
répugnant(e) repulsive, 12
requin m. shark, 13
RER m. regional train system in Paris, 7
réserver to reserve, 12
restaurant m. restaurant, 12
    ~ universitaire cafeteria
restes m. pl. leftovers
retourner to return, 7
retraite f. retirement, 10
    toucher la ~ to receive a pension, 10
retraité(e) retiree, 10
    être ~ to be retired, 10
réussir (à) to succeed (in); to pass (a test), 4
rêve m. dream, 12
se réveiller to wake up, 8
revenir to come back, 7
revue f. magazine
    ~ de cuisine cooking magazine, 7

    ~ de mode fashion magazine, 7
    ~ de sport sports magazine, 7
rez m. de chaussée ground floor
rhume m. cold (illness), 14
riche rich, 2
    ~ en matières grasses rich, fatty, 14
rideau m. curtain, 4
ridicule ridiculous, 14
rien nothing
    de ~ you're welcome, 10
    ne... ~ nothing, not anything, 6
rigoler to laugh, 7
risquer sa tête to put oneself in danger
riz m. rice, 6
robe f. dress, 5
rock m. rock, 3
    ~ indé(pendant) indie music, 3
rollers m. pl. rollerblades, 14
rompre to break up
se ronger les ongles to bite one's nails, 8
rose pink, 2
rôti(e) roasted, 6
rouge red, 2
rouler un patin / une pelle to give someone a French kiss
routeur m. router, 13
routine f. routine, 8
roux (rousse) red (hair), 2
rude harsh
rue f. street, 10
    ~ piétonne pedestrian street, 5
rugby m. rugby, 3
rupture f. breakup, 3

S

sable m. sand, 12
sac m. bag, 5
sage well-behaved, 9
saison f. season, 4
salade f. salad, 6
salaire m. salary, 10
    ~ minimum minimum wage, 10
salarié(e) a salaried employee, 10
salé(e) salty, 6
salir to dirty, 4
salle f. room
    ~ à manger dining room, 4
    ~ de bains bathroom, 4
    ~ de muscu(lation) weight room, 13
    ~ de séjour family room, 4

~ de sports fitness center, 13
~ de livraison des bagages baggage claim, 12
salon *m.* living room, 4
    ~ de coiffure hairdresser's, 11
salut *(inf.)* hi, bye, 1
salutation *f.* greeting
samedi *m.* Saturday, 3
sandales *f. pl.* sandals, 5
sandwich *m.* sandwich, 6
    ~ au jambon-fromage ham and cheese sandwich, 6
santé *f.* health
    ~ de fer iron constitution, healthy, literally "an iron health," 14
saoul(e) drunk, 12
sapin *m.* fir tree
satisfait(e) satisfied, 14
saumon fumé *m.* smoked salmon, 6
sauna *m.* sauna, 14
saut *m.* **à l'élastique** bungee jumping, 13
sauter to jump
    ~ à la corde to jump rope, 13
sauvegarder un document to save a document, 13
sauver to save
    ~ la vie à quelqu'un to save someone's life, 7
savoir to know (how), to know a fact, 13
savonneux (savonneuse) soapy
savoureux (savoureuse) tasty
scanner *m.* scanner, 13
science-fiction *f.* science fiction, 2
scolarité *f.* schooling
sculpture *f.* sculpture, 12
se himself, herself, itself, themselves, 8
sec (sèche) dry, 11
sécher to dry
    ~ les cours to skip school, 9
    se ~ les cheveux to dry one's hair, 8
secrétaire *m./f.* secretary, 2
seins *m. pl.* chest
sel *m.* salt, 6
selon according to, depending on
semaine *f.* week, 3
    la ~ dernière last week, 8
semestre *m.* semester
sens *m.* sense
sentir to smell
    ~ bon to smell good, 6
    ~ mauvais to smell bad, 6
    se ~ bien / mal to feel well / bad, 8

séparé(e) separated, 3
se séparer to be apart, to separate, 8
septembre *m.* September, 3
série *f.* **(télévisée)** TV series, 7
série *f.* **d'exercices** exercise repetition
se serrer la main to shake hands
serveur (serveuse) waiter (waitress)
service *(f.)*
    ~ après-vente customer service, 10
    ~ aux clients customer service, 10
    ~ client customer service, 10
serviette *f.* napkin, 6
servir to serve
seulement only
shampooing *m.* shampoo, 5
short *m.* shorts, 5
si as, so; if, 13; yes
sida *m.* AIDS
siècle *m.* century
siège *m.* seat, 12
silencieusement silently, 6
s'il te plaît please, 10
s'il vous plaît please, 10
sinus *m.* sinus, 14
sirop *m.* syrup, 14
ski *m.* skiing; ski, 13
    ~ alpin downhill skiing, 13
    ~ de fond cross-country skiing, 13
    ~ nautique waterskiing, 13
smartphone *m.* smartphone, 13
SMIC *m.* minimum wage, 10
smicard(e) minimum wage earner, 10
SMS *m.* text message, 13
snowboard *m.* snowboarding, 13
sobre sober, 14
sociable out-going, 2
société *f.* corporation, 10
sœur *f.* sister, 3
    ~ jumelle twin sister, 3
sofa *m.* sofa, 4
soigner to heal
    se ~ to take care (of oneself), 14
soin *m.* treatment
    avec ~ carefully, 4
soir *m.* night; evening, 1
    du ~ in the evening, at night
soirée *f.* party, 9
soldé(e) on sale, 5
soldes *f. pl.* sales, 5
sommeil *m.* sleep, 6
somnifère *m.* sleep aid, 14

son *m.* sound
sondage *m.* poll, survey
sont (see **être**) (they) are, 1
sort *m.* spell
sortir (de) to go out; to get out of, to leave (for a short time), 8
    ~ avec to go out with
souk (Tunisia) *m.* market
soulagé(e) relieved, 12
se soûler to get drunk, 9
souligner to underline
soupe *f.* soup, 6
souris *f.* mouse, 13
sous under, 4
soutien-gorge *m.* (*pl.* **soutiens-gorge**) bra, 5
souvenir *m.* memory; souvenir, 12
    se ~ de to remember
souvent often, 6
spécialité *f.* specialty, 12
sport *m.* sport, 3
    ~ d'hiver winter sport / snow sport, 13
    ~ nautique water sport, 13
sportif (sportive) athletic, 2
stade *m.* stadium, 9
stage *m.* internship, 10
stagiaire *m./f.* trainee, 10
statue *f.* statue, 12
step *m.* step machine, 13
steward *m.* flight attendant, 12
stimulant(e) challenging, 13
stupide stupid, 2
subit(e) sudden
succès *m.* success
sucre *m.* sugar, 6
sucré(e) sweet
suer to sweat
suis (see **être**) (I) am, 1
Suisse *f.* Switzerland
suivant following
sujet *m.* topic
super super, 1
supervision *f.* supervision, 10
sur on top of, 4; on, 12
    ~ les ondes on the airwaves, 7
    ~ mesure custom-made
sûr(e) certain, sure, 14
surf *m.* surfing, 3
    ~ des neiges snowboarding, 13
surfer sur Internet to surf the Internet, 13
surprenant(e) surprising, 14
surpris(e) surprised, 12
surtout especially
survêtement *m.* jogging suit, sweatsuit, 5
sweat *m.* sweatshirt, 5
sympathique friendly, 2

T

tabac *m.* tobacco; tobacco shop, 5
tabagisme *m.* smoking addiction, 9
table *f.* table, 4
    ~ de nuit nightstand, 4
tableau *m.* painting, 4
taffe *f.* drag (on a cigarette)
tailleur *m.* woman's suit, 5
talk-show *m.* talk show, 7
tante *f.* aunt, 3
tapis *m.* rug, 4; mat, 13
    ~ de course treadmill, 13
tarte *f.* pie, 5
    ~ salée quiche, 6
tartelette *f.* mini tart, 6
tartine *f.* toast, 6
tasse *f.* **à café** coffee cup, 6
taux *m.* rate, 11
tchatcher to chat, to yack
te to you, 13
technicien (technicienne) technician, 2
techno *f.* techno music, 3
technologie *f.* technology, 12
tee-shirt *m.* T-shirt, 5
tel (telle) such
télécharger to download, 13
télécommande *f.* remote control, 7
téléfilm *m.* TV movie, 7
téléphone *m.* phone, 4
    ~ portable cell phone, 13
    ~ sans fil cordless phone, 4
téléphoner (à) to telephone, 2
télé-réalité *f.* reality show, 7
téléviseur *m.* television set, 4
télévision *f.* television, 6
temps *m.* time; weather, 4
    à plein ~ full-time, 10
    à ~ complet full-time, 10
    à ~ partiel part-time, 10
    Quel ~ fait-il? What's the weather like?, 4
tendre moitié *f.* better half
tennis *m.* tennis, 3; *f. pl.* tennis shoes, 5
tenue *f.* **de sport** sporting gear
terminal *m.* terminal, 12
terminer to finish, 2
terrain *m.* field, course, court
    ~ de basket basketball court, 13
    ~ de foot soccer field, 13
    ~ de golf golf course, 13
tête *f.* head, 9
teuf *f.* *(slang)* party
texto *m.* text message, 13
thé *m.* tea

~ au citron tea with lemon, 6
~ nature plain tea, 6
théâtre *m.* theater, 3
    ~ classique classic theater, 3
    ~ moderne modern theater, 3
thermomètre *m.* thermometer, 14
thon *m.* **(grillé)** (grilled) tuna, 6
thriller *m.* thriller, 3
timbre *m.* stamp, 5
timide timid, shy, 2
ti-punch *m.* drink made with rum, 12
tire-bouchon *m.* bottle opener, corkscrew, 6
tirer leur première taffe to take their first drag
tisane *f.* herbal tea, 14
titre *m.* title
toi you, 13
Toile *f.* World Wide Web, 13
toilettes *f. pl.* toilet, restroom, 4
toit *m.* roof
tomate *f.* tomato
    ~s provençales stuffed baked tomatoes, 6
tomber to fall, 7
    ~ amoureux (amoureuse) (de quelqu'un) to fall in love (with someone), 8
    ~ dans les pommes *(slang)* to faint, 14
    ~ malade to get sick, 14
    ~ raide mort(e) to fall over dead
toucher to receive, 10
    ~ la retraite to receive a pension, 10
    ~ le chômage to receive unemployment, 10
    ~ le SMIC to earn minimum wage, 10
    ~ un bon / mauvais salaire to receive a good / bad salary, 10
    ~ un chèque to cash a check, 11
toujours always, 6
tour *m.* turn, 5
touriste *m./f.* tourist, 12
tourner to turn, 10
tourteau *m.* oil cake (for cattle feed)
tousser to cough, 14
tout *adv.* very
    du~ at all
    ~ de suite right away
    ~ droit straight (through), 10
    ~ entier whole, the entire
    ~ le temps all the time
tout *pron.* everything
tout/toute/tous/toutes all,

every, each
    tout chaud sorti du four hot out of the oven, 7
    ~ le monde everyone, 1
    tous les deux both
    tous les jours every day
    ~ petit(e) very little, 2
toxicomanie *f.* drug addiction, 9
traditionnel(le) traditional, 12
train *m.* train, 12
    ~-couchettes sleeper train, 12
traîneau *m.* **à chiens** dogsled
traitement *m.* **de texte** word processor, 13
traiter de to deal with
traiteur *m.* caterer, 6
trajet *m.* commute; voyage, trip
tranche *f.* **(de)** slice (of), 5
transport *m.* transportation, 5
travail *m.* job, work 10
travailler (dans) to work (in), 2
travaux *m. pl.* **ménagers** household chores, 4
traverser to cross, 10
trentaine *f.* about thirty
très very, 6
    ~ bien very good / well, 1
tresses *f. pl.* braids (braided hair), 11
tressé(e) braided
tribunal *m.* courthouse
tricher to cheat
trinquer to make a toast, 12
triste sad, 2
tromper (quelqu'un) to cheat (on someone), 8
trop too, too much, 5
troubles *m. pl.* problems
    ~ alimentaires eating disorders, 9
    ~ familiaux family problems, 9
trouver to find, 2
    se ~ to be located, 10
tu *(fam.)* you, 1
    ~ es… ? Are you . . ?, 1
    ~ es comment? what are you like?
    ~ es libre? Are you free (to do something)?, 1
tubes *m. pl.* hit songs, 7
turbulences *f. pl.* turbulence, 12
tuyau *m.* hint
typique typical, 12

U

un(e) one, a, 2
université *m.* university
utile useful
utiliser to use, 13

V

vaisselle *f.* dishes, 6
valise *f.* suitcase, 12
vanille *f.* vanilla, 6
varappe *f.* rock-climbing, 13
vase tiède *f.* warm mud
vautré(e) spread out, 14
vélo *m.* bicycle
    ~-rameur *m.* pedaling and rowing machine, 13
    ~ statique stationary bike, 13
vendeur (vendeuse) salesperson, 2
vendre to sell, 5
vendredi *m.* Friday, 3
venir to come, 7
    ~ chercher to come get someone or something, 11
    ~ de to come from, 11
    ~ de *(+ verb)* to have just done something, 11
vente *f.* sale, 10
ventre *m.* stomach, 9
verbe *m.* verb
vers around (time), 4
verre *m.* glass
    ~ à eau water glass, 6
    ~ à vin wine glass, 6
vert(e) green, 2
veste *f.* jacket, 5
vestiaire *m.* locker room, 14
vestibule *m.* foyer, 4
vêtement *m.* garment, article of clothing, 5
veuillez *(subj. of* **vouloir***)* please, 10; pay attention

viande *f.* meat, 5
victime victim, 7
vide *m.* emptiness, 13
vie *f.* life, 7
vieux (vieille) old, 2
vilain(e) bad, naughty, 9
ville *f.* town, 5
vin *m.* wine, 5
    ~ rouge / blanc red / white wine, 5
    ~ rosé blush wine, 6
violet(te) purple, 2
virgule *f.* comma
visage *m.* face, 9
visiter to visit, 12
vitamine *f.* vitamin, 14
vite rapidly, quickly, 6
vitesse *f.* speed
vitre *f.* window, 4
voici here is
voie *f.* railroad track, 12
voilà there is
voir to see, 7
voiture *f.* car, 7
    en ~ by car, 7
    ~-restaurant restaurant car, 12
voix *f.* voice
vol *m.* flight, 12; robbery, theft, 7
    ~ libre free fall, 13
    ~ en provenance de flight from, 12
volaille *f.* poultry, 6
volé(e) robbed, 7
volet *m.* shutter, 4
voleur (voleuse) thief
volley *m.* volleyball, 3
volonté *f.* volition, wish, will

vomir to vomit, 14
vouloir to want, 6
    ~ dire to mean
vous you, 1; (to) you, 13; you, 13
    ~ êtes… ? Are you . . . ?, 1
    ~ êtes libre(s)? Are you free (to do something)?, 1
voyage *m.* trip, 3
voyager to travel, 2
voyant(e) fortune-teller
vrai(e) real; true, 14
vraiment really, 6
VTT *m.* cross-country biking, 13

W

wagon-lit *m.* sleeper train, 12
W.-C *m. pl.* toilet, restroom, 4
Web *m.* World Wide Web, 13
webcam *f.* webcam, 13
week-end *m.* weekend, 1
western *m.* western, 3

Y

y it; there, to there, 5
    il ~ a there is, there are, 3
yaourt *m.* yogurt, 6
yeux *m.* *(sing.* **œil***)* eyes, 2
yoga *m.* yoga, 3

Z

zapper to channel surf, 7
zéro zero, 1

English-French Vocabulary

The English-French vocabulary list contains all productive and receptive vocabulary that appears in the student text. Productive vocabulary includes words and expressions that appear in the *Mon vocabulaire*, **Passages**, *Mots utiles* and *Expressions utiles,* and in charts and word lists that are part of the **Structure** explanations. Receptive vocabulary consists of words and phrases that are given an English gloss in textual material throughout the book: readings, photo captions, exercises, activities, and authentic documents.

The following abbreviations are used:

adj.	adjective	*inf.*	informal	*n.*	noun
adv.	adverb	*interj.*	interjection	*pl.*	plural
conj.	conjunction	*inv.*	invariable	*pron.*	pronoun
f.	feminine	*m.*	masculine	*sing.*	singular
f. pl.	feminine plural	*m. pl.*	masculine plural	*v.*	verb

A

a un(e)
    ~ lot (of) beaucoup (de)
abortion avortement *m.*
about thirty trentaine *f.*
above au-dessus (de), ci-dessus
absolute absolu(e)
absolutely absolument
accept agréer
    ~ oneself s'accepter
accident accident *m.*
according to d'après, selon
account compte *m.*
accounting comptabilité *f.*
acetaminophen paracétamol
across (from) en face (de)
activity activité *f.*
actor comédien *m.*
actress comédienne *f.*
add ajouter
addict accroché(e), (accro)
address adresse *f.*
adjective adjectif *m.*
admire admire
admit avouer
adolescence adolescence *f.*
adolescent ado, adolescent(e)
adopted adopté(e)
adore adorer
advance avance *f.*
advantages (social) avantages *m. pl.* (sociaux)
adventure aventure *f.*
adverb adverbe *m.*
advertisement publicité *f.*

advice conseil *m.*
affordable bon marché
after après
afternoon après-midi *f.*
    ~ snack goûter *m.*
age âge *m.*
ago il y a
    a month ~ il y a un mois
agree être d'accord
agreeable agréable
AIDS sida *m.*
airplane avion *m.*
airport aéroport *m.*
air waves ondes *f. pl.*
aisle couloir *m.*
alcoholism alcoolisme *m.*
all tout(e)(s), tous
    ~ over the world le monde entier
    ~ right d'accord
    ~ the time tout le temps
already déjà
also aussi
although bien que
always toujours
am suis (see **être**)
    I ~ doing well, and you? Je vais bien, et toi?
amount montant *m.*
amuse amuser
amusing amusant(e)
and et
    ~ here is . . . et voilà...
    ~ you? et toi?
angel ange *m.*
anger colère *f.*

angry en colère, fâché(e)
animal animal *m.*
anniversary anniversaire *m.* de mariage
announce animer; annoncer
annoy embêter
anorexia anorexie *f.*
answer réponse *n.*; répondre *v.*
answering machine répondeur *m.*
antibiotic antiobiotique *m.*
antihistamine antihistaminique *m.*
anti-tangle cream démêlant *m.*
any de
anything else? et avec ceci?
apartment appartement *m.*
appetizer entrée *f.*, hors-d'œuvre *m.*
apple pomme *f.*
apply postuler
apricot abricot *m.*
April avril *m.*
architect architecte *m./f.*
Are you . . . ? Tu es... ? / Vous êtes...?
Are you free (to do something)? Tu es libre? / Vous êtes libre(s)?
argue (with each other) se disputer
arm bras *m.*
armchair fauteuil *m.*
armoire armoire *f.*
around autour (de); (time) vers
arrange ranger
arrive arriver
article article *m.*

as si; comme
- **~ . . . as** aussi... que
- **~ before** comme avant
- **~ early as** dès
- **~ far ~ as** jusqu'à
- **~ I please** à mon aise *m.*
- **~ many . . . as** autant de... que
- **~ much . . . as** autant... de
- **~ soon ~** dès que
- **~ well ~** ainsi que

ask demander
- **~ directions** demander son chemin
- **~ for a loan** emprunter de l'argent à la banque

asparagus asperge *f.*
aspirin aspirine *f.*
assert affirmer
assistant assistant(e) *m./f.*
at à
- **~ all** du tout
- **~ first** au début
- **~ her/his/your place** chez elle/lui/toi/vous
- **~ least** au moins
- **~ night** du soir
- **~ the beginning** dans les premiers temps
- **~ the caterer's** chez le traiteur
- **~ the end** au fond
- **~ the latest** au plus tard
- **~ what time** à quelle heure
- **~ will** à son gré

athletic sportif (sportive)
ATM guichet *m.* automatique
attachment (quelque chose en) pièce *f.* ci-joint
attend assister à
attention intérêt *m.*
attic grenier *m.*
attract attirer
August août *m.*
aunt tante *f.*
autumn automne *m.*
available disponible
average moyenne *f.*; en moyenne
avoid éviter

B

baby bébé *m./f.*
back dos *m.*
backache: to have a backache avoir mal *m.* au dos
bad mauvais(e); vilain(e)
badly mal
- **~ behaved child** enfant *m./f.* mal élevé(e)

bag sac *m.*
baggage claim salle *f.* de livraison des bagages
baked au four
bakery boulangerie *f.*
- **~ and pastry shop** boulangerie-pâtisserie *f.*

balance montant *m.*
balcony balcon *m.*
bald chauve
banana banane *f.*
band groupe *m.*
bangs frange *f.*
bank banque *f.*
- **~ account** compte *m.* en banque
- **~ robbery** braquage *m.*
- **~ teller** caissier (caissière) *m./f.*

baseball base-ball *m.*
basketball basket *m.*; ballon *m.* de basket
- **~ court** terrain de basket *m.*

bathe baigner
bathing suit maillot *m.* de bain
bathroom salle *f.* de bains
- **~ sink** lavabo *m.*

bathtub baignoire *f.*
be être
- **~ able to** pouvoir
- **~ about to** être sur le point de (+ *inf.*)
- **~ afraid** avoir peur
- **~ apart** se séparer
- **~ ashamed** avoir honte
- **~ aware of** gare à
- **~ bored** s'ennuyer
- **~ born** naître
- **~ burglarized** être cambriolé(e)
- **~ cold** avoir froid
- **~ dizzy** avoir le vertige
- **~ enraged** être en rage
- **~ extremely happy / excited** être fou (folle) de joie
- **~ from** (*a place*) être de
- **~ healed from** guérir de
- **~ hot** avoir chaud
- **~ hungry** avoir faim
- **~ in love with someone** être amoureux(-euse) de quelqu'un
- **~ in pain** avoir mal
- **~ in seventh heaven** être aux anges
- **~ in shape** être en forme
- **~ loaded** (*financially*) avoir des ronds

- **~ located** se trouver
- **~ lucky** avoir de la chance
- **~ named** s'appeler
- **~ naughty** faire des bêtises
- **~ nauseous** avoir mal au cœur
- **~ necessary** être nécessaire, falloir
- **~ on strike** faire la grève
- **~ pregnant** attendre un enfant
- **~ retired** être à la retraite, être retraité(e)
- **~ right** avoir raison
- **~ robbed** être volé(e)
- **~ silly** faire le pitre
- **~ sleepy** avoir sommeil
- **~ sore** avoir des crampes
- **~ sorry** regretter
- **~ thirsty** avoir soif
- **~ unemployed** être chômeur (chômeuse)
- **~ wrong** avoir tort

bean haricot *m.*
beautiful beau (belle)
because parce que, car
become devenir
bed lit *m.*
bedroom chambre *f.*
bedspread couvre-lit *m.*
beef bœuf *m.*
beer bière *f.*
before avant (de)
begin commencer
beginning début *m.*
behave se comporter
behind derrière
beige beige
believe croire
bench banc *m.*
benefits avantages *m. pl.*
beside à côté (de)
best *adj.* le/la/les meilleur(e)(s); *adv.* le mieux (de)
- **~ friend** meilleur(e) ami(e)
- **~ wishes** amitiés *f. pl.*

better (than) *adj.* meilleur(e)(s) (que); *adv.* mieux (que)
- **~ half** tendre moitié *f.*

between entre
beverage boisson *f.*
bicycle bicyclette *f.*, vélo *m.*
bidet bidet *m.*
big grand(e); (*overweight*) gros(se)
bill (*banknote*) billet *m.*
bird oiseau *m.*
birth naissance *f.*
birthday anniversaire *m.*

bite mordre; ronger
~ one's nails se ronger les ongles
bitter amer (amère)
bizarre bizarre
black noir(e)
~ and white photo photo f. en noir et blanc
blond blond(e)
blow coup m.
blue bleu(e)
blueprint (of house) plan m. de maison
Bluetooth connection clé f. Bluetooth
boarding embarquement m.
boarding: ~ pass carte f. d'accès à bord, carte d'embarquement
~ school pension f.
~ school student pensionnaire m./f.
bob (haircut) au carré
body corps m.
bonus prime f.
book livre m.
boot botte f.
boring ennuyeux (ennuyeuse), barbant(e)
born né(e)
borrow (from) emprunter (à)
boss patron(-ne)
both tous les deux
bother agacer
bothersome agaçant(e)
bottle bouteille f., flacon m.
bouquet bouquet m.
bowl bol m.
box boîte f., carton m.
boy garçon m.
boyfriend copain m., petit ami m.
bra soutien-gorge m. (pl. soutiens-gorge)
braided tressé(e)
braids tresses f. pl.
brain cerveau m.
brand enseigne f., marque f.
brave courageux (courageuse)
bread pain m.; boule f. de campagnarde (round loaf)
break-in cambriolage m.
break-up rupture f.; v. rompre
breakfast petit déjeuner m.
brewery brasserie f.
bring amener, apporter
~ to someone porter à
broadcast diffuser, passer
broccoli brocoli m.
broke fauché(e) (slang)

brother frère m.
brother-in-law beau-frère m.
brown brun(e) (hair color); (light brown) châtain inv. (hair color); marron inv.
brush brosser
~ one's teeth se brosser les dents
budding en herbe
build bâtir
building bâtiment m., immeuble m.
bungee jumping saut m. à l'élastique
buns (buttocks) fesses f. pl.
burglary cambriolage m.
burn brûler
~ a CD / DVD graver un CD / DVD
business commerce m.
businessman entrepreneur m.
businesswoman entrepreneuse f.
busy chargé(e)
but mais
butcher boucher (bouchère) m./f.
butcher shop boucherie f.
~ and deli boucherie-charcuterie f.
butter beurre m.
buttock exercises fessiers m. pl.
buy acheter
by par, en
~ car en voiture
~ marriage par alliance f.
~ the way au fait
bye salut

C

cabbage chou m.
cabin (of plane) cabine f.
café café m., bistro m.
cafeteria cantine f.; restaurant m., universitaire
cake gâteau m.
call appeler
~ each other se téléphoner
~ roll faire l'appel
calm calme
~ (oneself) down se calmer
camel chameau m.
camera appareil photo m.
digital ~ appareil photo m. numérique
can (to be able to) pouvoir
~ I help you? Je peux vous aider?

can (of food) boîte f. de conserve
candidate candidat(e) m./f., postulant(e) m./f.
candy bonbon m.
canoe canoë m.
canoeing canoë m.
cantaloupe melon m.
cap casquette f.
car voiture f.
cardigan gilet m.
carefully prudemment, avec soin
carrot carotte f.
carry porter
carry-on luggage bagage m. à main
cartoon dessin m. animé
cash: ~ a check toucher un chèque
~ drawer caisse f.
cashier caissier (caissière) m./f.
cat chat(te) m./f.
caterer traiteur m.
cauliflower chou-fleur m.
cause v. causer
CD CD m. inv.
~ burner graveur m. de CD
~ player lecteur m. de CD
celebrate fêter
celery céleri m.
cell phone téléphone m. portable, mobile m.
~ number numéro m. de mobile
center centre m.
century siècle m.
CEO PDG (président directeur général) m.
cereal céréales f. pl.
certain certain(e), sûr(e)
certainty certitude f.
chair chaise f.
challenge défi m.
challenging stimulant(e)
change changer
~ the radio station changer de fréquence
changing room cabine f. vestiaire
channel chaîne f.
~ surf faire du zapping, zapper
chat chatter
chat room forum de discussion m.
cheap bon marché
cheat tricher
~ (on someone) tromper (quelqu'un)
check chèque m.
~ book chéquier m., carnet m. de chèques check-in enregistrement m. (des bagages)

checking account compte *m.* courant

cheek joue *f.*

cheese fromage *m.*

   ~ **store** fromagerie *f.*, crémerie *f.*

cherry cerise *f.*

chest seins *m. pl.*

   ~ **of drawers** commode *f.*

chestnut brown marron *inv.*

chicken poulet *m.*

child enfant *m./f.*

child-king enfant-roi *m./f.*

childhood enfance *f.*

Chinese *(language)* chinois *m.*

chocolate chocolat *m.*

   ~ **cake** gâteau au chocolat *m.*

   ~ **shop** chocolaterie *f.*

choir chorale *f.*

choose choisir

chubby fort(e)

cigarette cigarette *f.*

   ~ **lighter** briquet *m.*

claim *v.* prétendre

class classe *f.*

classic *adj.* classique

   ~ **theater** théâtre *m.* classique

classical classique

   ~ **music** musique classique *f.*

classified ad petite annonce *f.*

clean nettoyer

clear clair(e)

clerk vendeur (vendeuse) *m./f.*

click cliquer

client client(e) *m./f.*

clientele clientèle *f.*

climb monter

close (to) *adj.* près (de)

closet placard *m.*

clothing (article of) vêtement *m.*

   ~ **store** boutique *f.* de vêtements

coach (class) classe *f.* économique

coat manteau *m.*

coffee café *m.*

   black ~ café noir

   ~ **cup** tasse *f.* à café

   ~ **with milk** café au lait

   ~ **with cream** café crème

coin pièce *f.* de monnaie

Coke™ Coca *m.*

cold *adj.* froid(e)

   it's ~ **(out)** il fait froid

   to be ~ avoir froid

cold *n.* rhume *m.*

   to have a ~ être enrhumé(e)

college entrance exam bac *m.*

color couleur *f.*

   ~ **photo** photo *f.* en couleur

colored (hair) coloré(e)

comb peigner

   ~ **one's hair** se peigner les cheveux

come venir

   ~ **back** revenir

   ~ **back from** rentrer de

   ~ **from** venir de

   ~ **get someone or something** venir chercher

   ~ **home** rentrer

   ~ **in** entrer

comedy comédie *f.*

comic comique

   ~ **play** pièce *f.* comique

comma virgule *f.*

commit a crime commettre un crime

common commun(e)

communism communisme *m.*

commute trajet *m.*

company société *f.*; compagnie *f.*; entreprise *f.*

computer ordinateur *m.*

   laptop ~ ordinateur *m.* portable

computing informatique *f.*

concert concert *m.*

conditioner après-shampooing *m.*

conjugate conjuguer

constant constant(e)

constantly constamment

constipated constipé(e)

contemplate envisager

continent continent *m.*

continue continuer

contributor collaborateur (collaboratrice) *m./f.*

conversation conversation *f.*

conveyor belt tapis *m.* roulant

convincing convaincant(e)

cook *v.* faire la cuisine

cookie biscuit *m.*

cooking cuisine *f.*

   ~ **magazine** revue *f.* de cuisine

cool frais (fraîche); chouette *(slang)*

   it's ~ **(out)** il fait frais

cordially bien cordialement

corkscrew tire-bouchon *m.*

corner coin *m.*

corporation société *f.*

correctly correctement

cost coûter

couch canapé *m.*

cough *v.* tousser

could you tell me . . . ? pourriez-vous me dire... ?

country pays *m.*; campagne *f.*

   ~ **music** country *f.*

couple couple *m.*, ménage *m.*

courage courage *m.*

courageous courageux (courageuse)

course *(golf)* terrain *m.*

court *(basketball)* terrain *m.*

courthouse tribunal *m.*

cousin cousin(e)

cozy accueillant(e)

cracker biscuit salé *m.*

crash *v.* s'écraser

crazy fou (folle)

   ~ **thing** folie *f.*

cream crème *f.*

credit card carte *f.* de crédit; Carte Bleue *f.*

crew équipage *m.*

crew-cut (cheveux)_en brosse

crime crime *m.*

cross traverser

cross-country biking VTT *m.*

cross-country skiing ski *m.* de fond

crossroads carrefour *m.*

crowd foule *f.*

cry pleurer

cultural culturel (culturelle)

curly frisé(e); bouclé(e)

currency exchange office bureau *m.* de change

current actuel (actuelle)

curtain rideau *m.*

custom made sur mesure

customer client(e)

customer service service *f.* après-vente, service aux clients, service client

customs douane *f.*

cut *n.* coupe *f.*; *v.* couper

cute mignon(ne)

cutlery couverts *m. pl.*

D

daily: ~ **diet** régime *m.* alimentaire

   ~ **newspaper** quotidien *m.*

dairy: ~ **product** produit *m.* laitier

   ~ **department** rayon *m.* crémerie

dance danser

dark noir(e); foncé(e) *(dark color)*

darling chéri(e)

data données *f. pl.*

date *(fruit)* datte *f.*

daughter fille *f.*

day jour *m.*, journée *f.*
   ~ before yesterday
   avant-hier
deal with traiter de
death mort *f.*
   ~ penalty peine *f.* de mort
debit card Carte Bleue *f.*
debt dette *f.*
December décembre *m.*
decline baisse *f.*
declining à la baisse
decompress décompresser
decorate décorer
deep profond(e)
deep-sea fishing pêche *f.* au gros
delicious délicieux (délicieuse)
delighted ravi(e)
deliver livrer
delivery person livreur (livreuse) *m./f.*
demand insister
demonstration manifestation *f.*
demoralized démoralisé(e)
dentist dentiste *m./f.*
department rayon *m.*, département *m.*
depending on selon
deposit déposer
   ~ a check (in the bank) déposer un chèque
   ~ money (in the bank) déposer de l'argent
depressed déprimé(e)
descriptive descriptif (descriptive)
designer couturier *m.*
desk bureau *m.*
   ~ calendar agenda *m.*
desperate désespéré(e)
dessert dessert *m.*
detective film film *m.* policier
devastated effondré(e)
devil démon *m.*
diarrhea diarrhée *f.*
die décéder / mourir
diet: ~ aid produit *m.* de régime
   ~ food produit *m.* allégé / light
dietary habit habitude *f.* alimentaire
difficulty difficulté *f.*
digestive problem crise *f.* de foie
digital numérique
   ~ camera appareil photo *m.* numérique
   ~ photo photo numérique *f.*
   ~ portable audio player baladeur *m.* numérique

digitize numériser
dining room salle *f.* à manger
dinner dîner *m.*
   ~ is ready! à table!
direction direction *f.*
dirty *adj.* sale
dirty *v.* salir
disappointed déçu(e)
discotheque discothèque *f.*
discover découvrir
dish plat *m.*
   main ~ plat *m.* principal
dishes vaisselle *f.*
dishwasher lave-vaisselle *m.*
dissatisfied insatisfait(e)
diving plongée *f.* sous-marine
divorced divorcé(e)
DJ animateur (animatrice) *m./f.*
do faire
   ~ a sport pratiquer un sport
   ~ homework faire les devoirs
   ~ the dishes faire la vaisselle
   ~ the (food) shopping faire les courses
   ~ the housecleaning faire le ménage
   ~ the laundry faire la lessive, faire le linge
   ~ sit-ups faire des abdominaux *m. pl.* (abdos)
   ~ without *(a thing)* se passer de *(+ chose)*
doctor médecin *m.*; femme médecin *f.*
doctor's office consultation *f.*
document document *m.*
documentary documentaire *m.*
dog chien(ne)
dogsled attelage *m.* de chiens, traîneau *m.* à chiens
   ~ race course *f.* d'attelage de chiens
door porte *f.*
dormitory cité *f.* universitaire, dortoire *m.*
doubt *v.* douter; *n.* doute *f.*
doubtful douteux (douteuse)
down hill skiing ski *m.* alpin
download télécharger
downtown au centre-ville
dowry dot *f.*
dozen douzaine *f.*
draft brouillon *m.*
   ~ beer pression *f.*
drag (on a cigarette) taffe *f.*
drama film *m.* dramatique; pièce *f.* dramatique

drawing dessin *m.*
dream rêve *m.*
dress *n.* robe *f.*; *v.* habiller
dressing room cabinet *f.* d'essayage
drink boire
drug addiction toxicomanie *f.*
drunk beurré(e) *(slang)*, ivre, saoul(e)
drunkard ivrogne *m./f.*
dry sec (sèche)
dry sécher
   ~ one's hair se sécher les cheveux
duck canard *m.*
dumbbell haltère *f.*
dumbfounded épaté(e)
during pendant
   ~ which au cours duquel / de laquelle
DVD burner graveur *m.* de DVD
   ~ player lecteur *m.* de DVD

E

each tout(e)(s), tous
   ~ one chacun(e)
ear oreille *f.*
early précoce
   ~ sexual relations relations *f. pl.* sexuelles précoces
earn toucher, recevoir, gagner
   ~ minimum wage toucher le SMIC
eat manger
   ~ a balanced diet manger équilibré
   ~ healthy foods manger sain
eating disorders troubles *m. pl.* alimentaires
egg œuf *m.*
eight huit
eighteen dix-huit
eighty quatre-vingts
electronic électronique
   ~ music électro *f.*, musique électronique *f.*
   ~ planner agenda *m.* électronique
elegant élégant(e)
elementary school école *f.* primaire
   ~ teacher instituteur (institutrice)
elevator ascenseur *m.*
eleven onze
elsewhere ailleurs
e-mail e-mail *m.*, courriel *m.*, mèl *m.*
   ~ address adresse *f.* électronique

embarrassed gêné(e)
emotion émotion *m.*
employee employé(e)
employer patron (patronne)
emptiness vide *m.*
end fin *f.*
engaged fiancé(e)
engagement fiançailles *f. pl.*
engineer ingénieur *m.*
English *(language)* anglais *m.*
enjoyable agréable
enormous énorme
enough (of) assez (de)
enraged en rage
enter entrer (dans)
entertainment magazine(s)
    presse *f.* people
entire tout entier
entrée plat *m.* principal
equipment équipement *m.*
especially surtout
essential essentiel(le);
    indispensable
espresso exprès *m.*
euphoric euphorique
evening soir *m.*
event événement *m.*
every tout(e)(s), tous
    ~ day tous les jours
everyone tout le monde
everything (de) tout
evident évident(e)
exam examen *m.*
excuse me excusez-moi,
    pardon
exercise exercice *m.*
    ~ rep(etition)s série *f.*
    d'exercices
expanded approfondi(e)
expect s'attendre à
expensive cher (chère)
exposé magazine *m.*
eye œil *m.* (*pl.* yeux)

F

face figure *f.*, visage *m.*
facing en face (de)
failure échec *m.*
    ~ in school échec scolaire
faint *v.* tomber dans les
    pommes *(slang)*
fair *adj.* juste
fairy fée *f.*
faithful (to someone) fidèle
    (à quelqu'un)
fall tomber
    ~ asleep s'endormir

    ~ in love (with) tomber
    amoureux (amoureuse) (de)
    ~ over dead tomber raide
    mort(e)
false faux (fausse)
falsely faussement
family famille *f.*
    ~ problems troubles *m. pl.*
    familiaux
    ~ room salle *f.* de séjour
far (from) loin (de)
farm-raised fermier (fermière)
fascism fascisme *m.*
fashion magazine revue *f.*
    de mode
fashionable à la mode
fat gros(se)
father père *m.*
father-in-law beau-père *m.*
fatty riche en matières grasses
February février *m.*
feel se sentir
    ~ better guéri(e); *v.* guérir
    ~ good (in one's skin) être
    bien dans sa peau
    ~ like (doing something)
    avoir envie de
    ~ well / bad se sentir bien /
    mal
fever fièvre *f.*
few peu (de); quelques
fiancé(e) fiancé(e)
field terrain *m.*
fifteen quinze
fifty cinquante
fight bagarre *f.*
finances finances *f. pl.*
find trouver
fine fin(e)
finger doigt *m.*
finish finir, terminer
fir (tree) sapin *m.*
fire *v.* mettre à la porte
firearm arme *f.* à feu
fired licencié(e), mis(e) à la porte
first premier (première)
    ~ class première classe
    ~ class ticket billet *m.*
    première classe
    ~ name prénom *m.*
fish *n.* poisson *m.*
    ~ bone arête *f.*
    ~ market poissonnerie *f.*
fishing pêche *f.*
fitness center club *m.* de gym /
    fitness, salle *f.* de sports,
    centre *m.* de remise en
    forme

fitting room cabine *f.*
    d'essayage
five cinq
flag drapeau *m.*
flea puce *f.*
flight vol *m.*
    ~ attendant steward *m.*,
    hôtesse *f.* de l'air
    ~ from vol en provenance de
flirt draguer
floor étage *m.*
    ~ exercises exercices *m. pl.*
    au sol
    ground ~ rez de chaussée
    (*m.*)
    second ~ premier étage
    third ~ deuxième étage
flu grippe *f.*
fluently courrament
following *adj.* suivant(e)
food aliment *m.*
    fat-free ~ aliment maigre,
    aliment sans matières grasses
    ~ items produits *m. pl.*
    alimentaires
    ~ supplies provisions *f. pl.*
    frozen ~ produit *m.* surgelé
    organic ~ produit *m.* bio
    ~ production cultures
    vivrières *f. pl.*
    starchy ~ féculent *m.*
foot pied *m.*
football football *m.* américain
for pour, depuis, pendant
    ~ sure à coup sûr
    ~ two years depuis deux
    ans
foreign étranger (étrangère)
fork fourchette *f.*
format maquette *f.*
fortune-teller diseur
    (diseuse) de bonne
    aventure, voyant(e)
forty quarante
four quatre
fourteen quatorze
foyer vestibule *m.*
free libre
    ~ fall chute *f.* libre
    ~ fly vol *m.* libre
French fries frites *f. pl.*
French *(language)* français *m.*
frequent fréquent(e)
frequent flyer card
    Carte Flying Bleue *f.*
Friday vendredi *m.*
friend ami(e)
friendly amicale, sympathique

from de; en provenance de *(flight)*
  ~ here d'ici
frozen food produit surgelé *m.*
fruit fruit *m.*
fruit-flavored fruité(e)
fulfilled épanoui(e)
full bondé(e)
  ~ (of) plein(e) (de)
full-time *adv.* à plein temps, à temps complet
funds provisions *f. pl.*
funny amusant(e)
furious furieux (furieuse)
furnish meubler
furniture meubles *m. pl.*
futon futon *m.*
future avenir *m.*; futur *m.*
  ~ spouse prétendant(e)

G

gadget gadget *m.*
gain weight grossir, prendre du poids
game match *m.*
gang *(of brats)* marmaille *f.*
garden jardin *m.*
gardening jardinage *m.*
garlic ail *m.*
garment vêtement *m.*
gastronomic gastronomique
gate porte *f.*
generous généreux (généreuse)
get: ~ a divorce divorcer
  ~ along well s'entendre bien
  ~ a massage se faire masser
  ~ down descendre
  ~ dressed s'habiller
  ~ drunk se soûler
  ~ engaged se fiancer
  ~ information s'informer
  ~ lost se perdre
  ~ mad se fâcher
  ~ married (to) se marier (avec)
  ~ nervous s'énerver
  ~ out of sortir de
  ~ sick tomber malade
  ~ up se lever
  not to ~ along s'entendre mal
gift don *m.*
girl fille *f.*
girlfriend copine *f.*, petite amie *f.*
give donner
  ~ a big kiss faire un gros bisou
  ~ a French kiss rouler un patin / une pelle

~ back rendre
~ birth accoucher
glass verre *m.*
  ~ of draft beer demi *m.*
go aller
  ~ by passer
  ~ down descendre
  ~ far away partir loin
  ~ for a swim se baigner
  ~ for a walk se promener
  ~ night-night faire (un gros) do-do
  ~ out (with) sortir (avec)
  ~ shopping faire les magasins, faire du shopping
  ~ to bed se coucher
  ~ up monter
  ~ window-shopping faire du lèche-vitrine
goal but *m.*
goldfish poisson *m.* rouge
golf golf *m.*
  ~ ball balle *f.* de golf
  ~ club club *m.* de golf
  ~ course terrain *m.*/parcours *m.* de golf
good bon(ne)
  it's ~ c'est bon
good-bye au revoir
gossip *n.* commère
gossip items potins *m. pl.*
gram gramme *m.*
grandfather grand-père *m.*
grandmother grand-mère *f.*
grapes raisins *m. pl.*
grated râpé(e)
grateful reconnaissant(e)
gray gris(e)
  ~ weather grisaille *f.*
green vert(e)
  ~ beans haricots *m. pl.* verts
greeting salutation *f.*
grilled tuna thon *m.* grillé
grocery store épicerie *f.*
ground: ground floor rez *m.* de chaussée
  ~ personnel agent *m.*/hôtesse *f.* au sol
group groupe *m.*, ensemble *f.*
  ~ of tickets carnet *m.*
growth croissance *f.*
guess deviner
guide guide *m.*
guilty coupable
guinea pig cochon *m.* d'Inde
gym(nasium) gymnase *m.*

H

hair cheveux *m. pl.*
  ~ in a bun chignon *m.*
  ~ up chignon *m.*
hairdresser's salon *m.* de coiffure
hair style coiffure *f.*
hair stylist coiffeur (coiffeuse) *m./f.*
hairy poilu(e)
half demi(e)
  ~ past et demi(e)
half-brother demi-frère *m.*
half-sister demi-sœur *f.*
ham jambon *m.*
  ~ and cheese sandwich sandwich *m.* au jambon-fromage
hamster hamster *m.*
hand main *f.*
handsome beau (belle)
hang-gliding deltaplane *m.*
happiness bonheur *m.*
happy content(e), enchanté(e), heureux (heureuse)
hard dur(e)
harsh rude
hat chapeau *m.*
hate détester
  ~ each other se détester
have avoir
  ~ a cold être enrhumé(e)
  ~ a complex (about one's appearance) être complexé(e) (par son look)
  ~ a difficult pregnancy avoir une grossesse difficile
  ~ a drink boire un pot, prendre un pot
  ~ an easy pregnancy avoir une bonne grossesse
  ~ a hard time avoir du mal, avoir de la peine à
  ~ an internship faire un stage
  ~ an interview passer un entretien
  ~ a party faire une fête
  ~ a sweet tooth être gourmand(e)
  ~ fun s'amuser
  ~ investments faire des investissements
  ~ just venir de *(+verb)*
  ~ one's heart broken avoir une déception
  ~ pain avoir mal
  ~ to devoir
he il; lui

head tête *f.*
  ~ of a company chef *m.* d'entreprise
headache: to have a ~ avoir mal à la tête
heal soigner
healed guéri(e)
health santé *f.*
  ~ magazine magazine de santé
healthy en bonne santé
hear entendre
heart cœur *m.*
  ~ attack crise *f.* cardiaque
heartbreak déception *f.* amoureuse
heli-skiing héliski *m.*
hello bonjour
help aider
help! au secours!
henna henné *m.*
her elle; la, l'
herbal tea tisane *f.*
here ici
  ~ is voici
herself elle-même; se
hi salut
high school lycée *m.*
  ~ student lycéen(ne)
  ~ teacher professeur (professeure) *m./f.*
highlights balayage *m.*
high-speed (Internet) connection connexion *f.* haut-débit
him il; le, l'; lui
himself lui-même, se
hint tuyau *m.*
hip *adj.* branché(e) *(slang);* à la mode
hip-hop hip-hop *m.*
hire embaucher, engager
hired embauché(e)
historical historique
history histoire *f.*
hit songs tubes *m. pl.*
hobby passe-temps *m.*
home theater home cinéma *m.*
homeopathic homéopathique
  ~ remedies remèdes *m. pl.* homéopathiques
homework devoirs *m. pl.*
honey miel *m.*
honeymoon lune *f.* de miel
hope espoir *m.*
horrified horrifié(e)
hospital hôpital *m.*
host *v.* animer; *n.* animateur (animatrice) *m./f.*

hot chaud(e)
  it's ~ (out) il fait chaud
  ~ out of the oven tout chaud sorti du four
  to be ~ avoir chaud
hotel hôtel *m.*
  ~ room chambre *f.* d'hôtel
hour heure *f.*
house maison *f.*
  ~ cleaning ménage *m.*
household foyer *m.*, ménage *m.*
  ~ chores travaux *m. pl.* ménagers
housewife femme *f.* au foyer
housing logement *m.*
  ~ project cité *f.*
how comment
  ~ are you? / ~'s it going? Comment vas-tu / allez-vous?, Ça va?
  ~ do you say . . . ? Comment dit-on... ?
  ~ do you spell it? Comment ça s'épelle?
  ~ long . . . ? combien de temps... ?
  ~ many *(+ noun)*? combien de... ?
  ~ much combien de... ?
  ~ much is it? c'est combien?
however par contre
human humain(e)
hundred cent
hunt chasser
hurry (up) se dépêcher, se presser
husband mari *m.*
hush! chut!
hype matraquage *m.*

I je
  ~ am contacting you because . . . je me permets de vous contacter parce que je...
  ~ am doing (very) well, thank you. Je vais (très) bien, merci.
  ~ don't have a penny. Je n'ai pas un rond.
  ~ would like . . . je voudrais...
ice: ~ cream glace *f.*
  chocolate ~ cream glace au chocolat

  ~-covered mountain climbing escalade *f.* glaciaire
  ~ skate patin *m.* à glace; *v.* faire du patin à glace
  strawberry ~ cream glace à la fraise
  vanilla ~ cream glace à la vanille
ice canoe race course *f.* en canoë
identity identité *f.*
if si
illiteracy analphabétisation *f.*
illness maladie *f.*
imagine se figurer
impossible impossible
improbable improbable
improve améliorer
in à; dans; en
  ~ a few years dans quelques années
  ~ back of derrière
  ~ bad health en mauvaise santé
  ~ debt endetté(e)
  ~ front of devant
  ~ love amoureux (amoureuse)
  ~ order to pour
  ~ spite of this malgré cela
  ~ the corner au coin
  ~ the evening du soir
  ~ time-out au coin
  ~ your opinion d'après vous
increased accru(e)
indie music rock *m.* indé(pendant)
individuality individualité *f.*
infection infection *f.*
inform informer
information indication *f.*, renseignement *m.*
injection piqûre *f.*
inside (à l')intérieur
insist exiger
insist (on) insister (pour)
inspire oneself s'inspirer
instead of au lieu de
instructor moniteur (monitrice) *m./f.*
intelligence intelligence *f.*
intelligent intelligent(e)
intelligently intelligemment
interest intérêt *m.*
interior decorator décorateur (decoratrice) *m./f.*

internal organs parties *f. pl.* internes du corps
international international(e) (*m. pl.* internationaux)
Internet Internet *m.*
　　~ user internaute *m./f.*
internship stage *m.*
interview entretien *m.*
　　to have an ~ avoir / passer un entretien
intestines intestin *m.*
intoxication ivresse *f.*
introduce présenter
introduction présentation *f.*
invest investir
　　~ money placer de l'argent
investment investissement *m.*
invite inviter
iron constitution (excellent health) santé *f.* de fer
ironing repassage *m.*
it il, elle; ça, cela, ce; le, la, l'; y
　　~ bothers me ça m'agace
　　~ could be better ça peut aller
　　~ does not matter ça n'a pas d'importance
　　~ is . . . (time) il est...
　　~ is better that il vaut mieux que
　　~ is going alright ça va pas mal
　　~ is going ok / well ça va (bien)
　　~ is necessary (that) il faut (que)
　　~'s c'est
　　~'s a pity il est dommage
　　~'s going okay / well / all right ça va / ça va bien / ça va pas mal
　　~'s nice out il fait beau
　　~'s nice to meet you. Enchanté(e).
　　~'s possible (that) il se peut (que)
　　~'s raining il pleut
　　~'s snowing il neige
　　~'s sunny il fait du soleil
　　~'s warm out il fait chaud
　　~'s windy il fait du vent
itself se
Ivory Coast Côte d'Ivoire *f.*

J

jacket veste *f.*
Jacuzzi jacuzzi *m.*
jam confiture *f.*
January janvier *m.*

jazz jazz *m.*
jealous jaloux (jalouse)
jeans jean(s) *m.*
Jet Ski jet ski *m.*
jewelry bijoux *m. pl.*
　　~ store bijouterie *f.*
job emploi *m.*, job *m.*, travail *m.*, boulot *m.* (*slang*)
　　~ applicant demandeur (demandeuse) d'emploi
jogging suit survêtement *m.*
journalist journaliste *m./f.*
judge juge *m./f.*
judo judo *m.*
July juillet *m.*
jump sauter
　　~ rope sauter à la corde
June juin *m.*
junior high school collège *m.*
juvenile crime délinquance juvénile *f.*

K

karate karaté *m.*
keep:
　　~ (someone else) quiet faire taire
key clé *f.*
keyboard clavier *m.*
kick donner des coups de pied
kick out mettre à la porte
kicked out mis(e) à la porte
kidney rein *m.*
kilo kilo *m.*
kindness gentillesse *f.*
kiss bise *f.* (*on the cheek*), bisou *m.* (*on the cheek or mouth*); embrasser
　　~ each other s'embrasser
　　~ each other on the cheek *v.* se faire la bise
　　~ on the cheek *v.* faire la bise
　　~ on the lips donner un baiser
kitchen cuisine *f.*
　　~ cupboards placards *m. pl.*
　　~ sink évier *m.*
kitchenette kitchenette *f.*
knife couteau *m.*
know connaître, savoir
　　~ how savoir
knowledge of connaissance *f.* de

L

label enseigne *f.*
labor (*pregnancy*) accouchement *m.*
lady dame *f.*

lake lac *m.*
lamp lampe *f.*
land atterrir
landing atterrissage *m.*
landscape paysage *m.*
laptop (computer) (ordinateur) portable m.
lasagna lasagnes *f. pl.*
last dernier (dernière)
　　~ night hier soir *m.*
　　~ week la semaine *f.* dernière
lately dernièrement
later plus tard
laugh rigoler
launch lancer
lawyer avocat(e) *m./f.*
lay off licencier
layout maquette *f.*
lead amener
learn apprendre
leave laisser; (*someone or something*) quitter; (*for an undetermined period of time*) partir, s'en aller; (*for a short time*) sortir
　　~ each other se quitter
　　leaving en laissant
left gauche *f.*
leftovers restes *m. pl.*
leg jambe *f.*
leisure activity loisir *m.*
lemon citron *m.*
lemon-lime soda limonade *f.*
lend prêter (à)
lentil lentille *f.*
less (of) moins (de)
　　~ of . . . than moins de... que
let's get to work! au travail!
letter lettre *f.*
　　~ to the editor courrier *m.* des lecteurs
lie *n.* mensonge *m.*
lie *v.* mentir
lie down se coucher
library bibliothèque *f.*
life vie *f.*
　　~ style mode *m.* de vie
lift weights faire des haltères
like *prep.* comme
like *v.* aimer; désirer
lip lèvre *f.*
list liste *f.*
listen (to) écouter
　　~ to a lecture écouter une conférence
liter litre *m.*
little petit(e), peu de
　　a ~ un peu (de)

Little Red Riding Hood Petit Chaperon Rouge
live *adj.* en direct *(broadcasting)*
live *v.* habiter; loger
liver foie *m.*
living room salon *m.*
loaf of French bread baguette *f.*
   not too dark ~ baguette *f.* pas trop cuite
   well-baked ~ baguette *f.* bien cuite
locker room vestiaire *m.*
long long(ue)
look (at) regarder
   ~ **at each other** se regarder
   ~ **for** chercher
lose perdre
   ~ **weight** maigrir, perdre du poids
loudspeaker haut-parleur *m.*
love *n.* amour *m.*
   ~ **affair** aventure *f.*
   ~ **at first sight** coup *m.* de foudre
love *v.* aimer
   ~ **each other** s'aimer
   ~ **madly** aimer à la folie
lovebirds amoureux *m. pl.*
love letter billet doux
loved ones proches *m. pl.*
lovers amoureux *m. pl.*
lozenge pastille *f.*
luck chance *f.*
lunch déjeuner *m.;* **lunch** *v.* déjeuner
lung poumon *m.*
lush ivrogne *m./f.*

M

ma'am Madame (Mme)
magazine revue *f.,* magazine *m.*
   monthly ~ mensuel *m.*
   weekly ~ hebdomadaire *m.*
mail courrier *m.*
mailbox boîte *f.* aux lettres
maintain one's weight garder sa ligne
make faire
   ~ **a toast** trinquer
   ~ **easy** faciliter
man homme *m.*
manage gérer
management gestion *f.*
manager gérant(e) *m./f.*
map plan *m.*
maple érable *m.*
March mars *m.*

march in a parade participer à un défilé
mark marquer
market marché *m.,* souk *m. (Tunisia)*
   ~ **gardening** cultures maraîchères *f. pl.*
married marié(e)
marry marier
massage masser
masseur (masseuse) masseur (masseuse) *m./f.*
mat tapis *m.*
match match *m.*
math maths *m. pl.*
math test examen *m.* d'arithméthique
May mai *m.*
maybe peut-être
mayor maire *m.*
me moi; me, to me
   ~**, my name is . . .** Moi, c'est…
   ~ **too!** moi aussi!
meal repas *m.*
mean *adj.* méchant(e); *v.* vouloir dire
meat viande *f.*
   ~ **department** rayon *m.* boucherie
meatball boulette *f.* de viande
media médias *m. pl.*
medical insurance assurance *f.* maladie
medication médicament *m.*
medicine médicament *m.*
meet (each other) (se) rencontrer
member membre *m.*
memorable mémorable
memory souvenir *m.; (computer)* mémoire *m.*
menu carte *f.*
microphone microphone *m.*
microwave (four *m.* à) micro-ondes *m.*
middle milieu *m.*
   ~ **school** collège *m.*
midnight minuit *m.*
migraine migraine *f.*
milk lait *m.*
   skim ~ lait écrémé
   whole ~ lait entier
minimum wage SMIC *m.,* salaire *m.* minimum
   ~ **earner** smicard(e)
mini tart tartelette *f.*
mirror miroir *m.*

misdemeanor délit *m.*
miss Mademoiselle (Mlle)
miss *v.* manquer
   ~ **a flight** rater un vol
modem modem *m.*
modern moderne
   ~ **theater** théâtre *m.* moderne
Monday lundi *m.*
money argent *m.*
monitor *(computer)* moniteur *m.*
month mois *m.*
   last ~ le mois dernier
monument monument *m.*
moon lune *f.*
more (of). . . than plus (de)… que
moreover d'ailleurs
morning matin *m.*
   in the ~ du matin
Morocco Maroc *m.*
most (the most) le/la/les plus…
mother mère *f.,* maman *f.*
mother-in law belle-mère *f.*
motto devise *f.*
mountain climbing alpinisme *m.*
   ice ~ escalade *f.* glaciaire
mouse souris *f.*
mouth bouche *f.*
movie film *m.*
   adventure ~ film d'aventure
   historical ~ film historique
   horror ~ film d'horreur
   ~ **director** réalisateur (réalisatrice)
   romantic comedy comédie *f.* romantique
   science-fiction ~ film de science-fiction
   the ~**s** cinéma *m.*
   TV ~ téléfilm *m.*
   war ~ film de guerre
moving émouvant(e)
muscle-building muscu (lation) *f.*
muscular musclé(e)
museum musée *m.*
mushroom champignon *m.*
music musique *f.*
   ~ **hits** hit-parade *m.*
musical musical(e)
   ~ **comedy** comédie *f.* musicale
   ~ **play** pièce *f.* musicale
   ~ **program** émission *f.* musicale
mussel moule *f.*
must devoir; il faut

my mon/ma/mes
    ~ dear mon chou *m.* (*lit.* my cabbage)
    ~ name is . . . je m'appelle...

N

napkin serviette *f.*
nasal spray gouttes *f. pl.* nasales
national national(e)
natural: natural remedies remèdes *m. pl.* naturels
naughty vilain
nausea mal *m.* au cœur, nausée *f.*
navel nombril *m.*
navigate naviguer sur
near près (de), proche
    ~ by à proximité
    ~ future futur *m.* proche
necessary nécessaire
necessity nécessité *f.*
neck cou *m.*
need *n.* besoin *m.*; *v.* avoir besoin
needle aiguille *f.* fuseau *m.*
negative négatif (négative)
neighborhood quartier *m.*
neither non plus
neither . . . nor ne... ni... ni
nephew neveu *m.*
nervous nerveux, -euse
never jamais, ne... jamais
news actualités *f. pl.*, informations (infos) *f. pl.*
    ~ magazine magazine *f.* d'actualité
newscast informations (infos) *f. pl.*
newspaper journal *m.* (*pl.* journaux)
    ~ vendor marchand(e) de journaux
newsstand marchand(e) de journaux
next prochain(e)
next to à côté de
nice gentil(le)
niece nièce *f.*
night nuit *f.*; soir *m.*
nightclub boîte *f.* de nuit, club *m.*, night-clubs *m. pl.*
nightstand table *f.* de nuit
nightmare cauchemar *m.*
nine neuf
nineteen dix-neuf
ninety quatre-vingt-dix
no longer ne... plus
Nobel Prize prix *m.* Nobel

nobody personne, personne ne, ne... personne
noon midi *m.*
normal normal(e)
nose nez *m.*
not pas, ne... pas
    ~ anyone ne... personne
    ~ anymore ne... plus
    ~ anything ne... rien
    ~ bad pas mal
    ~ very peu
    ~ very likely peu possible
    ~ very probable peu probable
    ~ yet ne... pas encore
nothing (ne...) rien
November novembre *m.*
now maintenant
number chiffre *m.*, numéro *m.*
nurse infirmière *f.*

O

obey obéir (à)
obsessed obnubilé(e)
obvious clair(e)
occasionally parfois
o'clock: at . . . o'clock à... heure(s) *f.*
October octobre *m.*
of it en
office bureau *m.*; cabinet *m.*
often souvent
of them en
oh, really? ah bon?
oil huile *f.*
    ~ cake (cattle feed) tourteau *m.*
oily gras (grasse)
old vieux (vieille)
oldest child aîné(e)
omelet omelette *f.*
on sur
    ~ a diet au régime
    ~ board à bord
    ~ sale soldé(e), en solde
    ~ the air waves sur les ondes
    ~ the corner au coin
    ~ the front page à la une
    ~ the left à gauche
    ~ the radio à la radio, sur les ondes
    ~ the right à droite
    ~ top of sur
    ~ TV à la télé
one *adj. (number)* un(e)
    ~-piece bathing suit maillot *m.* de bain
    ~-way aller-simple *m.*
one *pron.* on

onion oignon *m.*
only seulement, ne... que
    ~ child fils *m.*/fille *f.* unique
opera opéra *m.*
optimistic optimiste
or ou
    ~ more ou plus
orange *adj.* orange *inv.*
orange *n.* orange *f.*
orchestra orchestre *m.*
order *n.* commande *f.*
order *v.* commander
organic bio(logique)
    ~ food produit bio(logique)
other autre
    ~ than ailleurs que
    ~ things d'autres choses *f. pl.*
outdoors à l'air libre
out-going sociable
outraged outré(e), indigné(e)
outside (à l')extérieur
oven four *m.*
overlook *v.* donner sur
oyster huître *f.*

P

pack *n.* paquet *m.*; *v.*
pack suitcases faire les valises
paid holidays congés payés *m. pl.*
pain: to be a ~ être pénible
paint peindre
painting tableau *m.*, *peinture f.*
pajamas pyjama *m.*
pants pantalon *m.*
paparazzi paparazzi *m./f.*
paper papier *m.*
parade défilé *m.*
paragliding parapente *m.*
parasailing parachute *m.* ascensionnel
pardon me pardonnez-moi
park *n.* parc *m.*
parking lot parking *m.*
part partie *f.*; *raie f.* (hair)
    ~ in the middle raie *f.* au milieu
    ~ on the side raie *f.* sur le côté
participate (in) participer (à), pratiquer
partner compagnon (compagne) *m./f.*
part-time à mi-temps, à temps partiel
party fête *f.*, soirée *f.*, *(slang)* teuf *f.*
pass (a test) réussir à
password mot *m.* de passe

pasta pâtes *f. pl.*
pastry pâtisserie *f.*
   ~ shop pâtisserie *f.*
pâté pâté de campagne *m.*
pay rendre
   ~ attention faire...
PDA assistant *m.* personnel
peach pêche *f.*
peas petits pois *m.*
peanut cacahouète *m.* arachide *f.*
pear poire *f.*
pedal pédaler
pedaling and rowing
   machine vélo-rameur *m.*
pedestrian street rue *f.* piétonne
penalty peine *f.*
people gens *m. pl.*
people on *pron.*
pepper poivre *m. (spice)*;
   poivron *m. (vegetable)*
perform a concert donner un
   concert
person personne *f.*
personal personnel(le)
   ~ banker banquier *m.*
personality personnalité *f.*
pessimistic pessimiste
pet animal *m. (pl.* animaux)
   domestique(s)
   ~ names mots tendres *m. pl.*
pharmacy pharmacie *f.*
philosophy philosophie *f.*
photo photo *f.*
photographer photographe *m./f.*
pick up *(person or object)*
   ramasser
pie tarte *f.*
piece morceau *m.*
   ~s of gossip potins *m. pl.*
pilot pilote *m./f.*
pink rose
pitcher pichet *m.*
pitfall piège *m.*
pizza pizza *f.*
place *n.* lieu *m.*, place *f.; v.* mettre
   ~ a child in time out mettre
   au coin
plane avion *m.*
   ~ ticket billet *m.* d'avion
planned prévu(e)
plant plante *f.*
plate assiette *f.;* (plates)
   vaisselle *f.*
   dessert ~ assiette *f.* à dessert
platform quai *m.*
play *n.* pièce *f.; v.* jouer; *(a sport)*
   jouer à... ; *(in a match / game)*
   participer à un match/un jeu

please *interj.* s'il vous plaît, s'il
   te plaît; veuillez...
pleased enchanté(e)
plus plus
poem poème *m.*
police officer agent *m.* de
   police, policier (policière)
   m./f.
poll sondage *m.*
ponytail queue *f.* de cheval
poor pauvre
poorly mal
pork porc *m.*
position poste *m.*
positive positif (positive)
possess posséder
possible possible
possibly peut-être
postal worker facteur
   (factrice) *m./f.*
post office poste *f.*
potato pomme *f.* de terre
poultry volaille *f.*
practice pratiquer
pray prier
predict prédire
prefer préférer
preferable préférable
preference préférence *f.*
pregnancy grossesse *f.*
   a difficult ~ une grossesse
   difficile
   a easy ~ une bonne
   grossesse
pregnant enceinte
prepare préparer
prescription ordonnance *f.*
present présenter
   ~ a paper donner une
   conférence
pretty joli(e)
prick *(of a needle)* piqûre *f.*
primary school école
   primaire *f.*
printer imprimante *f.*
private privé(e)
prize prix *m.*
probable probable
problem problème *m.*
   family ~s troubles *m. pl.*
   familiaux
processor processeur *m.*
product produit *m.*
production fabrication *f.;* préparation *f.*
profession profession *f.*
professional professionnel
   (professionnelle)

professor professeur
   (professeure)
program émission *f.;*
   programme *m.*
prohibit interdire
promote promouvoir
proof of identity pièce *f.*
   d'identité
proud fier (fière)
provocative provocateur
   (provocatrice)
prudently prudemment
pub bistro *m.*
public public (publique)
publish publier
pullover pull-over *(also* pull) *m.*
punish punir
punishment punition *f.*
purchase achat *m.*, emplette *f.*
purple violet(te)
push-ups pompes *f. pl.*
put mettre
   ~ on makeup se maquiller
   ~ on *(clothing)* mettre
   ~ oneself in danger risquer
   sa tête

Q

quarter quart *m.*
   ~ past et quart
   ~ to moins le quart
queen-size bed lit double *m.*
quiche quiche *f.*, tarte *f.* salée
quickly vite, rapidement
quite assez
   ~ a lot of pas mal de

R

rabbit lapin *m.*
race course *f.*
racket raquette *f.*
radio radio *f.*
   ~ station fréquence *f.*
rafting rafting *m.*
railroad track voie *f.*
rain pleuvoir
   it's ~ing il pleut
rainbow arc-en-ciel *m.*
raise élever
   ~ his/her glass lever son
   verre *m.*
rallying cry cri *m.* de ralliement
rap rap *m.*
rapidly vite
rarely rarement
rate taux *m.*

rather assez
   ~ than plutôt que
react réagir
read lire
reader lecteur (lectrice) m./f.
real vrai(e)
reality show télé-réalité f.
really vraiment
rear *(behind)* derrière
rear *(buttocks)* fesses f. pl
rebel v. se rebeller
receive recevoir; toucher
   ~ a good / bad salary toucher
   un bon / mauvais salaire
   ~ a pension toucher la retraite
   ~ unemployment toucher
   le chômage
recess récréation *(also récré) f.*
reciprocal réciproque
recommend recommander
reconcile se réconcilier (avec)
red rouge; *(hair)* roux (rousse)
   ~ pepper poivron m. rouge
   ~ wine vin m. rouge
reflexive réfléchi(e)
refrigerator réfrigérateur m.
reggae reggae m.
regardless of quelle que soit
regional régional(e)
   ~ train system in Paris RER m.
regret regretter
regrettable regrettable
relax se détendre, se reposer,
   décompresser
relieved soulagé(e)
remedies remèdes m. pl.
remember se souvenir (de)
remind rappeler
remote control télécommande f.
remove: ~ one's clothes se
   déshabiller
   ~ hair *(women)* s'epiler
   ~ one's makeup
   se démaquiller
rent n. loyer m.
rent v. louer
repair work bricolage m.
report reportage m.
repulsive répugnant(e)
require demander
reserve réserver
respond répondre
response réponse f.
rest se reposer
restaurant restaurant m.
   ~ car voiture-restaurant f.
restroom W.-C m. pl., toilettes f. pl.
retiree retraité(e)

retirement retraite f.
return *(an item)* rendre;
   (go back) revenir
rice riz m.
rich riche; *(fatty)* riche en
   matières grasses
ridiculous ridicule
right *(direction)* droite f.; juste adj.
   ~ away tout de suite
   on the ~ à droite
ring anneau m.
rise augmenter
roasted rôti(e)
robbed volé(e)
robbery vol m.
rock rock m.
rock-climbing varappe f.
roller blades rollers m. pl.
romantic comedy comédie f.
   romantique
roof toit m.
room salle f., pièce f., chambre f.
roommate colocataire m./f.
rope corde f.
round-trip ticket billet
   aller-retour m.
router routeur m.
routine routine f.
row ramer
rug tapis m.
rugby rugby m.
run courir; *(broadcast)* passer
   ~ away faire une fugue
   ~ errands faire les courses
   ~ into heurter
   ~ (the vacuum) passer
   l'aspirateur m.
runny nose nez m. qui coule
rush hour heure f. de pointe

S

sad triste
safe n. coffre-fort m.
   ~-deposit box coffre-fort m.
salad salade f.
salaried employee salarié(e)
salary salaire m.
sale soldes f. pl.; vente f.
salesperson vendeur (vendeuse)
   m./f.
salt sel m.
salty salé(e)
same même
sand sable m.
sandbox bac m. à sable
sandals sandales f. pl.
sandwich sandwich m.

satisfied satisfait(e)
Saturday samedi m.
sauna sauna m.
save économiser; épargner; sauver
   ~ a document sauvegarder
   un document
   ~ someone's life sauver la
   vie à quelqu'un
savings économies f. pl.
   ~ account compte m. épargne
say dire
scallop coquille f. Saint-Jacques
scanner scanner m.
scared effrayé(e)
scarf foulard m.
schedule horaire m.
scholarship bourse f.
school école f.
schooling scolarité f.
science fiction science-fiction f.
scream v. crier
screen écran m.
sculpture sculpture f.
sea mer f.
seafood fruits m. pl. de mer
   ~ department rayon m.
   poissonnerie
seamstress couturière f.
search engine moteur m.
   de recherche
season saison f.
seasoning condiment m.
seat siège m.
seated assis(e)
second deuxième
   ~ class ticket billet deuxième
   class
secretary secrétaire m./f.
security gate contrôle m. sûreté
see voir
   ~ you ciao
   ~ you in a while à tout à
   l'heure
   ~ you later à plus (tard)
   ~ you soon à bientôt
   ~ you tomorrow à demain
seek one's own identity être à la
   recherche de son identité
seem avoir l'air
sell vendre
seller marchand(e) m./f.
semester semestre m.
send envoyer
sense sens m.
separate se séparer
separated séparé(e)
September septembre m.
serve servir

English-French Vocabulary

serving dish récipient *m.*
set ensemble *m.*
set the table mettre la table
seven sept
seventeen dix-sept
seventy soixante-dix
several plusieurs
sexual relations relations *f. pl.*
   sexuelles
shake hands se serrer la main
shall we go? on y va?
shampoo shampooing *m.*
shape forme *f.*
shark requin *m.*
shave se raser
she elle
shh! chut!
shirt *(man's)* chemise *f.*;
   (woman's) chemisier *m.*
shocked surpris(e), étonné(e),
   choqué(e)
shoe chaussure *f.*
shop boutique *f.*; commerçant *m.*
shopping les courses *f. pl.*
   ~ cart chariot *m.*
   (à provisions)
   ~ list liste *f.* des courses
short court(e)
shorts short *m.*
shot piqûre *f.*
shoulder-length hair cheveux
   mi-longs
shout crier
   ~ oneself hoarse
   s'époumoner
show *n.:* **reality ~** télé-réalité *f.*
show *v.* montrer
shower douche *f.*
shrimp crevette *f.*
shrink (psychiatrist) psy *m.* (slang)
shutter volet *m.*
shy timide
sick malade
side côté *m.*
sideboard buffet *m.*
silently silencieusement
silly bête
silver argent *m.*
since depuis
sing chanter
single célibataire
sinus sinus *m.*
sir Monsieur (M.)
sister sœur *f.*
sister-in-law belle-sœur *f.*
sit (down) s'asseoir
sit-up abdominal *m.* (*pl.* abdominaux); abdo *m.* (*pl.* abdos)

six six
sixteen seize
sixty soixante
skating rink patinoire *f.*
ski ski *m.*
   ~ boot botte *f.* de ski
   ~ slope piste *f.* de ski
skiing ski *m.*
   water ~ ski nautique
skim écrémé(e)
skin peau *f.*
skinny maigre
skip school faire l'école buis-
   sonnière, sécher les cours
skirt jupe *f.*
skull crâne *m.*
skydiving parapente *m.*
sledding luge *f.*
sleep dormir *v.*; *n.* sommeil *m.*
   ~ aid somnifère *m.*
   ~ in faire la grasse matinée
sleeper train wagon-lit *m.*
Sleeping Beauty Belle *f.* au Bois
   Dormant
slice (of) tranche *f.* de
slim maigre; mince
slope piste *f.*
slow lent(e)
slowly lentement
small petit(e)
smartphone smartphone *m.*
smell *n.* odorat *m.*; *v.* sentir
   ~ bad sentir mauvais
   ~ good sentir bon
smoke fumer
smoked salmon saumon *m.* fumé
smoking addiction tabagisme *m.*
snack *n.* goûter *m.*; *v.* goûter
sneak out faire le mur (slang)
sneaker chaussure *f.* de sport
snow *n.* neige *f.*
snowboarding surf *m.* des
   neiges / snowboard *m.*
snowman bonhomme *m.* de
   neige
so alors, donc, si
   ~ what! et alors!
soap opera feuilleton *m.*
   romantique
soapy savonneux (savonneuse)
sober sobre
soccer football (*also* foot) *m.*
   ~ ball ballon *m.* de foot
   ~ field terrain *m.* de foot
   ~ game match *m.* de foot
sock chaussette *f.*
sofa sofa *m.*
soft doux (douce)

software logiciel *m.*
some de, du, de la, de l', des;
   quelques
someone quelqu'un
something quelque chose
sometimes quelquefois, parfois
somewhere quelque part
son fils *m.*
sore throat: to have a sore throat
   avoir mal *m.* à la gorge
song chanson *f.*
sorry désolé(e), navré(e)
so-so comme ci, comme ça
sought after recherché(e)
soul âme *f.*
soulmate homme / femme de
   sa vie
sound son *m.*
soup soupe *f.*
   ~ bowl assiette *f.* à soupe
souvenir souvenir *m.*
Spanish *(language)* espagnol
spank donner la fessée (à)
speak parler
speaker haut-parleur *m.*
specialization: ~ in the
   humanities formation *f.*
   littéraire
   ~ in the sciences formation
   f. scientifique
specialty spécialité *f.*
speed vitesse *f.*
spell *v.* épeler; *n.* sort *m.*
spend dépenser
spending dépenses *f. pl.*
spendthrift dépensier
   (dépensière) *m./f.*
spinach épinards *m. pl.*
spindle fuseau *m.*
spoil gâter
spoiled gaté(e)
   ~ child enfant *m.* gâté
spoon cuillère *f.*
sport sport *m.*
sports magazine revue *f.* de sport
sporting gear tenue *f.* de sport
spouse époux (épouse) *m./f.*
spread out *adj.* vautré(e)
spring *(season)* printemps *m.*
square place *f.*
   ~ haircut au carré
stadium stade *m.*
stairs escalier *m.*
stamp timbre *m.*
starchy food féculent *m.*
statement relevé *m.*
stationary bike vélo *m.* statique
statue statue *f.*

step: ~ machine step *m.*
    ~s démarches *f. pl.*
stepfather beau-père *m.*
stepmother belle-mère *f.*
stereo chaîne *f.* stéréo
stingy radin(e)
stocky costaud(e)
stomach ventre *m.*
    ~ problems crise *f.* de foie
stop *v.* (s')arrêter
store magasin *m.*; boutique *f.*
stove cuisinière *f.*
straight lisse
    ~ through tout droit
strawberry fraise *f.*
street rue *f.*
stretch s'étirer, faire des
    exercices d'étirement,
    faire du stretching
strike grève *f.*
strong fort(e)
student *(high school and*
    college) étudiant(e);
    (elementary and middle school)
    élève *m./f.*
study étudier
stuffed fourré(e)
stuffy nose nez *m.* bouché
stunning étonnant(e)
stupid stupide
subscriber abonné(e)
subscription *(to a magazine /*
    newspaper) abonnement *m.*
subscription form bon *m.*/
    bulletin *m.* d'abonnement
subsidized housing
    HLM (Habitation à
    Loyer Modéré) *f.*
suburb banlieue *f.*
subway métro *m.*
succeed (in) réussir (à)
success succès *m.*
such tel (tell)
sudden subit(e)
sugar sucre *m.*
suit *(man's)* costume *m.*;
    (woman's) tailleur *m.*
suitcase valise *f.*
summer été *m.*
Sunday dimanche *m.*
sunny lumineux (lumineuse)
    it's ~ il fait du soleil
super super
supermarket grande surface *f.*
supervision supervision *f.*
supporting numbers chiffres *m.*
    pl. à l'appui
sure sûr(e)

surf *v.* surfer
    ~ the Internet surfer sur
    Internet
surfing surf *m.*
surprised surpris(e), étonné(e)
surprising surprenant(e)
surround entourer
survey enquête *f.*, sondage *m.*
sweat suer
sweater pull(-over) *m.*
sweatshirt sweat *m.*
sweatsuit survêtement *m.*,
    jogging *m.*
sweet doux (douce); sucré(e)
sweetheart cœur *m.*
swim nager, faire de la natation
swimming natation *f.*
    ~ pool piscine *f.*
Switzerland Suisse *f.*
syrup sirop *m.*

T

table table *f.*
tablecloth nappe *f.*
tablespoon cuillère *f.* à soupe
tablet cachet *m.*, comprimé *m.*
take prendre
    ~ a bath se baigner
    ~ a loan faire un emprunt
    ~ a trip faire un voyage
    ~ care of prendre soin,
    s'occuper de, *(oneself)*
    se soigner
    ~-out window guichet vente
    à emporter
    ~ part (in) participer (à)
    ~ photos prendre des photos
    ~ place avoir lieu
    ~ take their first drag tirer
    leur première taffe *f.*
take off *v.* décoller; **take-off** *n.*
    décollage *m.*
tale conte *m.*
talk parler
    ~ show talk-show *m.*
talkative bavard(e)
tall grand(e)
tanning booth cabine *f.* de bron-
    zage
taste *n.* goût *m.*; *v.* goûter
taste wines déguster les vins
tasty savoureux (savoureuse)
tea thé *m.*
    herbal ~ tisane *f.*
    plain ~ thé nature
    ~ with lemon thé au citron
team équipe *f.*

teaspoon cuillère *f.* à café
tech-savvy branché(e)
technician technicien (technici-
    enne) *m./f.*
techno music (musique) techno *f.*
technology technologie *f.*
telephone téléphoner à *v.*;
    téléphone *m.*
    cordless ~ téléphone sans fil
    ~ number numéro *m.* de
    téléphone
television télévision *f.*
    ~ anchor présentateur
    (présentatrice) de télévision
    ~ guide guide *m.* des
    programmes télévisés,
    programme *m.* télé
    ~ news journal *m.* télévisé
    (le JT)
    ~ set téléviseur *m.*
teller caissier (caissière) *m./f.*
teller window guichet *m.* de
    caisse; caisse *f.*
ten dix
tenant locataire *m./f.*
tender words mots *m. pl.*
    tendres
tennis tennis *m.*
    ~ court court *m.* de tennis
    ~ shoes tennis *m. pl.*
terminal *(airport)* terminal *m.*
text message SMS *m.*, texto *m.*
thank you merci
thankful reconnaissant(e)
thanks to grâce à
that *adj.* ce (cette)
    ~ way ainsi que
that *pron.* ça, ce
    ~ is all, thank you. C'est
    tout, merci.
    ~ is why c'est pour cela / ça
    ~ which ce que
that *relative pron.* que
the le, la, l', les
    ~ one celui / celle
    ~ ones ceux / celles
    ~ tallest le (la) plus grand(e)
theater théâtre *m.*
theft vol *m.*
them les, leur; eux, elles
themselves eux-mêmes, se
then alors, puis
there là; y
    ~ is (~ are) il y a; voilà
therefore donc
thermometer thermomètre *m.*
these *adj.* ces
they ils (elles)

thief voleur (voleuse) *m./f.*
thin mince, fin(e)
think (about) croire, penser (à)
think penser (à), croire
thirteen treize
thirty trente
this *adj.* ce, cet, cette
    ~ is c'est, Je te / vous présente...
this *pron.* ce
those *adj.* ces
thousand mille *inv.*
three trois
thrifty économe
thriller thriller *m.*
throat gorge *f.*
through the installation of par le biais
throw a tantrum faire des caprices
thumb pouce *m.*
Thursday jeudi *m.*
ticket billet *m.*
    ~ counter guichet *m.*
tickle chatouiller
tie cravate *f.*
time temps *m.*; fois *m.*; heure *f.*
    how many ~s . . . ? combien de fois... ?
timid timide
tip pourboire *m.*
title titre *m.*
to à, en, dans
    ~ her lui
    ~ him lui
    ~ the left (of) à gauche (de)
    ~ the right (of) à droite (de)
    ~ them leur
    ~ there y
    ~ us nous
    ~ which auquel / à laquelle / auxquels / auxquelles
    ~ you te, vous
toast tartine *f.*
tobacco tabac *m.*
    ~ shop tabac *m.*, bureau *m.* de tabac
today aujourd'hui
toe orteil *m.*
together ensemble
toilet toilettes *f. pl.*, W.-C *m. pl.*
tomato tomate *f.*
tone *v.* raffermir
tongue langue *f.*
too trop
    ~ much trop
tool outil *m.*

tooth dent *f.*
toothache rage *f.* de dent
topic sujet *m.*
tourist touriste *m./f.*
town ville *f.*
track and field athlétisme *m.*
traditional traditionnel (traditionnelle)
traffic report informations *f. pl.* routières
train train *m.*
    ~ schedule horaire *m.* des trains
    ~ station gare *f.*
train *v.* s'entraîner
trainee stagiaire *m./f.*
trainer entraîneur (entraineuse) *m./f.*
training formation *f.*
transportation transport *m.*
trap piège *m.*
travel voyager
    ~ agent agent *m.* de voyage
tray plateau *m.*
treadmill tapis *m.* de course
treatment soin *m.*
tree arbre *m.*
trip voyage *m.*, trajet *m.*
trout truite *f.*
true vrai(e)
    ~ love grand amour *m.*
try on essayer
T-shirt tee-shirt *m.*
Tuesday mardi *m.*
turbulence turbulences *f. pl.*
turn *n.* tour *m.*; *v.* tourner
TV télé *f.*
    ~ games divertissements *m. pl.*, jeux *m. pl.*
    ~ guide guide *m.* télé
    ~ movie téléfilm
    ~ series série *f.* (télévisée)
twelve douze
twenty vingt
twin jumeau (jumelle) *m./f.*
    ~ brother frère *m.* jumeau
    ~ sister sœur *f.* jumelle
two deux
typical typique

U

ugly laid(e)
unacceptable inacceptable
uncle oncle *m.*
under sous
underline souligner
understand comprendre

understanding compréhensif (compréhensive)
underwear *(man's)* caleçon *m.*; *(woman's)* culotte *f.*
unemployed person chômeur (chômeuse) *m./f.*
unemployment chômage *m.*
unfair injuste
unfortunate regrettable
unfriendly antipathique
unhappy malheureux (malheureuse)
union alliance *f.*
    ~ leader chef de syndicat *m.*
United States États-Unis *m. pl.*
university fac(ulté) *f.*, université *m.*
until jusqu'à
us nous
use utiliser
    ~ drugs se droguer
useful utile
usually d'habitude

V

vacuum *v.* passer l'aspirateur
vacuum cleaner aspirateur *m.*
validate (a ticket) composter (un billet)
vanilla vanille *f.*
vegetable légume *m.*
vendor marchand(e) *m./f.*
verb verbe *m.*
very très, tout
    ~ good / well très bien
    ~ happy comblé(e)
    ~ little tout(e) petit(e)
via par
victim victime *f.*
video game system console *f.* de jeux vidéo
visit visiter
    ~ (someone) rendre visite à
vitamin vitamine *f.*
voice voix *f.*
volition volonté *f.*
volleyball volley *m.*
vomit vomir
voyage trajet *m.*

W

wait attendre
    ~ in line faire la queue
    ~ one's turn attendre son tour
waiter serveur *m.*

waitress serveuse *f.*
wake up se réveiller
walk aller à pied, marcher
wall mur *m.*
want vouloir; avoir envie (de)
warm mud vase tiède *f.*
warm up faire des exercices d'échauffement, s'échauffer
wash laver
    ~ oneself se laver
washing machine lave-linge *m.*
waste gaspiller
watch regarder
water eau *f.*
    carbonated ~ eau gazeuse
    ~ glass verre *m.* à eau
    mineral ~ eau plate
    ~ aerobics aquagym *f.*
    ~ sport sport *m.* nautique
watermelon pastèque *f.*
water-skiing ski *m.* nautique
wavy ondulé(e)
wax cire *f.*
way off éloigné(e)
we nous, on
    ~ always go there! On y va toujours!
    ~ would like . . . nous voudrions...
wear porter
weather temps *m.*
    ~ report météo *f.*
weave filer
webcam webcam *f.*
Wednesday mercredi *m.*
week semaine *f.*
weekend week-end *m.*
weekly hebdomadaire *adj.*
weight poids *m.*; haltère *f.*
    ~ room salle *f.* de muscu(lation)
weightlifting muscu(lation) *f.*
welcome accueil *m.;* accueillir
    ~ to my place! bienvenue chez moi!
well bien
    ~ -behaved sage
    ~ -behaved child enfant bien élevé(e)
    ~! bon!
well-being bien-être *m.*
western western *m.*

what que; quel / quelle / quels / quelles; ce que; qu'est-ce que; quoi *(object of verb)*
    ~ are you like? Comment tu es?
    ~ color is . . .? de quelle couleur est... ?
    ~ do you say (about it)? Ça te dit?
    ~ is it? Qu'est-ce que c'est?
    ~'s the weather like? Quel temps fait-il?
    ~'s your name? Comment vous appelez-vous? / Comment tu t'appelles?
    ~'s your phone / cell number? Quel est ton / votre numéro de téléphone / mobile?
    ~ would you like? Que désirez-vous?
when quand
when *pron.* où
where où
    ~ is . . . located? Où se trouve... ?
which quel(s) (quelle[s])
while alors que, pendant que
white blanc(he)
    ~ wine vin *m.* blanc
who qui
    ~ are you? Qui es-tu? / Qui êtes-vous?
    ~ is it? Qui est-ce?
whole entier (entière), tout entier; tout / toute / tous / toutes
whose dont
    ~ turn is it? À qui le tour?
why pourquoi
wife femme *f.*
Wi-Fi card carte Wi-Fi *f.*
will volonté *f.*
win gagner
window fenêtre *f.*, vitre *m.*
    ~ shopping lèche-vitrine *m.*
windsurfing planche *f.* à voile
windy: it's ~ il fait du vent
wine vin *m.*
    red / white / blush ~ vin rouge / blanc / rosé
    ~ cellar cave *f.*
    ~ glass verre *m.* à vin

wing aile *f.*
winner gagnant(e) *m./f.*
winter hiver *m.*
    ~ sport sport *m.* d'hiver
wipe essuyer
wish volonté *f.*
with avec
without sans
word mot *m.*
word processor traitement de texte *m.*
work *n.* emploi *m.*; job *m.*; travail *m.*; boulot *m. (slang)*
work *v.* travailler, marcher, bosser *(slang)*
workplace boîte *f. (slang)*
work schedule horaire *m.* de travail
world monde *m.*
World Wide Web Web *m.*, Toile *f.*, Net *m.*
worried inquiet (inquiète)
worse than pire que
worst : the worst of le / la / les pires (de)
wrist poignet *m.*
write écrire
    ~ a check remplir un chèque
writer écrivain(e) *m./f.*
wrong way en sens *m.* inverse

Y

yack tchatcher
yeah ouais

    ~, right! mon œil!
year année *f.*
yellow jaune
yesterday hier
    ~ afternoon hier après-midi
    ~ morning hier matin
    ~ night hier soir
yoga yoga *m.*
yogurt yaourt *(also* yahourt)
you vous; tu; te; toi
    ~'re welcome je vous (t')en prie, de rien
young jeune
youth jeunesse *f.*

Z

zero zéro

Index

Credits

This page constitutes an extension of the copyright page. We have made every effort to trace the ownership of all copyrighted material and to secure permission from copyright holders. In the event of any question arising as to the use of any material, we will be pleased to make the necessary corrections in future printings. Thanks are due to the following authors, publishers, and agents for permission to use the material indicated.

Chapter 1

28: www.ccfs-sorbonne.fr **28:** www.univ-nantes.fr **29:** www.univ-montp1.fr

Chapter 7

234: www.planet.fr, Rita Santourian

Chapter 9

298: Marcel Pagnol, La Gloire de mon père, Editions de Fallois

Chapter 11

344–345: Le Journal du Net - Octobre 2008 **360:** Leïla Slimani, www.jeuneafrique.com

Chapter 13

411: "Kita (Mali), seconde capitale de l'empire Mandingue à l'heure du Net" from www.creatif-public.net

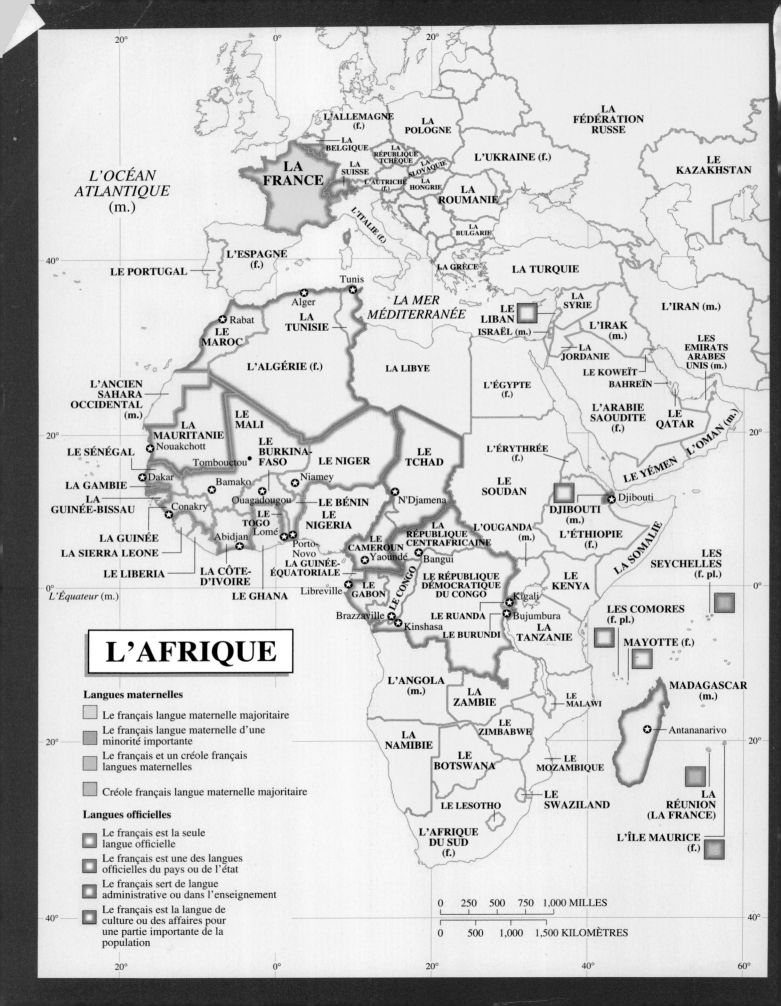

L'AFRIQUE

Langues maternelles

- Le français langue maternelle majoritaire
- Le français langue maternelle d'une minorité importante
- Le français et un créole français langues maternelles
- Créole français langue maternelle majoritaire

Langues officielles

- Le français est la seule langue officielle
- Le français est une des langues officielles du pays ou de l'état
- Le français sert de langue administrative ou dans l'enseignement
- Le français est la langue de culture ou des affaires pour une partie importante de la population

L'AMÉRIQUE DU NORD

LE GROEN

L'OCÉAN ARCTIQUE (m.)

L'Alaska (m.)
(LES ÉTATS-UNIS)

le Yukon

les Territoires
du Nord-Ouest (m. pl.)

le Nunavut

60°

la Colombie
Britannique

l'Alberta
(m.)

la Saskat-
chewan

le Manitoba

LE CANADA

l'Ontario (m.)

le Québec

Terre-
Neuve (f.)

Saint-Pierre-
et-Miquelon
(LA FRANCE)

Québec

Montréal

Ottawa

Île du Prince-Edouard
la Nouvelle-Écosse (f.)
le Nouveau-Brunswick
le Maine
le New Hampshire
le Massachusetts
le Rhode Island
le Connecticut

le Vermont

**LES ÉTATS-UNIS
(m. pl.)**

Langues maternelles

Le français langue
maternelle majoritaire

Le français langue maternelle d'une
minorité importante

Le français et un créole français
langues maternelles

Créole français langue maternelle
majoritaire

Langues officielles

Le français est la seule
langue officielle

Le français est une des langues
officielles du pays ou de l'état

Le français sert de langue
administrative ou dans l'enseignement

la Louisiane

*GOLFE DU
MEXIQUE*

*L'OCÉAN
ATLANTIQUE* (m.)

40°

40°

**LE
MEXIQUE**

LE BELIZE

CUBA
(m.)

LES CARAÏBES
(m. pl.)

20°

20°

Les Îles Hawaii (f. pl.)
(LES ÉTATS-UNIS)

L'AMÉRIQUE
CENTRALE (f.)

LA
JAMAÏQUE

HAÏTI
(m.)

LA GUYANE
FRANÇAISE
(LA FRANCE)

L'OCÉAN PACIFIQUE (m.)

LE GUATEMALA
LE SALVADOR
LE HONDURAS

LE NICARAGUA
LE COSTA RICA
LE PANAMA

LE
VENEZUELA

LA
COLOMBIE

Cayenne

L'Équateur (m.)

(LA RÉPUBLIQUE DE)
L'ÉQUATEUR
(m.)

LA GUYANA

LE SURINAM

0°

0°

CUBA
(m.)

**LA RÉPUBLIQUE
DOMINICAINE**

LES CARAÏBES (m.pl.)

la Guadeloupe
(LA FRANCE)

20°

HAÏTI
(m.)

PUERTO
RICO (m.)

LE
PÉROU

LE BRÉSIL

Port-au-
Prince

LA MER DES CARAÏBES

Pointe-à-
Pitre

**L'AMÉRIQUE
DU SUD (f.)**

LA
BOLIVIE

15°

MILLES

DOMINIQUE (f.)

15°

0   300

la Martinique
(LA FRANCE)

Fort-
de-
France

0   450

20°

KILOMÈTRES

SAINTE LUCIE (f.)

LE PARAGUAY

75°

65°

60°

0   200 400 600 800 MILLES

LE
CHILI

À 45°
LATITUDE

0   400   800   1,200 KILOMÈTRES

L'ARGENTINE
(f.)

160°

140°

120°

100°

80°

L'URUGUAY (m.)

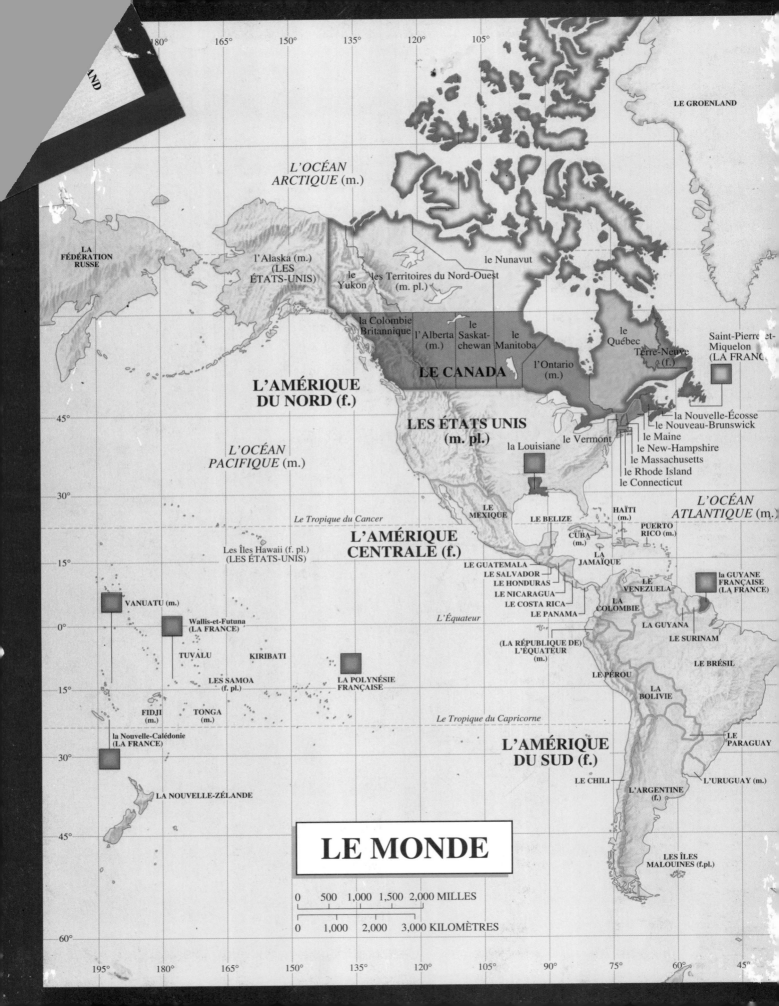

LE GROENLAND

L'OCÉAN
ARCTIQUE (m.)

LA
FÉDÉRATION
RUSSE

l'Alaska (m.)
(LES
ÉTATS-UNIS)

le Nunavut

le
Yukon

les Territoires du Nord-Ouest
(m. pl.)

la Colombie
Britannique

l'Alberta
(m.)

le
Saskat-
chewan

le
Manitoba

le Québec

Terre-Neuve
(f.)

Saint-Pierre-et-
Miquelon
(LA FRANCE)

LE CANADA

l'Ontario
(m.)

L'AMÉRIQUE
DU NORD (f.)

LES ÉTATS UNIS
(m. pl.)

la Louisiane

le Vermont

la Nouvelle-Écosse
le Nouveau-Brunswick
le Maine
le New-Hampshire
le Massachusetts
le Rhode Island
le Connecticut

L'OCÉAN
PACIFIQUE (m.)

LE
MEXIQUE

Le Tropique du Cancer

LE BELIZE

HAÏTI
(m.)

CUBA
(m.)

PUERTO
RICO (m.)

L'OCÉAN
ATLANTIQUE (m.)

Les Îles Hawaii (f. pl.)
(LES ÉTATS-UNIS)

L'AMÉRIQUE
CENTRALE (f.)

LE GUATEMALA
LE SALVADOR
LE HONDURAS
LE NICARAGUA
LE COSTA RICA
LE PANAMA

LA
JAMAÏQUE

LE
VENEZUELA

la GUYANE
FRANÇAISE
(LA FRANCE)

VANUATU (m.)

Wallis-et-Futuna
(LA FRANCE)

TUVALU

KIRIBATI

LA COLOMBIE

LA GUYANA

LE SURINAM

L'Équateur

(LA RÉPUBLIQUE DE)
L'ÉQUATEUR
(m.)

LE BRÉSIL

LES SAMOA
(f. pl.)

LA POLYNÉSIE
FRANÇAISE

LE PÉROU

FIDJI
(m.)

TONGA
(m.)

Le Tropique du Capricorne

LA
BOLIVIE

la Nouvelle-Calédonie
(LA FRANCE)

L'AMÉRIQUE
DU SUD (f.)

LE
PARAGUAY

LE CHILI

L'ARGENTINE
(f.)

L'URUGUAY (m.)

LA NOUVELLE-ZÉLANDE

LE MONDE

LES ÎLES
MALOUINES (f.pl.)

0   500   1,000 1,500 2,000 MILLES

0   1,000   2,000   3,000 KILOMÈTRES